21世纪应用型本科金融系列规划教材

U0674795

金 融 市 场 学

（第二版）

李刚 高西 吉敏 主编

东北财经大学出版社
Dongbei University of Finance & Economics Press
大连

图书在版编目（CIP）数据

金融市场学 / 李刚，高西，吉敏主编. —2版. —大连：
东北财经大学出版社，2019.1（2020.8重印）
（21世纪应用型本科金融系列规划教材）
ISBN 978-7-5654-3378-8

Ⅰ. 金… Ⅱ. ①李… ②高… ③吉… Ⅲ. 金融市场–
经济理论–高等学校–教材 Ⅳ. F830.9

中国版本图书馆CIP数据核字（2018）第294351号

东北财经大学出版社出版
（大连市黑石礁尖山街217号 邮政编码 116025）
网 址：http://www.dufep.cn
读者信箱：dufep@dufe.edu.cn

大连图腾彩色印刷有限公司印刷 东北财经大学出版社发行
幅面尺寸：148mm×210mm 字数：439千字 印张：14.5
2019年1月第2版 2020年8月第8次印刷

责任编辑：田玉海 责任校对：边 际
封面设计：姜 宇 版式设计：钟福建

定价：30.00元

教学支持 售后服务 联系电话：(0411) 84710309
版权所有 侵权必究 举报电话：(0411) 84710523
如有印装质量问题，请联系营销部：(0411) 84710711

第二版前言

金融学是一个发展中的学科，金融市场的发展更是与时俱进，中国正处于金融市场大变革的时代，各种金融新工具，尤其是衍生工具不断推出。

本书自出版以来，受到了广大师生的好评，为多所院校采用，多次重印。同时，很多老师和学生反馈了有益的意见，编者综合了这些意见，并结合实践的发展以及自身理解的提高，对全书进行了修订。本次修订既是为了精益求精，也是为了更好地适应金融市场的发展和金融工具的繁荣。具体修订内容如下：

1.修订每一章的引例，全部更新为2017年中国相关金融子市场的交易情况和运行情况，以使事例具有更好的及时性。

2.对各章相关资料、数据进行了更新。

3.对初版中发现的错误、不严谨的地方进行了修改和更正。

为方便教师授课，本书配有电子课件，请登录www.dufep.cn免费下载，每章末综合训练的答案也包含在课件中。

本书由李刚副教授、高西老师、吉敏老师担任主编，孙欢老师参与编写，李刚副教授拟定本书大纲并总纂定稿。具体分工为：李刚副教授负责编写第1章；高西老师负责编写第3章、第5章、第6章、第8章；吉敏老师负责编写第2章、第4章、第7章、第10章、第11章；孙欢老师负责编写第9章。

在此，向在本书再版编写过程中提供了帮助和支持的大连财经学院经济学院领导和各位同仁表示感谢，感谢李丹捷教授、石磊教授、白玮炜副教授提出的宝贵建议；感谢赵亮亮女士帮助校阅初稿；感谢东北财经大学出版社编辑和相关人员的努力，有了他们的帮助，本书第一版才能取得那么多的成绩。在本书的编写过程中，作者参考了大量的研究文献与资料，在此一并向这些文献的作者表示谢意。

最后，鉴于编者的精力和能力有限，即使再版，本书也难免仍有一些错误和不足之处，也希望广大读者指出问题，提出修改意见，以使我们再接再厉，不断完善本书。

作　者
2018年秋于大连

第一版前言

　　金融，是当前经济社会生活当中不可或缺的内容，金融市场则是我们参与金融最直接的地方。哪些金融市场"高大上"，只能机构投资者参与，普通老百姓看得见却摸不着？哪些市场又是普通人能直接参与的？我们参与这些市场又有哪些具体途径？这些都是与普通大众息息相关的问题。

　　讲述金融市场学的书非常多，而且很多都是金融领域非常著名的经济学家或学者编著的，我们在阅读这些教材的时候，感受到了这些学者渊博的知识和深厚的金融理论功底。但是，很多学者，包括国外的经济学家，他们在编写这方面教材的时候，更注重理论的描述、模型的讲解，没有深入"市场"这一核心。"市场"是理论的，更是实务的，是真实存在的交易内容。我们要掌握理论，更要应用于实践。

　　本书主旨就是要讲"市场"，除第1章金融市场导论外，其他章节都是对具体某个市场的讲解，我们立足于各个金融市场的操作性，重点讲述每个市场如何参与，每个市场的收益风险关系，以及投资者需要注意的地方。比如，在风险投资市场，风险投资企业应如何参与风险投资项目的运作，运作流程包括哪些？比如，在黄金市场，普通投资者应如何参与，有哪些购买黄金相关投资产品的途径？比如，债券市场，通过评级机构的评价如何参与债券买卖？因此，本书的核心即是，力图凸显实践性、应用性，与市场实际相结合。

编者希望，读者通过阅读本书能掌握全球金融市场的基本分布情况、掌握具体每一个市场如何参与，读者阅读本书之后能够对金融市场产生兴趣。金融市场充满魅力，金融市场可以让参与者热血沸腾，也能让参与者屏息闭气，金融市场是人性各种情绪的展示场所，我们要驾驭所参与的市场，而不是被市场所驾驭。为方便教师授课，本书配有电子课件，请登录www.dufep.cn免费下载，每章末综合训练的答案也包含在课件中。

本书由李刚、高西任主编，孙欢参与编写，李刚负责本书的统筹规划，具体分工为：李刚编写了第1章；吉敏编写了第2章、第4章、第7章、第10章、第11章；高西编写了第3章、第5章、第6章、第8章；孙欢编写了第9章。

感谢在本书编写过程中提供各种帮助的同事、同仁，特别是石磊副教授、张芳副教授、白玮炜老师；感谢东北财经大学出版社的各位编辑，他们为书稿的加工做了大量辛苦的工作；感谢我的学生们，他们从学生的角度、从学习的角度对本书提出了非常宝贵的意见。

最后，鉴于编者的精力和能力有限，本书难免有一些错误和不足之处，也希望广大读者指出问题，提出修改意见，以使我们再接再厉，不断完善本书。

编　者
2015年春

目　录

第 1 章

金融市场导论

引例

2017 年中国金融市场运行报告

2018 年 1 月底，中国人民银行公布了 2017 年金融市场运行情况。2017 年，中国债券市场发行规模继续保持增长，交易量有所减少，债券收益率曲线上移，市场投资者结构进一步多元化；货币市场利率有所上行，交易量小幅下降；互换利率小幅上行；股指振荡上升，成交量同比下降。

2017 年，债券市场共发行各类债券总计 40.8 万亿元，较上年增长 12.9%。其中，银行间债券市场发行债券 36.8 万亿元，同比增长 14.2%。截至 2017 年 12 月末，债券市场托管余额为 74.0 万亿元，其中，银行间债券市场托管余额为 65.4 万亿元。2017 年，国债发行 3.9 万亿元，地方政府债券发行 4.4 万亿元，金融债券发行 5 万亿元，政府支持机构债券发行 2 860 亿元，资产支持证券发行 1.5 万亿元，同业存单发行 20.2 万亿元，公司信用类债券发行 5.5 万亿元。银行间市场信用拆借、回购交易成交总计 695.3 万亿元，同比下降 0.3%。其中，同业拆借累计成交 79.0 万亿元，同比下降 17.7%；质押式回购累计成交588.3万亿元，同比增长3.5%；买断式回购累计成交28.1万亿元，同比下降14.9%。债券市场现券交易量108.4万亿元，同比下降18.0%。

2017年12月份，银行间货币市场同业拆借月加权平均利率为2.91%；质押式回购月加权平均利率为3.11%。

2017年，债券收益率曲线整体上移。12月末，1年、3年、5年、7年、10年期国债收益率分别为3.79%、3.78%、3.84%、3.90%、3.88%；5年期AAA级、AA+级和AA级中短期票据收益率分别为5.42%、5.67%、5.87%；中债综合全价指数为113.37点；交易所上证国债指数（164.7361，0.03，0.02%）为160.85点。

截至2017年末，银行间市场各类参与主体共计18 681家，较上年末增加3 437家。其中，境内法人类机构26 65家，较上年末增加235家；境内非法人类机构15 458家，较上年末增加2 999家；境外机构投资者617家，较上年末增加210家。

2017年，银行间人民币利率衍生品市场累计成交14.4万亿元，同比增长45.2%。其中，利率互换成交名义本金总计14.4万亿元，同比增长45.2%；债券远期成交12亿元；信用违约互换成交7亿元。利率互换期限品种主要以短期品种为主，1年期及以下交易名义本金额占总成交量的76.9%；浮动端参考利率为7天回购定盘利率（FR007），占比为79.1%。互换利率小幅上行。2017年末，1年期FR007互换利率为3.70%，5年期FR007互换利率为4.04%。

2017年，股票市场整体振荡上升，两市全年成交额112.8万亿元，同比下降11.71%。

以上即是中国2017年金融市场的宏观概况。那么，什么是金融市场？金融市场由哪些具体的市场组成？金融市场在一国的经济中发挥什么作用？本章将进行具体的阐述。

1.1 金融市场概述

1.1.1 金融市场定义

要了解金融市场，就先要理解什么是金融。任何一个学科对任何一个概念下一个准确的定义都是很困难的，关于金融和金融市场的定义同样如此。

从资金或资本流动的角度来看，金融，就是指资金的融通或者资本的借贷，它所要解决的核心问题就是：如何在不确定的环境下，对资源进行跨期的最优配置。资源配置一般可以通过计划和市场两种方式进行。

现代金融可以视为在不确定环境下，资源跨期最优配置的市场解决方案。由此，我们也可以把金融理解为：在不确定的环境下，通过金融市场，对资源进行跨期最优配置。

就一般意义而言，金融市场是指以金融资产为交易对象而形成的供求关系及有关机制的总和。它包括3层含义：第一，它是金融资产进行交易的一个有形或无形的场所；第二，它反映了金融资产的供应者和需求者之间所形成的供求关系；第三，它包含了金融资产交易过程中所产生的运行机制，其中最主要的是价格机制。

随着科学技术的发展，以及金融创新的推进，金融市场的范畴也在发生着变化，金融市场的参与者、金融市场的交易标的、金融市场的交易场所，甚至金融市场交易的规则等都在发生变化。

1.1.2 金融市场要素构成

要构成一个完整的市场，就要有参与人、参与对象、组织交易的场所、交易成交的价格体系和市场的组织规则，金融市场同样如此。

世界各国金融市场的发达程度各不相同，它的构成要素也不尽一致，但就市场本身的构成来说，都是一样的，包括：金融市场主体、金融市场客体、金融市场媒介、金融市场价格和金融市场监管者5个要素。

1.金融市场主体

所谓金融市场主体，就是金融市场的交易者。这些交易者或是资金的供给者，或是资金的需求者，或者以双重身份出现。

金融市场的深度、广度和弹性是发达的金融市场必须具备的特点。深度是指金融商品的起始价同最后成交价之间的差额；广度是指交易者的内部组成复杂多样，从而使交易活动不致"一边倒"；弹性则是指证券价格变动后能够迅速地复原。

2.金融市场客体

金融市场的客体是指金融市场的交易对象或交易的标的物，亦即通常所说的金融工具。很多时候，可以把这种金融工具看成一种金融资产，有价值，可流通。

金融市场客体一般包括：票据、债券、股票、外汇、同业拆借资金、基金、期货、金融衍生品、贵金属等。

3.金融市场媒介

金融市场媒介是指那些在金融市场上充当交易媒介，从事交易或促使交易完成的组织、机构或个人。

4.金融市场价格

金融市场价格也是金融市场的基本构成要素之一，它是指作为一种资产，金融市场中的每一种工具由初级或二级市场交易形成的价格。不同的金融工具供给市场不同，所以有不同的价格。

5.金融市场监管者

为促进金融市场交易的公开、公平、公正，增强交易的透明度，减少金融市场中的欺诈行为，维护正常的金融市场秩序，保护广大投资者的合法权益，促进金融市场的健康运行，各国都通过立法，授权某个或某些机构对金融市场进行监督管理。这些机构就是金融市场的监管者，一般都是国家部门这样的非营利性组织。

金融市场五要素之间是紧密联系、互相促进、相互影响的。其中，金融市场主体与金融市场客体是最基本的要素，只要有这两个要素存在，金融市场便会形成；而金融市场媒介与金融市场价格则是自然产生的或必然伴随的，只有这两个要素存在，金融市场的交易才更便利、更迅速。金融市场的监管者也是伴随金融市场的发展而产生的，它是金融市场的外在因素，也是金融市场运行和发展所必需的。

1.1.3 金融市场的形成与发展

1.金融市场的形成

金融市场的形成要以最基本的要素构成为标志，也就是说，必须要有金融市场的主体与客体以及实际的交易活动作为要件存在才能认为金融市场正式形成。据此推算，金融市场首先形成于17世纪初的欧洲大陆。

早在古罗马时代，地中海沿岸的贸易活动就已有相当规模，并开始使用各种票据结算，汇票便是这一时期意大利人的一个发明。

14世纪与15世纪之交，是银行产生的年代，标志着金融关系发生了根本性的变化。1397年成立的梅迪西银行和1407年成立于热那亚的圣乔治银行，开了新式银行之先河。

16世纪初，资本主义还处于原始积累时期，西欧出现了证券交易活动。比利时的安特卫普和法国的里昂被认为是证券交易活动出现最早的地区。1608年，荷兰建立了世界上最早的证券交易所——阿姆斯特丹证券交易所。1611年建成的阿姆斯特丹证券交易大厦，被认为是世界上最早的证券交易大厦，阿姆斯特丹证券交易大厦的建成标志着金融市场的诞生。

2.金融市场的发展

金融市场大约已有四五百年的历史，但其真正快速发展并进入较发达的时期，则是在20世纪五六十年代以后。

从17世纪英国崛起到第一次世界大战以前，英国是世界上最大的殖民国家，英国证券交易市场随之发展起来。英国最早的股份公司，是设立于1600年的东印度公司。1773年英国第一家证券交易所在伦敦新乔纳森咖啡馆正式成立，它是伦敦证券交易所的前身。

德国证券市场的历史可以追溯到16世纪。早在1585年，法兰克福证券交易所就已经成立，但仅供票据经纪人和硬币交换商定期开会用。直到1790年，该交易所才经营部分债券。

美国纽约证券交易所的起源可以追溯到1792年5月17日，当时24个证券经纪人在纽约华尔街68号外一棵梧桐树下签署了"梧桐树协议"，协议规定了经纪人的"联盟与合作"规则。到了18世纪末，美国证券市场进入快速发展时期，到1817年纽约证券交易所正式组建。

法国的证券交易历史悠久，17世纪路易十四时代已颁布有关证券交易的法令。

日本的证券交易大约形成于明治时期，较欧洲落后约200年。

第一次世界大战开始到第二次世界大战结束，是金融市场发展的转折时期。第二次世界大战以后，世界政治经济格局发生了重大改变，金融市场也进入了急剧变革的时期。

3.中国金融市场的产生与发展

旧中国金融市场的雏形是明代中叶以后出现在浙江一带的钱业市场。所谓钱业市场，即钱庄与业主之间兑换货币和调剂资金余缺的市场。

旧中国最早的证券是1872年由李鸿章、盛宣怀等兴办的轮船招商局发行的股票和1894年由户部"息借商物"发行的债券。

中华人民共和国成立后，中国开始了全面的计划经济。改革开放以来，逐步建立了市场经济体制。1981年，当代中国第一个证券交易所——北京证券交易所成立。1984年，我国开始允许金融机构相互拆借资金以调剂余缺，形成同业拆借市场。同年，北京成立了全国第一家股份有限公司——北京天桥百货股份有限公司，公司发行了定期3年的股票。随后，上海飞乐音响公司公开向社会发行了不偿还本金的股票。1990年11月和1991年4月，上海证券交易所和深圳证券交易所相继成立，标志着我国证券市场进入了一个新的阶段。

1.1.4　金融市场的功能

金融市场是现代经济的核心，它在当今市场经济中占据着举足轻重的地位。

1.转化储蓄为投资的功能

储蓄是指推迟现时消费的行为，是收入减去消费后的剩余。投资是指经济行为主体为增值目的而对资本的投入和运用，也是扩大生产规模和经济增长的重要手段。一个国家的商品经济要正常发展，必须使储蓄充分、及时地转化为投资，进而使社会资源尽可能充分和合理地利用。而使储蓄转化为投资的传递机制和渠道，就是金融市场。

2.成为市场机制主导和枢纽的功能

金融市场在市场机制中扮演着主导和枢纽的角色，发挥着极为关键的作用。一个有效的金融市场上，金融资产的价格和资金的利率能及时、准确和全面地反映所有公开的信息，资金在价格信号的引导下迅速、合理地流动。金融市场还以其完整而又灵敏的信号系统和灵活有力的调控机制引导着经济资源向着合理的方向流动，优化资源的配置。

3.改善社会经济福利的功能

金融市场可以为每一个人提供加速储蓄过程、缩短储蓄时间的服务，从而改善人们的社会便利程度。金融市场是一个开放的市场，人人都可参与，每个人都能在特定的金融市场中找到符合自己需求的产品。这些需求的满足改变着每一个人的生活方式和生存方式。

4.提供多种金融工具并加速流动，使中短期资金凝结为长期资金的功能

金融市场通过提供多种金融工具并赋予其极高的流动性，使中短期资金集结为长期资金。这既是金融市场的特殊功能，也是整个金融活动的功能。对于每一个个体，资金的期限都是不一样的，但是金融市场能将这些差异化的资金聚集起来，变成可以"流动"的长期资金。

5.引导资金流向的功能

在较有深度的金融市场上，资金肯定会流向利润、效率较高的行业和企业。如果金融市场是有效的，就会有越来越多的资金追逐利润较高的行业，而低收益率的企业将会一步步被金融市场所淘汰。

6.提高金融体系竞争性和效率的功能

金融市场因金融工具的流动性而使经济和金融体系的活力增强。金融市场在储蓄转化为投资的过程中，使更多的闲置资源得到利用，使社会性资源浪费现象减少，也使现有资源得到更合理的配置，使资源的单位效率提高。另外，由于金融市场客观上成为银行业的竞争对手，金融体系内部充满了竞争性。

1.2　金融市场主体

1.2.1　金融市场主体概述

金融市场主体是金融市场上的交易者，是以资金供给方或资金需求

方的身份出现在金融市场上，从事投资与筹资活动的人。他们既可以是自然人，也可以是法人。一般来说，主要包括以下部门：家庭或个人、企业、政府、金融机构，如果是开放的金融市场，还包括国外投资者。

1. 金融市场主体的意义

在金融市场上，市场主体具有决定性意义。

（1）市场主体的多寡一般决定着金融工具的种类和数量。

（2）市场主体虽然同市场媒介一起构成金融市场的参与者，但市场主体的多寡则成为决定市场媒介需求的重要因素。众多的市场主体自然会产生众多的对市场媒介的需求。

（3）市场主体还决定着金融市场的规模、特征及运行的机制。机构投资者活动频繁的金融市场同机构投资者基本没有活动的金融市场显然是不同的；政府部门作用显著的金融市场同政府部门作用相对弱小的金融市场相比，运行机制肯定会有差异。这些都集中说明，金融市场主体的活动是赋予金融市场特质的主要因素，因而也是认识金融市场的开端。

2. 金融市场主体从事交易的驱动力

金融市场主体积极从事金融市场交易的动力主要来自两个方面。

（1）从内部来看，主要是对利润和收益的追求。不同部门之间的资金余缺状况经常是不同的，资金盈余者常常苦于没有机会投资，资金短缺者虽有投资机会却缺少资本，如果二者之间进行沟通，就能够满足双方对利润和收益的追求。任何一方都没有理由放弃机会。

（2）从外部来说，则是市场主体之间的激烈竞争。金融市场上的资金短缺者和资金盈余者都不在少数，并且相互间的关系随时都在发生变化。随着商品经济向更高阶段发展，获利机会稍纵即逝，并非只垂青某一家，任何一方如果采取消极态度，就难以实现对利润和收益的追求，使自己的生产经营规模和实力缩减，最终导致难以在市场上占据有利位置，甚至可能被市场淘汰。

1.2.2 家庭部门

家庭部门又称个人部门，在任何国家和地区，家庭部门都是金融市场上重要的资金供给者，是金融工具的主要认购者和投资者。一般情况下，家庭部门的收入总是大于支出，原因不外乎节俭和预防不测等。

1.家庭部门在金融市场上的地位与作用

家庭部门因其收入的多元化和分散化特点而在金融市场上成为一贯的投资者和资金供给者。

正是因为家庭部门的投资具有分散性和多样性特征，才使金融市场具有了广泛的参与性和聚集长期资金的功能。可以这样说，如果没有家庭部门作为主体，金融市场便缺乏迷人的魅力，在国民经济中的重要性也大打折扣。

2.家庭部门在金融市场中的活动领域与方式

根据不同的投资目的，投资者可以做出各种不同的投资选择，如有人要投资于短期的金融资产，以达到短期投资的目的，有人则要投资于长期的股票与债券，以达到长期投资的目的。这就使家庭部门的活动领域遍布货币市场和资本市场。

家庭部门在金融市场上的投资受诸多限制，因此在金融市场上成为直接投资者的家庭为数不多。在市场经济相对成熟的发达国家，大多数家庭或个人都会将自己的资金委托给机构代为打理，而中国由于经济发展的现状、传统观念以及诚信体系方面的原因，个人和家庭基本上仍是自己理财投资。

1.2.3 企业

在任何国家和地区，企业都是经济活动的中心，因而也是金融市场运作的基础。

从法律形态看，企业主要有三种组织形式：独资企业、合伙企业和公司。独资企业和合伙企业是传统的企业形式，公司则是现代企业形式。不论哪一种企业，在其生产经营过程中都会发生资金余缺的情况，金融市场因此成为各类企业融资及投资的场所。不仅如此，作为现代企业形式的公司，还因其组成方式上的特点而同金融市场有着天然的紧密联系。公司的重要特征是投资主体多元化，投资主体多元化归根结底是资本联合的一种形式。这个"资本联合"的过程，必须通过金融市场才能实现，如股份有限公司发行股票、有限责任公司发行债券等。由此可见，企业资本来源的多样性和投资主体的多元化，使企业成为金融市场上证券发行的主体，成为决定市场规模的主要因素。

1.企业在金融市场上的地位与作用

企业以资本市场为其活动的主要领域，同时在货币市场上也活动频繁。一些大的企业尤其是跨国公司，经常在财务上实行现金管理，通过压缩现金库存来进行短期投资。此外，它的季节性、临时性资金需求，一部分也要通过货币市场来满足。如果说企业在资本市场上主要是以资金需求者的身份出现的话，那么在货币市场上，则是以资金需求者和资金供给者的双重身份出现的。总之，企业在社会再生产中的主体地位，使其在金融市场交易中不论以何种身份出现，意义均十分重大。

2.企业在金融市场上的活动领域与方式

企业一般是作为最大的资金需求者在金融市场上从事交易的。不论是何种企业，总会因各种原因不断产生中长期或短期资金的不足。弥补资金不足的方式不外乎两种：一是筹措内部资金，或动用公司的内部积累和结余，或减少向股东分派股息（股份公司），以此进行再投资。不过，这类资金来源极其有限。二是筹措外部资金，即向企业外部的资金供给者公开筹措。在大多数国家和地区，企业极少仅以自有资本投资，内部筹集资金的途径也难以满足生产对资金的需求，因而总是千方百计以借得的资本运营，金融活动因此成为经济发展的强大动力。

企业从外部筹措资金既可采取向银行借款方式，也可在金融市场上发行有价证券，两种方式各有利弊。一般来说，在金融市场发展的早期，企业多通过向银行借款来满足资金需求，原因不外乎两条：一是那时信用贷款在贷款总规模中仍占很大比重，贷款多属资本贷放性质，企业能因借款而扩大生产规模；二是金融市场的发展还未能达到今天的水平，还不能提供种类繁多的金融服务。但随着经济和金融的不断发展，情况则发生了很大变化。首先是现代银行多以抵押形式放款，信用放款比重较小，这使银行放款的性质从资本贷放向货币贷放转变，因而极大地限制了企业发展的规模，企业转而将更多的筹资目标放在金融市场。其次是金融市场自身的发展和完善日益能满足企业对资金余缺的调剂需求，从而吸引企业更多地通过金融市场筹集资金。

一般情况下，企业多在资本市场上活动，是股票和债券市场上最重要的筹资者。但近年来，一些发达国家股票筹资的成本越来越高，因此，许多企业都把注意力更多地放在发行债券上，债券市场成为企业筹资的另一重要领域。

企业有时也以投资者的身份出现在金融市场上，通过购买金融工具进行中长期或短期投资。企业在金融市场上投资具有两个特点：一是长期投资比较稳定，例如一个企业购买另一家公司的股票或债券，通常都是长期持有，并不在短期内易手，也不受短期市场波动的影响。二是短期投资交易量大，由于企业的资金实力一般都较为雄厚，临时闲置的资金规模往往很大，因此成为货币市场重要的资金来源。

1.2.4　政府部门

政府部门在金融市场上扮演着双重身份。

政府部门是一国金融市场上主要的资金需求者。不管是中央政府、地方政府，还是政府机构，为了建设公共设施，或者为了弥补财政赤字，一般都要通过发行公债的方式筹措资金。在一些国家，政府部门是债券市场上最重要的主体。

政府部门除了是金融市场上最大的资金需求者和交易的主体之外，还是重要的监管者和调节者，因而在金融市场上的身份是双重的。

政府部门对金融市场的监管虽然主要是授权给监管机构，但也经常自己出面对金融市场施加影响。另外，政府部门还通过财政政策对金融市场施加影响，比如国债管理和国债交易，就是在金融市场上同中央银行的货币政策协调配合发生作用的。

1.2.5　金融机构

1.金融机构的特殊性

在金融市场上，金融机构的作用是极其特殊的。

首先，金融机构是金融市场上最重要的中介机构，是储蓄转化为投资的传递者和导向者。资金从储蓄者手中转移到投资者手中之所以采取通过金融机构的间接融资方式，根本原因是间接融资有许多好处，如金融机构可以买进最终债权人持有的某些证券，从而提高证券的回收性；金融机构可以实行专业化经营，从而降低证券的交易费用，增加证券的净收益；金融机构可以买进和发行期限不等的各种证券，从而使金融工具的期限性多样化，以便适应各方面的不同需要；金融机构还可以使所持有的证券多样化，从而分散和减弱风险等。在美国，金融机构大约是3/5的金融工具存量及4/5的债权的持有者或发行者。正因为如此，各国都把金融机构作为监管的重点对象。

其次，金融机构还是金融市场上资金的供给者和需求者。金融机构筹集资金的最终目的是向市场供应资金，但有时也有以自营为特征的投资活动，这些都需要在金融市场上直接发行证券，以资金需求者的身份出现在市场上。在许多国家，家庭部门非常乐意持有金融机构发行的间接证券，因为直接证券往往有数额较大的特征，恰与家庭部门小额储蓄的特征相悖。

金融机构作为金融市场上的资金供给者，有时并非获取企业部门的抵押契据，而是到金融市场上购买其他有价证券，尤其是国家债券，以此来调节自身的资产结构。1963年，美国金融工具余额中，金融机构的份额已约占3/10，说明金融机构供给金融市场的资金数量已相当可观。

在发达的金融市场中，对金融市场的压力一般也是通过金融机构传递的。例如，货币政策就是开始作用于银行货币头寸，然后影响实体经济部门，再施压于金融市场，来控制货币供应量，最终实现货币政策目标。

总之，金融机构在金融市场中的特殊地位，使其在一国的金融体系中起着关键作用。

2.金融机构的类型

金融机构分为存款性金融机构和非存款性金融机构。

存款性金融机构是一种负债经营金融机构，指通过吸收各种存款而获得可利用资金，并将之贷给需要资金的各类经济主体或投资于证券等金融资产以获取收益的金融机构。它们是金融市场的重要中介，也是套期保值和套利的重要市场主体，包括商业银行、储蓄机构和信用合作社。

非存款性金融机构的资金来源和存款性金融机构吸收公众存款不一样，主要是通过发行证券或以契约的方式聚集社会闲散资金。非存款性金融机构一般包括：保险公司、养老基金、证券公司、信托公司、基金公司、金融公司等。

通常，把非存款性金融机构称为机构投资者，它们在金融市场上从事大额金融交易，是金融市场上的重要投资者，不仅身份特殊，而且作用巨大。机构投资者主要活跃在资本市场上，主要是买卖公司证券，如股票和公司债券，有时也购买国债。机构投资者由于交易数额较大，因此对市场价格有较大影响。机构投资者同家庭部门一样，是金融市场上主要的资金供给者。从某种意义上讲，机构投资者在市场中的地位如何是金融市场是否成熟的重要标志。

从经营对象上区分，金融机构可以区分为商业银行、储蓄机构、信用合作社、保险公司、养老基金、证券公司、信托公司、基金公司、金融公司等。

（1）商业银行。商业银行是以营利为目的，以多种金融负债筹集资金，以多种金融资产为经营对象，具有信用创造功能的金融机构。一般的商业银行没有货币的发行权，传统的商业银行的业务主要集中于经营存款和贷款业务，即以较低的利率借入存款，以较高的利率放出贷款，存贷款之间的利差就是商业银行的主要利润。商业银行的主要业务范围包括吸收公众、企业及机构的存款，发放贷款，票据贴现及中间业务等，它是储蓄机构而不是投资机构。

在中国，虽然现在大多数商业银行都已经改制成股份制企业，但一般还是把商业银行体系分为三级，即国有大型商业银行、股份制商业银行和城市商业银行。

（2）储蓄机构。广义的储蓄机构是指所有办理储蓄业务的机构，是指经主管部门批准的办理储蓄业务的银行、信用社以及邮政企业依法办理储蓄业务的机构。储蓄是指居民个人将手中待用或积余货币有条件地存入相关机构的一种信用活动。储蓄的基本特征是：储蓄的参储主体是居民个人，而不包括企事业法人或社会团体；储蓄的对象是指居民个人手中能合法支配或拥有的暂时闲置或积余的货币；储蓄的范围指储蓄存款，不包括居民个人手中的现金、购买的有价证券及投资。

在中国，除了银行和信用合作社，储蓄机构主要是指邮政储蓄。

（3）信用合作社。信用合作社简称信用社，是指由个人集资联合组成，以互助为主要宗旨的合作金融组织。其基本的经营目标是以简便的手续和较低的利率向社员提供信贷服务，帮助经济力量薄弱的个人解决资金困难。按照地域不同，可分为农村信用合作社和城市信用合作社。

农村信用社是由农民或农村的其他个人集资联合组成，以互助为主要宗旨的合作金融组织。农村信用合作社原来主要办理种植业的短期生产贷款，后来发展到综合办理农林牧副渔和农村工商业及社员消费性的短期贷款。1996年，中国对农村信用社进行改革，明确农村信用社主要由农户、农村集体经济组织和农村信用社职工入股，实行民主管理，最高权力机构是社员代表大会，坚持主要为社员服务的方针。

城市信用社是城市居民集资建立的合作金融组织，旨在为城市小集体经济组织和个体工商户服务，通过信贷活动帮助他们解决资金困难，促进生产发展。其性质为集体所有制企业，是具有独立法人地位的经济实体。城市信用社实行独立经营，由社员进行民主管理，盈利归集体所有，并按股金分红。城市信用社经营的业务一般有：吸收单位和个人的存款；向企业发放短期贷款；办理抵押贷款；办理同城及部分异地的结算业务；提供信息和咨询服务；代办企业保险业务等。

2010年以后，中国的农村信用合作社进行了一次较大的变革，很多信用合作社改制成了各种"农商行"。

（4）保险公司。保险公司是发达国家最主要的非存款类金融机构，主要包括两种：人寿保险公司和财产与灾害保险公司，其中又以人寿保险公司的规模为最大。

在大多数金融市场发达的国家，保险公司是证券市场中最主要的机构投资者，很多保险公司都是做市商。

（5）养老基金。养老基金又称退休金基金，是一种契约型金融机构。这种基金的参加者多为企业的职工，资金来源主要有两条途径：一是劳资双方的积累，即雇主和雇员各交纳一部分资金；二是基金运用的收益。

养老基金是一种保障性基金，养老金是否充足关系到全社会大多数退休人员的权益，因此如何使养老金保值增值是每一个国家政府关注的重点。在美国，养老金可以进入证券市场，包括股票市场，并且它已经成为股票市场发展的主力资金。而在中国，养老金入市刚刚起步。

（6）证券公司。证券公司是专门从事各种有价证券经营及相关业务的金融企业，它是证券市场的重要参加者和中介机构。作为机构投资者，证券公司在证券市场从事自营买卖业务，具体就是为了谋取利润，证券公司作为投资者自己买卖证券并自担风险。

（7）信托公司。信托公司是指从事信托业务的公司，这类业务是以信任委托为基础、以货币资金和实物财产的经营管理为形式、融资和融物相结合的多边信用行为。信托业务主要包括委托和代理两个方面的内容。委托是指财产的所有者为自己或其指定人的利益，将其财产委托给他人，要求按照一定的目的，代为妥善地管理和有利的经营；代理是指一方授权另一方，代为办理的一定经济事项。

（8）基金公司。基金公司是指公开或者非公开募集资金，将众多投资者的资金集中起来，形成独立财产，由基金托管人托管，由基金管理人管理，以投资组合的方法进行证券投资或其他项目投资的一种利益共享、风险共担的集合投资专业机构。在中国，基金公司是最主要的机构投资者。

（9）金融公司。金融公司也称财务公司，在西方国家是一类极其重要的金融机构。其资金的筹集主要靠在货币市场上发行商业票据，在资本市场上发行股票、债券。汇集的资金用于贷放给购买耐用消费品、修缮房屋的消费者及小企业。金融公司分为销售金融公司、消费者金融公司及工商金融公司三类。一些金融公司由其母公司组建，目的是帮助推销自己的产品。现在大多数的汽车公司都组建了自己的金融公司，实施购车消费信贷，促进汽车销售。

1.3　金融市场客体

金融市场客体是指在金融市场上交易的各种金融商品和金融工具，主要包括货币头寸、票据、债券、股票、基金、外汇等。

1.3.1　货币头寸

1.货币头寸与银行的货币头寸管理

货币头寸又称现金头寸，是指商业银行每日收支相抵后，资金过剩或不足的数量。货币头寸是同业拆借市场重要的交易工具。

货币头寸之所以被作为金融市场交易工具，是由金融管理当局实行存款准备金制度引起的。存款准备金制度使商业银行具有缴存法定存款准备金的义务，但准备金并不能给商业银行带来任何收益，因此，商业银行一方面必须持有足够的准备金以满足需要，另一方面又不能过多地持有准备金，必须对准备金头寸进行管理，这就是银行的货币头寸管理。

在存款准备金制度下，一方面，法定存款准备金在事实上难以精确计算；另一方面，商业银行实际持有的存款准备金，因清算和日常收付的不断变化而经常变化。这些变化如果导致实际准备超过法定准备，便形成"多准备金头寸"，超过部分称为超额准备。若实际准备少于法定准备，即为法定准备不足，形成"少准备金头寸"。有"多准备金头寸"的银行必然要借出多出的准备金头寸以增加利息收入；"少准备金头寸"的银行则要拆入资金以弥补法定准备金的差额，以避免被中央银行查处而征收罚金。货币头寸因此而成为货币市场的交易工具。

2. 货币头寸作为交易工具的特点与价格

货币头寸作为资金拆借市场的交易工具，最重要的特征是它的"即时可用"性，只要交易达成，借款人即具有使用权，不像支票那样需要经过一个转化为货币的过程，使借款人白白放弃一个营业日的使用权。特别是在高利率时期，各金融机构都愿意避开支票清算机制，追逐交易货币头寸。

货币头寸的价格即拆借利率，一般是由两种情况决定：一是由双方当事人议定；二是借助于货币经纪人，通过公开竞价确定。决定拆借利率最重要的因素是当时货币市场的资金供求状况。

拆借利率一般低于中央银行的再贴现率。拆借利率如果比再贴现利率高，银行不仅会拒绝向客户办理贴现，还会争相向中央银行申请再贴现贷款，引起金融秩序的混乱。拆借利率有时也可能低于市场利率，那是在货币头寸供给大于货币头寸需求的时候，拆出的利率虽较市场利率低，却比无息可收强出许多。

拆借利率由于变动频繁，能迅速、及时、准确地反映货币市场资金供求情况，因此成为货币市场上最敏感的"晴雨表"。各金融机构都密切关注货币头寸的价格变动，借以及时调整自己的投资决策。

1.3.2　票据

票据是指出票人自己承诺或委托付款人，在指定日期或见票时无条件支付一定金额并可流通转让的有价证券。票据是国际通用的结算和信用工具，它由于体现债权债务关系并具有流动性而成为货币市场的重要交易工具。

票据以无条件支付一定金额为目的，无条件是指出票人自己承诺支付或委托付款人支付时，均不得附有任何支付的前提条件。票据的产生和存在以支付一定金额为唯一目的。尽管发行票据的原因可能已经发生变化，但付款人仍须依票面金额履行付款义务。票据只有得到全部支付，债权债务关系才归于结束。

按照不同的分类标准，票据可以分为不同的种类。按照信用关系的不同，票据可分为汇票、本票和支票。按照到期时间的不同，可分为即期票据和定期票据。按照票据发票人或付款人的不同，可分为商业票据和银行票据。

1.3.3 债券

债券是债务人在筹集资金时，依照法律手续发行，向债权人承诺按约定利率和日期支付利息，并在特定日期偿还本金，从而明确债权债务关系的有价证券。

债券是确定债权债务关系的书面凭证，债券的发行者即为债务人，投资者则为债权人。债券虽是表示债务债权关系的书面凭证，却与一般的借贷凭证不同，它是借贷关系的证券化，因而可向任何第三者自由转卖，由此成为资本市场的交易工具。

1.3.4 股票

股票是指股份公司发给股东作为入股凭证，股东凭以取得股息收入的一种有价证券。股份公司是商品经济发展到一定阶段的产物。股份公司具有集资、合资性质，其将企业资本分为金额相等的若干单位，即"股份"，拥有者按持股多少分配利益和分担责任，从而形成了股份公司制度。

股份公司有两种基本形式，即股份有限公司和股份两合公司。

1.股票与债券的相互联系

（1）不管是股票还是债券，对于发行者来说，都是筹集资金的手段，在使用资金的同时，都要付出一定的报酬给投资人，这就是股息或利息。对于投资者来说，两者都是一种投资手段或交易工具，投资者可以通过任意一种工具，把资金投放到自认为最有利可图之处，按期获得一定的报酬。

（2）股票和债券（主要是中长期债券）共处于证券市场这一资本市场当中，并成为证券市场的两大支柱，同时在证券市场上发行和交易。

（3）股票的收益率和价格同债券的利率和价格之间是互相影响的。因为在证券市场上，一种交易工具的价格变动必然会引起另一种交易工具的价格变动。

2.股票与债券的相互区别

（1）性质不同。股票表示的是一种股权或所有权关系；债券则代表债权债务关系。

（2）发行者不同。股票只有股份公司才能发行；债券则是任何有预期收益的机构和单位都能发行。债券的适用范围显然要比股票广泛得多。

（3）期限不同。股票一般只能转让和买卖，不能退股，因而是无期的；债券则有固定的期限，到期必须归还。

（4）风险和收益不同。股票的风险一般高于债券，但收益也可能大大高于后者。股票之所以存在较高风险，是由其不能退股及价格波动的特点决定的。

（5）权利不同。股票持有人作为公司的股东，有权参与公司的经营管理和决策，并享有监管权；债券的持有者虽是发行单位的债权人，但没有任何参与决策和监督的权利，只能收取利息和到期收回本金。

1.3.5 基金

基金证券又称投资基金证券，是指由投资基金发起人向社会公众公开发行，证明持有人按其所持份额享有资产所有权、资产收益权和剩余财产分配权的有价证券。

投资基金应包括三种含义：①投资基金是一种投资制度；②投资基金发行的基金证券是一种大众化的投资工具；③投资基金具有投向的广泛性和收益的共享性。

1.基金证券与股票、债券的共性

（1）对基金证券、股票和债券的投资均为证券投资。

（2）基金证券从形式上看同股票与债券有相似之处。基金份额的划分类似于股票，股票按"股"计算其总资产，基金资产则划分为若干个

"基金单位"，投资者按持有"基金单位"的份额分享基金证券的增值收益。

（3）股票、债券是基金证券的投资对象。在国外，就有专门以股票、债券为投资对象的股票基金和债券基金。

2.基金证券同股票、债券的区别

（1）投资地位不同。股票持有人是公司的股东，有权对公司的重大决策发表自己的意见；债券的持有人是债券发行人的债权人，享有到期收回本息的权利；基金证券的持有人是基金的受益人，体现的是信托关系。

（2）风险程度不同。一般情况下，股票的风险大于基金证券。对中小投资者而言，由于受可支配资产总量的限制，只能直接投资于少数几只股票，当其所投资的股票因股市下跌或企业财务状况恶化时，资本金有可能出现较大的亏损；而投资基金的基本原则是组合投资、分散风险，把资金按不同的比例分别投入到不同期限、不同种类的有价证券上，以把风险降至最低程度。债券在一般情况下，本金能够得到保证，收益相对固定，风险比基金证券要小。

（3）收益情况不同。基金证券和股票的收益是不确定的，而债券的收益则是确定的。一般情况下，基金证券的收益比债券高。

（4）投资方式不同。与股票、债券的投资者不同，基金证券是一种间接的证券投资方式，基金证券的投资者不直接参与有价证券的买卖活动，不直接承担投资风险，而是由专家具体负责投资方向的确定、投资对象的选择。

（5）价格决定因素不同。在宏观政治、经济环境一致的情况下，基金证券的价格主要决定于资产净值，而影响债券价格的主要因素是利率，股票的价格则受供求关系的影响。

（6）投资回收方式不同。债券投资是有一定期限的，期满后收回本金。股票投资是无限期的，除非公司破产、进入清算，投资者不得从公司收回投资，如要收回，只能在证券交易市场上按市场价格转让变现。基金证券则要视所持有的基金形态不同而有区别：封闭式基金有一定的期限，期满后，投资者可按持有的证券份额分得相应的剩余资产，在封闭期内还可以在交易市场上转让变现；开放基金一般没有期限，投资者可随时向基金管理人要求赎回。

1.3.6 外汇

外汇是指外国货币及用外币表示的用于国际间结算的支付手段。一般而言，外汇的含义包括两个方面：一是指外国货币，如美元、日元、欧元等，这些外币不仅可用于国际支付，还是一种用外币表示的金融资产，并可随时兑换成其他国家的货币。二是指以外币表示的外国信用工具和有价证券，如商业汇票、银行汇票以及在外国银行的存款等。

1.4 金融市场媒介

金融市场媒介是指充当金融市场交易中介的个人和机构，主要包括金融市场经纪人、证券公司、投资银行、商人银行、证券交易所等。

1.4.1 金融市场经纪人

1. 经纪人概述

经纪人是指市场上为使买卖双方成交而从中撮合并收取佣金的商人或商号。经纪人一般都具有与其经手中介的交易业务相关的专业知识，谙熟市场行情和交易程序，对交易双方的资信状况有很深的了解，因此，许多交易主体都喜欢通过经纪人进行交易。可以这么说，什么地方有市场，什么地方就有经纪人。经纪人是市场经济运行中不可缺少的中间环节。

中国古代的经纪人行业相当繁荣。唐朝以前，经纪人便已出现。唐朝的经纪人被称为牙郎，已遍及各行各业。到了明朝，又有所谓官牙与私牙之分，官牙为政府指定，私牙虽非政府指定，但也为政府所批准，并取得相应证书——牙贴。清代又有牙商、牙行之称，直到近代才叫作经纪人。但我国各地仍流行俗称，如南方多称为"掮客"，北方则称为"跑合"，比如在旧式钱庄充当旧式金融经纪人的便称做"跑钱行合的"。中国近代，经纪人行业再没有大的发展，这与中国近代经济的落伍是分不开的。

改革开放以来，随着我国市场经济的不断发展，经纪人行业重新恢复和迅速发展起来，现已形成以证券市场经纪人和期货市场经纪人为中坚力量的经纪人队伍。

金融市场作为一个市场体系，包括许多具体的子市场，金融市场的经纪人便也种类很多，他们都是在一些特定的范围从事金融中介业务的商人。

2.外汇经纪人

外汇经纪人又称外汇市场经纪人，是指在外汇市场上促成外汇买卖双方的交易顺利成交的中介人。

外汇经纪人既可以是个人，也可以是中介组织，如外汇经纪行或外汇经纪人公司。前者的资历不如后者，通常只专注于某些外汇的交易，因而被称为跑街经纪人。后者由于实力相对雄厚，具有专业化经营的特点，因此在外汇买卖业务不断国际化的背景下，业务迅速发展，遍布世界各个金融中心。

外汇经纪人存在的根本原因在于外汇汇率的频繁波动。在外汇市场上，汇率因受多边政治经济的影响而瞬息万变，外汇买卖双方要直接进行交易存在诸多困难，因而必须通过某一中间人来进行，外汇经纪人便应运而生。

经纪人在外汇交易中作用的大小，与金融市场上外汇交易的规模有关。英国伦敦是一个历史悠久的金融中心，活跃在外汇市场上的外汇经纪人为数最多。美国纽约虽然是世界最大的金融市场，但其外汇市场远不如欧洲国家的外汇市场发达。

3.货币经纪人

（1）货币经纪人的定义。

货币经纪人又称货币市场经纪人，是指在货币市场上充当交易双方中介，收取佣金的中间商人。货币市场的交易工具主要是货币头寸、各种票据及短期的国库券，因而货币经纪人包括货币中间商、票据经纪人和短期证券经纪人。

货币中间商也称货币经纪人，是指专门为同业拆借市场交易服务的中间商人，通常包括两类：一类是专门从事货币头寸交易的自由经纪人。这类经纪人用现代通信和科技手段武装自己，把各银行的货币头寸输入电脑，供金融机构查询，并进行头寸调剂，从中收取佣金。另一类则是专门设置的一些机构或商号，如日本的短资公司，这类经纪人也称拆借经纪人。由于同业拆借的许多业务都是在金融机构间直接进行的，并不需要通过中间商，所以这类经纪人的作用并不是十分重要。

票据经纪人是指专营票据买卖的中间商人。票据经纪人的传统业务是代客买卖票据，从中收取佣金，后逐渐寻求从买卖差价中获取利润，从而兼有了经纪人和自营商的性质。

短期证券经纪人同票据经纪人一样，也兼有经纪人和自营商的性质。这也反映出货币市场经纪人由于从事的多是短期交易，因而专业化程度不如证券经纪人高，具有一些"全能"的味道。

（2）货币经纪人的获利途径及作用。

货币经纪人获利的途径不外乎两条：一是收取佣金；二是赚取差价。但具体到某一种经纪人，则又有所差别。

货币中间商的获利途径只是收取佣金。虽然经纪人对同业拆借市场并非必不可少，但毫无疑问，经纪人的存在使货币头寸的交易变得更有效率。同业拆借双方在没有经纪人的时候，虽说可以节约中间人佣金，但是却增加了寻找交易对手的费用。尤其是在拆借数额较大的时候，寻找交易对手的费用通常要比支付给中间人的佣金要多，这说明货币经纪人在特殊情况下有其存在的必要性。

票据经纪人运用的资金主要来自自有资本以及不超过7天的银行短期贷款，在货币市场上主要起着为企业和政府部门提供短期资金的作用，通过收取佣金和赚取差价来进行自我积累。但第二次世界大战以后，商业票据的买卖大为减少，票据经纪人便转而从事短期国库券业务。

短期证券经纪人主要从三种途径获利。首先，他们试图以高于买价的价格销售持有的短期国库券存货，从中获得差价。其次，他们从转期经营中获取收益。所谓转期，即用一种到期日较晚的债券代替另一种债券，或者说，是用销售一种新债券的收入来赎回旧债券。转期通常只在新债券比旧债券可节省固定利息的情况下发生，有时也是为了以长期债券代替短期债券以延长债券期限，或为了消除包含不利契约条款的旧债券。最后，是从变动短期证券规模和平均偿还期中获取收益，这种变动通常以对未来利率水平变化的预期为基础。

4.证券经纪人

（1）证券经纪人的定义。

证券经纪人是指在证券市场（或资本市场）充当交易双方中介和代理买卖证券而收取佣金的中间商人。由于证券经纪人通常只在证券交易所活动，因此具有非常重要的作用。这是因为：

首先，在证券交易所中，每天都有多种证券挂牌交易，普通投资者面对瞬息万变的市场行情，很难选择到合适的证券，但只要通过经纪人，问题便迎刃而解。

其次，证券交易所虽是证券最终成交的场所，但让所有交易者都进入其中自行交易既不可能，秩序也会无法维持。因此，各国法律都规定：一般投资人是不得进入证券交易所亲自交易的，必须由经纪人做交易代理。显而易见，没有证券经纪人，证券交易就很难顺利和高效进行，从而也就不能形成高效率的证券市场。

在证券交易中，经纪人同客户之间形成如下关系：

第一，委托代理关系。客户是委托人，经纪人是代理人或被委托人。客户委托经纪人进行证券买卖；经纪人则接受委托人的委托，并根据客户的偏好和要求进行操作。

第二，债权债务关系。在保证金信用交易中，客户与经纪人的关系扩大为债权债务关系。债权债务关系包含抵押关系。如果客户急需资金而其证券尚未售出时，客户可将证券存放在经纪人手里作抵押，取得借款。

第三，信任关系。信任关系即客户与经纪人之间是互相信任的，否则，委托便不会成立。由于有法律和职业道德约束，客户一般对经纪人的责任心和能力比较放心，因而委托经纪人买卖证券。作为客户资产的受托人，经纪人不得以任何手段用客户资产谋取自身利益。同时，经纪人也应对客户有充分的了解和信任。经济人虽不能诱导客户买卖何种证券，却可以根据工作经验，向客户提供必要的信息。

第四，买卖关系。由于有些经纪人（如特种经纪人），兼有经纪人和自营商的双重身份，因而有时也和顾客形成买卖关系。

（2）证券经纪人的类型。

佣金经纪人，是指接受客户委托，在证券交易所内代客户买卖有价证券，并按一定比率收取佣金的经纪人。

两元经纪人，指专门接受佣金经纪人的委托，代理买卖有价证券的经纪人，因而又称交易厅经纪人或居间经纪人。

专家经纪人，是指佣金经纪人的经纪人，就如同中央银行是银行的银行一样。专家经纪人是证券交易所内的重要人物，他只接受佣金经纪人的委托而进行业务活动，并不直接与交易者打交道。

证券自营商，这类经纪人既为顾客买卖证券，也为自己买卖证券，自担风险，赚取买卖之间的差价。

零股经纪人，指专门经营不满1个交易单位的零股交易的经纪人。例如，股票交易通常以100股为一个交易单位，不足100股即为零股。

5. 证券承销人

（1）证券承销人的定义。

证券承销人又称证券承销商，是指以包销或代销方式帮助发行人发行证券的商号或机构。从本质上看，证券承销人是一种居间推销的机构。

证券承销人是证券发行市场的重要一环，没有熟练、稳健的承销人，也就不会有健全的发行市场。证券发行主体通过证券承销人出售新发行的证券，通过承销（又称应募）的过程，证券才真正进入流通市场。由此可见，证券承销人是证券发行市场同流通市场的联结器。

（2）证券承销人的资格确定。

在欧美各国，证券投资人多为投资银行，在另一些国家，证券承销人的角色则要由证券公司或商人银行来扮演。它们既可以单独承销，也可以联合承销，甚至组成银团包销，至于到底由谁承销，是采取代销方式还是包销方式，则要视承销风险的大小及承销人的资金实力而定。我国目前从事证券承销业务的机构是经批准有承销资格的证券公司、金融资产管理公司和金融公司。

（3）证券承销。

证券承销是指证券承销人对政府或企业新发行的证券，按一定价格全部或部分买入，然后予以推销的行为。在许多国家，承销都要从签订承销合同开始。证券承销主要有包销和代销两种方式。

证券承销人的承销契约，一般应记载下列事项：

契约当事人的名称、地址及负责人姓名；包销或代销标的物的名称、数量、金额及发行价格；主管机关核准募集或发行的年、月、日；承销期间的起讫日期；承销付款日期及方式；包销报酬或代销手续费的计算及支付日期；包销时剩余有价证券的认购方式或代销时剩余有价证券的退还方法；其他约定事项。

6.证券经纪人、证券承销人和证券商之间的联系与区别

证券经纪人、证券承销人和证券商都是证券市场上不可缺少的参与者，但相互之间存在明显区别。证券承销人同证券经纪人和证券商的区别主要在于其活动领域不同：证券承销人主要活动在初级市场；证券经纪人和证券商则涉足次级市场，经营已经完成发行的证券。

证券经纪人同证券商之间的区别主要在于，经纪人并不为它们自己的利益从事买卖，或者说其主要目的不是为了让自己买卖，而是充当较为纯粹的媒介，把买卖双方拉在一起，从中收取佣金。证券商则不然，它虽然有时也从事一些承销人和经纪人的业务，但重要的是，它还在证券交易中占有一席之地，即为自己的利益买卖证券。证券商购买证券，是希望以更高的价格再卖出去，从中获得投资收益，假如它们判断失误，证券价格在其脱手前跌落下来，损失风险便要由自己承担。

在一些国家，管理者对这三者的身份有严格规定，但在更多的国家，一些机构可以同时以这三种身份经营，美国著名的梅里尔·林奇公司就是一身三任的典型代表，它有时候是证券经纪人，有时又是投资银行或证券商。

1.4.2 证券公司

我国第一家专业型证券公司——深圳特区证券公司成立于1987年，1998年，《中华人民共和国证券法》（以下简称《证券法》）出台。2006年修订后的《证券法》对证券公司实行按业务分类监管，不再区分综合类和经纪类，建立了以净资本为核心的监管指标体系。《证券法》最新一次修订于2014年8月31日实施。

1.证券公司的性质与职能

证券公司是专门从事各种有价证券交易及相关业务的金融企业，作为营利性的法人企业，证券公司是证券市场的重要参与者和中介机构。

证券公司主要有以下职能：①充当证券市场中介人；②充当证券市

场重要的投资人;③提高证券市场的运行效率。

2.证券公司的主要业务

证券公司的业务范围包括:证券承销与保荐、经纪业务、证券资产管理业务、融资融券业务、自营买卖业务、投资咨询业务、财务顾问业务等。

（1）证券承销与保荐。

承销业务又称代理证券发行业务,即证券公司承销证券发行人发行的有价证券。至于承销是采取包销方式、代销方式,还是介于二者之间,则需根据承销证券的风险、责任、收益、市场行情等多种因素而确定。向不特定对象发行的证券票面总值超过人民币 5 000 万元的,应当由承销团承销,承销团由主承销商和参与承销的证券公司组成。

（2）经纪业务。

经纪业务也叫代理买卖业务,是指证券公司作为客户的代理人,或受客户的委托,代行买卖有价证券的业务。这是证券公司最重要的日常业务之一。证券公司代理买卖证券通常有两种途径:一种是通过证券交易所进行交易;另一种是通过证券公司自身的柜台完成交易。

证券公司通过证券交易所从事代理买卖业务一般要经过如下程序:办理开户手续;办理委托手续;发送、处理指令并促成交易达成;通知成交结果;办理清算交割及过户手续。

代理买卖业务也可通过柜台交易直接进行。柜台交易虽不像在交易所那样受到种种约束,但交易的品种多为那些尚不允许在交易所挂牌上市的证券,业务完成也要经过如下程序:办理委托买卖手续;公开挂牌,即将委托买卖的证券品种、价格等在柜台或营业厅挂牌;物色交易对象,促使买卖成交;办理成交手续;过户。

（3）证券资产管理业务。

证券资产管理业务就是"代客理财"。证券公司从事证券资产管理业务对公司净资本有一定要求,并且要求资产管理人员有从业资格,同时要求公司有一定数量的从业人员,有良好的法人治理结构、内控机制和风险管理机制。

（4）融资融券业务。

融资融券业务指向客户出借资金供其买入上市证券或者出借上市证

券供其卖出,并收取担保物的经营活动。

(5)自营买卖业务。

自营买卖业务,即为了谋取利润,证券公司作为投资者而给自己买卖证券并自担风险的业务。自营买卖业务是一种投资活动,必须对收益、风险及流动性作通盘考虑,从中作出最佳选择。

(6)投资咨询业务。

投资咨询业务是指充当客户的投资顾问,并向客户提供各种证券交易的情况、市场信息,以及其他有关资料等方面的服务,对客户提出具体的投资建议。

(7)财务顾问业务。

与证券交易、证券投资活动有关的财务顾问业务主要包括企业改制、重组、上市公司重大投资、兼并收购、关联交易等方面的咨询服务。

1.4.3 投资银行

投资银行是主要从事证券发行、承销、交易、企业重组、兼并与收购、投资分析、风险投资、项目融资等业务的金融机构,是资本市场上的主要金融中介。美国著名的高盛、摩根等都是投资银行。

投资银行起源于美国,是指专门对工商企业办理投资和长期信贷业务的银行。投资银行最初只专门从事政府债券的买卖,后来才经营股票。美国1933年《银行法》实施以后,投资银行开始独立经营证券业务,由此而成为证券业的主体,并引发了银行业同证券业是否该分业经营的理论论争。

投资银行的主要业务是代理发行、代购代销有价证券,从中赚取买卖差价和手续费。代客买卖证券虽是投资银行业务的主流,却也可以作为自营商自行买卖证券,既可以作为经纪人赚取佣金,也可以为自己买卖而获取差价收益。

1.4.4 商人银行

商人银行主要办理承兑业务和经营一般业务,向国外的工程项目提供长期信贷和发放国外贷款。在1960年以后,商人银行还办理外汇交易,为客户保管证券,替一些基金会投资等。商人银行大部分存在于伦敦及一些英联邦国家。

1.商人银行的性质与职能

商人银行是指专门经营代理金融业务的金融机构，也是金融市场重要的交易媒介。

商人银行最传统的业务是承兑票据，有时也从事一些商业银行业务，如接受存款和提供贷款。

商人银行最基本的职能是：①赋予票据以流通性，充当票据市场的支付中介人。②充当资本市场上的发行代理人。③充当外汇市场的中介。

2.商人银行的主要业务及作用

商人银行的传统业务是票据承兑业务，但商业银行也办理票据承兑业务。

商人银行在投资资金管理方面也有重要作用，比如在英国，它为养老金基金、联合信托、投资信托和保险公司等机构投资者管理投资资金，帮他们对证券投资进行选择，同时也为国际合同和对国外投资提供咨询服务。总之，商人银行在证券流通市场上也起着重要的中介作用。

商人银行还促进了欧洲债券市场的诞生和发展。欧洲债券是由国际大公司发行的以外国货币标价的长期债券，其特点是借款人属于一个国家，投资者则来自一国或多国，债券的标价货币对大多数投资者来说都是外汇。许多商人银行专门从事欧洲债券的经营与管理，并同欧洲债券的主要投资者（家庭部门及机构投资者）打交道。

综上所述，今天的商人银行业务活动是多种多样的，它同商业银行的业务已在逐渐地靠近或重叠，即使如此，商人银行同商业银行的差别仍然是很明显的。商人银行所从事的代理金融业务在金融市场上起着重要的中介作用。

3.分业经营与混业经营

规定商业银行与投资银行业务分离，始于美国1933年《银行法》。20世纪20年代，商业银行盛行新股票和债券的出售和分配，但却产生了很多问题，造成利益上的矛盾与冲突。人们怀疑，由于新股票并不总是顺利地完成销售，银行便不时地将新股票投入它们掌管的信托基金。于是，新的《银行法》规定，商业银行和投资银行必须分业经营，这就使二者原本比较模糊的界限变得一清二楚。商业银行仍被允许经营联邦政府新发行的证券以及"有充分保证和信誉"的州和地方政府的债券，却被禁止插手新的公司股票与债券和市政收入债券。分业经营的原则一直被坚持了大约半个世纪。

然而，支持银行参与证券业的人认为，随着金融事业的不断发展，证券业从事银行业经营已是不争的事实，禁止银行从事证券经营不仅不公正，而且会限制竞争。反之，如果让银行参与证券经营的竞争，则会使发行者保证的证券价格和投资者购买证券的价格之间的差距缩小，从而意味着证券发行者的证券将获得较高的价格，因而将负担较低的利息成本；证券的购买者则能以较低的价格购买证券，由此获得较高的利率，使金融市场上借贷双方的收益都有增加。与此同时，各金融媒介之间的竞争会减少经纪人的手续费用，对广大投资者更为有利。

实际上，欧洲国家，特别是德国一直以来采取的都是混业经营模式，德意志银行便是其中的代表性金融机构。美国次贷危机之后，美国也逐渐摒弃了银行业与证券业的区分，开始了业务不设限经营，比如花旗银行就从这个时候开始了兼营。

1.4.5 证券交易所

证券交易所是专门的、有组织的证券市场，是证券买卖集中交易的场所，证券交易所只为证券买卖提供交易的场地，本身并不参与证券买卖，也不决定买卖的价格，证券买卖双方在交易所内公开竞争，通过出价与还价的程序来决定证券的成交价格。由此可见，证券交易所是一个有组织有效率的市场。

1.证券交易所的特征

证券交易所具有以下基本特征：

（1）证券交易所自身并不持有和买卖证券，也不参与制定价格。

（2）交易采用经纪制方式。

（3）交易按照公开竞价方式进行。

（4）证券交易所有着严格的规章制度和既定的运作规程。

（5）证券交易的过程完全公开。

2.证券交易所的职能

证券交易所具有如下职能：

（1）创造了一个具有连续性和集中性的证券交易市场。

（2）形成公平合理的交易价格。

（3）保证充分的信息披露，便利投资与筹资。

（4）客观反映经济状况，引导资金投向。

3.证券交易所的组织形式

证券交易所有两种组织形式：会员制和公司制。

会员制证券交易所是由会员自愿出资共同组成，不以营利为目的的法人团体。交易所会员必须是出资的证券经纪人和证券商，也只有会员才能参加证券交易，交易所由会员共同经营、共同分担费用。会员同交易所之间是自治自律的关系而非合同关系，其最高权力机构为会员大会，并由会员大会选举产生理事会，理事会是交易所的决策管理机构。

会员制证券交易所因法律地位的不同又可分为法人型和非法人型。所谓法人型会员制证券交易所，是不以营利为目的的社团法人，其会员以证券经纪人和证券商为限。非法人型会员制证券交易所则为自愿结合的非法人团体，公司章程对会员的入会、惩戒、开除等条款都有详细规定，并被视为会员间的契约而必须遵守，会员的权利与义务一般也由组织赋予。一般条件下，非法人地位的证券交易所没有资本，费用也由各会员共同承担，对会员也不赋予任何财产权利和分配利润权，交易所有权对会员进行纪律处罚。

公司制证券交易所是采取股份公司组织形式，由股东出资组成，以营利为目的的法人团体。这种交易所的股东不参加证券交易，只是出资建立，为证券商和证券经纪人提供交易的场地、设施及服务，以保障证券交易的公正性。进场交易的证券经纪人和证券商都与交易所签订合同，购买席位，交纳营业保证金。交易所的主要收入来源于按证券买卖成交额收取的佣金。其最高决策机构为董事会，董事会、监事会均由股东大会选举产生。公司章程中还应明确规定参与公司组织，作为股东的证券经纪人和证券商名额、资格和公司存续期限。

会员制证券交易所和公司制证券交易所各有优缺点。

1.5 金融市场的分类

1.5.1 按金融工具的品种划分

金融市场按照金融工具的品种,可以划分为:同业拆借市场、票据市场、债券市场、股票市场、投资基金市场、外汇市场、期货市场等。

1.5.2 按期限划分

金融市场按期限可划分为短期金融市场(货币市场)和长期金融市场(资本市场)。

1.短期金融市场和长期金融市场简介

短期金融市场又称货币市场,是指专门融通短期资金的场所。所谓短期,通常指1年以内。同业拆借市场、票据市场都属于短期金融市场范畴。货币市场的主要功能是保持金融资产的流动性,以便随时转换成现实的货币,一般没有正式的组织。

长期金融市场又称资本市场,是指专门融通期限在1年以上的中长期资金的市场,包括期限在1年以上的证券市场以及期限在1年以上的银行信贷市场。交易期限短则数年,长则可达数十年。债券市场(不包括短期债券)、股票市场属于典型的资本市场。

资本市场又可以分为银行信贷市场(一般是指期限在1年以上的银行中长期信贷市场)、股票市场、债券市场和私人权益资本市场四个子系统,见表1-1。

表1-1 **资本市场子系统**

	公募融资	私募融资
股权融资	股票市场	私人权益资本市场
债权融资	债券市场	银行中长期信贷市场

2.资本市场与货币市场的区别

(1)期限不同。资本市场上的金融工具均为1年以上,最长可达数十年甚至无期限。货币市场上的金融工具均为1年以内,最短的只有几日甚至几小时。

（2）市场参加者的结构不同。货币市场的一个突出特点就是中央银行的直接参与。

（3）作用不同。货币市场所融通的资金，大多用于工商企业的短期周转。资本市场所融通的资金大多用于企业的创建、更新、扩充设备和储存原料。

（4）风险程度不同。货币市场的信用工具风险较小，资本市场的信用工具风险较高。

（5）市场组织形式不同。

（6）发行价确定方式不同。货币市场工具的发行多采用贴现发行方法，这是由货币市场工具的短期性所决定的。

1.5.3　按中介特征划分

金融市场按中介特征可分为直接金融市场与间接金融市场。

直接金融市场，指资金需求者直接从资金所有者那里融通资金的市场，一般指的是通过发行债券或股票方式筹集资金的融资市场。

间接金融市场，指通过银行等信用中介机构作为媒介来进行资金融通的市场。资金所有者将手中的资金贷放给银行等信用中介机构，然后再由这些机构转贷给资金需求者。资金所有者只拥有对信用中介机构的债权而不能对最终使用者具有任何权利要求。

1.5.4　按交割方式划分

金融市场按交割方式可分为现货市场、期货市场和期权市场。

现货市场是随交易协议达成而立即交割的市场（实际上是在3天内进行交割）。期货市场是指交易协议虽然已经达成，交割却要在某一特定时间进行的市场。在期货市场上，成交和交割是分离的，期权市场在这一点与期货市场大致相同。

1.5.5　按金融资产的发行和流通特征划分

金融市场按金融资产的发行和流通特征可分为初级市场（一级市场）和次级市场（二级市场）。

1.初级市场和次级市场简介

初级市场是新证券发行的市场，又被称为一级市场，或发行市场，是资金需求者将金融资产首次出售给公众时所形成的交易市场。金融资产的发行方式主要有两种：公募和私募。

次级市场是指已有证券的交易市场，通常又称为二级市场，或流通市场，是指证券发行后，各种证券在不同的投资者之间买卖流通所形成的市场。次级市场可分为两种、一种是场内市场（即证券交易所），另一种是场外交易市场。

2.初级市场与次级市场的关系

初级市场是次级市场的基础和前提，没有初级市场就没有次级市场；次级市场是初级市场存在与发展的重要条件，无论从流动性上还是从价格的确定上，初级市场都要受到次级市场的影响。

1.5.6 按成交与定价方式划分

金融市场按成交与定价方式可分为公开市场、议价市场、店头市场和第四市场。

1.公开市场

公开市场指的是金融资产的交易价格通过众多的买主和卖主公开竞价而形成的市场。金融资产在到期偿付之前可以自由交易，并且只卖给出价最高的买者。交易一般在有组织的证券交易所进行，一般以拍卖方式定价成交。这类市场一般是有组织的和有固定场所的有形市场，如股票交易所。

2.议价市场

议价市场是指没有固定场所、相对分散的市场，双方的买卖活动要通过直接谈判而自行议价成交。议价市场中，金融资产的定价与成交是通过私下协商或面对面的讨价还价方式进行的。在市场经济发达的国家，绝大多数债券和中小企业的未上市股票都通过这种方式交易。最初，在议价市场交易的证券流通范围不大，交易也不活跃，但随着现代通信及自动化技术的发展，该市场的交易效率已大大提高。

3.店头市场

店头市场（over-the-counter market，OTC）又称柜台市场，指所有参与买卖未公开上市证券的人员与设备，其股本通常较低且经营绩效较差。

店头市场一般是在证券交易所之外的某一固定场所，供未上市的证券或不足成交批量的证券进行交易的市场。该市场因买卖双方多通过电话、电报协商完成交易，故又被称为电话市场。店头市场是一个广泛而又复杂的市场，其证券交易量远远超过证券交易所的交易量。

店头市场的特点是：

（1）属于场外交易。既没有统一的组织和交易场所，也没有一个系统的交易程序和交易章程，而是在柜台或通过电信设施完成交易。

（2）主要交易证券为各种债券和不能在证券交易所登记上市的股票。

（3）证券交易价格由证券买卖双方协议决定。店头市场的参加者包括自营商、店头证券商、证券交易所会员、经纪商和个人投资者。店头市场有加速证券的发行、提高证券的变现性、促进证券交易价格公平等优点，但店头市场缺乏统一的组织和管理，容易引起纠纷。

4.第四市场

第四市场是指作为机构投资者的买卖双方直接联系成交的市场。

专栏 1-1 ▬▬▬▬▬▬▬▬▬▬▬▬▬▬▬▬▬▬▬▬▬▬▬▬▬▬

美国纳斯达克及柜台市场

1.纳斯达克

纳斯达克，即全美证券商协会自动报价系统（National Association of Securities Dealers Automated Quotations，NASDAQ），是由全美证券商协会（National Association of Securities Dealers，NASD）在1971年建立并监管的以美国证券公司报出股票买卖价格为交易方式的股票电子交易市场。该协会是一个自律性的管理机构，在美国证券交易委员会注册，几乎所有的美国证券经纪和交易商都是它的会员。

2013年底，纳斯达克市场发行的外国公司股票数量，已超过纽约证券交易所和美国证券交易所的总和，成为外国公司在美国上市的主要场所。因此，纳斯达克是全球最重要的证券市场之一，是高科技公司的象征和代名词。

纳斯达克共有两个板块：全国市场（National Market）和1992年建立的小型资本市场（Small Capital Market）。纳斯达克在成立之初目标定位于中小企业，但是因为上市企业的规模随着时代的变化而越来越大，所以，纳斯达克不得不将自己分成一块"主板市场"和一块"中小企业市场"。

2.美国场外柜台交易系统

美国场外柜台交易系统（Over the Counter Bulletin Board，OTCBB），又称布告栏市场，是由 NASDAQ 的管理者全美证券商协会所管理的一个交易中介系统。OTCBB 带有典型的第三层次市场的特征。OTCBB 与众多的创业板相比具有真正的创业板特征：零散、小规模、简单的上市程序以及较低的费用。

3.粉单市场

粉单市场（Pink Sheet Market），又称粉红单市场、粉纸交易市场（Pink Sheet Exchange），简称 PS 市场，粉单市场原名 National Quotation Bureau，简称 NQB（全国报价局），在 1913 年成立，是一家私人企业，因最初其把报价印刷在粉红色的单子上而得名。1963 年 NQB 被出版业大财团买下，NQB 仍以印刷的方式提供信息，1997 年 NQB 更换新经营团队，以电子揭示看板的新技术为客户提供柜台买卖中心的交易信息。

2000 年 6 月，NQB 改名 Pink Sheets LLC（Liability Limited Company）。当前的粉单交易市场，已纳入纳斯达克最底层的一级报价系统，是美国柜台交易的初级报价形式。

广义的美国 OTC 市场包括 NASDAQ、OTCBB 和粉单市场，按其上市报价要求高低依次为：NASDAQ、OTCBB、粉单市场。

粉单市场的功能就是为那些选择不在美国证券交易所或 NASDAQ 挂牌上市，或者不满足上市条件的股票提供交易流通的报价服务。在粉单市场报价的是那些"未上市证券"，具体包括：由于已经不再满足上市标准而从 NASDAQ 股票市场或者从交易所退市的证券；为避免成为"报告公司"而从 OTCBB 退到粉红单市场的证券；其他的至少有一家做市商愿意为其报价的证券。

在美国证券交易中，粉单市场里交易的股票大多是因公司本身无法定期提出财务报告或重大事项报告，而被强制下市或下柜的股票。因此，投资人通常称这种公司为"空头"或"空壳"公司，称该类股票为"垃圾股票"。股票在粉单市场上市没有特别要求，而且粉单市场没有连续公布财务等信息的要求。值得一提的是，公司在粉单市场交易是不需要交费的。

1.5.7 按有无固定场所划分

按有无固定场所划分，金融市场分为有形市场与无形市场。

有形市场，指有固定交易场所的市场，一般指的是证券交易所等固定的交易场地。在证券交易所进行交易首先要开设账户，然后由投资人委托证券商买卖证券，证券商负责按投资者的要求进行操作。

无形市场，是在证券交易所外进行金融资产交易的总称。它的交易一般通过现代化的电信工具在各金融机构、证券商及投资者之间进行。它是一个无形的网络，金融资产及资金可以在其中迅速地转移。在现实世界中，大部分的金融资产交易均在无形市场上进行。

1.5.8 按地域划分

按地域划分，金融市场可分为国内金融市场和国际金融市场。有时，按金融交易地域空间又可划分为地方性的、全国性的、区域性的金融市场和国际金融市场。

国内金融市场，指金融交易的作用范围仅限于一国之内的市场，它除了包括全国性的以本币计值的金融资产交易市场之外，还包括一国一定范围内的地方性金融市场。

国际金融市场，是金融资产的交易跨越国界进行的市场，进行金融资产国际交易的场所。国际金融市场有广义和狭义之分。狭义的国际金融市场指进行各种国际金融业务的场所，包括货币市场、资本市场、外汇市场、黄金市场以及衍生品市场等；广义的国际金融市场则包括离岸金融市场。

1.6 金融市场监管

1.6.1 金融市场监督管理的必要性

金融市场作为资金融通的场所和机制，能否高效、安全、健康、稳定地运行和发展，对整个经济的发展至关重要。它的必要性表现在以下几个方面：

（1）金融市场的参与者成分复杂。

（2）金融市场作为市场机制，带有一定的自发性和盲目性。

（3）对金融市场的监督管理是政府调节和管理国民经济的重要内容之一。

1.6.2　金融市场监督管理的目标和原则

1.金融市场监管的目标

首先，金融市场监管为了保证金融市场机制的实现，进而保证整个国民经济秩序的正常运转，以高效、发达的金融制度推动经济的发展。其次，金融市场监管是为了限制和消除一切不利于市场运行的因素，维持市场价格的稳定，保障市场参与者的正当权益，保证市场在具有足够的深度、广度、弹性基础上稳步运行，减少波动，为国家货币政策与财政政策的实施创造良好的金融环境。

2.金融市场监督管理的原则

金融市场监督管理的原则有：依法合规原则，公平原则，公开原则，自愿原则。

1.6.3　金融市场监督管理的主要内容

金融市场监管的具体内容，因各个国家经济、金融体制的不同而各有差异，但总体来说，主要是对金融市场要素构成的监管。其主要内容为：对金融市场主体即交易者的监管；对金融市场客体即交易工具的监管；对金融市场媒介的监督管理，这主要是划分不同媒介之间的经营范围和交易方式，杜绝超范围经营的情况发生，以保障金融市场的安全运营；对金融市场价格的监管。

1.6.4　金融市场监管的机构及手段

1.监管机构

政府对金融市场实施监管要通过一定的专门机构进行，这些机构一般有三类，即主要监管机构、辅助监管机构和自律性监管机构。

主要监管机构即对金融市场的监督管理负有主要责任并进行全面监管的机构，一般由中央银行充当。辅助监管机构是指部分具有对金融市场监管的职责或主要监管金融市场中某一个或几个子市场的机构或部门，如证券监管委员会、外汇管理委员会等。自律性监管机构指通过自愿方式，以行会、协会形式组合而成的监管机构，如证券业协会、证券交易所等。

我国金融市场的监管机构也可分为三类：

（1）主要监管机构：中国人民银行。

（2）其他监管机构：中国证券监督管理委员会、中国银行保险监督管理委员会等。

（3）自律性监管机构：中国证券业协会。

2.监管手段

金融市场监督管理机构通常使用两类手段实施监管，即法律手段和经济手段。在我国，还有行政手段。

我国经济管理多年来一直习惯于运用行政手段，加之金融市场开放不久，一时还难以改变，因而金融市场中出现了许多问题。对此，我国应把金融立法放到重要的地位，另外，还应出台各种条例和规章，以弥补法律手段的不足。

本章小结

本章讲述金融市场的基本内涵、主体、客体、媒介、金融市场的分类及金融市场监管。金融市场的组成要素包括金融市场主体、金融市场客体、金融市场媒介媒体、金融市场价格和金融市场监管者。

金融市场的参与主体有：家庭或个人、企业、政府、金融机构。金融市场的客体金融工具主要有：货币头寸、票据、债券、股票、基金和外汇等。参与金融市场的媒介主要有：金融市场经纪人、证券公司、投资银行、商人银行和证券交易所等。金融市场按照不同的分类方法可以分为不同的市场。

关键概念

金融市场　金融市场主体　金融市场客体　货币头寸　经纪人　证券承销人　投资银行　商人银行　店头市场

综合训练

1.1　单项选择题

1.金融市场的客体是（　　）。

A.金融工具　　　B.政府　　　　　C.投资者　　　　D.经纪人

2.属于非存款性金融机构的是（　　）。

A.投资基金　　　B.中央银行　　　C.政府部门　　　D.信用合作社

3.资本市场是指期限在（　　　）的金融资产交易的场所。

A.2年以上　　　B.1年以上　　　C.1年以下　　　D.5年之内

4.资金需求者将金融资产首次出售给资金的供应者所形成的交易市场为（　　　）。

A.发行市场　　　B.流通市场　　　C.外汇市场　　　D.货币市场

5.金融主体不包括（　　　）。

A.政府部门　　　B.工商企业　　　C.家庭部门　　　D.金融工具

6.以下关于金融市场的说法中，正确的是（　　　）。

A.初级市场是证券流通市场

B.次级市场也称为店外市场

C.没有初级市场就没有次级市场

D.以上都错误

7.关于风险，下列说法错误的是（　　　）。

A.风险是由不确定性导致损失或获利的可能性

B.金融风险可以分为系统性风险和非系统性风险

C.系统性风险是不可以被分散的

D.一切不确定的事情都是有风险的

1.2　多项选择题

1.金融市场的经济功能体现为（　　　）。

A.提供流动性　　　　　　　　　B.聚敛功能

C.配置功能　　　　　　　　　　D.价格发现机制

2.金融工具具有（　　　）特征。

A.投机性　　　B.流动性　　　C.收益性　　　D.风险性

3.关于金融工具的特性，以下说法中正确的是（　　　）。

A.流动性与收益性呈反向关系

B.风险性与收益性呈正向关系

C.流动性与收益性没有固定关系

D.风险性与收益性呈反向关系

4.机构投资者包括（　　　）。

A.投资基金　　　B.养老基金　　　C.保险公司　　　D.商业银行

1.3 问答题

1. 什么是金融市场？其定义可包括几层含义？
2. 简述金融市场监督管理的必要性。
3. 如何理解金融市场是储蓄向投资转化的关键环节？
4. 简述金融市场主体的划分。
5. 简述金融工具的特性。

第 2 章

货币市场

引例

2017年中国货币市场运行情况

2017年，中国货币市场无论是从量还是价格水平的角度来看，都体现出"紧"的特点。

货币供应量的增长通常对应两个部分：经济增长和通货膨胀。在我国宏观经济的实际运行中，货币增长量往往超过经济增长和通货膨胀所需的货币总量。这一差值可以暂时记为"超额货币"，也可以形象地理解为货币中的"水分"。

已有不少研究证明，货币中的"水分"是拉动我国经济增长的重要动力。2017年，我国广义货币供应量M2同比增速结束了三十多年的两位数高增长，进入了个位数增长时代，上述"超额货币"也逐渐减少。以M2同比增长减去GDP与CPI同比增长之和，就可得出"超额货币"同比增长情况。在过去较长的一段时间内，"超额货币"都处于正向水平。但一个明显的趋势是：近年来，对应于M2增速的减缓，"超额货币"正在减少，"水分"正在蒸发。从这一点来判断，虽然货币的绝对总量在上升，但是其相对量却在下降。

再从货币价格，即利率水平的角度考虑，2017 年各项利率都呈现出不同幅度的上升。

以上海银行间同业拆借利率（Shibor）全年的运行情况为例，有三个特点值得注意：

一是长短期利率上升幅度存在明显差异。隔夜和 1 周 Shibor 虽有上扬，但较为平稳，隔夜利率涨幅 26.89%，1 周 Shibor 涨幅 10.78%。但两周以上的 Shibor 出现了较大幅度的上行，各项利率涨幅都超过 30%。

二是期限利率出现倒挂。3 个月 Shibor 与 6 个月、9 个月和 1 年期利率出现倒挂，即短期限的利率水平高于长期限的，尤其在各个季末时点上，这一现象尤为明显。

三是隔夜和 1 月期的利率波动较大。隔夜和 1 月期利率有明显的"冲时点"现象，1 个月 Shibor 在 3 月末、6 月末都出现了"钟型"走势，时至年末又再次拉伸。

再对比债券市场收益率走势来看，虽然债券市场对于利率上行的反应也较大，但敏感度仍不及货币市场。

那么，究竟什么是货币市场？货币市场为什么直接和"钱"挂钩？货币市场又包括哪些具体的市场？货币市场的利率为什么这么重要？这些我们将在本章一一解答。

2.1 货币市场概述

2.1.1 货币市场定义

货币市场是指融通资金期限在一年以内的金融市场。

货币市场所交易的金融工具期限较短，一般在一年以内，但是实际上有些货币市场工具的期限是不确定的，有可能超过一年，比如有些 375 天期限的大额存单和债券就属于货币市场工具。

货币市场工具要体现工具的"货币性"，能在很短的时间内变成货币。按照货币层次的划分，M0=现钞，M1=M0+活期存款，M2=M1+定期存款，M3=M2+其他金融机构存款，实际上，有的国家货币市场工具本身就属于M3或M4。

2.1.2 货币市场的参加者和货币市场工具

1.货币市场的参加者

货币市场工具通常期限短、数额大，个人投资者很少参与，其主要参加者包括以下几种：

（1）各类金融机构，包括商业银行和其他非银行金融机构，其中商业银行是货币市场最主要的参与者。

（2）机构投资者，包括保险公司和货币市场基金。

（3）各类企业，包括各行业有短期资金需求和短期资金供给的企业。

（4）政府部门和中央银行，其中政府部门作为资金需求者通过发行短期政府债券参与市场，中央银行作为货币政策的执行者参与货币市场交易以投放和回笼货币，调控货币供应量。

（5）个人投资者，一般情况下货币市场是投资主体高度机构化的市场，家庭部门和个人投资者很少参与，即便参与也仅限于购买货币市场基金和大额可转让存单。

借助货币市场，经济主体可以有效管理其资金流动性。这表现在：货币市场一方面可以满足资金需求者的短期资金需求，另一方面也为资金盈余者的暂时闲置资金提供能够获取盈利的机会。此外，货币市场中所形成的利率也被视为整个金融市场的"基准利率"，是中央银行指定货币政策的重要参考依据。另外，货币市场也为中央银行实施货币政策提供了有利的条件。中央银行通过货币市场进行公开市场业务操作，从而实现货币政策目标。中央银行买入货币市场工具，投放基础货币；卖出货币市场工具，回笼基础货币。中央银行通过公开市场操作不仅可以调控基础货币进而影响货币供应量，还可以借助交易价格引导金融市场的利率走势。

2.货币市场工具

货币市场工具主要有同业拆借资金、大额可转让定期存单、银行承兑汇票、短期国库券、商业票据、债券回购、货币市场基金等。

3.货币市场工具的特点

一是短期性，表现为货币市场工具很容易转化成货币支付手段M1，从而实现其货币功能。

二是货币性，货币市场工具最大的特点是货币性，这些工具期限短，风险低，通常能在较短的时间内变为现金。

三是灵活性，货币市场工具交易较为灵活，很多工具因为期限短，所以省略了中间交易程序，比如抵押、保证等。

四是同质性，货币市场工具在性质上相同。

2.2 同业拆借市场

2.2.1 同业拆借市场概述

1.同业拆借市场的定义

同业拆借市场，也可以称为同业拆放市场，是指金融机构之间以货币借贷方式进行短期资金融通活动的市场。同业拆借市场是货币市场中最主要的市场。

同业拆借的资金主要用于弥补短期资金的不足、票据清算的差额以及解决临时性的资金短缺需要。同业拆借市场交易量大，能敏感地反映资金供求关系和货币政策意图，影响货币市场利率。

从原始意义或狭义上讲，同业拆借市场是金融机构间进行临时性资金头寸调剂的市场，期限非常短，多为隔夜或隔日融通。从现代意义或广义上讲，同业拆借市场是指金融机构之间进行短期资金融通的市场，即所进行的资金融通已不仅仅限于一日或几日的临时资金调剂。同业拆借市场发展到今天，已成为各金融机构（特别是商业银行）弥补资金流动性不足，以及充分、有效运用资金，减少资金闲置的市场，成为商业银行协调流动性与盈利性关系的市场机制。

2.同业拆借市场的形成与发展

首先，形成同业拆借市场的客观经济基础，是市场经济条件下所形成的资金供给与资金需求，以及金融机构的资金来源与资金运用都具有不同的期限性，既有长期性资金融通的要求，也有短期性资金融通的要求。

其次，金融机构追求安全性、流动性与盈利性相统一的经营目标，则是同业拆借市场形成和发展的内在要求和动力。

同业拆借市场形成的直接诱因，是中央银行实行存款准备金制度。英格兰银行是世界上最早实行存款准备金制度的中央银行，目的是限制银行券的过度发行，保障银行体系有足够的清偿能力。美国1913年的《联邦储备法》，第一次以法律形式规定商业银行必须将存款的一定比例上缴联邦储备银行，避免将所有存款都用于投资和放款，防止因支付能力不足而引起金融和经济危机。

同业拆借市场主要是银行等金融机构之间相互借贷在中央银行存款账户上的准备金余额，用以调剂准备金头寸的市场。一般来说，任何银行可用于贷款和投资的资金数额只能小于或等于负债额减法定存款准备金余额。然而，在银行的实际经营过程中，资金的流入和流出是不确定的，银行要时时处处保持在中央银行准备金存款账户上的余额恰好等于法定准备金余额是不可能的。

如果准备金存款账户上的余额大于法定准备金余额，即拥有超额准备金，那么就意味着银行有资金闲置，损失了本来能获取相应的利息收入；如果银行在准备金存款账户上的余额等于或小于法定准备金余额，在出现有利的投资机会，而银行又无法筹集到所需资金时，银行就只有放弃投资机会或出售资产、收回贷款等。为了解决这一矛盾，有多余准备金的银行和存在准备金缺口的银行之间就出现了准备金的借贷。这种准备金余额的买卖活动就形成了传统的银行同业拆借市场。

实际上，对于商业银行来说，既要保有一定数量的超额储备存款，又不能过多地保有超额准备金，加上商业银行的负债结构每日都在发生变化，而且中央银行对商业银行应缴法定存款准备金还存在计算方法上的问题，因此，以货币头寸为交易对象的同业拆借市场也就形成了。1921年，纽约首先出现了会员银行之间的准备金头寸拆借市场，以后逐渐发展为较为规范的著名的联邦基金市场。

随着存款准备金制度逐渐被世界许多国家采用，以及世界各国对商业银行流动性管理的加强，同业拆借市场得以在越来越多的国家形成和发展。同业拆借市场不仅在形式上得到发展，在交易的内容上也发生着变化，这使同业拆借市场从最初的只对储备金头寸余缺进行调剂，逐步发展为帮助商业银行弥补流动性不足和充分有效运用资金的市场，成为协调流动性和盈利性关系的有效机制。时至今日，同业拆借市场在许多国家已形成全国性的网络，成为交易手段最先进、交易量最大的货币市场；同时，拆借市场也日益成为国际化的市场，凭借先进的通信手段，各国的商业银行及中央银行可以进行跨国、跨地区的交易。

1984年以来，随着我国中央银行制度的建立和存款准备金制度的实施，以及多元化金融机构格局的形成，我国的同业拆借市场逐步形成和发展起来。中国地域辽阔，经济发展又很不平衡，各金融机构特别是国有商业银行及其他商业银行，为了进行调节资金头寸盈余与不足的临时性资金融通，同时为了解决资金的地区差、行际差和时间差，迫切需要建立一个金融机构间的同业拆借市场，以便于资金头寸的临时调剂和短期资金融通。目前，同业拆借市场已成为我国货币市场中最主要的市场，对搞活资金、加速资金周转、增强金融机构的流动性和支付能力、促进金融体系安全高效地运行，都发挥了积极的作用。

3.同业拆借市场的参与者

同业拆借市场是金融机构间进行货币头寸融通的市场。一般来说，金融机构是同业拆借市场的主要参与者，即资金的主要供给者和需求者。其他参与者则为同业拆借市场的媒介，即中介机构和经纪人。

然而，在不同的国家，甚至同一国家的不同历史时期，监督管理当局对同业拆借市场的资金供给者和需求者往往有不同的规定。例如，有些国家允许所有金融机构进入同业拆借市场进行短期融资，有些国家则只允许吸收存款并向中央银行缴纳存款准备金的金融机构进入同业拆借市场，还有一些国家则只允许吸收活期存款、向中央银行缴纳存款准备金的商业银行进入同业拆借市场，等等。不同的国家在不同时期，还会根据金融机构银根松紧程度及中央银行货币政策的要求，对进入同业拆借市场的金融机构的范围及条件进行适当的调整。

一般情况下，在同业拆借市场上拆入资金的多为大商业银行，大商业银行是同业拆借市场上主要的资金需求者。原因主要有两个方面：一是大商业银行的资产和负债规模较大，所需缴存的准备金存款也就较多，与此同时，所需的流动性资金和支付的准备金也较多，而且时常发生始料未及的临时性资金需求，故而要通过同业拆借市场拆入资金以弥补货币头寸及流动性的不足。二是大商业银行通常资金实力相对较强，信誉也高，由于同业拆借一般不需要抵押或担保，信誉便成为能否借入资金的重要条件或要素。大商业银行显然具有中小商业银行难以比拟的优势。

与此相对应，在同业拆借市场上扮演资金供给者角色的，主要是地方中小商业银行以及非银行金融机构、境外代理银行和境外银行在境内的分支机构。此外，外国中央银行也经常成为同业拆借市场的资金供给者。原因主要是：首先，中小商业银行和非银行金融机构的资本金及资产负债规模较小，结构也相对单一，不能最大程度地实现多样化，因而难以产生拆入资金、弥补流动性不足的强烈需求。其次，若在同业拆借市场上拆出资金，不仅可以使有限的资金得到有效运用（实现市场效率），减少资金闲置，提高盈利能力，还可以增加资产的流动性，降低资产风险，使盈利性与流动性实现较有利的组合。

总之，商业银行既是主要的资金供应者，又是主要的资金需求者，商业银行利用该市场及时调整资产负债结构，保持资产的流动性。特别是中小银行，力图通过该市场提高资产质量，降低经营风险，增加利息收入。非银行金融机构，包括证券公司、互助储蓄银行、储蓄贷款协会等，大多以贷款人身份出现在该市场上，个别时候有需求。

同业拆借市场的中介人既可以是专门从事货币头寸交易的自由经纪人，也可以是一些专门设置的机构或商号。中介人可以分为两类：一类是专门从事拆借市场中介业务的专业性中介机构，另一类则为非专门从事拆借市场中介业务的兼营机构。总而言之，这些中介是同业拆借市场的重要参与者。

4.同业拆借市场的特点

第一，主体资格的严格性。同业拆借市场对进入市场的主体有严格限制，即必须都是金融机构或指定的某类金融机构。非金融机构（包括工商企业、政府部门及个人）或指定的金融机构，不能进入此市场。

第二，交易期限短。同业拆借多为一日或几日的资金临时调剂，是为解决头寸临时不足或头寸临时多余所进行的资金融通。

第三，交易金额大。同业拆借的交易金额比普通贷款的金额往往大很多。

第四，交易手段先进，手续简便，成交迅速，一般不需要担保或抵押，完全是一种信用资金借贷式交易。

第五，利率由供求双方议定，可以随行就市，同业拆借市场形成的利率即为同业拆借利率，它是各级金融市场的基准利率，同时，它是一个完全市场化的利率。

2.2.2　同业拆借市场的分类

1.按组织形态划分

同业拆借市场按组织形态划分可以分为有形拆借市场和无形拆借市场。有形拆借市场是指有专门中介机构作为媒介、供资金供求双方融通资金的拆借市场。无形拆借市场，是指不通过专门的拆借中介机构，而是通过现代化的通信手段所建立的同业拆借网进行拆借的市场。

2.按交易方式划分

同业拆借市场按交易方式划分可以分为通过中介的拆借市场和不通过中介的拆借市场。

3.按有无担保划分

同业拆借市场按有无担保划分可以分为有担保拆借市场和无担保拆借市场。有担保拆借主要是以担保人或担保物作为防范风险的保障而进行的资金拆借融通。无担保拆借是指拆借期限较短、拆入方资信较好，可以通过在中央银行的账户直接转账的资金拆借。

4.按期限划分

同业拆借市场按期限划分可以分为半天期拆借市场、1天期拆借市场和指定日拆借市场。

2.2.3　同业拆借市场的运作

1.通过中介机构的同城同业拆借

在同一城市或地区的金融机构通过中介机构进行拆借，多是以支票作为媒介。当拆借双方协商成交后，拆入银行签发自己付款的支票，支票面额为拆入金额加上到次营业日为止的利息。拆入行以此支票与拆出行签发的以中央银行为付款人的支票进行交换。支票交换后，通知同城中央银行分支机构在内部转账，借记卖方账户，同时贷记买方账户。这样，拆入行在中央银行的存款增加，拆出行在中央银行的存款减少。次日，拆入行签发以自己为付款人的支票由拆出行提交票据交换所交换以后，再以拆入行在中央银行存款清算，用反方向的借贷冲账。

其利息的计算公式为：

拆入利率=挂牌利率（年率）+固定上浮比率（年率）

拆入到期利息=本金×拆入利率×天数／365

2.通过中介机构的异地同业拆借

处于不同城市或地区的金融机构进行异地同业拆借，其交易程序大体上与同城的同业拆借相同。区别主要在于：拆借双方不交换支票，仅通过中介机构以电话或互联网协商成交；成交后拆借双方通过各所在地区的中央银行资金电划系统划拨转账。

委托中介机构拆借一般要付给中介机构一些手续费。有些国家是以拆出与拆入的利差代替的，如日本短资公司，每日上午9点营业开始时，根据当日资金供求状况公布拆借利率，通常公布的是资金拆出者所希望的利率，短资公司再加0.625%作为确定的拆入利率，利差为短资公司收取的手续费。另外有些国家的中介机构有专门的手续费制度。

3.不通过中介机构的拆借

不通过中介机构的同业拆借，其交易程序和过程与前面所述有中介机构的拆借程序和过程大同小异。区别仅在于，后者是双方直接洽谈成交，成交后相互转账，增减各自账户上的存款。

2.2.4 同业拆借市场的功能、监管

1.同业拆借市场的功能

在许多国家，特别是金融机构比较发达、市场机制比较完善的国家，同业拆借市场已成为最活跃、最主要的货币市场，对促进经济发展，维护金融体系的安全、高效运行，以及保证中央银行货币政策的有效实施，起到了积极的作用。一般来讲，同业拆借市场具有以下几个方面的功能。

第一，为金融机构提供了一种改善流动性的机制。保持所需要的流动性是金融机构实现安全性的前提，从而也是实现盈利性目标的前提。

第二，提高金融资产的盈利水平。拆借市场可以使金融机构将暂时盈余的资金头寸及时贷出去，减少资金的闲置，由此，可以增加资产的总收益。

第三，及时反映资金供求的变化。同业拆借市场的交易量及价格能

够及时反映出金融体系"头寸"或"银根"的松紧，即能够及时反映出资金供求的状况及变化。

第四，形成中央银行有效实施货币政策的市场机制。

2.同业拆借市场的监管

同业拆借市场的监管包括：对市场准入的管理；对拆出、拆入数额的管理；对拆借期限的管理；对拆借抵押、担保的管理；对拆借市场利率的管理；对拆借市场供求及利率进行间接调节。

2.2.5 同业拆借市场的模式

1.同业拆借市场的主要模式

同业拆借市场的主要模式有：意大利屏幕市场网络模式；土耳其将银行与非银行金融机构分开的模式；日本要求通过中介机构办理的模式；美国模式，即通过中央银行联邦基金市场拆借，双方直接交易，通过中央银行账户划拨；泰国模式，即通过电话进行直接交易。

2.各国同业拆借市场的共同点

第一，同业拆借市场都是货币市场中最重要的市场，是中央银行实施货币政策的基本场所。

第二，大多数国家的同业拆借市场是以银行之间的拆借为主体的市场，而非银行金融机构又主要是流动性的供应者。

第三，多数国家以隔夜拆借为主，而且以信用拆借为主，较长时间的拆借一般要有抵押品。

第四，普遍实行了计算机联网，把同业拆借集中在一个或两个市场中办理。

第五，同业拆借市场是提高货币政策有效性的主要工具之一。

第六，同业拆借市场一般都实行利率市场化，以真实反映资金的供求状况。

第七，商业银行和中央银行都重视加强对流动性即备付金的集中管理。

2.3 票据市场

票据是一种重要的有价证券，它作为金融市场上通行的结算和信用工具，是货币市场上主要的交易工具之一。以票据为媒介所构成的票据市场是货币市场的一个重要组成部分。

2.3.1 票据概述

1.票据的概念

票据是出票人依法签发的，约定自己或委托付款人在见票时或指定日期向收款人或持票人无条件支付一定金额并可以转让的有价证券。票据是一种非常常见、非常重要的货币市场工具，它通常以一定的债权债务关系为基础，以赊销赊购的商业行为为背景，形成延期支付交易，最终变成结算和信用工具。

2.票据的特征

（1）票据是一种完全有价证券。有价证券按照证券本身和其所拥有的权利是否可分离，分为完全有价证券和不完全有价证券。完全有价证券指的是证券本身与其所拥有的权利不可分离；而不完全有价证券指的是证券本身与其所拥有的权利可以分离。票据的权利是伴随票据的制成设立而形成，不可分离，所以它是完全有价证券。

（2）票据是一种设权证券。有价证券按照证券权利和证券制作的关系，分为设权证券和证权证券。设权证券是指证券所代表的权利本来不存在，而是随着证券的制作而产生，即权利的发生是以证券的制作和存在为条件。证权证券是指证券是权利的一种物化的外在形式，它是权利的载体，权利是已经存在的。票据是一种典型的设权证券，而股票则是一种典型的证权证券。

（3）票据是一种无因证券。所谓无因证券，是指证券上的权利只由证券上的文义确定，而不必探究产生权利的原因，权益人行使权利时无需负证明责任。票据的权利人（持票人或收款人）只要持有票据，到期就能获得其权利，而不需要向对方证明票据行为发生的原因。

"无因"也体现在无条件支付上，无条件是指出票人自己承诺支付或委托付款人支付时，均不得附有任何条件。票据的产生和存在以支付一定金额为唯一目的。尽管发行票据的原因可能已经发生变化，但付款人仍须依票面金额履行付款义务。票据只有得到全部支付，债权债务关系才归于结束。

（4）票据是一种要式证券。所谓要式证券，是指证券的制成必须按照法律规定的模式、规范进行，"要式"即"要求的格式"。票据作为一种直接能兑换成现金的金融工具，其制作要求极为严格，必须按照相关法律法规来制作，尤其是金额的书写和日期的书写。

（5）票据是一种流通证券。票据一般都可以转让流通。在许多国家，票据制度强调票据的流通性。所谓流通，就是指票据权利可以通过背书或交付方式而转让。一般来说，无记名票据仅依交付转让；记名票据转让时，才必须经过背书。作为流通证书的票据，其权利的转让无需通知债务人，债务人不能以未曾接到转让通知为由而拒绝承担义务或拒负清偿责任。为了保护票据的流通转让，法律还规定票据受让人的权利要优于让与人。

（6）票据是一种文义证券。票据上的权利内容完全按照票据记载的文义来确定，超出文义记载的权利不予确认。

（7）票据是一种返还证券。票据相关权利人在行使票据权利之后，应该将票据返还给发行人或出票人。持票人在请求支付票据金额时，必须将票据交还给付款人，不交还票据，债务人可拒付票款。如果付款人是主债务人，付款后票据关系消灭；如果付款人是次债务人，付款后可向其前手追索。

2.3.2　票据的种类

按照不同的分类标准，票据可以分为不同的种类。按照信用关系的不同，票据可分为汇票、本票和支票。按照到期时间的不同，可分为即期票据和定期票据。即期票据是见票即付票据；定期票据则是等到票据到期才能付款。按照票据发票人或付款人的不同，可分为商业票据和银行票据。商业票据是因商业信用而发生的票据，包括商业汇票、商业本票等；银行票据则是由银行签发并承担付款义务的票据，包括银行汇票、银行本票等。

票据的基本形式有三类：支票、本票和汇票。

1. 支票

支票是出票人签发的，委托办理支票存款业务的银行或其他金融机构在见票时无条件支付确定金额给收款人或持票人的票据。

支票的当事人有三方：出票人、收款人和付款人。付款人只能是银行。

支票的种类也很多，主要有记名式支票、无记名式支票、平行线支票。

记名式支票又称抬头支票，即在支票上记载收款人姓名或商号的支票，这种支票的票款只能付给票面指定的人，转让时须有收款人背书。

无记名式支票又叫空白支票，是指在支票上不记载收款人姓名或商号的支票，这种支票的执票人可以直接向银行取款，而不必在支票上签字盖章。

平行线支票又称划线支票，即在支票正面划两道平行线的支票，这种支票起源于英国，目的是方便票据交换所辨认，防止冒领票款。平行线支票又可细分为普通平行线支票和特别平行线支票、保付支票等。普通平行线支票是在支票上划两道横线或只在横线内记载银行或公司字样，只能委托银行转账。特别平行线支票是指除在支票上划两道横线外，还要在两道横线中间指定特定付款银行，并只能委托横线内指定的银行转账。保付支票是指支票付款人在支票上记载有"照付"或"保付"字样的支票。支票一经保付，付款人就成为支票的主要债务人，承担起付款责任，这一点同汇票承兑人的付款责任是相同的，但保付支票不许退票。

按照相关法律的规定，开立支票存款账户和领用支票，应当有可靠的资信，并存入一定的资金。开立支票存款账户，申请人应当预留其本名的签名式样和印鉴。

支票可以支取现金，也可以转账，即有现金支票和转账支票两种。用于转账时，应当在支票正面注明。现金支票只能用于支取现金，转账支票只能用于转账，不得支取现金。

支票作为一种要式证券，必须记载下列事项：标明"支票"的字样；无条件支付的委托；确定的金额；付款人名称；出票日期；出票人签章等。

2.本票

本票是指出票人签发的，承诺自己在见票时无条件支付确定金额给收款人或持票人的票据。

本票的当事人只有两个：出票人、收款人。付款人就是出票人。本票的出票人自己承担无条件付款的责任，所以没有承兑制度。

按出票人的不同，可以将本票分为银行本票和商业本票。在我国，本票只能由商业银行签发，不承认商业本票，也就是说在我国只有银行本票。

按照我国相关法律的规定，本票的出票人必须具有支付本票金额的可靠资金来源，并保证支付。本票出票人的资格由央行审定。

本票作为一种要式证券，必须记载下列事项：标明"本票"的字样；无条件支付的承诺；确定的金额；付款人名称；出票日期；出票人签章等。

本票的出票人在持票人提示见票时，必须承担付款的责任。另按我国法律法规的规定，本票自出票日起，付款期限最长不得超过2个月。

3.汇票

汇票是所有票据中最复杂、也是应用最广泛的一种金融工具。

汇票是出票人向付款人签发的，付款人按约定的付款期向收款人或其指定人无条件支付一定金额的书面凭证。

汇票是一种支付工具。汇票的当事人有三个：出票人、付款人、收款人。

出票人是在票据关系中履行债务的当事人。收款人是在票据关系中享有债权的人，在接受汇票时有权向付款人请求付款。付款人，即受出票人委托，向持票人进行票据金额支付的人。付款人和出票人之间往往存在一定的资金关系，通常是出票人的开户银行。

按汇票记载权利人方式的不同，汇票可分为记名汇票、不记名汇票和指定汇票。

按汇票上记载付款期限的长短，汇票可以分为即期汇票和远期汇票。

按汇票签发人的不同，汇票还可以分为银行汇票和商业汇票。银行汇票是银行受汇款人委托而签发的汇票支付命令，银行汇票是由银行信用产生的。商业汇票是指由售货人对购货人签发汇票支付命令，它是由商业信用产生的，分为即期汇票和远期汇票，即期（商业）汇票不能流通，只有远期（商业）汇票才能承兑、贴现、流通。远期商业汇票按照承兑人的不同又可分为商业承兑汇票和银行承兑汇票（俗称银承）。汇票按签发人的不同分类参见图2-1。

汇票 → 银行汇票

汇票 → 商业汇票 → 即期（商业）汇票

商业汇票 → 远期（商业）汇票 → 商业承兑汇票

远期（商业）汇票 → 银行承兑汇票

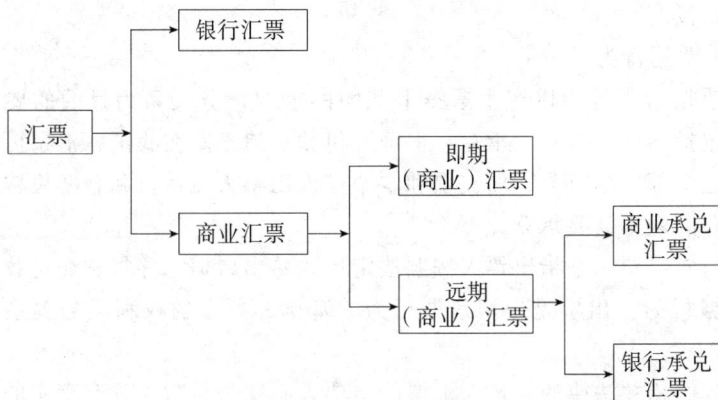

图2-1　汇票按签发人的不同分类

汇票作为一种要式证券，必须记载下列事项：表明"汇票"的字样；无条件支付的委托；确定的金额；付款人名称；出款人名称；出票日期；出票人签章等。

4.汇票、本票、支票的异同

（1）汇票、本票主要是信用证券，而支票是支付证券。

（2）汇票、支票的当事人有三个，即出票人、付款人和收款人；本票则只有两个，即出票人与收款人。

（3）汇票有承兑必要，本票与支票则没有。

（4）支票的发行，必须先以出票人同付款人之间的资金关系为前提；汇票、本票的出票人同付款人或收款人之间则不必先有资金关系。

（5）支票的付款人是银行；本票的付款人为出票人；汇票的付款人不特定，一般承兑人是主债务人。

（6）支票有保付、划线制度，汇票、本票均没有。

（7）支票的出票人应担保支票的支付；汇票的出票人应担保承兑和担保付款；本票的出票人则是自己承担付款责任。

（8）本票、支票的背书人负有追偿义务，汇票的背书人有担保承兑及付款的义务。

（9）支票只能见票即付，不记载到期日；汇票和本票均记载到期日，不限于见票即付。

（10）汇票有预备付款人、融通付款人；本票只有融通付款人；支票则都没有。

5.票据行为

票据行为是指以产生票据上载明的债权债务关系为目的的要式行为，包括出票、背书、承兑、保证、付款、追索。在我国，汇票可以发生上述全部票据行为，而支票和本票是以出票人或银行和金融机构为付款人，因此不需要承兑。

（1）出票，是指出票人按照法定形式签出票据，并将它交付收款人的票据行为。出票是一切票据行为的基础，票据的权利义务关系从此产生。

按照相关法律的规定，汇票的出票人必须与付款人具有真实的委托付款关系，并且具有支付汇票金额的可靠资金来源。不得签发无对价的汇票骗取银行或者其他票据当事人的资金。

（2）背书，是指以转让票据权利或将一定票据权利授予他人行使为目的，在票据的背面或者粘单上记载有关事项并签章的票据行为。背书是票据权利转让的重要方式。

出票人在票据上记载"不得转让"字样的，汇票不得转让。持票人行使第一款规定的权利时，应当背书并交付票据。票据凭证不能满足背书人记载事项的需要时，可以加附粘单，粘附于票据凭证上。粘单上的第一记载人，应当在汇票和粘单的粘结处签章。

背书由背书人签章并记载背书日期。以背书转让的票据，背书应当连续，即在票据转让中，转让票据的背书人与受让票据的被背书人在票据上签章依次前后衔接。

（3）承兑，是指票据付款人承诺在票据到期日支付票载金额的行为。承兑是汇票特有的票据行为，主要目的在于明确汇票付款人的票据责任。

定日付款或者出票后定期付款的汇票，持票人应当在汇票到期日前向付款人提示承兑。提示承兑是指持票人向付款人出示汇票，并要求付款人承诺付款的行为。

（4）保证，是指票据债务人以外任何第三人担保债务人履行债务的票据行为。担保票据债务履行的人叫票据保证人，被担保的票据债务人叫被保证人。保证人为票据担保后，票据到期得不到付款的，持票人有权向保证人请求付款。

（5）付款，是指票据的付款人向持票人支付票载金额从而消除票据关系的票据行为，是票据关系的最后一个环节。

见票即付的票据，自出票日起一个月内向付款人提示付款；定日付款、出票后定期付款或者见票后定期付款的汇票，自到期日起十日内向付款人或承兑人提示付款。持票人未按照前款规定期限提示付款的，在做出说明后，承兑人或者付款人仍应当继续对持票人承担付款责任。通过委托收款银行或者通过票据交换系统向付款人提示付款的，视同持票人提示付款。

（6）追索，是指票据到期不获付款或到期前不获承兑，或有其他法定原因出现时，持票人请求背书人、出票人及其他债务人偿还票据金额及有关损失和费用的票据行为。追索权的行使可以在票据到期之前，也可以在票据到期之后。

票据到期被拒绝付款的，持票人可以对背书人、出票人以及其他债务人行使追索权。汇票到期日前，有下列情形之一，持票人也可以行使追索权：汇票被拒绝承兑的；承兑人或者付款人死亡、逃匿的；承兑人或者付款人被依法宣告破产的或者因违法被责令终止业务活动的。

持票人行使追索权时，应当提供被拒绝承兑或者被拒绝付款的有关证明。

2.3.3 商业票据市场

商业票据是大公司为了筹措资金，以贴现方式出售给投资者的一种短期无担保承诺凭证，是一种商业证券①。

美国的商业票据属本票性质，英国的商业票据则属汇票性质。由于商业票据没有担保，仅以信用作保证，因此能够发行商业票据的一般都是规模巨大、信誉卓著的大公司。

商业票据市场就是这些信誉卓著的大公司所发行的商业票据的交易市场。

---

① 广义有价证券包括商品证券、货币证券和资本证券。商品证券是证明持有人有商品所有权或使用权的凭证，包括提货单、运货单、仓库栈单等（不能事先确定对象的，不属于商品证券，如货币、购物券等）。货币证券是本身能使持有人或第三者取得货币索取权的有价证券，包括商业证券和银行证券两类，其中：商业证券又包括商业汇票和商业本票，银行证券又包括银行汇票、银行本票和支票。资本证券是指由金融投资或与金融投资有直接联系的活动而产生的证券，有一定的收入请求权。

1.商业票据市场的形成与发展

商业票据不同于以商品销售为依据的商业汇票、商业抵押票据等广义商业票据。此类商业票据一般包括：无抵押担保远期本票和不以真实贸易为背景的融资性商业票据。

商业票据是货币市场上历史最悠久的工具。商业票据作为结算工具，早在古罗马时代的地中海沿岸就已广为流通。商业票据作为商业信用工具，流行于18世纪。到20世纪60年代以后，商业票据逐步发展起来。早期商业票据的发展和运用几乎都集中在美国，发行者主要为纺织品工厂、铁路、烟草公司等非金融性企业。

商业票据发行者和投资者是票据市场形成的两大要素，他们构成了票据市场的供求双方。从西方一些国家的情况来看，金融公司、非金融公司及银行控股公司等，都是商业票据的发行者。商业银行曾是商业票据的主要购买者。自20世纪50年代初期以来，由于商业票据风险较低、期限较短、收益较高，许多公司也开始购买商业票据。现在，商业票据的主要投资者是大商业银行、保险公司、非金融企业、银行信托部门、地方政府、养老基金组织、互助基金会和投资公司等。

2.商业票据市场的交易机制

（1）发行者。

①金融性公司：主要有附属性公司、与银行有关的公司及独立的金融公司。第一类公司一般是附属于某些大的制造公司；第二类是银行持股公司的下属子公司；其他则为独立的金融公司。

②非金融性公司：发行商业票据频次较少，发行所得主要用于解决企业的短期资金需求及季节性开支，如应付工资及缴纳税款等。

（2）面额及期限。

①面额：美国商业票据市场上，有的商业票据的发行面额只有25 000美元或50 000美元，但大多数在100 000美元以上。二级市场上，商业票据的最低交易规模为100 000美元。

②期限：商业票据的期限较短，一般不超过270天。市场上未到期的商业票据平均期限在30天以内，大多数商业票据的期限在20至40天之间。

3.商业票据的发行要素

商业票据的发行通常并无法律规定的准则或程序，只是依据发行需要和商业惯例进行操作，一般来说，要考虑以下几个要素：

（1）发行成本。对各种借款方式进行成本和收益比较，确定是否采取发行商业票据方式筹资。

（2）发行数量。

（3）发行方式。这主要分为直接发行和交易商发行。直接发行商业票据者须为资信卓著的大公司，而且其发行数量巨大，发行次数频繁。交易商发行是通过商业票据交易商的发行，对发行者来说较简便易行，但费用较高。选择何种发行方式，通常由公司本身资信及经营需要决定。

（4）发行时机。发行商业票据的时机选择是非常重要的，票据发行必须与企业资金使用计划相衔接。发行过早，筹到的资金不能立即使用，就会增加利息负担；发行过晚，需用资金时又无从使用，从而影响生产周转。

（5）发行承销机构。通常应选择那些实力雄厚、社会信誉高、与发行公司有密切合作关系的交易商作为发行代理人。

（6）发行条件。这主要包括贴现率、发行价格、发行期限、兑付和手续费。

（7）到期偿付能力测算。这通常由评级机构和自身两方面测算组成。与测算中长期偿债能力不同，商业票据的偿付通常从流转资金中偿付，需要比较精确的计算。

（8）评级。一般是由发行人或委托代理发行的交易商向信用评级机构申请评级，并提供必要的财务数据。

4.商业票据的发行程序及方式

商业票据的直接发行程序：商业票据评级；发行人公告发行商业票据的数量、价格和期限等；投资人与发行人洽谈买卖条件，包括数量、票据期限等；投资人买入票据；卖出票据者收取资金。

商业票据通过交易商发行时，有三种形式，即三种承销方式：

（1）助销方式，即商业票据交易商与发行公司事先商妥发行事项，再参照市场情况议定承销期限，全部由该交易商代办门市零售或通信销售，承销期满未售完部分，全部由交易商按约定价格承购。

（2）代销方式，即商业票据交易商与发行公司议定承销期限，依照发行公司指定的价格，由交易商代办门市零售或通信销售，承销期满未售完部分退回发行公司。

（3）招标方式，即交易商以受托办理招标方式推销。代发行公司公开标售，未售出部分由发行公司自行处理。招标的商业票据通常不定底价，开标时按标价之高低依次得标，直到标售的票据售完为止。

5.商业票据的发行成本

商业票据发行成本的大小在很大程度上影响着企业是否采取发行商业票据方式筹资的金融决策，因而必须进行详细的计算和比较。一般来说，影响商业票据发行成本的因素主要有以下几种：

（1）按规定利率所支付的利息。

（2）承销费，据金额大小及时间长短计付，约为0.125%～0.25%。

（3）签订费，即付给权威中介机构的签订手续费和工本费。一般规定最低起收点，并随发行公司有无保证而有差别。

（4）保证费，一般要由金融机构为商业票据发行的企业提供信用保证，相应收取保证费，一般按商业票据年利率的1%计付。

（5）评级、评估费用，是发行者支付给信用评估机构的报酬。在美国，国内出票人每年支付5 000～25 000美元，国外出票人还要多支付3 500～10 000美元。

（6）信用额度支持费用，一般以补偿余额的方式支付，有时按信用额度的0.375%～0.75%一次性支付。

（7）代理费用，主要是商业银行代理发行及偿付的费用。

其中，后六种费用属于非利息成本。

6.商业票据的利率及价格的确定

商业票据均为贴现发行，故商业票据的利率也就是贴现率。

影响商业票据利率的主要因素有：商业票据的发行成本，发行人资信等级，发行时有无担保以及担保人的资信等级、税收高低、流动性的强弱，等等。商业票据的价格主要是指它的发行价格，其确定方法是：

发行价格＝面额－贴现金额

贴现金额＝面额×贴现率×期限/360

$$\text{贴现率} = \left(1 - \frac{\text{发行价格}}{\text{面额}}\right) \times \frac{360}{\text{期限}} = \frac{\text{贴现金额}}{\text{面额}} \times \frac{360}{\text{期限}}$$

7.商业票据的评级

所谓商业票据评级，是指对商业票据的质量进行评价，并按质量高低分成不同等级。目前，国际上具有广泛影响的评级机构主要有美国的标准普尔公司和穆迪投资者服务公司等。

为商业票据评定级别主要依据发行人的管理质量、经营能力和风险、资金周转速度、竞争能力、流动性、债务结构、经营前景等。根据这些项目的评价把发行人分成若干等额。例如，标准普尔公司关于商业票据的评级就是分为ABCD四大等级，每一个大的等级下还分许多小的等级。

2.3.4 银行承兑汇票市场

银行承兑汇票市场，是以银行汇票为媒介，通过汇票的发行、承兑、转让及贴现而实现资金融通的市场，也可以说是以银行信用为基础的市场。

1.银行承兑汇票产生的背景

银行承兑汇票是为方便商业交易活动而创造出的一种工具，在对外贸易中运用较多。当一笔国际贸易发生时，由于出口商对进口商的信用不了解，加之没有其他的信用协议，出口方担心对方不付款或不按时付款，进口方担心对方不发货或不能按时发货，交易就很难进行。这时便需要银行信用从中作保证。一般地，进口商首先要求本国银行开立信用证，作为向国外出口商的保证。信用证授权国外出口商开出以开证行为付款人的汇票，可以是即期的也可是远期的。若是即期汇票，付款银行（开证行）见票付款。若是远期汇票，付款银行（开证行）在汇票正面签上"承兑"字样，填上到期日，并盖章为凭。这样，银行承兑汇票就产生了。

2.银行汇票和银行承兑汇票的界定

银行汇票是由银行受付款人委托而签发的一种汇款支付命令。银行汇票是由银行信用产生的。

银行承兑汇票是指出票人开立一张远期汇票，以银行作为付款人，命令其在确定的将来日期，支付一定金额给收款人。

3.银行承兑汇票市场的构成

银行承兑汇票市场主要由出票、承兑、贴现与转贴现、再贴现四个环节构成。出票与承兑相当于发行市场，贴现与再贴现相当于流通市场。

（1）出票。

出票是指出票人签发汇票并交付给收款人的行为。它包括两个行为过程：一是写成汇票，并在汇票正面签名；二是将汇票交付给收款人，使汇票从出票人那里转移到收款人那里。没有出票，其他票据行为无法进行，因而出票是基本的票据行为，也是票据的第一行为。

（2）承兑。

银行对汇票的承兑，是指银行对远期汇票的付款人明确表示同意按出票人的指示，于到期日付款给持票人的行为。承兑是一种附属票据的行为。

承兑虽是一种附属票据行为，却对汇票的流通起着关键作用。一般来说，未经承兑的汇票是不能办理贴现的。因此，承兑行为赋予了汇票流通的条件。银行汇票承兑大致有以下几种类型：国际进出口贸易的银行汇票承兑；国内货物运输的银行汇票承兑；国内仓储货物的银行汇票承兑；出口备货融资的银行汇票承兑。

（3）贴现与转贴现。

将贴现与转贴现并列，着眼于这些行为对货币供应量的影响。贴现与转贴现从本质上说都是企业之间的贴现，而再贴现面对的是中央银行，区别是显而易见的。汇票贴现是指持票人为了取得现款，将未到期承兑汇票，以支付自贴现日起至票据到期日止的利息为条件，向银行所作的票据转让，银行扣减贴息，支付给持票人现款的行为。贴现的条件主要有：第一，汇票的信用要好；第二，必须提供在途货物或一笔信用证交易的证明，以保证汇票的自行偿还性。转贴现则是指银行将以贴现承兑汇票，以支付自贴现日起至票据到期日止的利息为条件，向其他金融机构所作的票据转让行为。银行承兑汇票可能被多次转贴现，承兑银行贴现汇票后再卖给投资人。不过许多国家对承兑银行在二级市场上出售银行承兑汇票的数量，通常都有严格的限制。

（4）再贴现。

再贴现是商业银行和其他金融机构，以其持有的未到期汇票，向中央银行所作的票据转让行为。它是中央银行对商业银行及其他金融机构融通资金的一种形式，是中央银行的授信业务。在西方国家，这项业务又作为中央银行调节市场银根松紧及货币供应量的重要手段。西方各国中央银行根据不同时期的不同情况，制定不同的再贴现率，调节融资成本，抑制或刺激货币需求，从而紧缩或扩张银行信用，达到收紧或放松市场银根的目的。我国中央银行也已开展这项业务，只不过作用还十分有限。大家必须注意区分转贴现与再贴现，它们不是一种经济行为，二者的区别不仅表现为贴现的对象不同，而且对社会货币供应量的影响也是不同的。

2.4 短期政府债券市场

2.4.1 短期政府债券

1. 短期政府债券的定义

短期政府债券是政府部门以债务人身份承担到期偿付本息义务的期限在一年以内的债务凭证。短期政府债券一般以贴现方式发行，投资者的收益是证券的购买价与证券面额之间的差额，由财政部发行的短期债券一般称为国库券。

从广义上看，政府债券不仅包括国家财政部门所发行的债券，还包括地方政府及政府代理机构所发行的证券。

狭义的短期政府债券则仅指国库券。一般来说，短期政府债券市场主要指的是国库券市场。

英国于1887年发行国库券，是最先发行国库券的国家。1929年，美国发行国库券。

2. 短期政府债券发行的目的

政府发行短期债券一般基于两个目的：

一是满足政府部门短期资金周转的需要。政府收支有季节性变动，每一年度预算即使平衡，其间也可能有一段时间会出现资金短缺，需要筹措短期资金来周转。这时，政府部门可通过发行短期债券保证临时性资金需要。此外，长期利率水平不稳定时，政府不宜发行长期债券。在这种情况下，最好的办法就是先按短期利率发行国库券，等长期利率稳定后再发行中长期债券。

二是为中央银行公开市场业务提供可操作工具。短期政府债券是中央银行进行公开市场操作的最佳品种，也是连接财政政策与货币政策的契合点。目前，由于短期政府证券发行数额增长很快，其在货币政策调控上的意义，有时超过了平衡财政收支的目的。

2.4.2 短期政府债券的特点

1.违约风险小

由于国库券是国家债务，因而被认为没有违约风险。其他货币市场票据即使信用等级很高，也存在一定风险，尤其在经济衰退期。国库券这一特征不仅增加了对投资者的吸引力，还间接影响到投资者的国库券需求。对商业银行和地方政府来说，利用国库券可解决其他形式货币市场工具无法解决的问题。

2.流动性强

国库券能在交易成本及价格风险较低的情况下迅速变现。国库券是一种在高组织性、高效率和竞争市场上交易的短期同质工具，因此流动性强。当投资者需要资金时，是出卖国库券还是通过其他手段筹集资金，很大程度上取决于其所需资金的期限及筹集资金的机会成本问题。

3.面额小

1970年以前，美国国库券最小面额为1 000美元；1970年初，升至1 000美元～10 000美元，目前为10 000美元。而其他货币市场票据面额大多为10万美元。对小投资者来说，国库券通常是他们能直接从货币市场购买的唯一有价证券。

4.收益免税

世界各国国库券一般都享受免税待遇。免税主要指免除缴纳所得税的义务。假定所得税税率为T，那么商业票据收益率和国库券收益率之间的关系可通过下式表示：

$$RCP(1-T) = RTB$$

式中：RCP为商业票据利率，RTB为国库券利率，T为税率。

税率越高，市场利率水平越高，国库券的吸引力就越大。

2.4.3　短期政府债券的发行

1.短期政府债券的发行方式

短期政府债券的发行主要采用拍卖方式，由财政部公布发行数额，由投资者或承销商投标，提出认购的数量和价格，发行人根据投标情况，按一定规则进行分配。

投标又可以分为两种，即竞争性投标和非竞争性投标。

竞争性投标，竞标者报出认购国库券的数量和价格（拍卖中长期国债时通常为收益率），所有竞标者根据价格从高到低（或收益率从低到高）排队。

非竞争性投标，由投资者报出认购数量，并同意以中标的平均竞价购买。

竞争性招标又可以分为单一价格（即"荷兰式"）招标方式和多种价格（即"美国式"）招标方式。按单一价格招标时，所有中标者都按最低中标价格（或最高收益率）获得国库券。按多种价格招标时，中标者按各自申报价格（收益率）获得国库券。非竞争性投标者则按竞争性投标的平均中标价格来认购。

竞标结束时，发行者首先将非竞争性投标数量从拍卖总额中扣除，剩余数额分配给竞争性投标者。发行者从申报价最高（或从收益率最低）的竞争性投标开始依次接受，直至售完。当最后中标标位上的投标额大于剩余招标额时，该标位中标额按等比分配原则确定。

2.短期政府债券以拍卖方式发行的优点

第一，传统的认购方式下，财政部事先设置好新发行证券的息票和价格，实际上出售之前就确定了发行收益。若认购金额超过发行额，可足额发行；若认购金额少于发行金额，则只能部分发行。拍卖方式较认购方式简单，耗时也少。在拍卖过程中，市场决定收益，因而不存在发行过多或不足的问题。财政部仅决定国库券的供应量，其余皆由市场决定。

第二，采用拍卖方式发行，也为财政部提供了灵活的筹资手段。因为财政部负债中的少量变化可简单地通过变动每周拍卖国库券的供应量来实现。

2.4.4　短期政府债券的发行价格与贴现率

短期政府债券的发行价格及贴现率的关系如下：

$$r=\frac{100-P}{100}\times\frac{360}{D}$$

$$P=100\times\left(1-\frac{D\times r}{360}\right)$$

$$r'=\frac{100-P}{P}\times\frac{360}{D}$$

式中：P为短期国库券的发行价格，r为贴现率，r′为真实收益率，D为国库券期限。

2.5 大额可转让定期存单市场

2.5.1 大额可转让定期存单

1.大额可转让定期存单的概念

大额可转让定期存单（CDs）是指商业银行发行的数额较大的可在市场上流通转让的定期存单。

大额可转让定期存单是定期存款证券化、市场化的产物，也是西方国家特别是美国商业银行逃避存款利率管制，防止存款转移和提高存款竞争力的产物，是银行发给存款人按一定期限和约定利率计息，到期前可以转让流通的证券化的存款凭证。

大额可转让定期存单首创于美国，现在已成为货币市场的重要金融工具。

2.大额可转让定期存单的产生

大额可转让定期存单产生于20世纪60年代。20世纪60年代市场利率上升，而美国商业银行受Q条例①存款利率上限的限制，不能支付较高的市场利率，大公司财务主管为增加临时闲置资金的利息收益，纷纷将资金投资于安全性较好、又具有一定收益的货币市场工具，由此银行的企业存款急剧下降。为了阻止存款外流，美国花旗银行率先设计了大额可转让定期存单这种短期的有收益票据来吸引企业短期资金。此后，这一货币市场工具迅速在各大银行得到推广。

---

① Q条例是指美联储按字母顺序排列的一系列金融条例中的第Q项规定。后来，"Q条例"变成对存款利率进行管制的代名词

3.大额可转让定期存单的特性

第一，发行人通常是实力雄厚的大银行。大额定期存单一般由较大的商业银行发行，主要是由于这些机构信誉较高，可以相对降低筹资成本，且发行规模大，容易在二级市场流通。

第二，面额固定且起点较高。例如，在美国，大额可转让定期存单最低面额为2.5万美元，通常为100万美元。

第三，可在市场转让流通。

第四，可获得接近金融市场利率的利息收益。

4.大额可转让定期存单与传统定期存款的区别

第一，定期存款记名、不可流通转让；大额可转让定期存单不记名、可流通转让。

第二，定期存款金额不固定、可大可小；大额可转让定期存单金额较大。在美国，向机构投资者发行的CDs面额最小为10万美元，二级市场上的交易单位为100万美元，但向个人投资者发行的CDs面额最小为100美元。在中国香港，GDs最小面额为10万港元。

第三，定期存款利率固定；大额可转让定期存单利率既有固定的，也有浮动的，且一般来说比同期限的定期存款利率高。

第四，定期存款可以提前支取，提前支取时要损失一部分利息；大额可转让存单不能提前支取，但可在二级市场流通转让。

2.5.2　大额可转让定期存单的种类

按利率的不同划分，大额可转让定期存单可以分为固定利率存单和浮动利率存单。美国大额可转让定期存单按发行人的不同，可分为国内存单、欧洲美元存单、扬基存单。

1.国内存单

国内存单是四种存单中历史最悠久、也是最重要的一种存单，由美国国内银行发行。存单上注明存款的金额、到期日、利率及利息期限。

国内存单的期限一般为30天到12个月，发行方式为记名方式或无记名方式，大多数以无记名方式发行。

2.欧洲美元存单

欧洲美元存单是由美国境外的银行（外国银行和美国银行在外的分支机构）发行的以美元为面值的一种可转让定期存单。欧洲美元存单市场的中心在伦敦，但不限于欧洲。欧洲美元存单最早出现于1966年，它的兴起是由于美国银行条例尤其是Q条例对国内货币市场筹资的限制。由于银行可在欧洲美元市场不受美国银行条例限制为国内放款筹资，欧洲美元存单数量迅速增加。美国大银行过去曾是欧洲存单的主要发行者，1982年以来，日本银行逐渐成为欧洲存单的主要发行者。

3.扬基存单

扬基存单是外国银行在美国的分支机构发行的一种可转让的定期存单。发行者主要是西欧和日本等地的著名的国际性银行在美分支机构，期限一般较短，大多在3个月以内。外国银行发行扬基存单之所以能在美国立足是因为这些银行持有美国执照，增加了投资者对扬基存单的安全感；其还不受美联储条例的限制，无法定准备金要求，使其同国内存单在竞争上具有成本优势。

2.5.3 大额可转让定期存单市场的结构

大额可转让定期存单市场的参与主体包括：

1.存单的发行者

存单的发行者主要是大商业银行，据统计，美国大银行发行的存单占存单发行量的90%，其次为中小银行的存单。不少中小银行借大银行作为发行代理人以扩大销路。

2.存单的认购者

存单的认购者绝大多数是非金融性公司，有大企业、政府机构、外国政府及企业，也有金融机构和个人。

2.5.4 大额可转让定期存单的发行

1.大额可转让定期存单的发行要素

大额可转让定期存单的发行要素包括：银行资产负债的差额及期限结构、利率风险、发行人的资信等级、金融管理法规。

2.影响大额可转让定期存单发行价格的主要因素

影响大额可转让定期存单发行价格的主要因素有：发行人的资信等级、发行时的市场利率水平、存单的期限、存单的流动性。

3.大额可转让定期存单发行方式的选择

大额可转让定期存单可以直接发行，也可以通过交易商发行。直接发行，就是发行人直接在银行门市零售或以通信方式销售存单。通过交易商发行，就是发行人委托承销商发行存单。

4.可转让大额定期存单的发行程序

如果大额可转让定期存单是通过交易商或承销商发行的，一般的发行程序为：

第一，初步确定经销商及包销团成员。

第二，由律师草拟存款协议、经理人协议、保证人协议、代付本息协议、存单格式，并安排报批手续。

第三，由各经理人确定邀请首席联席经理及包销经理团成员。

第四，取得金融管理部门批准发行存单的通知。

第五，印发有关发行存单情况备忘录。

第六，发行人与有关经理人签署有关协议。

第七，通过传播媒介发表发行存单消息。

第八，发行人收到投资人付款后将存单交出，发行结束。

2.6　回购市场

2.6.1　回购与逆回购

回购市场是指通过回购协议进行短期资金融通交易的市场。

回购协议，是指卖方在出售证券的同时，和证券的购买商签定协议，约定在一定期限后按原定价格或约定价格购回所卖证券，从而获取即时可用资金的一种交易行为。

从本质上说，回购协议是一种抵押贷款，其抵押品为证券。

逆回购协议与回购协议是一个问题的两个方面。它是从资金供应者的角度出发相对于回购协议而言的。回购协议中，卖出证券取得资金的一方同意按约定期限以约定价格购回所卖出证券。在逆回购协议中，买入证券的一方同意按约定期限以约定价格出售其所买入证券。从资金供应者的角度看，逆回购协议是回购协议的逆进行。

回购是一种融资行为，逆回购则是一种投资行为。

2.6.2　回购协议的交易机制

回购协议的期限从一日至数月不等。当签订回购协议后，资金获得者同意向资金供应者出售政府债券和其他债券以换取即时可用的资金。一般来说，回购协议中所交易的证券主要是政府债券。回购协议期满时，再用即时可用资金作相反的交易。从表面上看，资金需求者通过出售债券获得了资金，而实际上，资金需求者是从短期金融市场上借入一笔资金。

对于资金借出者来说，其获得了一笔短期内有权支配的债券，但这笔债券到时候要按约定的价格如数交回。所以，出售债券的人实际上是借入资金的人，购入债券的人实际上是借出资金的人。出售方可以在约定的日期，以原来买卖的价格再加若干利息，购回该证券。这时，不论该证券的价格是升还是降，均按约定价格购回。在回购交易中，若贷款或证券购回的时间为一天，则称为隔夜回购，如果时间长于一天，则称为期限回购。

金融机构之间进行短期资金融通，一般可通过同业拆借解决，不一定用回购协议。有一些资金盈余部门如非金融机构、政府部门和证券公司等，采用回购协议可避免对放款的管制。此外，回购协议期限可长可短，比较灵活，满足了部分市场参与者的需要。期限较长的回购协议还可套利，即在分别得到资金和证券后，利用再一次换回之间的间隔期进行借出或投资，以获取短期利润。

2.6.3 回购协议市场的交易定价及风险

1.回购协议市场的主要资金需求方

回购协议市场的主要资金需求方有大银行和政府证券交易商等。

大银行将回购协议市场视为其资金来源之一。作为资金获得者，它有特别的优势：首先，它持有大量的政府证券和政府代理机构证券，可作为回购协议抵押品；其次，银行利用回购协议所取得的资金不属于存款负债，不用缴纳存款准备金。

政府证券交易商利用回购协议市场为其持有的政府证券或其他证券筹措资金。

2.回购协议市场的资金供给方

回购协议市场中资金供给方很多，如资金实力雄厚的非银行金融机构、地方政府、存款机构、外国银行及外国政府等。其中资金实力较强的非银行金融机构和地方政府占统治地位。对于中央银行来说，通过回购交易可以实施公开市场操作，以执行货币政策。

3.回购协议中回购价格的计算

回购协议中的应付利息和回购价格的计算公式为：

I=PP×RR×T/360

RP=PP+I

式中：PP为本金，RR为证券商和投资者所达成的回购时应付的利率，T为回购协议的期限，I为应付利息，RP为回购价格。

4.回购协议中交易双方可能面临的风险

尽管回购协议中使用的是高质量抵押品，但交易双方也会面临信用风险。若到约定期限交易商无力购回证券，客户只有保留抵押品。但若适逢债券利率上升，则手中持有证券的价格会下跌，使债券价值小于借出的资金价值；若债券市场价值上升，交易商又会担心抵押品的收回，因为这时其市场价值要高于贷款数额。

降低信用风险的方法有两个：

第一，设置保证金。回购协议中的保证金是指证券抵押品的市值高于贷款价值的部分，其金额一般在1%到3%之间。对于信用等级较低的借款者或当抵押证券的流动性不高时，差额可能达到10%之多。

第二，采用根据证券抵押品的市值随时调整的方法。采用这种方法既可以重新调整回购协议的定价，也可以变动保证金的数额。例如，在回购协议的条款中规定，当回购协议中的抵押品价值下跌时，回购协议可以要求按新的市值比例追加保证金，或者降低贷款的数额。

回购协议中证券的交付一般不采用实物交付方式，特别是在期限较短的回购协议中。但为防范资金需求者在回购协议期间将证券卖出或与第三方做回购所带来的风险，一般要求资金需求方将抵押证券交到贷款人清算银行的保管账户中或借款人专用的证券保管账户中，以备随时查询，当然也有不作这样规定的。

2.6.4 回购市场的利率

回购市场中的利率是不统一的，利率的确定取决于多种因素：

第一，用于回购的证券的质地。证券的信用度越高，流动性越强，回购利率就越低，否则，利率就会相对高一些。

第二，回购期限的长短。一般来说，期限越长，由于不确定因素越多，因而利率也应高一些。但这并不是一定的，实际上利率是可以随时调整的。

第三，交割的条件。如果采用实物交割的方式，回购利率就会较低，如果采用其他交割方式，回购利率就会相对高一些。

第四，货币市场其他子市场的利率水平。回购协议的利率水平不可能脱离货币市场其他子市场的利率水平而单独决定，否则该市场将失去吸引力，它一般是参照同业拆借市场利率而确定的。由于回购交易实际上是一种用信用较高的证券，特别是政府证券作抵押的贷款方式，其风险相对较小，因而利率也较低。

2.6.5 我国的债券回购交易

在我国，开展债券回购的场所是沪深交易所和全国银行间同业拆借中心。上交所1993年12月、深交所1994年10月开办以国债为主要品种的质押式回购交易。2002年12月和2003年1月，上交所和深交所分别推出企业债券（非上市公司发行的）回购交易。2007年进一步允许公司债（上市公司发行的）进行质押式回购。商业银行原先不得参与交易所债券回购交易，2009年，证监会开展了允许上市商业银行在交易所参与债券交易的试点。

1.交易所债券质押式回购交易

债券质押式回购交易，也称封闭式回购，是指融资方（正回购方、卖出回购方、资金融入方）在将债券质押给融券方（逆回购方、买入返售方、资金融出方）融入资金的同时，双方约定在将来某一指定日期，由融资方按约定回购利率计算的资金额向融券方返回资金，融券方向融资方返回原出质债券的融资行为。

融资方是融入资金、出质债券的一方；融券方是融出资金、享有债券质权的一方。

我国证券交易所质押式回购实行质押库制度和标准券制度。质押库制度是指质押的债券须转入专用的质押账户，融资方无法使用被质押的债券；标准券制度是指不同债券品种按折算率折成标准券。上海证券交易所现在不区分国债回购和企业债回购，国债、企业债和公司债折成标准券可合并计算；深圳证券交易所则区分国债回购和企业债回购。

目前，上海证券交易所债券质押式回购分为1、2、3、4、7、14、

28、91、182天9个品种；深圳证券交易所回购有1、2、3、4、7、14、28、63、91、182、273天11个品种，其中质押式企业债回购有1、2、3、7天4个品种。

债券回购交易申报中，融资方按"买入"（B）予以申报，融券方按"卖出"（S）予以申报。债券回购交易以年收益率进行报价，申报时直接输入资金年收益率的数值（省掉百分号）。

2.全国银行间市场债券质押式回购交易

全国银行间市场是以商业银行等金融机构为主的机构投资者之间以询价方式进行的债券交易。其间回购的债券是经人民银行批准交易的政府债券、中央银行债券和金融债券等记账式债券。中央国债登记结算有限公司是指定的该市场登记结算机构，人民银行是该市场的主管部门。

全国银行间债券回购参与者包括：境内的商业银行；境内的非银行金融机构和非金融机构；人民银行批准经营人民币业务的外国银行分行。这些机构应签署"全国银行间债券市场债券回购主协议"，回购双方进行回购交易时逐笔再签订回购成交合同，两者构成完整的回购合同。这些金融机构可以直接进行交易或委托结算代理人进行交易；非金融机构应委托结算代理人进行交易，且只能委托开展现券买卖和逆回购业务。回购双方需在中央结算公司办理债券的质押登记。

全国银行间债券市场回购期限最短为1天，最长为1年；回购交易额最小为债券面额10万元（1 000张），交易单位为债券面额1万元（100张）。

全国银行间市场债券质押式回购交易的报价采用询价交易方式，包括自主报价、格式化询价、确认成交三个步骤。

3.债券买断式回购交易

债券买断式回购交易，又称开放式回购，相对于质押式债券不是质押而是买断债券。正回购方（融资方）将债券先卖给逆回购方（融券方）获得资金，同时约定未来某一时间按约定的价格从逆回购方买回债券。

债券买断式回购同质押式回购的区别：买断式回购是"卖"，所有权转移；质押式回购是"质押"，所有权不发生转移。买断后，逆回购方可以在期限到来前自由处理该债券。

债券买断式回购的优势表现在：第一，有利于降低利率风险，合理确定债券和资金的价格；第二，有利于金融市场的流动性管理；第三，有利于债券交易方式的创新。目前，买断式回购交易并不活跃。

上海证券交易所有买断式回购，深圳证券交易所没有买断式回购。国债买断式回购按照"一次成交、两次清算"的原则结算。

4.市场买断式回购交易

买断式回购主协议和每笔签订的合同构成完整的合同。交易双方认为有必要时，可签订补充协议。市场中买断回购的期限由交易双方确定，但最长不得超过91天。买断期间交易双方不得换券、现金交割和提前赎回。市场中买断回购以净价交易，全价结算。

同业中心负责买断式回购交易的日常监测；中央结算公司负责买断式回购结算的日常监测工作；人民银行各分支机构对辖区内市场参与者进行日常监督。

5.全国银行间市场债券回购的清算与交收

债券回购双方可以选择的交收方式包括见券付款、券款对付和见款付券3种。

见券付款指在首次交收日完成债券质押登记后，逆回购方按合同约定将资金划至正回购方指定账户的交收方式。

券款对付指中央结算公司和债券交易的资金清算银行根据回购双方发送的债券和资金结算指令，于交收日确认双方已准备用于交收的足额债券和资金后，同时完成债券质押登记（或解除债券质押关系手续）与资金划账的交收方式。

见款付券指在到期交收日正回购方按合同约定将资金划至逆回购方指定账户后，双方解除债券质押关系的交收方式。

交易双方应按合同约定及时发送债券和资金的交收指令，在约定交收日应有足额的用于交收的债券和资金，不得买空或卖空。

全国银行间债券市场回购期限是首次交收日至到期交收日的实际天数，以天为单位，含首次交收日，不含到期交收日。回购利率是正回购方支付给逆回购方在回购期间融入资金的利息与融入资金的比例，以年利率表示。

2.7 货币市场基金

2.7.1 货币市场基金的概念

货币市场基金是投资于货币市场工具的一种共同基金。货币市场基金最早出现在1972年。当时，由于美国政府出台了限制银行存款利率的Q条例，银行存款对许多投资者的吸引力下降，投资者急于为自己的资金寻找到新的能够获得货币市场现行利率水平的收益途径。货币市场基金正是在这种情况下应运而生的。

货币市场基金能将许多投资者的小额资金集合起来，由专家操作。其投资对象有短期政府债券、银行承兑汇票、大额可转让定期存单和商业票据等货币市场投资品种。货币市场基金通过提高投资的流动性，降低了投资的风险。

在欧美发达国家，货币市场基金被投资者当作储蓄的替代产品和现金管理的有效工具，20世纪90年代下半期货币市场基金的收益率持续高于储蓄存款利率，使货币市场基金得到迅速发展。1994年以后，货币市场基金每年的平均收益率比储蓄存款高出2%左右，这个较高的利差刺激了投资者将其短期资产转换为货币市场基金，从而使得货币市场基金成为资本市场和货币市场共同推动的一个金融服务产品。从2002年美国共同基金管理资产的分布比例来看，货币市场基金占了35%。另据统计，美国家庭资产的24%、企业流动性资产的29%投向了货币市场基金。

2.7.2 货币市场基金的市场运作

1.货币市场基金的发行及交易

货币市场基金一般属开放式基金，即其基金份额可以随时购买和赎回。当符合条件的基金经理人设立基金的申请经有关部门许可后，他就可着手基金份额的募集。投资者认购基金份额与否一般依据基金的招募说明书来加以判断。基金的初次认购按面额进行，一般不收或收取很少的手续费。由于开放式基金的份额总数是随时变动的，因此，货币市场基金的交易实际上是指基金购买者增加持有或退出基金的选择过程。

货币市场基金与其他投资于股票等证券交易的开放式基金不同，其购买或赎回价格所依据的净资产值是不变的，一般是每个基金单位1元。同时，对基金所分配的盈利，基金投资者可以选择是转换为新的基金份额还是领取现金两种方式。一般情况下，投资者会用投资收益再投资，增加基金份额。由于货币市场基金的净资产值是固定不变的，因此，衡量该类基金表现好坏的标准就是其投资收益率。

2.货币市场基金的特点

第一，货币市场基金与其他投资于股票的基金最主要的不同在于货币市场基金单位资产净值是固定不变的，通常是每个基金单位1元。投资该基金后，投资者可利用收益再投资，投资收益就不断累积，增加投资者所拥有的基金份额。比如某投资者以100元投资于某货币市场基金，可拥有100个基金单位，1年后，若投资报酬率是8%，那么该投资者就多8个基金单位，总共108个基金单位，价值108元。

第二，衡量货币市场基金表现好坏的标准是收益率，这与其他基金以净资产价值增值获利不同。

第三，流动性好、资本安全性高。这些特点主要源于货币市场是一个风险低、流动性高的市场。同时，投资者可以不受到期日限制，随时可根据需要转让基金。

第四，风险低。货币市场工具的到期日通常很短，货币市场基金投资组合的平均期限一般为4~6个月，因此风险较低，其价格通常只受市场利率的影响。

第五，投资成本低。货币市场基金通常不收取赎回费用，并且其管理费用也较低，货币市场基金的年管理费用大约为基金资产净值的0.25%~1%，比一般的基金年管理费率1%~2.5%低。

第六，货币市场基金均为开放式基金。货币市场基金通常被视为无风险或低风险投资工具，适合资本短期投资生息以备不时之需，特别是在利率高、通货膨胀率高，证券流动性下降、可信度降低时，可使本金免遭损失。

3.货币市场基金运作的优势

货币市场基金与一般基金相比，还有如下特征：

第一，货币市场基金投资于货币市场中高质量的证券组合。货币市场基金是规避利率管制的一种金融创新，其产生的最初目的是给投资者提供稳定或高于存款金融机构存款利率的市场利率水平。因此，货币市场基金产生之后，就在各种短期信用工具中进行选择组合投资。早期的货币市场基金所投资的证券级别是没有限制条款的。但由于一些货币市场基金为追求高回报而投资于高风险证券，导致发生巨额亏损，损害了投资者利益，从而引起监管者重视。

1991年2月，美国证券交易委员会要求货币市场基金提高在顶级证券上的投资比例，规定其投资在比顶级证券低一个档次的证券上的数量不超过5%，对单个公司发行的证券的持有量不能超过其净资产的1%。这里所谓的顶级证券是指由一些全国性的证券评级机构中的至少两家评级在其最高的两个等级之中的证券。由于货币市场基金投资的高质量证券具有流动性高、收益稳定、风险小等特点，而资金较少的小投资者除了在货币市场上可以购买短期政府债券外，一般不能直接参与货币市场交易。货币市场基金的出现满足了一部分小额资金投资者投资货币市场获取稳定收益的需求，因此受到投资者的青睐。

第二，货币市场基金提供一种有限制的存款账户。货币市场基金的投资者可以签发以其基金账户为基础的支票来取现或进行支付。这样，货币市场基金的基金份额实际上发挥了能获得短期证券市场利率的支票存款的作用。尽管货币市场基金在某种程度上可以作为一种存款账户使用，但它们在法律上并不算存款，因此不需要提取法定存款准备金及受利率最上限的限制。当然，货币市场基金账户所开支票的数额是有最低限额要求的，如美国规定一般不得低于500美元。另外，许多基金还为方便客户提供通过电报电传方式随时购买基金份额或取现等服务。

第三，货币市场基金所受到的法规限制相对较少。由于货币市场基金本身是一种绕过存款利率最上限的金融创新，因此，在其最初的发展中对其进行限制的法规几乎没有，其经营较为灵活，不像商业银行及其他储蓄机构存在利率上限的限制、提取未到期的定期存款要收取罚金等，这使货币市场基金在同银行等相关金融机构在资金来源的竞争中占有一定的优势，货币市场基金也不用缴纳存款准备金。所以，即使是保持和商业银行等储蓄性金融机构一致的投资收益，由于其资金的运用更充分，其所支付的利息也会高于银行储蓄存款利息。

2.7.3 我国的货币市场基金

我国的货币市场基金在2013年之后发展很快,尤其是当货币市场基金与互联网企业结合之后更是进入了急速发展时期,产生了很多数额大、影响广的货币市场基金,比如天弘基金与阿里巴巴集团合作的天弘增利宝货币市场基金,俗称"余额宝"。

在我国,货币市场基金主要投资标的包括:①现金;②1年以内定期存款;③属于期限397天内的债券;④1年内的债券回购;⑤1年内的中央银行票据;⑥剩余期限在397天内的资产支持证券。

另外,货币市场基金不得投资于:①股票;②可转换债券;③剩余期限超过397天的债券;④信用等级在AAA级以下的企业债券;⑤信用等级在A-1级及以下的短期融资券;⑥流通受限的证券。

2.7.4 对货币市场基金的未来展望

2017年,中国公募基金的资产总规模突破了10万亿元。2017年,行业所管理的公募基金新增资产中,货币基金占比超过85.6%。正是由于有了货币市场基金规模的快速扩张,才促进了基金行业的稳步发展。货币市场基金是中国公募基金市场上发展最为成功的一个类别。货币市场基金之所以会有良好的发展状态,原因主要在于三个方面:(1)在较低风险基础之上的较好收益;(2)在相近于活期存款流动性基础之上的、高于定期一年存款收益的行业平均收益率;(3)在当代科技基础之上的、日益便利的交易渠道,其中最重要的方面就是手机移动端的应用。

在剔除了建仓期因素之后,以完整的年度业绩为统计标准,对比同时期的活期存款利率和定期一年存款利率,货币市场基金的绩效表现及优势随着市场基础利率水平的逐步降低而愈加凸显。2017年,货币市场基金核心份额的平均收益率为1.73%,已经超过了银行定期一年存款的利率。对于很多收益率表现良好的货币市场基金来说,七日年化收益率超过4%已经成为一种较为普遍的现象,从而进一步提高了货币市场基金对于投资者的吸引力。同时,货币市场基金如此良好的收益表现,再配之以原来就十分良好的流动性,许多机构投资者也纷纷加大了对于货币市场基金的配置力度。

货币市场基金在开放式基金中的占比,从2013年的20%左右,已经上升到 2017 年的 50% 之上。这种情况表明，货币市场基金已经成为了广大投资者良好的流动性储备工具，是投资基金的首选，投资者把一半左右的资金购买了货币市场基金。

可以预见：（1）货币市场基金的资产总规模在全体开放式基金中的占比为半壁江山，将会成为一种常态。（2）货币市场基金作为一种风险与收益有着良好结合的产品，未来如果能够一如既往地保持着这样的绩效特征，必将保持良好的发展态势。

本章小结

货币市场是指融通资金期限在一年以内的金融市场。货币市场工具主要有同业拆借资金、大额可转让定期存单、银行承兑汇票、短期国库券、商业票据、债券回购、货币市场基金等。

同业拆借市场，也称为同业拆放市场，是指金融机构之间以货币借贷方式进行短期资金融通活动的市场。票据是一种重要的有价证券，它作为金融市场上通行的结算和信用工具，是货币市场上主要的交易工具之一。票据的基本形式有三类：支票、本票和汇票。票据行为是指以产生票据上载明的债权债务关系为目的的要式行为，包括出票、背书、承兑、保证、付款、追索。

短期政府债券，是政府部门以债务人身份承担到期偿付本息义务的期限在一年以内的债务凭证。大额可转让定期存单（CDs）是指商业银行发行的数额较大的可在市场上流通转让的定期存单。

回购市场是指通过回购协议进行短期资金融通交易的市场。

货币市场基金是投资于货币市场工具的一种共同基金，货币市场基金能将许多投资者的小额资金集合起来，由专家操作。其投资对象有：短期政府债券、银行承兑汇票、大额可转让定期存单和商业票据等货币市场投资品种。货币市场基金通过提高投资的流动性，降低了投资的风险。

关键概念

货币市场　同业拆借市场　票据　支票　本票　汇票　票据行为
商业票据　银行承兑汇票市场　短期政府债券　竞争性投标　非竞争性

投标　大额可转让定期存单（CDs）　回购市场　回购协议　逆回购协议　货币市场基金

综合训练

2.1　单项选择题

1.关于票据的票据行为，下列说法错误的是（　　）。

A.票据行为包括出票、背书、承兑、保证、付款和追索

B.在我国，票据可以发生存在的全部票据行为

C.出票人在票据上记载"不得转让"字样的，票据不能转让

D.保证是票据债务人以外的任何第三人担保票据债务人履行债务的票据行为

2.关于回购协议，以下叙述错误的是（　　）。

A.回购协议是一种抵押贷款，其抵押品为证券

B.回购协议中所交易的证券主要是企业债券

C.逆回购协议与回购协议是一个问题的两个方面

D.回购协议中证券的交付一般不采用实物交付的方式，特别是在期限较短的回购协议中

3.关于短期政府债券，以下叙述错误的是（　　）。

A.短期政府债券是政府部门以债务人身份承担到期偿付本息责任的期限在1年以内的债务凭证

B.短期政府债券以贴现方式发行，投资者的收益是证券的购买价与证券面额之间的差额

C.国库券大多是通过拍卖方式发行的

D.在我国，期限在1年以上的政府中长期债券称为公债

4.关于货币市场基金的正确叙述是（　　）。

A.货币市场基金一般属于封闭式基金

B.货币市场基金只能采取公募方式发行

C.货币市场基金购买或赎回价格所依据的净资产值是不变的

D.衡量货币市场基金表现好坏的标准是其净资产值

5.票据是一种无因债权证券，这里的"因"是指（　　）。

A.产生票据权利义务关系的原因

B.票据产生的原因

C.票据转让的原因

D.发行票据在法律上无效或有瑕疵的原因

6.短期政府债券同公司短期债券之间的区别是（　　　　）。

A.利率不同　　　B.目的不同　　　C.风险不同　　　D.发行者不同

7.在同一城市或地区的金融机构进行拆借，多是以（　　　）作载体。

A.支票　　　　　B.本票　　　　　C.汇票　　　　　D.期票

8.专门融通一年以内短期资金的场所被称为（　　　）。

A.现货市场　　　B.期货市场　　　C.资本市场　　　D.货币市场

9.银行汇票是指（　　　）。

A.银行收受的汇票　　　　　　　B.银行承兑的汇票

C.银行签发的汇票　　　　　　　D.银行贴现的汇票

10.商业银行或其他金融机构以其持有的未到期汇票向中央银行所做的票据转让行为，被称为（　　　）。

A.贴现　　　　　B.再贴现　　　　C.转贴现　　　　D.承兑

11.下面哪个不是票据的特征（　　　）。

A.设权证券　　　B.要式证券　　　C.证权证券　　　D.有价证券

12.对回购协议和逆回购协议描述不正确的是（　　　）。

A.回购协议是投资行为

B.回购的实质是抵押贷款

C.逆回购是投资行为

D.回购和逆回购是正好相反的过程

13.通常情况下，下列短期金融工具，利率最高的是（　　　）。

A.公司短期债券　　　　　　　　B.短期国库券

C.货币市场基金　　　　　　　　D.同业拆借

2.2 多项选择题

1.同业拆借市场的特点包括（　　　）。

A.融通资金期限短，流通性高

B.具有严格的市场准入条件，技术先进，手续简单，成交时间短

C.信用交易且交易数额较大

D.利率由市场决定

2.票据作为一种有价证券，具有如下特征（　　）。

A.不完全有价证券　　　　　　　B.设权证券

C.有因证券　　　　　　　　　　D.文义证券

3.属于支票的票据行为是（　　）。

A.出票　　　　B.背书　　　　C.承兑　　　　D.付款

4.关于短期政府债券的市场特征，以下叙述正确的是（　　）。

A.违约风险小　　　　　　　　　B.收益免税

C.面额较大　　　　　　　　　　D.流动性强

5.本票的基本当事人有（　　）。

A.出票人　　　B.付款人　　　C.收款人　　　D.承兑人

6.同国债相比，商业票据（　　）。

A.风险更大　　　　　　　　　　B.利率较低

C.流动性更差　　　　　　　　　D.风险更小

E.流动性更好

7.中央银行在货币市场提高再贴现率，将（　　）。

A.扩大银行信用　　　　　　　　B.缩小银行信用

C.抑制货币需求　　　　　　　　D.刺激货币需求

E.收紧银根

8.商业银行主要参与（　　）的活动。

A.票据市场　　　　　　　　　　B.证券市场

C.黄金市场　　　　　　　　　　D.外汇市场

E.同业拆借市场

9.票据的发行，必须先以出票人同付款人之间的资金关系为前提，这种票据是（　　）。

A.汇票　　　　　　　　　　　　B.本票

C.支票　　　　　　　　　　　　D.即期汇票

E.远期汇票

2.3　问答题

1.简述同业拆借市场的作用。

2.政府为何发行短期债券？

3.简述票据的特征。

4.简述同业拆借市场的特点。

5.货币市场包括哪些子市场?

6.论述货币市场基金的操作及特征。

7.简述货币市场与货币政策的关系。

第3章

债券市场

引例

2017年中国债券市场运行情况

截至 2017 年 12 月 31 日，中国债券市场主要债券存量规模达 74.14 万亿元。2017 年，中国债券市场共发行各类债券 40.39 万亿元，较上年增长 11.77%。银行间债券市场新发债券 37.69 万亿元，占债券市场发行总量的 93.32%，仍是我国债券主要发行场所。其中，国债、商业银行债、政府支持机构债券、银行间资产支持证券、非金融企业资产支持票据和同业存单的发行增幅显著，地方政府债、政策性银行债、企业债、短期融资券、证券公司短期融资券的发行量降幅明显；交易所市场新发债券 2.70 万亿元，较上年下降 27.61%，主要因受公司债（含私募债）的发行规模降幅较大（-60.35%）影响所致。交易所资产支持证券、证券公司债、可转债和可交换债的发行规模均有所增长，其中，可转债发行规模较上年增长近 3.5 倍，达 1 167.84 亿元，主要是 2 月份证监会对上市公司通过申请增发、配股、非公开发行股票进行再融资作出间隔时间等限制时并未包含发行可转债，间接推动了可转债发行大幅增加。

债券是一种非常重要的融资工具，那么债券是怎么划分的？我国债券市场又有什么特别之处？债券融资结构呈现什么特征？本章将解答这些问题。

债券市场是发行和买卖债券的场所，是金融市场的一个重要组成部分。债券市场是一国金融体系中不可或缺的部分。债券市场可以为全社会的投资者和筹资者提供低风险的投融资工具；债券的收益率曲线是社会经济中一切金融商品收益水平的基准，因此债券市场也是传导中央银行货币政策的重要载体。可以说，统一、成熟的债券市场是一个国家金融市场的基础。

3.1 债券概述

3.1.1 债券的含义

债券是要求发行人（也称为债务人或者借款人）按规定时间向债权人（投资者）偿还本金和支付利息的一种债务工具。虽然债券的种类繁多，但都共享了一些显著特征，从投资者的角度来分析，这些特征包括：

1.安全性

与其他类型的金融工具相比，投资者可以从债券投资中获取固定的利息和本金，债券投资的安全性非常高。当然并不是所有的债券都是安全的，本章最后部分对债券的风险和信用评级系统进行了讲解。

2.流动性

虽然债券都有一个期限，但投资者可以在到期日前将手中的债券卖掉变现，这种流动性不仅对投资者有利，对提升整个市场的活跃度也有很大帮助。

3.收益性

债券的收益除了固定的高于银行存款利率的债券利息以外，还可以通过买卖交易获利，一般来讲，市场利率越低，说明债券的吸引力越大，债券的价格也会高于其面值。

以上提到的几个特征相互之间关系紧密，比如安全性越高、流动性越强的债券收益性肯定要差一些。在金融市场中，风险和收益的正比关系是投资者需要理解的基本原理。

3.1.2　债券的分类

在这一部分，我们以世界上最大的债券市场——美国债券市场为例来分析债券的种类。人们根据发行主体和抵押资产的不同把美国债券市场分成六个部分，分别为：美国国债市场、政府机构债券市场、市政债券市场、公司债券市场、资产支持债券市场和抵押贷款支持债券市场。

美国国债是指由美国政府部门发行的债券，根据期限的不同，分为国库券、中期国债和长期国债。作为世界上最大的证券发行人，美国政府对全球的证券定价和利率形成起着至关重要的作用。

政府机构债券是政府所属机构和政府设立的企业所发行的证券，这类债券的发行通常没有抵押品作为担保，因此也被称为机构信用证券，与其他类型的债券相比，此类债券在美国规模较小。

市政债券是州政府或地方政府以及附属机构所发行的债券。在美国，市政债券通常可以免税，因此也被称为免税债券。

公司债券包括美国公司发行的债券和非美国公司在美国发行的债券，也叫扬基债券。同国家债券一样，公司债券也根据时限的不同分成长期债券、中期债券和短期票据。公司债券按照信用等级不同可以分为投资级和非投资级。

有时公司可以将一组贷款或应收账款打包，并将该资产包作为发行债券的抵押品，这种形式发行的债券叫做资产支持证券。而抵押贷款支持债券是用不动产抵押贷款作为担保而发行的债券。这两种形式的债券在美国等金融市场成熟的国家比较常见，而在一些发展中国家并不是很成熟和常见。

根据以上的介绍我们可以将债券按以下形式来分类。

1.债券按发行主体的不同分类

债券按发行主体的不同可分为：政府债券（包括中央政府和地方政府发行的债券）、公司债券、金融机构所发行的金融债券。

2.按期限的不同分类

债券按期限的不同可分为：短期债券、中期债券、长期债券。短期债券是指期限在1年以下的债券，中期债券是指期限在1年以上10年以下的债券，长期债券是指期限在10年以上的债券。

3.按利息支付方式的不同分类

债券按利息支付方式的不同可分为：付息债券、贴现债券、浮动利率债券。付息债券，指券面上附有各种息票的债券。息票上载明利息额度、支付期限等信息。贴现债券，券面上不附有息票，发行时按规定的折扣率以低于债券票面金额的价格发行，到期时按券面金额偿还本金的债券，其发行价格与券面金额之间的差额就是利息。浮动利率债券，是指债券利率随市场利率变动而浮动，以避免市场利率风险的一种新型债券。

4.按是否有担保分类

债券按是否有担保可分为：信用债券、担保债券。信用债券是指仅凭债券发行者的信用发行的债券，没有抵押或担保，一般包括国家债券和金融债券。担保债券又包括抵押债券、质押债券和保证债券三种。

许多全球投资者只参与外国政府债券市场，而不参与非政府债券市场，这是因为政府债券市场信用风险较低，流动性高，并且市场简单。虽然非政府债券市场提供了更高的收益率，但投资者也要承受更高的风险。

3.2 债券的发行市场

金融市场中的发行市场也称为一级市场，是以发行债券的方式筹集资金的场所。在这个市场，具体决定了债券的发行时间，发行金额和发行条件，并引导投资者认购。在本小节中我们重点讲解债券发行的目的、发行的方式、承销方式以及影响债券利率的因素等。

3.2.1 债券发行的目的

筹资能力的强弱对于公司来讲是十分重要的，一般来讲，公司常见的外部筹资方式有发行股票、发行债券、银行借款等。每种方式都具有其自身的优缺点，下面就结合债券类筹资方式的特点阐述公司发行债券的目的。

1.筹集长期稳定的低成本资金

首先，债券的期限较长，相比于银行借款，公司可以通过发行债券获得长期稳定的资金来源。其次，大部分债券具有利息固定、本金到期偿还的特点，这使得债券投资者的风险要小于收益不确定的股民，而债券投资者所要求的收益率较低，这使得公司通过发行债券筹资的成本较低。

2.灵活运用资金

发行股票筹资涉及原有股东的利益以及董事会改组等问题，手续繁琐，程序复杂，而发行债券则不会涉及原有股东的利益，手续相对比较简单。而且当债券到期时，如公司仍需要继续占用资金，还可以采取发新债券的方法来偿还到期的旧债券，灵活性较大。

3.为投资者提供了一种新的、具有流动性和盈利性的金融商品或金融资产

债券作为一种投资对象或金融资产，与银行储蓄存款相比，具有一个最显著的特点：更能实现盈利性与流动性的统一。可以说，债券为广大投资者提供了一种全新的投资工具。

4.为中央银行间接调节市场利率和货币供应量提供了市场机制

在成熟的市场经济国家，中央银行主要通过买卖政府债券，即公开市场操作来调节金融体系的银根、调节市场利率、调节货币供应量。政府债券成为中央银行进行公开市场操作的主要对象，从而债券市场成为中央银行实施货币政策的主要渠道。

5.为政府干预经济、实现宏观经济目标提供了重要机制

在西方国家，政府对经济的干预调节，除了通过调节税收总量和结构以及支出总量和结构进行外，20世纪30年代，特别是西方各国纷纷奉行凯恩斯理论和政策以来，扩大财政赤字、向社会大量发行政府公债，已成为政府干预经济、调节经济、刺激经济、管理经济的重要手段。通过向社会发行政府债券，可以为弥补财政赤字，进行大量基础性投资筹集资金；而通过扩大政府开支、增加公共基础设施投资，可以增加社会有效需求，增加社会就业，刺激经济增长，从而实现促进充分就业和经济增长的目标。

3.2.2　债券的发行方式

1.私募发行和公募发行

债券的私募发行，是指面向少数特定投资者的发行。一般来说，私募发行的对象主要有两类：一类是有所限定的个人投资者，一般是限于发行单位内部或有紧密联系的单位内部的职工或股东。另一类是指定的机构投资者，如专业性基金（包括养老退休基金、人寿保险基金等），或与发行单位有密切业务往来的企业公司等。

公募发行是指公开面向社会非特定投资者的发行，充分体现公开、公正的原则，也是私募发行的对称。

2.直接发行与间接发行

直接发行是指债券发行人直接向投资人推销债券，并不需要中介机构进行承销的债券发行方式。采用这种发行方式，可以节省中介机构的承销、包销费用，节约发行成本。但要花费大量的人力和时间以进行申报登记、资信评估、征募宣传、债券印制、发信收款等繁杂的工作，同时也需要设立一些发行网点和派出众多发售人员。

间接发行是指发行人不直接向投资者推销，而是委托中介机构进行承购推销的发行方式。间接发行可以节省人力、时间及降低发行风险，发行工作一般都能迅速、高效地完成，但由于发行人要支出一笔较大的承销费用，因此会增加发行成本。这就需要发行人比较成本和收益，对发行方式做出选择。

3.平价发行、溢价发行和折价发行

平价发行，即发行价格与票面金额相一致的发行。溢价发行是指发行价格高于票面金额的发行。折价发行正好与溢价发行相反，是指发行价格低于票面金额的发行。

3.2.3　债券的承销方式

上文提到，债券的发行有时需要金融机构的帮助，这些机构扮演了承销商的角色。债券承销商承销债券的方式主要有三种：债券代销、债券余额包销和债券全额包销。

1.债券代销

债券代销又称债券推销，是指债券发行者委托承销商代为向社会推销债券。通常只适用于信誉高的发行人或十分抢手、十分走俏的债券。

2.债券余额包销

债券余额包销又称债券助销，是指承销商按照已定的发行条件和数额，在约定的期限内向社会公众大力推销，到销售截止日期，如果有未售完的债券，则由承销商负责认购，承销商要按照约定的时间向发行者支付全部债券款项，在债券发行日期结束后，承销商还可以继续推销自己所认购的部分债券，或者作为自己的投资来持有这部分债券。

3.债券全额包销

债券全额包销简称债券包销，是指由承销商先将发行的全部债券认购下来，并立即向发行人支付全部债券款项，然后再按市场条件转售给投资者的发行方式。

对于承销商来说，包销方式显然存在着较大的风险。为了分散包销风险和解决包销认购款不足等可能出现的问题，承销商也会采取分销方式以分散风险和筹足资金，因而全额包销又可细分为协议包销、俱乐部包销和银团包销等具体方式。

协议包销，是指发行人与单独一个承销商签订包销协议，由其独立包销待发行的全部债券。采用这种包销方式，发行风险全部由承销商独自承担，发行手续费也归承销商独享。

俱乐部包销，是指发行人与若干个承销商签订发行协议，由这些承销商共同包销所发行的全部债券。通过协议，具体规定每个承销商应包销的份额，并据此确定其承担的发行风险和应取得的发行手续费。采取这种承销方式发行，其发行风险可由多个承销商共同承担，可以相对分散包销的风险，当然，其发行费也由参加包销的若干个承销商分享，即风险分担，利益分享。

银团包销，是指由一个承销商牵头，若干个承销商参与包销活动，以竞争的方式确定各自的包销额，并按其包销额承担发行风险、收取发行手续费。这种承销方式多适用于债券发行数额较大，一个承销商难以独自完成或者不愿独自承担全部发行风险的情况。

3.2.4　影响债券发行利率的因素

债券的发行利率，是指债券的票面利率，也就是债券票面所标明的利率。发行利率是金融市场中非常重要的利率之一，对其他利率的设定和变化有很大的影响。一般来讲，债券的发行利率是由债券发行人根据债券本身的性质、期限、信用等级、利息支付方式以及对市场条件的分析等因素来确定的。

1.债券的期限

一般来说，债券的期限越长，发行的利率就越高；反之，期限越短，发行利率就越低。因为期限越短的债券风险越低，投资者所需要的回报率也较低。

2.债券的信用等级

债券信用等级的高低，在一定程度上反映了债券发行人到期偿付本息的能力。债券信用等级越高，投资人承担的风险就越小；反之，债券信用等级越低，投资人承担的风险就越高。

3.有无可靠的抵押或担保

抵押或担保是对债券还本付息的一种保障，是对债券投资风险的一种防范，是对投资者信心的一种保护。在其他情况一定的条件下，有抵押或担保，投资的风险就小一些，债券的利率就低一些；如果没有抵押或担保，投资的风险就要大一些，债券的利率就要高一些。

4.市场条件

当前市场银根的松紧、市场利率水平及变动趋势、同类证券及其他金融工具的利率水平等构成了影响债券发行利率的市场条件。

如果当前市场银根很紧，市场利率可能会逐步升高，银行存款、贷款利率及其他债券的利率水平比较高，由此债券发行人就应考虑确定较高的债券发行利率；如果是在相反的情况下，债券发行人就可确定较低的债券发行利率。

5.债券利息的支付方式

实行单利、复利和贴现等不同的利息支付方式，对投资人的实际收益率和发行人的筹资成本，有着不同的影响。一般来讲，单利计息的债券，其票面利率应高于复利计息利率和贴现利率。

6.金融管理当局对利率的管制结构

不同的国家甚至同一国家的不同历史时期对利率的管制是不同的。比如有些国家直接规定债券利率水平或最高限，有些国家则规定债券利率的浮动幅度，有些国家规定债券利率要与受到管制的存款利率挂钩，还有些国家则对债券利率不加任何管制，使其完全取决于债券发行人的信誉、债券期限、市场条件及投资者选择等。

3.3 债券的流通市场

3.3.1 债券流通市场的结构

债券的流通主要有两种类型：一种是证券交易所交易，一种是柜台交易。前者称为场内交易，并形成交易所市场；后者称为场外交易，并形成场外交易市场。

证券交易所是具有严密组织和严格规则的证券交易场所。各类债券进入证券交易所挂牌公开交易或上市交易，首先必须经过证券上市管理部门的审核、批准。一般来讲，除了国债、交通运输、电信电话等公用事业债券及部分著名企业或公司的债券外，其他债券是很难获准在证券交易所上市交易的。

同证券交易所相比，柜台交易并无高度的组织和严密的规则，交易环境相对宽松，从而对那些难以进入证券交易所交易、又存在交易需求的债券提供交易场所，赋予其流动性，以满足买卖双方的交易需求。在市场经济发达国家，大部分公司债券都是在场外市场进行交易的。

同证券交易所交易相比，大多数场外交易都是以证券公司为中介来进行的。交易双方既可以到证券公司直接买卖，也可以委托经纪人代理买卖。此外，场外交易一般没有固定的交易大厅和交易时间，故其交易方式主要是通过电话、电传、互联网等现代通信设施联网成交。场外交易还有交易数额不受限制等优越性。

3.3.2 债券的交易方式

债券主要有两种交易方式，即委托经纪人代理买卖和交易商自营买卖。

1.委托经纪人代理买卖方式

代理买卖也叫委托买卖，是指债券买卖双方委托各自的经纪人代理进行交易。债券经纪人根据客户的委托代理买卖债券，从代理买卖中收取一定的佣金，即手续费。

在证券交易所内的交易中，代理买卖或委托买卖的程序按时间顺序大致可分为三大阶段、八个环节。

第一阶段：准备阶段。

第一，联系证券经纪人。

第二，开户。

第三，委托。这一环节较为复杂，操作性也比较强。所谓委托，主要是就下列事项对经纪人做出明确指令：①买入债券还是卖出债券。②买入或卖出债券的数量。③债券名称（种类）。④交易结算的方式和时间，即采用现金结算还是转账结算，是当日、普通日还是特约日、发行日结算。⑤委托价格，主要有三种：第一种为限价，即限定买卖的价格，经纪人不得高于限价买入或低于限价卖出，只能在限定价格内进行买卖。第二种为市价，客户只提出买卖的种类和数量，不指定价格，由经纪人在交易厅内按当时的市场价格购买或卖出。第三种为中心浮动价，客户以限价为中心，给予一定的上下浮动幅度，允许经纪人在浮动幅度内执行委托。⑥交易方式，是现金交易、信用交易，还是期货交易、期权交易。⑦购入或卖出的时间，如开盘买卖还是收盘买卖的具体时间要求。⑧委托买卖的有效时间，指明其委托指令是当日有效、周内有效、本月有效还是无限期有效。清晰而明确的委托指令，有利于经纪人了解客户的要求，也为日后避免误解或纠纷提供了依据。

第二阶段：成交阶段。

第一，传递指令。

第二，买卖成交，又具体分为三个步骤：①报价，即在交易时公布债券的价格。报价又有四种具体方式，即大声喊叫报价、手势报价、填写板牌公布价格和计算机荧光屏报价。②竞争，又叫竞价买卖，即以拍卖的方式进行交易。在竞价买卖中，要始终遵循时间优先和价格优先原则。③拍板成交。成交方式也有两种：一种是以书面形式使契约或协议达成，一种是口头承诺。

第三，确认公布。成交后，经纪人一方面通过证券公司告知客户达成交易的情况，准备进行交割；另一方面要把成交的信息告诉交易所营业员，营业员把成交信息转告交易所有关机构确认，确认无误后通过电子计算机显示在交易厅的交易行情牌上，同时通过计算机把信息传送到证券公司（场外柜台）、市场信息公司、新闻媒介单位，以便及时予以报道。

第三阶段：清算阶段。

第一，支付佣金，即客户按规定向经纪人支付委托买卖的手续费。佣金比率的大小与委托交易额成反比，交易额越高，佣金比率越低，反之则越高。

第二，债券交割，即进行缴交款券的交割程序。

2.交易商自营买卖方式

在交易所市场上，自营买卖者主要是那些取得自营商资格的交易商，他们通常在交易所中拥有席位和交易柜台，但交易的要求也比较高，要完全根据自己的经验、分析、判断及预测，以买进或卖出某些债券。

在交易所进行交易，自营买卖在报价、竞价、成交等方面，与代理买卖基本一样，也要遵循"价格优先""时间优先"原则。差别只在于，自营买卖没有委托、传递指令和支付佣金等环节。

在场外交易中，债券自营买卖主要是指证券公司买进和卖出债券，因此形成债券的转让交易。具体通过两种方式：一是证券公司以批发价格从其他证券公司买进债券，然后再以零售价格将债券出售给客户；二是证券公司以零售价格从客户手中买进债券，然后再以较低的批发价格出售给其他证券公司，或者再以较高的零售价格出售给客户，证券公司从中赚取价差收入。

3.3.3 债券的交易方法

无论采取什么方式进行债券的交易，下面介绍的具体交易方法都是极其常见的。

1.现货交易

债券的现货交易是指买卖双方根据商定的付款方式，在较短的时间内进行交割清算，卖者交出债券，买者支付现款的交易。在实际交易过程中，从债券成交到最后交割清算，总有一个较短的拖延时间。因此可以说，现货交易不完全是现金交易，不是一手交钱、一手交货。一般来讲，现货交易按交割时间的安排可以分为三种：即时交割，即于债券买卖成交时立即办理交割；次日交割，即成交后的第二天办理交割；既日交割，即于成交后限定几日内完成交割。

2.期货交易

债券的期货交易，是指买卖成交后，买卖双方按契约规定的价格在将来的指定日期（如3个月、6个月以后）进行交割清算。进行债券的期货交易，既是为了规避风险，转嫁风险，实现债券的套现保值，同时也是一种投机交易，要承担较大的风险。因为债券的成交、交割及清算的时间是分开的，清算时是按照买卖契约成立时的债券价格计算的，而不是按照交割时的价格计算。

在期货交易中，买卖双方在最后交割时都有可能亏本，为了保证履约，买卖双方都要按规定交付一定比例的保证金；当保证金随着价格的波动而相对不足时，还要增交保证金。即使买卖最后无法成交，买卖双方仍会因此而支付一笔费用，从而迫使交易双方在支付费用和成交而多花成本之间进行比较，以便"两害相权取其轻"。

3.回购协议交易

债券的回购协议交易是指债券买卖双方按预先签订的协议，约定在卖出一笔债券后一段时期再以特定的价格买回这笔债券，并按商定的利率付息的一种交易形式。这种有条件的债券实质上是一种短期资金借贷。对卖方来说，实际上是卖现货买期货，对买方来讲则是买现货卖期货。

回购协议的期限有长有短，最短的为1天，称为隔夜交易，最长的有1年；一般为1、2、3个星期或1、2、3、6个月。回购协议的利率由协议双方根据回购期限、货币市场行情以及回购债券的质量等有关因素来议定，与债券本身的利率无直接关系。

与回购协议交易相对应的是逆回购协议交易，即债券买卖双方约定，买方在购入一笔债券后过一段时期再卖给卖方。在回购协议交易中，对债券的原持有人（卖方）来说，是回购交易；对投资人（买方）来说，则是逆回购协议交易。由于是附有回购条件的买卖，因此，在这种交易中债券实际上只是被暂时抵押给了买方，卖方从中取得了资金上的融通，买方能得到的只是双方议定的回购协议的利息，而不是债券本身的利息，债券本身的利息是属于卖方的，即债券原持有人的。正因为债券回购协议交易带有资金融通的功能，所以，被金融机构及大企业广泛采用，同时成为中央银行进行公开市场操作，即买卖政府债券、调节银根松紧的重要手段。

3.4 债券的风险与信用评级

在金融市场中，任何金融工具都是有风险的，有些是可以分散掉的，有些是不可分散的，所以对于投资者来说，认清债券的风险是至关重要的。

3.4.1 风险的种类

债券投资者会面临以下一种或者几种风险：利率风险、信用风险、通货膨胀风险、汇率风险、流动性风险、风险之风险。

1.利率风险

债券价格通常与利率呈反方向变化：利率上升，债券价格下降；利率下降，债券价格上升。债券价格对市场利率变化的敏感度取决于债券自身的一些特性，例如息票利率和到期日。如果投资者必须在到期日之前出售债券，那么利率的上升意味着投资者将遭受资本损失（出售价格低于购买价格）。这种风险被称作利率风险或市场风险。这是债券市场投资者面对的主要风险。

2.信用风险

信用风险通常被定义为：债券发行人在债券到期时无法履行还本付息义务的风险，这种形式的信用风险也被称为违约风险。后面讲的信用评级系统就是来评估此类信用风险的。

3.通货膨胀风险

通货膨胀风险又称购买力风险，是指通货膨胀引起的以购买力衡量的证券现金流量价值的变动而形成的风险。如果债券利率低于通货膨胀率，那么投资者的购买力实际上已经下降了。除了浮动利率债券，其他债券的投资者都面临着通货膨胀风险，因为债券发行人承诺支付的利率在整个债券期限内都是固定不变的。

4.汇率风险

在国际金融投资中，投资者会不可避免地面临汇率波动带来的风险。例如，投资者购买了用日元进行支付的债券，如果日元相对美元贬值，那么，投资者所获得的以美元计量的收入就会减少。这种风险被称为汇率风险或货币风险。

5.流动性风险

流动性风险也称为市场流通性风险，流动性风险的高低取决于债券以等于或接近债券价值的价格出售的难易程度。衡量债券流动性的基本指标是交易商报出的买价和卖价之间的价差。交易商报价的价差越大，流动风险越大。

6.风险之风险

不断有新的和创新型金融工具被引入到债券市场，不幸的是，这些证券的风险-收益特征并不总是被资金管理者所理解。风险之风险被定义为不了解证券具体有什么风险。金融危机中，我们听到了太多的金融机构管理者说："我们并不知道这会发生。"

3.4.2 信用评级系统

上面讲到了违约风险是债券所独有的风险之一，针对此风险，人们创造出了信用评级这个概念来衡量和控制违约风险。

《纽约时报》知名专栏作家弗里德曼（Thomas L. Friedman，1996）曾说过："当今世界上有两个超级势力，一个是美国，另外一个是三大信用评级机构，美国可以用导弹摧毁一个国家，评级机构可以通过下调信用等级来摧毁一个国家或者公司。而且，有时候，你不知道谁的势力更强。"的确，在当今经济体系中，人们很难再找出这么具有影响力的金融机构了。

在全球经济体系中扮演着重要角色的信用评级产业，在我国还处于不成熟阶段，随着我国金融开放的进程加快，信用评级的重要性会与日俱增。

下面简要介绍全球信用评级产业。1909年，约翰·穆迪发布了世界上第一份关于多家美国铁路公司债券的信用等级的报告。随后普尔公司在1916年，标准公司在1922年，惠誉公司在1924年相继发布了各自的信用评级报告。多年来，这些公司没有停下改变的脚步，普尔和标准在1941年合并，并在1966年被麦格劳-希尔（McGraw-Hill）公司收购，至今，标准普尔依然是其子公司，只有穆迪公司是三巨头中唯一独立的公司。

在2007年，全球信用评级产业陷入美国次贷危机所带来的负面影响，信用评级产业的年产值仍达到50亿美元。根据穆迪公司的判断，在全球信用评级市场中，穆迪（Moody）、标准普尔（S&P）和惠誉（Fitch）的市场占有率分别为39%、40%、16%。换句话说，95%的全球市场被三巨头所占据。所以学者们将此行业定性为合作的垄断（partner monopoly）行业。而且，大部分的证券都会发布多家评级公司评定的信用等级，所以，三巨头之间无需惨烈的竞争。

在评级的过程中，信用等级通常用字母来表示，表3-1给出了三家公司的评级标准（IMF，2010）。

表3-1　　　　　　　　　　　　信用评级指标

含义	惠誉和标准普尔	穆迪
最高质量	AAA	Aaa
高质量	AA+	Aa1
	AA	Aa2
	AA−	Aa3
付款能力强	A+	A1
	A	A2
	A−	A3
付款能力足够	BBB+	Baa1
	BBB	Baa2
	BBB−	Baa3
完成合约可能性大	BB+	Ba1
	BB	Ba2
	BB−	Ba3
含有高风险	B+	B1
	B	B2
	B−	B3
面临违约风险	CCC+	Caa1
	CCC	Caa2
	CCC−	Caa3
接近破产或违约	CC	Ca
	C	C
	D	D

以标准普尔为例，信用等级的高低依次为 AAA、AA、A、BBB、BB、B、CCC、CC、C、D，并辅以正负号或者数字再加以细分，一般来讲，B 以上被定义为可以投资的证券，B 以下为投机级别，也就是人们俗称的垃圾等级。美国和欧洲的相关规定都要求大型投资机构只能选择 BBB 以上的证券作为投资目标，以减少风险。不同信用评级机构对同一机构的信用等级评判往往不同，Alsakka 等 2010 年的研究表明，这种不同更多地体现在对国家的信用等级的评价上面。

为什么经济体系需要信用评级机构呢？首先，金融市场中存在着比较明显的信息不对称现象。对于任何一个债权人，包括金融证券的投资者来说，他最关心的就是债务人是否有及时偿还利息和本金的能力。而影响这种能力的相关信息又具有明显的不对称性。这就会造成逆向选择等影响经济效率的事情发生，比如一些质量好风险小的证券会被质量差风险大的证券挤出市场。而信用评级机构通过发表公司的信用等级来吹散笼罩在金融市场上空的迷雾。具体来说，信用评级机构的业务是对金融证券的信用风险进行量化，而不针对其他风险（例如市场风险）进行分析和评价。其次，政府也需要利用信用评级机构给出的信用等级来监管其他的金融机构，以便维护整个金融市场的稳定。

信用评级机构的业务针对的对象主要分成两大部分：一部分是公司的债券和国家级别的债券，对于评级机构来讲，对债券类的评级能做到相对客观评判；另外一部分是对结构式商品（structured products）的评级，而这些金融产品本身的设计和发行充斥着评级公司本身的参与，所以在评判此类证券的时候利益冲突的问题更多一些。美国的债券发行商们（如 MBIA、ACA、FGIC）认为目前三大公司特别是穆迪和标准普尔的垄断势力使得它们与其功能背道而驰，非但没有拨开迷雾反而隐瞒了一些金融风险。

那么，信用评级机构所给出的信用等级对整个金融市场有什么影响呢？从投资者的角度来看，一般来说，某个国家或者公司的信用等级上升的时候，并不能刺激证券的需求量大量增长。但反过来，一旦信用等级下降，则会对国家经济或者证券的发行商造成非常大的影响。传统的理论似乎无法解释这种不对称的行为，但 20 世纪 90 年代兴起的行为金融学理论，如前景理论（prospect theory）和后悔理论（regret theory），能够很好地解释投资者在面对证券等级下降时的"过激反应"。从证券发行者的角度来看，在美国和欧洲，由于有相关监管条例的规定，只有达到相应信用等级的证券才能够被银行等大型投资机构所购买，所以信用等级的下降可能意味着未达标，从而减少需求量，所以发行者对达到规定的最低标准的渴望是十分强烈的。

所有与信息相关的产业，都可以从市场的两面去赚取收入（Rysman，2009）。例如，报纸和杂志产业在经营收益模式上可以归纳成三种形式：第一，公司只通过读者获取收入（国外流行的顾客报告）；第二，通过读者获取收入和广告收入的混合（我们常见的形式）；第三，只有广告收入（一些地铁发放的免费报纸）。信用评级产业也有一些相似之处，所以从理论上讲，信用机构可以要求证券发行者来支付获取评级的费用，也可以要求证券购买者来支付其获得信息的费用，或者可以以两者的混合方式经营。

从历史的角度来讲，初期的信用评级公司都是采取投资者承担费用（investor pays）的运营模式。如果投资者想要投资某个公司的证券，那么为了更好地了解目标公司的信用状况和风险，就要付钱给信用评级公司以取得评级信息服务。但从20世纪70年代开始，三巨头把持续了六十年的投资者承担费用的模式转变成了证券发行者付费（issuer pays）的模式。这种经营模式的改变对整个行业造成了深远的影响，尽管没有一个官方的解释，但很多学者总结出了做出改变的几个候选原因。

首先，由于搭便车（free ride）问题的存在，使用投资者支付费用的信用评级机构利益会受损。原因在于，一旦信用评级机构为一个投资者给出某公司的风险级别之后，这个信息可能会被许多没有付费的投资者免费得到，减少了评级机构的收益。

其次，作为信息较多的一方，证券发行者更希望发出信号来表明其低风险性。特别在20世纪70年代，美国出现了几次著名的公司破产案例，使得债券市场极其动荡，这种情况下，证券发行者会更有动力（Fridson，1999）。当然，作为投资者也急切地想了解债券的风险状况，所以这不应该是改变经营模式的主要原因。

最后，由于政府相关规定的存在，发行者希望自己的债券信用等级达到监管部门所要求的最低标准，以吸引更多的更大的投资机构的投资，所以发行者更愿意去支付评级的费用。

不管是出于什么原因，这种发行者付款的方式会造成潜在的利益冲突（Skreta 2009），评级机构可能会为了让客户满意而抬高其信用等级。但由于在这个产业中，信誉的重要性巨大，而且发行商的数量众多，评级公司是否会为短期利益而牺牲长期发展还是未知数，我们也无法把所有的问题都归结于此。而且，投资者支付的标准也存在着利益的冲突，投资者希望评定的级别较低，这样可以获取额外的收入。

在2008年全球金融危机爆发之后，信用评级机构就开始在大大小小的法律诉讼案件之中忙碌，原因只有一个，就是这些机构错误地计算了证券的风险，特别是与房产相关的结构性产品的风险，没有及时地改变对这些证券的信用评级。这些与房地产相关的结构性产品的信用评级在爆发危机之前都是最高等级AAA级别的。在2007年房地产泡沫破碎之后，穆迪将之前评定的83%的AAA级别的房产相关证券降到投资级别B以下（White，2010）。其实这样反应"迟钝"的问题并不是第一次发生，早在2001年，Enron、WorldCom等公司破产事件中，评级机构仅在这些公司破产的前几天才将其信用等级下调到投资级别以下。

批评者认为，评级机构没有正确判断房价下降对证券违约风险造成的严重影响，也没有对复杂的结构性商品所连带的其他风险进行判断（White，2010）。其实三巨头在房产繁荣时期依靠结构性商品的收益要远远大于其评级业务的收益。换句话说，评级机构本身参与到结构性商品的发行和收益当中，自然会存在利益冲突。在2013年2月，美国政府在民事法庭发起对标准普尔的诉讼并胜诉，打开了在金融危机中利益受损的投资者获取赔偿的大门。

相反，在欧债危机中，欧盟指责这些信用评级机构过于激进凶猛地将几个欧盟国家的信用等级下调，加重了希腊、葡萄牙、爱尔兰等国的债务危机，特别是欧盟在给予这些国家援助之后，标准普尔仍将希腊债券的信用等级下调为"垃圾"等级，加剧了希腊经济衰退的步伐。2012年，在相继降低了13个欧盟国家的信用等级后，德国成了欧洲唯一一个保持AAA级别的国家，这对自尊心极强的欧洲人来讲是难以接受的。所以欧盟国家对三巨头的不满日益加剧，认为他们区别对待美国和欧洲国家（Financial Times，2008），特别是不满美国在巨大的赤字和背负巨额债务的情况下依然保持 AAA 级的信用。直到 2011 年 8 月 5 日，标准普尔历史上第一次将美国的信用等级降到 AA+，这次降级举措同样遭到了奥巴马政府的谴责，可以说信用评级机构的任何做法都会带来一部分人的不满和争议，这从一个侧面表明了此行业存在诸多问题。

从之前对信用评级产业的介绍，可以总结出国际信用评级行业所面临的三大问题。

第一，信用评级机构缺少对信用评级方法的解释，在人们使用评级信息的时候很少去追问它是如何计算出来的。信用评级缺乏一定的透明度，特别是在评级机构无法正确判断风险的时候，更会引起人们的怀疑。当然信用评级公司不公开其评级方法也是对自己知识产权的保护。

第二，信用评级机构的经营模式造成了利益的冲突，无论采取哪种经营模式，我们都可以发现其内在的利益冲突。而这些冲突很难通过评级机构自身的努力完全去除，需要相关部门的监管。

第三，监管的问题，无效的监管使得上面分析的问题得以加剧，所以如果想要从根本上解决问题，改变管制的方法是重中之重，欧美的金融监管部门在金融危机之后也意识到了其在这方面的不足，在近阶段进行了一系列的整改实验。

3.5 我国债券市场现状

3.5.1 2017年我国债券市场统计

2017 年，中国债券市场共发行各类债券 40.39 万亿元，较上年增长 11.77%。银行间债券市场新发债券 37.69 万亿元，占债券市场发行总量的 93.32%，仍是我国债券主要发行场所。截至 2017 年末，我国债券市场主要债券存量规模达到 74.14 万亿元，规模继续扩大。

2017 年，中国非金融企业所发债券的发行家数（1 886 家）、发行期数（4 624 期）和发行规模（4.83 万亿元）均较上年下降 25% 以上。

2017 年，共有 334 家企业累计发行短融 463 期，发行规模为 3 949.70 亿元，发行期数、发行家数和发行规模均较上年下降 35% 左右，降幅较大，平均发行规模变化不大，发行期限仍以 1 年期为主。

2017年，共有531家企业发行超短融1 671期，发行规模1.94万亿元，发行期数、发行家数和平均发行规模均较上年下降15%左右，发行规模大幅减少近30%，发行期限仍以270天为主。

2017年，中国中票发行家数、发行规模小幅下降，发行期数变化不大。2017年，共有600家企业发行中票910期，发行规模1.02万亿元，发行家数、发行规模和平均发行规模均较上年下降7%左右，发行期数变化不大。2017年度，中票的发行期限仍主要集中于3年期和5年期，二者发行期数之和占中票总发行期数的比例仍在70%左右；特殊期限中票共发行325期，占中票总发行期数的35.71%，较上年提高8.54个百分点，表明市场对特殊期限中票更为青睐；可续期中票发行242期，发行规模2 867.60亿元，在中票发行期数和发行规模中的占比（均为27%左右）较上年变化不大。2017年度项目收益票据发行期数（5期）和规模（21.10亿元）进一步减少。

2017年，中国企业债券发行量明显减少。2017年度，共有332家企业发行企业债券382期，发行规模3 730.95亿元，平均发行规模为9.77亿元，发行规模较上年大幅减少约37%，发行期数、发行家数和平均发行规模同比降幅均在20%左右。从发行期限来看，企业债券发行仍主要集中在7年期，其发行期数和规模在企业债券总发行中的占比均为82%左右，较上年上升约10个百分点，7年以下期限的企业债券发行期数和规模在企业债券总发行中的占比有不同程度的下降，可能由于本年度债券发行利率大多超过相应期限的银行贷款基准利率，而银行5年期以下（含5年）的中短期贷款要多于5年以上的长期贷款，因此7年以下期限企业债券发行量降幅较7年期企业债券更大。本年度项目收益债券发行期数和发行规模（33期、200.70亿元）均较上年（40期、390.40亿元）有所减少。

2017年，共有356家企业发行公司债券537期，发行规模5 636.72亿元，平均发行规模10.50亿元，发行期数、发行家数及平均发行规模较上年均有25%以上的减少，其中发行规模降幅高达56.16%。受2016年下半年以来房地产业企业融资渠道受限影响，房地产行业公司债发行规模大幅下滑是导致2017年公司债券发行规模降幅较大的重要原因。2017年，公司债券发行期限仍主要集中在5年期上，其发行期数和规模在公司债总发行中的占比均为58%左右，较上年略有下降。私募债方面，根据Wind截至2018年1月5日披露的数据，2017年私募债发行期数（661期）和发行规模（5 366.43亿元）分别较上年大幅下降52.07%、63.97%，但这里可能有私募债券信息披露滞后影响的因素。

3.5.2　我国债券市场发展展望

党的十八届三中全会提出，要健全多层次资本市场体系，发展并规范债券市场，鼓励金融创新，丰富金融市场层次与产品。这就要求继续坚持服务实体经济的根本要求，着力推动经济发展方式转变和经济结构调整，大力发展债券市场，拓宽企业直接融资渠道，优化社会融资结构；坚持尊重市场发展的客观规律，大力发展各类机构投资者，促进场外市场和场内市场分层有序、功能互补，推动金融市场、金融产品、投资者及融资中介的多元化；坚持规范发展的理念，强化市场约束和风险分担机制，进一步提高市场运行透明度。因此，中国债券市场下一步的发展，应该注重处理好债券市场规范与发展需要，积极处理好科学监管和产品创新之间的关系。所以可以从以下几个角度对我国债券市场进行改进。

1.合理规范市场准入标准，营造市场公平参与环境

规范投资者队伍是保证债券市场长期健康发展的必要工作。在债券市场加强规范化管理的过程中的确暴露出一些问题，但债券市场在服务直接融资过程中发挥的市场配置资源的积极作用应当得到肯定，大部分市场参与者通过债券市场开展投资活动的正常诉求应得到满足。因此，建议充分发挥银行间市场主渠道的作用，创造条件鼓励有投资需求的境内外投资者通过分层参与、直接或间接参与等形式积极参与债券市场的发展。

2.充分发挥监管竞争对推动债券市场发展的作用

按照中央全面深化改革总体部署，各金融监管机构都在思考以及出台力度较大的改革措施，客观上加剧了债券市场的监管竞争，使得债券市场格局更为复杂多变。在债券市场监管协调不断加强的背景下，我们认为适度的监管竞争可以使债券市场在创新和发展上更加具有活力，但也需要监管机构从有利于整个金融市场发展的角度采取一致行动，避免监管套利行为影响债券市场整体的健康发展。

3.理顺市场格局，强化债券市场的完整性

我国债券市场经过近些年的发展，已经形成了与国民经济发展和实体经济需要相适应的市场格局，建议尊重市场发展客观规律，充分发挥场内和场外债券市场的作用，明确各自定位，鼓励市场参与者根据自身风险识别能力和参与意愿分层、有序参与，充分发挥现有市场格局的作用，服务于直接融资。从债券产品的创新和债券衍生品的实际市场效果来看，银行间市场始终是利率市场化的主战场，其场外市场的格局更加适应创新产品，尤其是衍生产品的发展要求。

4.加强债券市场产品创新

在利率市场化扎实推进的背景下，债券市场以及利率、信用衍生品市场都需要有更多的创新举措。基于实际经济需要的考虑，包括市政债券、中小企业债务融资工具在内的创新产品将会迎来较好的发展机遇。

5.支持银行间市场开展更多业务模式的创新

银行间市场历来是利率市场化的主战场之一，其市场参与者风险管理和价值发现能力较强，可以承担更多产品和业务模式创新的责任，包括标准化债券远期、债券回购交易的集中清算等产品和业务模式的创新，可以为市场发展带来更多活力。

本章小结

本章首先介绍了金融市场中具有重要地位的债券市场的情况。债券是要求发行人（也称为债务人或者借款人）按规定时间向债权人（投资者）偿还本金和支付利息的一种债务工具。根据发行主体、期限、利息支付方式和担保情况的不同，债券可以分为多种类型。

债券的发行和流通可以帮助政府和企业筹集长期稳定的低成本资金，为投资者提供了一个投资的选择，也为政府的宏观政策提供工具和渠道。债券发行的类型和方式有很多种，债券交易的方式方法也不尽相同。了解这些具体的市场运作情况是非常重要的。

本章最后介绍了债券投资所面临的风险，以及信用评级在债券市场中的作用和信用评级面临的问题。

债券市场 债券 短期债券 中期债券 长期债券 付息债券 贴现债券 浮动利率债券 债券的现货交易 债券的期货交易

综合训练

3.1 单项选择题

1.下列关于政府机构债券的说法错误的是（   ）。

A.财政部和一些政府机构均可以发行

B.债券的收支偿付列入政府预算

C.债券最终由中央银行作后盾

D.以信誉为保证，无需抵押品

2.你持有一张10 000元面值的10年期国债，每半年支付一次利息，该国债的年息为6％。你会共收到利息（   ）。

A.300元　　　　　B.600元　　　　　C.3 000元　　　　　D.6 000元

3.关于政府债券说法错误的是（   ）。

A.通常无需抵押　　　　　B.完全没有风险

C.信用评级机构会对其进行评级　D.地方政府也可以发行

4.以下不是影响债券利率的因素有（   ）。

A.筹资者资信　　　　　B.债券票面金额

C.筹资用途　　　　　D.借贷资金市场利率水平

5.浮动利率债券是指利率可以变动的债券，这种债券的利率在确定时一般与（   ）挂钩。

A.市场利率　　　　　B.银行贷款利率

C.同业拆借利率　　　　　D.定期存款利率

6.偿还期在1年以上10年以下的国债被称为（   ）。

A.短期国债　　　B.中期国债　　　C.长期国债　　　D.无期国债

7.（   ）的风险最大。

A.国债　　　　　B.金融机构债券

C.地方政府债券　　　　　D.公司债券

8.利用信用评级进行债券投资时，一般认为，（   ）以上可以投资。

  A.AAA 级   B.AA 级   C.A 级   D.B 级

3.2　多项选择题

1.以下关于债券基本性质描述正确的有：（　　　）。

A.债券属于有价证券   B.债券是一种虚拟资本

C.债券是债权的体现   D.债券是一种综合权利证券

2.公债的特征有（　　　）。

A.安全性高 B.流动性好 C.收益稳定 D.免税待遇

3.关于政府债券的性质，描述正确的是（　　　）。

A.从形式上看，政府债券也是一种有价证券，它具有债券的一般性质

B.政府债券最初是政府弥补赤字的手段

C.政府债券是政府筹集资金、扩大公共开支的重要手段

D.政府债券是国家实施宏观经济政策、进行宏观调控的工具

4.债券的风险有（　　　）。

A.利率风险 B.汇率风险 C.流动性风险 D.波动性风险

5.债券的特征包括（　　　）。

A.收益性   B.风险性   C.安全性   D.流动性

6.（　　　）的利息收入可免纳个人所得税。

A.国债   B.国家发行的金融债

C.公司债券   D.股票

7.国债发行的主要目的是（　　　）。

A.解决由财政投资的公共设施的资金需要

B.弥补国家财政赤字

C.增加行政收入来源

D.解决由政府投资的重点建设项目的资金需要

3.3　问答题

1.政府和公司发行债券的目的是什么？有什么不同？

2.简述债券的类型。

3.债券所面临的风险中，你认为哪种风险是投资者最应该注意的？

4.讨论信用评级行业的重要性。

第 4 章

股票市场

引例

2017 年中国股票市场运行情况

2017 年最后一个交易日，上证综指和深证成指分别收复 3 300 点大关和 11 000 点大关。从全年表现来看，两大指数双双获得了正收益，累计涨幅分别达到 6.56% 和 8.48%。大盘蓝筹股主导 2017 年 A 股市场，上证 50 指数累计涨幅高达 25.08%。

2017 年，IPO 批复加快，待上市公司"堰塞湖"慢慢化解。高估值的创业板市场受到极大冲击。从全年来看，创业板指数累计跌幅达 10.67%，截至 2017 年底，市盈率进一步回落至 47.78。创业板综指市盈率的最高点出现在 2015 年 6 月 3 日，达到 154.4 倍，随后快速下跌，市场估值不断回落，2015 年底市盈率为 96.2 倍，2016 年底为 61.6 倍。

在存量资金下，2017 年 A 股表现出明显的分化特征：蓝筹白马股呈现牛市，以上证 50 为代表，全年涨幅超过 20%；小盘股呈现熊市，以中证 1 000 为代表，全年跌幅 17.35%。流动性差、低成交量个股正大批涌现。

2017年，证监会优化股票发行审核流程，严把审核质量关，提高审核效率，实现新股发行常态化，全年审结企业数量大大超过以往任何一年水平。

据统计，2017年有438家公司完成IPO并登陆A股，数量创历史新高，首发募资总额共计2 301亿元，由于缺乏大型新股，募资总额不足2007年和2010年的一半，其中89%的上市公司募资额不足10亿元。

从行业分布来看，近一半的上市新股分布在化工、电子、机械设备、医药生物、汽车这五大行业，这也与上市公司整体的行业分布特点基本一致。钢铁、房地产行业在2017年无一新股上市。2017年，随着钢铁行业去产能的推进，以及地产调控的深入，行业整合趋势愈加明显，大中型企业竞争优势突出。

那么，什么是股票？股票为什么成了中国老百姓最热门的理财工具？什么是上证综指？股票为什么会涨？为什么会跌？中国股市和西方发达国家股市一样吗？"三板"市场的股票也是上市的吗？关于股票，关于股市，关于中国股，人们有"十万个为什么"，本章将回答这些"为什么"。

4.1 股票

4.1.1 股票的概念

股票是一种有价证券，它是股份有限公司发行的、用以证明投资者的股东身份和权益、据以获取股息和红利的凭证。股票一经发行，购买股票的投资者即成为公司的股东，股票实质上代表了股东对股份公司的所有权，股东凭借股票可以获得公司的股息和红利，参加股东大会并行使自己的权利，同时也承担相应的责任与风险。

股票是股份有限公司签发的证明股东所持有股份的凭证，股份有限公司的资本划分为股份，每一股金额相等，同种类的每一股份应当具有同等的权利，股票实质上代表了股东对股份公司的所有权。

从股票的发展历史看，最初的股票票面格式既不统一，也不规范，由各发行公司自行决定。《中华人民共和国公司法》（以下简称《公司法》）规定，股票采取纸面形式或规定的其他形式。股票应载明的事项主要有：公司名称、公司成立日期、股票种类、票面金额及代表的股份数、股票的编号。股票由法定代表人签名，公司盖章。发起人的股票应当标明"发起人股票"字样。

4.1.2 股票的性质

1.股票是有价证券

有价证券是财产价值和财产权利的统一表现形式。持有有价证券一方面表示拥有一定价值量的财产，另一方面也表明有价证券持有人可以行使该证券所代表的权利。

2.股票是要式证券

股票应记载一定的事项，其内容应全面真实，这些事项往往通过法律形式加以规定。

3.股票是证权证券

证券可以分为设权证券和证权证券。设权证券是指证券所代表的权利本来不存在，而是随着证券的制作而产生，即权利的发生是以证券的制作和存在为条件的。证权证券是指证券是权利的一种物化的外在形式，它是权利的载体，权利是已经存在的。股票代表的是股东权利，它的发行是以股份的存在为条件的，股票只是把已存在的股东权利表现为证券的形式，它的作用不是创造股东的权利，而是证明股东的权利。股东权利可以不随股票的损毁、遗失而消失，股东可以依照法定程序要求公司补发新的股票。所以说，股票是证权证券。

4.股票是资本证券

股票不是一种现实的资本，独立于真实资本之外，是一种虚拟资本。股份公司发行股票是一种吸引认购者投资以筹措公司自有资本的手段，对于认购股票的人来说，购买股票就是一种投资行为。因此，股票是投入股份公司的资本份额的证券化，属于资本证券。

5.股票是综合权利证券

股票不属于物权证券，也不属于债权证券，而是一种综合权利证券。物权证券是证券持有人对公司的财产有直接支配处理权的证券。债券证券是持有者为公司债权人的证券。股东权是一种综合权利，股东依法享有资产收益、重大决策、选择管理者等权利。股东虽然是公司财产的所有人，但对于公司的财产不能直接支配处理，所以不是物权证券。

4.1.3 股票的特征

1. 收益性

收益性是股票最基本的特征。股票的收益一是来自股份公司，即股息红利；二是来自股票流通，即差价收益，又称为资本利得。

2. 风险性

风险性是指股票可能产生经济利益损失的特征，是预期收益的不确定性。股票的风险与收益是并存的。

3. 流动性

流动性是指股票可以在依法设立的证券交易所上市交易或在经批准设立的其他证券交易场所转让的特征。股票是流动性很高的证券。

4. 永久性

股票是一种无期限的法律凭证。

5. 参与性

股票持有人有权参与公司重大决策制定的特征。

4.1.4 股票的种类

1. 股票的分类方法

按股东享有权利的不同，股票可以分为普通股和优先股，普通股股票是最基本、最常见的一种股票。在公司盈利和剩余财产的分配顺序上列在债权人和优先股股票股东之后，故其承担的风险较高。与优先股股票相比，普通股股票是标准的股票，也是风险较大的股票。优先股股票是一种特殊股票，在其股东权利、义务中附加了某些特别条件。优先股股票的股息是固定的，其持有者的股东权利受到一定限制，但在公司盈利和剩余财产的分配上比普通股股票股东享有优先权。

按是否记载股东姓名，股票可以分为记名股票和无记名股票。记名股票是指在股票票面和股份公司的股东名册上记载股东姓名的股票。我国《公司法》规定，公司发行的股票可以为记名股票，也可以为无记名股票。股份有限公司向发起人、法人发行的股票，应当为记名股票，并应当记载该发起人、法人的名称或者姓名，不得另立户名或者以代表人姓名记名。公司发行记名股票的，应当置备股东名册，记载：股东的姓名或名称及住所、各股东所持股份数、各股东所持股票的编号、各股东取得股份的日期。无记名股票指股票票面和股份公司股东名册上均不记载股东姓名的股票。与记名股票的差别不是在股东权利等方面，而是在股票的记载方式上。我国规定，发行无记名股票的，公司应当记载其股票数量、编号及发行日期。

按是否在股票票面上标明金额，股票分为有面额股票和无面额股票。有面额股票指的是在股票票面上记载一定金额的股票。这一记载金额也称为票面金额、票面价值或股票面值。我国规定，股份有限公司的资本划分为股份，每一股的金额相等。我国规定，股票发行价格可以按票面金额，也可以超过票面金额，但不得低于票面金额。票面金额就成为股票发行价格的最低界限。无面额股票是在股票票面上不记载股票面额，只注明它在公司总股本中所占比例的股票，也称为比例股票或份额股票。20世纪早期，美国纽约州最先允许发行无面额股票，而中国不允许发行这种股票。

2.普通股

（1）普通股的概念。

普通股股票是普通股股份的表现形式。普通股股份是股份有限公司资本构成中最基本的股份，每一普通股股份对公司财产都拥有平等权益，且对其股东享有的平等权利不加以特别限制，并能随公司利润的变化分得相应的股利。普通股股票的持有人是公司的基本股东，只拥有经营管理参与权。通常在股份有限公司中必须有一定数量的普通股股东。因而普通股股票一般表现出如下的特点：第一，普通股股票是股份有限公司发行的最基本、最重要且发行量最大的股票。第二，普通股股票的持有者可以平等地享有不受特别限制的权益。第三，是风险最大的股票种类，其风险主要表现为收益的不确定性和交易价格的波动性。

（2）普通股的种类。

不同股份公司发行的普通股股票，由于其在市场中的公众形象、投资功能及风险让渡等方面的不同，表现出不同的特点，从而形成了不同的类别。常见的普通股股票的种类有：

蓝筹股股票，蓝筹股股票又称为热门股股票，专指一些大公司发行的普通股股票。这些大公司一般都是经营业绩好，有良好的资信，金融实力强大，又在本行业或本部门占据重要的甚至是支配性的地位。它们发行的普通股股票收益稳定优厚，投资者乐于认购和持有。如果这类股票的发行公司不再拥有上述优势，则其发行的股票也就不再称为蓝筹股。

成长股股票，成长股股票通常是指由成长率高于整个国家及所在行业增长水平的股份有限公司所发行的股票。企业的成长率主要表现在其销售额及利润的增长幅度方面。成长率高的企业，其销售额及利润的增长幅度要比国民生产总值增长率高出十倍甚至二十倍。企业的成长率会随着企业规模的扩大、所处行业的发展而逐渐降低。20世纪20年代，美国铁路股票是成长股，接着是汽车工业股票，美国的钢铁工业、化学工业、电子工业、电脑工业等都曾有过高成长的经历，这些行业的公司所发行的股票也都曾是所谓的高成长股票。当然，一旦企业放慢了增长步伐、成长度下降，其所发行的股票也就不成其为成长股股票。成长股股票的发行公司为了谋求进一步的发展通常是将公司盈余的大部分留作发展基金，以扩大再生产。随着公司的高速成长和发展，其发行的股票的价格也会大幅度上升，使股东从中享受到增值的收益。

周期性股票，周期性股票通常指的是营业收入随经济周期而波动的公司所发行的股票。

这类股票的特点是，当经济从衰退中开始复苏时，周期性股票的价格涨得比一般的成长股快。反之，如果经济走向衰退时，周期性股票的价格也跌得很快，如航空公司、汽车公司、钢铁工业、化学工业等的股票都属于周期性股票。

防守性股票指的是在经济条件普遍恶化时，收益高于其他股票的平均收益的股票。防守性股票的主要特点在于，当经济衰退或经济条件恶化时，其收益具有一定的稳定性，如公用事业、药品等行业公司的股票。

投机性股票指的是那些自身价格很不稳定或其发行公司的前景很不确定的股票。由于各种不稳定或不确定因素的存在，这些股票的价格可能在短时间内发生大幅度的涨跌，因而投机性很强，同时风险也很大。例如，我国股票市场上有"重组概念股票"，它们要么是经营业绩不好，每股收益很低；要么是由于连续亏损而被特别处理。但市场上对这些股票朦胧的重组传闻，使其投机性大增往往被大炒特炒，甚至连拉几个涨停。但是，如果预期的重组活动没有发生，或重组后其业绩没有发生大的改变，其股价又会大幅下跌，甚至可能被摘牌。

（3）普通股的权利。

我国规定，股东可以用货币出资，也可以用实物、知识产权、土地使用权等可以用货币估价并可以依法转让的非货币财产作价出资。全体股东的货币出资金额不得低于注册资本的30%。股东享有以下权利：

第一，公司重大决策参与权。行使这一权利的途径是参加股东大会行使表决权。股东大会应当每年召开一次年会，必要时也可召开临时股东大会。股东会议由股东按出资比例行使表决权。决议必须经出席会议的股东半数通过，但公司持有本公司的股份没有表决权。股东大会做出修改公司章程、增加或减少注册资本的决议、公司合并分立解散或变更公司形式的决议，须2/3以上通过。

第二，公司资产收益权和剩余资产分配权。一是普通股股东按出资比例分取红利，二是解散时有权要求取得公司的剩余资产。一般原则是：只能用留存收益支付；股利的支付不能减少其注册资本；公司在无力偿债时不能支付红利。我国规定：公司缴纳所得税后的利润在支付普通股股票的红利之前，应按如下顺序分配：弥补亏损，提取法定公积金，提取任意公积金。行使剩余资产分配权的先决条件：一是解散之时；二是法定程序，公司财产在分别支付清算费用、职工的工资、社会保险费用和法定补偿金，缴纳所欠税款，清偿公司债务后的剩余财产，按照股东持有的股份比例分配。

第三，查阅、建议或质询。

第四，转让。

第五，优先认股权或配股权。优先认股权是指当股份公司为增加公司资本而决定增加发行新的股票时，原普通股股票股东享有的按其持股比例、以低于市价的某一特定价格优先认购一定数量新发行股票的权利。目的在于：一是保证股东原有的持股比例；二是保护原股东的利益和持股价值。在执行该项权利时，股东有三种选择：认购，权利转让，不行使听任失效。

3.优先股

（1）优先股的定义。

优先股股票是相对于普通股股票而言的，是在分配公司收益和剩余资产方面比普通股股票拥有某些优先权的股票。优先股股票一般要在票面上注明"优先股"字样。优先股融资的好处有：第一，筹集长期稳定的公司股本，又减轻股息的分派负担；第二，无表决权，避免公司经营决策权的分散；第三，股息固定，风险小。但在公司盈利丰厚时，股息可能大大低于普通股。

优先股具体享有哪些优先权必须由公司章程加以明确规定，主要体现在两个方面：一是可先于普通股股票获得股息，即公司实现的税后利润，在弥补了亏损提取公积金、公益金之后，如果还有剩余，应先支付优先股股票的股息，然后才向普通股股票进行分配；二是在公司破产或解散进行清算时，可先于普通股股票分得公司的剩余财产。

（2）优先股的特征。

第一，股息率固定。优先股股票通常在发行时就约定固定的股息率，不管剩余利润多少，都要按约定的股息率向优先股股东支付股息。如果没有剩余利润或剩余利润不足以按固定股息率派发股息，则按公司章程的规定或不派发股息，或累积到以后年度补发。优先股的股息率一般用票面价值的百分比表示，对于没有票面价值的优先股则直接标出其股息数。第二，股息分派优先，优先股的股息分派是在普通股之前的。第三，剩余资产分配优先，优先股的剩余资产分派是在普通股之前的。第四，一般无表决权，优先股股票的表决权受到一定限制。一般情况下，优先股没有投票表决权，无权过问公司的经营管理。但对涉及优先股权益的问题，如公司连续若干年未支付优先股股息；或要将一般优先股转为可转换优先股时，优先股也可获得相应的表决权。

应该指出的是，优先股股票尽管有分配利润和剩余财产的优先权，但仍是有风险的。公司能否支付优先股股东应得的股息，得看公司是否有营业利润。当利润不足以付息时，优先股股东便得不到应得的股息。另外，优先股对公司资产的优先分配权亦不过是一项附带的条件，一般是徒有虚名的。这是因为公司在倒闭破产时其剩余财产已所剩无几。即便有剩下的也大都成为公司债务的抵押品，能分到股东手中的实在是寥寥无几。

（3）优先股的种类。

依据股息在当年未能足额分派时，能否在以后年度补发，优先股分为积累优先股和非积累优先股。

依据获得固定的股息能否参与本期剩余盈利的分配，优先股分为参与优先股和非参与优先股，其中，非参与优先股是一般意义上的优先股票。

依据能否转换成其他证券，优先股分为可转换优先股和不可转换优先股。

依据能否由原发行的股份公司出价赎回，优先股分为可赎回优先股和不可赎回优先股。

依据股息率是否变动，优先股分为股息率可调整优先股和股息率固定优先股。

4.我国普通股的种类

我国现行的股票按投资主体不同，可以划分为国家股、法人股、公众股和外资股等不同类型。

（1）国家股。

国家股是指有权代表国家投资的部门或机构以国有资产向公司投资形成的股份，包括公司现有国有资产折算成的股份。在我国企业股份制改造中，原来一些全民所有制企业改组为股份公司，从性质上讲，这些全民所有制企业的资产属于国家所有，因此在改组为股份公司时，就折成国家股。另外，国家对新组建的股份公司进行投资，也构成了国家股。国家股由国务院授权的部门或机构持有，或根据国务院的决定，由地方人民政府授权的部门或机构持有，并委派股权代表。

国家股从资金来源上看，主要有三个方面：第一，现有国有企业整体改组为股份公司时所拥有的净资产。第二，现阶段有权代表国家投资的政府部门向新组建的股份公司的投资。第三，经授权代表国家投资的投资公司、资产经营公司、经济实体性总公司等机构向新组建股份公司的投资。如果以国有资产折价入股，须按国务院及国家国有资产管理局的有关规定办理资产评估、确认、验证等手续。

国家股是国有股权的一个组成部分（另一组成部分是国有法人股）。

在我国，国有资产管理部门是国有股权行政管理的专职机构，国有股权由国家授权投资的机构持有；在国家授权投资的机构未明确前，则由国有资产管理部门持有或由国有资产管理部门代政府委托其他机构或部门持有。国有股权委托持有的，国有资产管理部门一般要与被委托单位办理委托手续，订立委托协议；国家授权投资的机构持有国有股权的，国有资产管理部门代授权方拟订有关协议。国有股股利收入由国有资产管理部门监督收缴，依法纳入国有资产经营预算，并根据国家有关规定安排使用。国家股权可以转让，但转让应符合国家制定的有关规定。国有资产管理部门应考核、监督国有股持股单位正确行使权利和履行义务维护国家股的权益。

（2）法人股。

法人股是指企业法人或具有法人资格的事业单位和社会团体以其依法可支配的资产投入公司形成的非上市流通的股份。法人持股所形成的也是一种所有权关系，是法人经营自身财产的一种投资行为。法人股股票以法人记名。

如果是具有法人资格的国有企业、事业单位及其他单位以其依法占用的法人资产向独立于自己的股份公司出资形成或依法定程序取得的股份，则可称为国有法人股。国有法人股也属于国有股权。

作为发起人的企业法人或具有法人资格的事业单位和社会团体，在认购股份时，可以用货币出资，也可以用其他形式的资产，如实物、工业产权、非专利技术、土地使用权作价出资。但对其他形式的资产必须进行评估作价，核实财产，不得高估或者低估作价。

（3）社会公众股。

社会公众股是指社会公众依法以其拥有的财产投入公司时形成的可上市流通的股份。在社会募集方式情况下，股份公司发行的股份，除了由发起人认购一部分外，其余部分应该向社会公众公开发行。我国《公司法》规定，社会募集发起设立的股份有限公司向社会公众发行的股份，不得少于公司股份总数的25%。公司股本总额超过人民币4亿元的，向社会公开发行股份的比例为15%以上。

（4）外资股。

外资股是股份公司向外国和中国港澳台投资者发行的股票。按上市地域可以分为：B股、H股、N股、S股、L股等。

A股指的是我国企业发行的，以人民币标明面值，供国内投资者用人民币在国内市场上进行买卖的普通股股票。

B股是人民币特种股票中的一种，它是由国内的股份有限公司发行的，以人民币标明面值而必须用现汇外币进行买卖的股票。其中，上海证券交易所用美元交易买卖，深圳证券交易所用港币交易买卖。B股的投资者原只限于我国港、澳、台地区的居民及境内外的外国居民，2001年已向国内居民开放。B股的转让只能在国内的证券交易所内进行。可用现汇存款和外币现钞存款以及从境外汇入的外汇资金从事B股交易，不得使用外币现钞。股息以人民币计价以外币支付。

H股是我国人民币特种股票中的一种，它由国内的股份有限公司发行，以人民币标明面值，供外国投资者或中国港澳台地区投资者以外币认购或交易。H股的转让只能在香港联合证券交易所进行。

N种股票也是人民币特种股票中的一种，它与B种股票的区别仅是上市地点的不同，N种股票通常在美国的证券交易所上市。

S股，与N股类似，只是上市地在新加坡交易所。

红筹股不属于外资股，是指在中国内地以外注册、在中国香港上市但主要业务在中国内地或大部分股东权益来自中国内地的股票。一般地，它是在香港联合证券交易所进行交易买卖，公司业务主要在内地，所以称为"红筹股"。

这些股票的区别详见表4-1。

表4-1　　　　　　　　　　**各种类型普通股的区别**

股票种类	公司注册地	公司上市地	面值标价货币	交易买卖货币
A股	中国内地	中国内地	人民币	人民币
B股	中国内地	中国内地	人民币	外币
H股	中国内地	中国香港	人民币	港币
N股	中国内地	美国	人民币	美元
红筹股	中国香港	中国香港	港币	港币

（5）股权分置改革初期的股票种类。

由于人为地将股票分割为不能流通的国家股、法人股和可以流通的社会公众股，中国股市从成立之初就面临着"同股不同权""同股不同价""同股不同成本"等一系列问题。可以说，中国股市的成长史就是股权分置的变化史。2005年4月，中国证监会发布了《关于上市公司股权分置改革试点的有关问题的通知》，正式启动了分置改革试点。2005年8月，《上市公司股权分置改革指导意见》出台，2005年9月，《上市公司股权分置改革管理办法》正式出炉，我国股权分置改革全面铺开。

股权分置改革初期，我国股票分为有限售条件股和无限售条件股。有限售条件股是指原国家股、法人股和其他受限流通股，无限售条件股是指原社会公众股。一般地，有限售条件股对流通时间做出了一年或两年的限制。

4.1.5　股票的价值和价格

1.票面价值

票面价值，又称面值，以面值作为发行价，称为平价发行。发行价格高于面值称为溢价发行，募集的资金中等于面值总和的部分计入资本账户，以超过股票票面金额的发行价格发行股份所得的溢价款列为公司资本公积金。随着时间的推移，与每股净资产逐渐背离，与股票的投资价值之间没有必然的联系。

2.账面价值

账面价值，又称股票净值或每股净资产。在盈利水平相同的前提下，账面价值越高，股票的收益越高，股票就越有投资价值。因此，账面价值是股票投资价值分析的重要指标。

3.清算价值

清算价值是公司清算时每一股份所代表的实际价值。大多数公司的实际清算价值低于其账面价值。

4.内在价值

内在价值即理论价值，即股票未来收益的现值。股票的内在价值决定股票的市场价格，股票的市场价格总是围绕其内在价值波动。

5. 理论价格与市场价格

股票的价格可以分为股票的理论价格和市场价格。股票的未来股息收入、资本利得收入是股票的未来收益，可称为期值。将股票的期值按必要收益率和有效期限折算成今天的价值，即为股票的现值。股票的理论价格用公式表示：股票价格=预期股息／必要收益率。

股票的市场价格由股票的价值决定，但同时受许多其他因素的影响。其中，供求关系是最直接的影响因素，其他因素都是通过作用于供求关系而影响股票价格的。

4.1.6　股票与债券的关系

1. 股票与债券的相互联系

第一，不管是股票还是债券，对于发行者来说，都是筹集资金的手段，在使用资金的同时，都要付出一定的报酬给投资人，这就是股息或利息。对于投资者来说，两者都是一种投资手段或交易工具，投资者可以通过任意一种工具，把资金投放到自认为最有利可图之处，按期获得一定的报酬。

第二，股票和债券（主要是中长期债券）共处于证券市场这一资本市场当中，并成为证券市场的两大支柱，同时在证券市场上发行和交易。

第三，股票的收益率和价格同债券的利率和价格是互相影响的。因为在证券市场上，一种交易工具的价格变动必然会引起另一种交易工具的价格变动。

2. 股票与债券的相互区别

第一，性质不同。股票表示的是一种股权或所有权关系；债券则代表债权债务关系。

第二，发行者不同。股票只有股份公司才能发行；债券则是任何有预期收益的机构和单位都能发行。债券的适用范围显然要比股票广泛得多。

第三，期限不同。股票一般只能转让和买卖，不能退股，因而是无期的；债券则是有固定期限的，到期必须还本付息。

第四，风险和收益不同。股票的风险一般高于债券，但收益也可能大大高于后者。股票之所以存在较高风险，是由其不能退股及价格波动的特点决定的。

第五，权利和义务不同。股票持有人作为公司的股东，有权参与公司的经营管理和决策，并享有监管权；债券的持有者虽是发行单位的债权人，但没有任何参与决策和监督的权利，只能收取利息和到期收回本金。

4.2 股票市场概述

4.2.1 股票市场构成

通常，我们将股票市场分为股票发行市场和股票流通市场。股票发行市场是融资的市场，主要为发行人服务，使股票从融资者手中发行到市场中；股票流通市场是投资者进行二次交易的场所。

4.2.2 股票市场功能

所谓股票市场，即股票发行与流通的市场。它主要有以下功能：

（1）通过发行股票，可以使股份公司获得创建的资本。

（2）通过发行股票，可以使股份公司得以不断扩充资本，增加固定资产投资，扩大生产经营规模，增强市场竞争力。

（3）通过发行股票，可以使股份公司不断增加营运资本，进一步扩大生产规模。

（4）通过发行股票募集资金，可以使股份公司减轻债务还本付息的压力，降低资金成本和经营成本，从而改善公司财务状况，增加利润积累，提高竞争力。

（5）发行股票，可以为投资者提供一种新的、高风险与高收益并存的投资工具，增加一种新的金融资产。这对改善投资者金融资产结构，将消费基金转化为长期储蓄，将长期储蓄转化为长期投资，具有十分重要的作用。

（6）股票市场的价格变化，可以综合反映股票发行公司的经营状况及国民经济的运行情况，成为企业经营状况和国民经济的"晴雨表"。

4.3　股票发行市场

股票发行市场是新股票初次发行的市场，是股份公司筹集社会闲散资金转化为生产资金的场所。

4.3.1　股票发行目的

1.为新成立的股份公司募股集资

新股份公司的成立需要通过发行股票来筹集经营股本，主要是靠购买股票者缴纳的股金组建公司并开展经营活动。股份公司的成立形式有两种：一种是发起设立，即在创建初期，由公司的发起人一次承购全部股票，初始资本一次性筹足。发起设立的过程较为简单，发起人出资后公司就算设立完成，这类公司的规模较小。另一种是募集设立，即除了发起人本身出资外，还向其他人募集资金设立公司。这类公司一般规模较大，所筹资金需要几次才可以筹足，但发起人最初至少要购足股票总数的1/4，并且只有在筹到必要股份后才能成立公司，所以自发起到设立需要相当长的时间。

2.现有股份公司为改善经营而发行新股

股份公司成立后因各种需要而发行新股，具体说主要有以下目的：

第一，增加投资或改变生产经营方式。现有股份公司为了扩大经营规模，或者为了提高公司的竞争能力而新建项目或购买先进设备时就需要发行新股票来筹集资金，这种目的的股票发行称为增资发行。公司在进行增资发行时，本公司老股东因其是普通股股东，有按一定比例优先购买所发新股票的权利，即优先购股权。

第二，优化公司财务结构，保持适当的资产负债比例。自有资本在资金来源中所占比率的高低是衡量该公司财务结构和实力的重要标志。公司的负债比例取决于负债和股本加借入资本之比，这个比例通常反映股份公司的经营效益。负债比例过高，说明公司有资不抵债的危险，经营状况不好；负债比例过低，说明公司在金融市场上的信誉不好。因此，为了保证公司自有资本与负债的合理比率，提高企业的安全经营程度和信誉，有必要发行新股票来提高自有资本的比率，提高经济效益。

同时，由于股份公司发行债券的额度是根据自有资本和准备金的多少确立的，因此，增加自有资本还可以扩大公司债券的发行额度，从而拓宽公司的筹资渠道。

第三，满足证券交易所的上市标准。股票能否在证券交易所上市要取决于该公司的股票发行额度，只有公司资本额达到一定规模其股票才能上市。而一个公司股票上市与否，是判定该公司经营状况与信誉的主要标准之一。因此，公司就要通过发行新股票的办法来增加资本额，满足上市标准，以便能够早日在证券交易日挂牌上市。

第四，维持和巩固对本公司经营权的控制而发行股票。这种发行是出于两方面的考虑：一是维护公司经营支配权。股本规模的扩大，增加了其他公司对本公司控股、兼并的难度，甚至可能形成障碍，发行股票可以有效地防止被其他公司兼并；二是出于本公司经营事业考虑谋求与其他公司协作，将新股票发行给某些流通企业或有利于公司经营的合作者，使之成为股东，实际上达到扩大产品销路、引进其他公司先进生产技术的目的。

第五，维护股东直接利益而增资发行股票。经营状况良好的股份公司可以按照资产重估法对资产重新评估，公司增值部分可以作为全体股东的公积金，全部或部分地转为资本金并按增加的资本金额发行股票，无偿地发给股东即积累转增。另外，在该公司股票市价偏高的时候，还可以将本应分派现金的红利转入资本，发行相应数额的新股票分配给股东，这种股票派息分红可以使股东从中受益。

第六，为其他目的的发行股票。例如，当可转债的转换请求权生效后，股份公司需承诺办理，发行新股票来兑现转换要求。又如，为了争取更多投资者而降低每股股票价格进行股票分割，或为了便于业务处理而对面额过低的股票进行股票合并，以及在公司合并或减资时，都需要发行新股票。

4.3.2　股票发行制度

股票投资是一种高风险的投资，投机性因素很多，为了保障投资者的权益，维护社会的安定，促进股票市场健康、高效地运行和发展，各国政府都授权特定部门对申请发行股票的公司进行审核评估，对发行股票进行审批。政府证券管理部门对股票发行的管理，主要采取注册或审批制，股份有限公司公开发行股票，首先必须向政府证券主管部门办理申请股票发行的审批或注册手续。

1.股票发行制度包含的内容

股票发行的审批或注册制度，主要包括以下几个方面的内容：

第一，申请发行股票的公司，必须将其财务情况及其他能反映资信状况的材料报政府主管证券发行的部门进行审核。

第二，申请发行股票的股份公司必须向证券主管部门提交股票发行申报书，充分阐述发行股票的理由及条件。

第三，申请发行股票的公司必须认真填写股票发行说明书，内容必须包括发行公司业务经营及财务状况，股票发行的条件及承销的方式等有关资料和信息。

第四，证券主管部门要对发行公司的申请报告、财务状况、发行条件、股票发行说明书是否符合要求、是否真实、是否全面等项进行认真审核，如无异议，便可批准其发行，或允许注册。

一旦发行注册申请和说明书获得审批通过，发行股票的管理和事前准备程序即告完成，发行公司也就具备了公开发行股票的条件。

2.注册制

注册制主要是指发行人申请发行股票时，必须依法将公开的各种资料完全准确地向证券监管机构申报。证券监管机构对申报文件的全面性、准确性、真实性和及时性进行形式审查，不对发行人的资质进行实质性审核和价值判断，而将发行公司股票的良莠留给市场来决定。只要证券发行人提供的材料不存在虚假、误导或者遗漏，即使该证券没有任何投资价值，监管部门也无权干涉。企业能否成功发行，由包括股民、机构在内的投资者"用脚投票"决定。

注册制实行的是公开管理原则。在注册制发行制度下，证券发行申请人依法将与证券发行有关的一切信息和资料公开，制成法律文件，送交主管机构审查，主管机构只负责审查发行申请人提供的信息和资料是否履行了信息披露义务。其最重要的特征是：在注册制下证券发行审核机构只对注册文件进行形式审查，不进行实质判断。如果公开方式适当，则证券管理机构不得以发行证券价格或其他条件非公平，或发行者提出的公司前景不尽合理等理由拒绝注册。注册制主张事后控制。注制的核心是只要证券发行人提供的材料不存在虚假、误导或者遗漏，即使该证券没有任何投资价值，证券主管机关也无权干涉，因为自愿上当被认为是投资者不可剥夺的权利。美国证券发行采取的是注册制。

3.核准制

核准制，又称特许制，是发行者在发行新证券之前，不仅要公开有关真实情况，而且必须合乎公司法中的若干实质条件，如发行者所经营事业的性质、管理人员的资格、资本结构是否健全、发行者是否具备偿债能力等，证券主管机关有权否决不符合条件的申请。

核准制实行的是实质管理原则，以欧洲各国的公司法为代表。在核准制发行制度下，证券的发行不仅要以真实状况的充分公开为条件，而且必须符合证券管理机构制定的若干适于发行的实质条件。符合条件的发行公司，经证券管理机关批准后方可取得发行资格，在证券市场上发行证券。这一制度的目的在于禁止质量差的证券公开发行。

4.两种发行制度比较

（1）注册制更有利于市场三大功能的发挥。

新股发行体制改革的初衷和最后目标，均是为了更好地发挥资本市场价格发现、融资、资源配置等三大基础功能，对定价、交易干预过多，不利于价格发现功能的实现；发行节奏由行政手段控制，不利于融资功能的实现；上市门槛过高，审核过严，则不利于资源配置功能的实现。

注册制与核准制相比，发行人成本更低、上市效率更高、对社会资源耗费更少，资本市场可以快速实现资源配置的功能。

注册制最大的好处在于把发行风险交给了主承销商，把合规要求的实现交给了中介机构，把信息披露真实性的实现交给了发行人。

（2）发行注册制并非不注重企业质量。

美国证券交易委员会（Securities Exchange Commission，简称SEC）接到发行人申请后，会就其提交的材料提出反馈意见，中介机构和发行人则需进行有针对性的答复，一般意见反馈和答复少则三四次，多则七八次，直至证交会不再有其他问题才会准予注册。从时间上看，美国证交会的审核最快需要2个月，一般需要3~6个月的时间方能完成，交易所审核仅需1~1个半月，时间包含在证交会审查期内。

英国上市管理局（United Kingdom Listing Authority，简称UKLA）审核发行人材料时，也需经过一读、二读、三读的意见反馈和回复，之后需有一定等级、两个以上审核委员签字后才能获得发行批文。发行审核环节通常也需3~6个月。如果三读之后还有问题，将继续进行多轮意见反馈，如果发行人一直无法完成反馈回复，发审环节就会被无限期拖延下去。

（3）核准制不等于非市场化。

注册制与核准制并非仅由市场成熟程度决定，而是具有一定的历史背景和现实原因，是监管理念、市场分布、控制层次等多方面因素共同作用的结果，把核准制和非市场化直接画等号并不科学。无论是注册制还是核准制，是否市场化的标准在于市场买卖双方是否能够实现真实意愿的表达。

5.我国股票发行制度

我国股票发行制度变动较多，按时间和方式种类大约可以分为以下几个阶段：

（1）自办发行。

自办发行阶段从1984年股份制试点到20世纪90年代初期。这个阶段股票发行的特点是：第一，面值不统一，有100元的，有200元的，一般按照面值发行；第二，发行对象多为内部职工和地方公众；第三，发行方式多为自办发行，没有承销商，很少有中介机构参与。

（2）有限量发售认购证。

1991—1992年，股票发行采取有限量发售认购证的方式。该方式存在明显的弊端，极易发生抢购风潮，造成社会动荡，出现私自截留申请表等徇私舞弊现象。深圳"8·10"事件后，这种方式不再被采用。

（3）无限量发售认购证。

1992年，上海率先采用无限量发售认购证摇号中签方式。1992年12月17日发布的《国务院关于进一步加强证券市场宏观管理的通知》对此予以了确认。这种方式基本避免了有限量发行方式的主要弊端，体现了"三公"原则。但是，认购量的不确定性会造成社会资源不必要的浪费，认购成本过高。

（4）无限量发售申请表方式以及与银行储蓄存款挂钩方式。

1993年8月18日，国务院证券委员会颁布的《1993年股票发售与认购办法》规定，发行方式可以采用无限量发售申请表与银行储蓄存款挂钩方式。此方式与无限量发售认购证相比，不仅大大减少了社会资源的浪费，降低了一级市场成本，而且可以吸收社会闲资，吸引新股民入市，但由此出现高价转售中签表现象。

（5）全额预缴款、比例配售。

全额预缴款、比例配售是储蓄存款挂钩方式的延伸，但它更方便，更节省时间。它又包括两种方式："全额预缴、比例配售、余款即退"和"全额预缴、比例配售、余款转存"。前者比后者占用资金时间大为缩短，资金效率提高，并且能培育发行地的原始投资者，吸引大量资金进入二级市场。

（6）上网定价发行。

上网定价发行类似于网下"全额预缴、比例配售、余款即退"的发行方式，只是一切工作均利用交易所网络自动进行，与其他曾使用过的发行方式相比，这是最为完善的一种。它具有效率高、成本低、安全快捷等优点，避免了资金体外流动，完全消除了一级半市场，1996年以后被普遍采用。

（7）基金及法人配售。

1998年8月11日，中国证监会规定：公开发行量在5 000万股（含5 000万股）以上的新股，均可向基金配售；公开发行量在5 000万股以下的，不向基金配售。1999年7月28日，中国证监会又规定：公司股本总额在4亿元以下的公司，仍采用上网定价、全额预缴款或与储蓄存款挂钩的方式发行股票。公司股本总额在4亿元以上的公司，可采用对一般投资者上网发行和对法人配售相结合的方式发行股票。2000年4月，取消4亿元的额度限制，公司发行股票都可以向法人配售。

（8）自2005年起，我国开始实行首次公开发行股票的询价制度。

新股资金申购网上发行与网下配售股票相结合。

现阶段我国股票发行制度为保荐制度、发审委制度、询价制度"三位一体"。保荐制度，重在充分发挥券商职能；发审委制度，将发行审核从一道"墙"变成一个"通道"；询价制度，重视发挥价格的基础性作用，重视市场约束功能。询价制度试图将股票定价权逐步让渡于市场，作为市场高端形态的资本市场，必然要依靠价格信号反映供求关系进而促进资源合理配置。

（9）2013年，党的十八届三中全会通过《中共中央关于全面深化改革若干重大问题的决定》，决定里提出"推进股票发行注册制改革"。2018年2月24日，全国人大常委会批准，股票发行注册制改革获准延长2年，至2020年2月29日，同时，要求国务院应当及时总结实践经验，于延长期满前，提出修改法律相关规定的意见。

6.股票发行制度评价

在我国，一般认为2001年3月之前执行的是审批制，之后执行的是核准制。审批制的特点是额度管制下采用行政办法推荐发行人，由监管机构进行审核，审核通过，由监管机构发文"批准"发行。而核准制的特点是"通道额度"控制下由主承销商（保荐机构）推荐发行人，由监管机构进行审核，审核通过，由监管机构发文"核准"发行。

审批制具有明显的计划经济痕迹，实行计划指标管理。1993年至1997年，国家共下达4次计划指标给省、自治区、直辖市或产业部门，再由后者在指标限度内推荐企业。其中，1993年和1995年实行额度管理；1996年和1997年实行"总量控制，限报家数"的做法。1997年额度一直使用到审批制结束。实行额度管理时，地方政府或企业主管部门向选定的企业书面下达发行额度；实行"总量控制，限报家数"的办法后，监管机构根据企业的情况核定发行额度。审批制实行两级审批：先报地方政府或企业主管部门初审，再报监管机构复审，公司复审后可以发行股票。基本上采取定价发行方式，发行价格和发行方式由监管机构决定。截至2000年年末，上市公司从1991年的14家增加到了1 088家，累计筹资达6 000多亿元。审批制虽然对资本市场发展起到了积极作用，但也存在明显的弊端。

2001年3月起，发行制度由审批制转变为核准制，核准制与审批制最大的不同是推荐发行人方式不同，原来完全行政手段的推荐改为券商推荐，市场化进程向前迈了一步。监管机构出台了一系列的法规或规章文件，制定了股票发行上市的标准和条件，券商根据自己的判断选择企业、推荐企业，监管机构对上报文件进行审核，监管机构责任有所减轻。但是，监管机构根据券商的不同，赋予了每个券商不同数量的上报通道，在发行总量和可能发行的总量上进行控制。保荐制下对保荐代表人数量的不公平与不公正的行政控制，实际上是"通道额度"换了另一种方式。虽然对券商之间的竞争有一定的好处，但造成了券商内部管理的混乱，并导致了"奖懒罚勤"制度的自发生成，在某种程度上讲，违反了市场个体之间竞争须遵循的基本的公平原则。现行的保荐制实际上还是"通道额度"控制下的发行审核制，并且扭曲了保荐机构和投行人员的行为，造成了事实上的权利义务不对等。

目前，我国的新股发行制度实行的是审批制，由监管部门对排队IPO的企业进行"优中优选"，这就使得IPO企业成为一种稀缺资源。比如，现行新股发行审批制度下，如果有1 000家企业都符合上市硬指标条件，但因为监管层的审核流程或对市场承受力的考虑，企业必然要排队上市，监管层要优中选优，只能有小部分企业可以幸运通关。上市企业少，投资者多，"僧多粥少"的情况下，新股发行"三高"即"高发行价""高发行市盈率""超高的募集资金"等顽疾就会久治不愈，不少股民炒股也因此成了"赌博"。

从长期来看，现行的审批制因效率过低易造成新股供给周期与需求周期的错配，特别是在熊市周期之初，大量牛市后期申请上市的企业集中IPO，很容易导致股市严重失血，这也是A股市场始终大起大落的重要原因之一。而注册制能让企业自由地选择上市时间和上市规模，最终能否成功上市，则交给投资者来投票，从这个角度说，A股IPO从审核制走向注册制是大势所趋，也是中国股市健康发展的必要转型。

国外多个市场化程度比较高的资本市场运行情况证明，投资者炒新和新股发行"三高"很少会出现，即便短暂遭到爆炒，市场也会自动纠正对该股的误判。美国社交网站——"脸谱"是最好的例证，当时上市时受到投资者的热烈追捧，成为美国历史上规模最大的互联网公司IPO案例，但上市后投资者逐渐回归理性，其价格曾一度大跌。

但是，从核准制到注册制是一项重大改革，过渡有一定难度。需要注意的是，即使实施了注册制，也不意味着放开发行，市场上会涌现出大量的新股，因为注册制下发行新股也需要满足监管要求以及交易所的上市条件。最重要的是，成熟市场是由投资者的情绪以及资金的流入流出来决定股票的供给。

注册制是市场化程度较高的股票市场所普遍采用的一种发行制度，美国是这种制度的典型代表。美国证券交易委员会把监管重心放在二级市场，一旦发现公司欺诈上市，或信息披露造假，则所有在文件上签字的公司高管及证券中介责任人均需坐牢，一般为20年或更长。让市场起决定性作用，让投资者去识别真正的好公司，是全球通行的做法。

4.3.3 股票发行方式

股票的发行方式是股票经销出售的方式，根据不同的标准，发行方式可有不同的分类方法。

1.按发行对象分类

按发行对象的不同，股票可分为公募发行和私募发行。

（1）公募发行。

公募发行又称为公开发行，指股份公司依照公司及证券法的有关规定，根据有关发行审核程序，将其财务状况予以公开的股票发行，其投资对象为不特定的广大投资者。采用这种方式的有利之处在于：首先，可以扩大股东的范围，分散持股，防止囤积股票或被少数人操纵；其次，只有公开发行的股票方可申请上市，因此这种发行方式可增加股票的适销性和流通性，有利于提高公司的社会性和知名度，为以后筹集更多的资金打下基础。不足之处在于：这种方式手续复杂、费用较高，要求也比较高。

（2）私募发行。

私募发行又称为不公开发行或私自发行，是指发行公司不办理公开发行的审核程序，股票不公开销售，其发行对象仅为少数特定人及团体，通常在股东配股和私人配售的情况下采用。在我国，股份公司向特定法人走向募集股份和向企业内部职工募集股份都属私募发行。另外，股份公司向老股东或第三者配股也属私募发行。私募发行虽然只是发行股票的一种不重要的方式，但发行公司都要给予重视。因为不公开的目的一般是为照顾某些人的利益，处理不当，公司内部就会出问题。这种发行方式不仅可以节省委托中介机构发行的手续费，降低发行成本，还可以调动股东和内部职工的积极性，巩固和发展公司的公共关系。但缺点是这种不公开发行的股票流动性差，不能在市场上公开出售转让，不利于公司知名度的扩大。

2.按照有无证券发行中介机构的参与分类

按照有无证券发行中介机构的参与，股票发行可分为直接发行和间接发行。

（1）直接发行。

直接发行即自办发行，指公司自己直接向投资者推销出售股票，招股集资。一些社会信誉高、在市场上有实力的公司，采用这种方式。采用这种方式，要求发行公司熟悉招股手续、精通发行招股技术。这种发行方法的好处是：可以节省向发行中介机构交纳的手续费，降低发行成本。不利之处是：如果发行数额较大，由于缺乏专门的业务知识和缺少广泛的发行网点，发行者自身要承担较大的发行风险，一旦认购申请额低于发行额就会使发行归于失败。因此，这种方式只适用于既定发行对象或发行数量少、风险小、手续简单的股票。

（2）间接发行。

间接发行又称委托发行，指发行公司委托投资银行、证券公司等证券中介机构代理出售股票的发行方式。无论新建公司发行股票还是老公司增资发行股票，只要是公开发行，一般都要委托金融证券机构进行承销。由于承销方式不同，委托人和承销人之间的承销风险和权利、义务也就不同。所以，各方当事人都应根据市场条件、客观可能性和自身的需要与能力确定承销方式。承销方式主要有以下三种：

第一，代销。代销是指承销者只代理发行股票的公司发售股票，承销结束时，将收入的股金连同未销出的股票全部交还给发行者。在代销的承销方式中，股票的发行风险由发行者承担，而承销者不承担发行风险，股票能否全部销售出去，承销者不承担任何责任，只承担一些代理销售的责任，并收取少量的手续费。

第二，包销。包销是指承销者将发行的股票按照协议全部或在承销期结束时将售后剩余股票全部自行购入的承销方式。包销又可分为协议包销、俱乐部包销和银团包销三种方式。协议包销，是由一个承销公司包销发行人待发行的全部证券。采用这种形式，发行风险由该公司独立承担，手续费也全部归这个公司所有。俱乐部包销，是由若干承销公司合作包销，每个承销公司包销的份额，所承担的风险及所获得的手续费都平均分摊。银团包销，是由一个承销公司牵头，若干承销公司参与包销活动，以招标的形式确定各自的包销额，并按其包销额承担发行风险，收取手续费。采用包销方式发行证券，发行人可以及时得到资金，而且不必担心证券能否发行出去，证券销售风险全部转嫁给证券承销机构。包销的特点是发行成本高，但风险小，资金可以快速到位。那些资信还未被公众认可，却急需资金的企业最适合这种发行方式。

第三，助销。助销亦称余额包销，是承销者自购一部分，代理发售一部分的承销方式。在具体做法上可以是承销者代理发售股票，在发售结束时，有剩余的股票由其自己或其他金融机构全部承购。也可以是承销者认购一部分，其余部分代理发售，发售不出去的部分可退给发行者。在这种承销方式中，承销者承担了大部分发行风险，其销售手续费也高于代销。

3.按照股票发行层次分类

（1）首次公开发行。

首次公开发行即IPO，全称是"initial public offerings"，是指一家企业以向社会公众公开招股的方式，第一次将它的股份向公众出售，一旦完成，这家企业的股份就可以在证券交易所或报价系统上进行交易。

在我国，通常所说的IPO是狭义上的IPO，仅指符合一定条件的股份有限公司经证监会批准后首次在证券交易所发行证券，流程包括企业选择券商、准备材料、证监会审批、路演、新股定价、新股上市等过程，发行的标的物一般为股票。对于不在证券交易所公开发行股票，而在场外市场转让股票的行为，则称为"挂牌"。

通过IPO，发行人不仅募集到所需资金，而且完成了股份有限公司的设立或转制，成为上市公众公司。

（2）增发。

增发全称为上市公司增资发行，增资是指公司依照法定程序增加公司资本和股份总数的行为。增资发行是指股份公司上市后为达到增加资本的目的而发行股票的行为。我国《上市公司证券发行管理办法》规定，上市公司增资的方式有：向原股东配售股份、向不特定对象公开募集股份、发行可转换公司债券、非公开发行股份。另外，股票增资发行时按照取得股票时是否缴纳股金，股票发行还可分为有偿增资发行、无偿增资发行和并行增资发行。

第一，有偿增资发行。有偿增资发行是指认购者必须按股票的某种发行价格支现款，方能获取股票的发行方式。采用这种方式发行股票，可以直接从外界募集股本，增加股份公司的资本金。具体形式有：

向原股东配售股份，简称配股，或股东分摊，是公司按股东的持股比例向原股东分配该公司的新股认购权，准其优先认购增资的方式，即按旧股一股摊配若干新股，以保护原股东的权益及对公司的控制权。这种新股发行价格往往低于市场价格，事实上是对股东的一种优待，一般股东都乐于认购。原股东对公司的配股，没有必须应募的义务，他可以放弃新股认购权，也可以把从购权转让他人，从而形成了认购权的交易。

向不特定对象公开募集股份，即公开招募，简称"增发"，也称公募增资，即股份公司以向社会公开发售新股票办法而实现的增资方式。公募增资的目的是扩大股东阶层，分散股权，增强股票的流通性，并可避免股票过分集中。公开招募的股票价格大都以市场价格为基础，是社会上最常用的增资方式。

非公开发行股份，即"定向增发"，也称私人配售或第三者配股，是指股份公司向特定人员或第三者分摊新股购买权的增资方式。特定人员一般包括董事、职员、贸易伙伴以及与公司业务有关的第三者公司、往来银行等。认购者可在特定的时间内，按规定价格优先购买一定数额的股票。采用这种方式通常是为了在股东以外筹措资金。这种增资配股由于直接影响公司原股东利益，需经股东大会特别决定。

第二，无偿增资发行。无偿增资发行是指认购者不必向股份公司缴纳现金就可获得股票的发行方式，发行对象仅限于原股东。采用这种方式发行股票，主要是依靠公司的盈余结存、公积金和资产重估增资等增加资本金，目的是使股东获益以增强股东信心和公司信誉，或为了调整资本结构。无偿增资发行分为三种类型：①无偿交付，即公司将已有的资本准备金转入资本金，股东无偿取得新发股票；②股票分红，即公司把本该用现金支付的股息用新的股票代替，其目的在于留下更多的现金，以增加企业资产，扩大经营规模；③股票拆细，又称股票分割，是把原有的大面额股票分为小面额股票。例如，将原100元一股拆成10元一股的十股，其结果是企业资本总量没有发生变化而只是股数有所增加。股票拆细的原因一般只是因为公司股价过高，影响股票交易。从股份分割的方法看，对有面额股进行分割时，需要办理面额变更手续，还要支付发行股票所必需的费用。实行股份分割的目的在于降低股票的面额价格，便于个人投资者购买，以利于扩大发行量和流通量。

第三，并行增资发行。并行增资是指有偿增资和无偿增资的结合，即公司发行新股票给股东时，股东只需交一部分现金就可以得到一定量的新增股票，其余部分由公司公积金和红利抵冲。

上述这些股票发行方式各有利弊和条件约束，股份公司应从自己的实际情况出发，择优选用，或选用其中某一种方式，或兼用几种方式。当今世界各国采用最多、最普遍的方式是公开和间接发行。

4.3.4 股票发行价格

股票的发行价格受到多种因素的影响，这也决定了股票的发行价格多种多样。股票发行价格一般有以下几种：

1.面额发行

面额发行也叫平价发行、等价发行，即以股票面额为发行价格。一般说来，股票面额并不代表股票的实际价值，也不能表示公司的实际资产，票面价值仅具有簿记方面的作用，表示股份的份额之所以要确定普通股股票的面值有以下原因：①使发行公司在出售股票所有权时，能获得公正的价格；②防止那些同公司内部人员有联系的投资者，以较低的价格获得新股票；③确定面额也是为了在股票买卖交易中有一个可供参考的起售价值；④面额发行可以准确确定每一股份在公司所占有的比例，而且发行价格不受市场行情波动的影响；⑤由于市价往往高于面额，因此以面额发行能使认购者得到因价格差异带来的收益，而股东乐于认购，又保证了股份公司顺利地实现筹资的目的。这种发行价格较简单、易行。不足之处在于发行价格与流通价格不能联系在一起，不能反映股票的市场情况。

2.溢价发行

溢价发行是指发行价格高于票面价格。出现这种情况的原因是证券的收益率高于实际的市场利率，潜在的投资者乐于把资金投向该股。以这种方式发行股票，股份公司可以获得市价高于面额的那一部分溢价发行收益，同时也降低股票的发行成本。

根据其定价的标准不同，溢价发行又可分为市价发行和中间价发行两种形式。

（1）市价发行。

市价发行又称为时价发行，即股票的发行价格以股票在流通市场上的价格为基准来确定。例如，股票每股面额10元，该公司已发股票的每股市场价格为16元，即以16元作为增发股票的面额价格。所以，市价发行较之面额发行来说，能以相对少的股份筹集到相对多的资本。在采用市价发行方式时，市价的一部分要转入股份公司的法定资本准备金。以后，如果股份公司的经营状况良好，还可以将这部分准备金并入资本。很显然，股票的市价发行，既可以增加股份公司的现时资本额，又为以后资本额的增加提供了条件，确实是一种高效率的资本筹措手段。市价发行表面上看对股东不利，大量的市价发行有可能导致供求关系破坏，股价下跌，但对于股东来说未必吃亏，因为股票市场行情变幻莫测，采用市价发行的往往是经营较好的公司，若公司股票价格上涨，投资者立即出售股票，则可得到差价收益，而且从长远角度来看，公司把发行收益部分用于扩大再生产，会产生更多收益，股东可以从增加股息分派或从无偿增资中获得收益。

市价发行虽然是以股票流通市场当时的价格为基准，但也不完全一致。在确定市价时，还要考虑股票销售的难易程度、对原有股票价格是否有冲击、当时股市行情趋势及公司的利润预测等因素。目前欧美各国的企业采用市价发行者居多。

（2）中间价发行。

中间价发行即以市价和面值的绝对中间值，或者稍高或稍低于中间值，作为发行价格，这种价格通常是在市场价格高于面额、公司需要增资但又需照顾原有股东的情况下采用。实际上是将溢价收益一分为二，一部分归股东所有，成为股东收益；一部分归公司所有，用于扩大生产。因此中间价发行多用于股东分摊方式，不改变原来股东构成。但是实行中间价格发行股票，必须经股东大会的特别决议通过。

3.折价发行

折价发行即按照股票面额打一定的折扣作为发行价格。折扣的大小由发行公司同证券承销商双方协商决定，主要取决于发行公司的业绩如何。如果发行公司业绩很好，则其折扣较低；反之，如果发行公司是新设公司，业绩一般，又不为公众所了解，股票推销完全依赖于证券商，则折扣就较高。采用折扣发行比较便于股票的推销。这种发行方式的优点是发行速度快，承销商积极性高；缺点是成本高，筹措资金量少，造成股份公司股本账实不符，不利于股份公司发行。因此采用折价发行的国家不多，有的国家基本不允许折价发行。我国目前不允许折价发行。

4.设定价格发行

设定价格发行主要指无面额股票的发行。无面额股票的发行价格，是根据公司章程或董事会决议规定的最低发行价格，对外发行。

股票发行价格的确定是一个复杂的问题，它既要考虑企业资产与盈利状况，还要考虑市场供求关系，尤其是一级市场和二级市场的价格关系，还有发行者与承销者的关系。一般来说，股票发行价格的确定方式主要有以下几种：

（1）议价法。

所谓议价法，是指股票发行公司直接与股票承销商议定承销价格和公开发行价格。承销商的业务收入即是承销价格和公开发行价格的差额。

（2）拟定法。

在新股票发行之前，承销价格由股票发行公司与股票承销商共同拟定。拟定承销价格依据的标准有三条：发行公司最近三年每股税后纯收益与每股股利；发行公司最近年度盈余分派后每股的账面净值；预估当年税后纯收益及每股股利。

（3）竞价法。

所谓竞价法，是指股票承销商（投资银行）或银行财团以投标方式，与其他购买者竞争购买发行的股票。招标中所中的价格就是股票承销价格。

公开投标的方法，不允许私人议价。发行公司必须对投标条件加以详细规定，必须经过证券管理机关的批准。发行公司必须事先做好一切准备工作，这样，中标的股票承销商才能立即推销。

（4）定价法。

所谓定价法，是指股票发行公司不通过股票承销商而自行制定价格或利率，公开出售股票的方法。定价法极少用于股票发行。

影响股票发行价格的因素很多，其中，股票的市场价格对其影响最大。股票发行价格的制定，一般都要依据已发行股票的流通价格，股票的发行价格水平基本上与股票的市场价格水平相适应，控制在一定浮动限度以内。同时，股票发行价格的制定，还受其他各方面因素的影响。

在上述发行价格中，究竟选择哪一种价格，主要看发行公司的性质、方向、目的及各国证券市场惯例。

4.3.5 股票发行程序

股票发行一般都有严格的法律程序，只有经过法定程序发行的股票才是合法的股票。

1.公司成立发行股票的程序

（1）发起人在被准予注册登记取得独立的法人资格后，订立招股章程，内容包括企业名称、负责人、经营范围及可行性预测分析、现有资产总额、募集股票总额及各发起人认领的股份额、股票种类、每股面额、发行价格、发行期限及逾期的处理等，主要目的是供公众阅览，以便了解情况，作为认购股票的参考。

（2）发起人向上级主管部门提交招股申请书，除了上述招股章程的内容以外，还要列出已联系好的股票推销机构的名称及地点、开户银行的名称及地点、注册会计师证明等。

（3）主管部门同意颁发许可证后，公司与证券发行中介机构签订委托募集合同，内容包括推销募集方法、发行价格、推销股数、委托手续费等。

（4）投资者认购。公司或发行中介机构用广告或书面通知等方式招股，投资者在发给的认购书上填写认购股额、金额、交款方式、住址等，然后签名盖章。有时为了保证认购者按时交纳股金，还要预交一定比例的保证金。

（5）股票交割。投资者在认购以后，必须在规定的日期交纳股金，才能领取股票。同样，发行者必须在认购后的规定日期交付所卖的股票，才能收受股金款，这种一手交纳股金一手交付股票的活动称之为交割。股票从交割的翌日产生效力。

（6）登记。股票交割后一定时期（如1个月）公司董事会应向证券管理部门登记，内容包括发行总额和每股金额；募集期和股金收足日期；股东名单、公司董事和监事名单等，为日后增发新股和上市审查作准备。

2.公司增发股票的程序

（1）制订新股发行计划，说明发行新股的目的，并就发行目的进行经济环境和市场预测，对人、财、物等条件和可能遇到的困难做出估价；在考虑了投资者的需要或习惯、股市行情及股东权益等因素后，拟订发行股票的种类、发行方式和价格。

（2）形成董事会决议。

（3）向主管部门提交发行申请书，为认购者编制增股说明书。

（4）如在现有股东间进行分摊，则要冻结股东名簿，停止办理股票转让后的过户手续。

（5）签订委托推销合同。

（6）向现有股东发出通知或公告。

（7）股东认购或公开发行。

（8）股票交割。

（9）处理零股或失股权。

（10）向证券管理部门登记发行情况和结果。

4.3.6 股票发行及上市的条件

不论是核准制还是注册制，每个国家都对股票发行规定了若干条件，股票必须满足特定的条件才能上市，这些条件又因股票发行的不同类型而有所区别。

1.股票公开发行的基本要求

一般来说，不论哪个交易市场，股票公开发行总会在下列内容上做出规定：

（1）必须是经国家有关部门批准设立并注册登记的股份公司，股东人数要在一定数量以上。

（2）公司的生产经营要符合国家及地区的发展政策。

（3）公司的资产总值及净值要达到一定数额以上。

（4）公司应具有良好的财务状况和一定年限的营业记录。

（5）新成立的公司发起人认缴股份不得少于一定的数额，并且不能低于公司股东的一定比例。

（6）向非特定个人公开发行的股份不得少于公司总股份的一定比例，售给本公司或其附属公司雇员的股份不能超出公司总股份的一定比例。

（7）股东人数不得少于一定数量，与公司董事及主要股东无关的公众至少要掌握一定比例以上的公司股份。

（8）发行公司或发起人在近几年内没有违法乱纪行为或损害公众利益的记录。

2.我国首次公开发行股票的条件

2013年修订的《证券法》规定，公司公开发行新股，应当具备健全且运行良好的组织机构，具有持续盈利能力，财务状况良好，最近三年财务会计文件无虚假记载，无其他重大违法行为。

《首次公开发行股票并上市管理办法》规定，首次公开发行股票应满足以下条件：

（1）最近3个会计年度净利润均为正数且累计超过人民币3 000万元，净利润以扣除非经常性损益前后较低者为计算依据。

（2）最近3个会计年度经营活动产生的现金流量净额累计超过人民币5 000万元；或者最近3个会计年度营业收入累计超过人民币3亿元。

（3）发行前股本总额不少于人民币3 000万元。

（4）最近一期末无形资产（扣除土地使用权、水面养殖权和采矿权等后）占净资产的比例不高于20%。

（5）最近一期末不存在未弥补亏损。

3.创业板首次公开发行股票的条件

按照我国《首次公开发行股票并在创业板上市管理暂行办法》的规定，首次公开发行股票并在创业板上市主要应符合如下条件：

（1）发行人是依法设立且持续经营三年以上的股份有限公司。

有限责任公司按原账面净资产值折股整体变更为股份有限公司的，持续经营时间可以从有限责任公司成立之日起计算。

（2）最近两年连续盈利，最近两年净利润累计不少于1 000万元，且持续增长；或者最近一年盈利，且净利润不少于500万元，最近一年营业收入不少于5 000万元，最近两年营业收入增长率均不低于30%。净利润以扣除非经常性损益前后孰低者为计算依据。

（3）最近一期末净资产不少于2 000万元，且不存在未弥补亏损。

（4）发行后股本总额不少于3 000万元。

4.公司发行股票的申请

公司发行股票，同发行债券一样，必须在符合基本条件的前提下，向证券主管机构申请。经证券主管机构核准后，才可正式发行股票。一般来讲，对发行股票申请的审批，要比对发行债券申请的审批严格；对公开发行股票申请的审批要比对内部发行股票申请的审批更严格。这是由股票与债券、上市股票与内部股票的不同特性所决定的。

公司公开发行股票，首先要向证券主管机构提交公开发行股票的申请报告，并同时向主管机构报送下列文件和资料：

（1）经国家有关部门批准设立为股份公司的文件或公司注册登记的证明，提交发行公司的营业执照（副本），以证明该公司是经国家及法律承认的合法性公司。

（2）公司章程。

（3）经资产评估机构签署的资产评估报告和注册会计师事务所鉴证的验资报告。

（4）经会计师事务所和审计部门审计的公司最近若干年的资产负债表和利润表，以及其他所要求的表册，提交规范的、将予以公开的财务报告。如果是新设立的公司，还必须有详细的营业计划书和经营可行性研究报告。

（5）发行章程。

（6）招股说明书。

（7）发行股票所筹资金使用的可行性报告。

（8）股东大会或发起人会议的决议记录。

（9）证券主管机构要求和规定提交的其他文件和资料。

5.公司发行股票的核准

发行核准的主要程序及内容包括：

（1）审查应提交的各项文件和资料是否齐全。如果发现不全，要及时向发行申请公司索取。

（2）审查发行说明书的各项条款、资金使用的可行性报告。其中重点要审查股票发行方案是否经过股东大会决议；发行股票的理由、使用方向及效益分析；股票发行的资金来源及运用进度；有关方面专家的审定意见。

（3）审查财务报表，包括所规定年度的财务状况报告；与发行股票有关的盈亏及资产、负债情况；会计师查账的签字意见。

（4）审查发行公司的资格是否符合规定要求，即审查该公司是否具备公开发行股票所应有的基本条件。

（5）审查证券主管机构认为有必要的其他事项，如上次股票发行的执行情况，股票发行方式、价格、种类、数额，以及股票承销计划等。

（6）提交审查报告。在审查上述文件、资料内容齐全无误，没有重要遗漏和失实，更没有弄虚作假的情况后，或在发行公司补充修订符合要求后，审查人员要提交签署审查意见的审查报告给证券主管机构的决策部门或决策委员会复审讨论。如果经过复审讨论予以通过，便可通知申请发行股票的公司，以便在指定日期开始发行股票。如果审查报告未被通过，就会提议重审，或者直接否决发行申请。

在发行公司提交申请及各项文件资料之后，到正式被批准发行的等待期间，发行公司可先向股票潜在认购者提供一些初步的信息，但须注明尚未获得证券主管机构的正式批准；同时也可与股票发行承销者接触，做一些发行的准备工作，但不能开展销售活动。

（7）公开发行股票如获批准，发行公司应在发行前10日内将发行说明书全文刊载在主管机构认可或指定的报刊上，主管机构认为披露不够充分时，可要求发行人将其他相应文件补充公告。如果在批准申请之后，发行公司有违反法律和规定的行为，或进行一些不正当的活动，证券主管机构有权暂停已批准生效公司的发行工作，甚至可以取消其发行的资格。

4.4 股票流通市场

股票流通市场是已发行在外的股票进行买卖交易的市场，通常又叫二级市场或次级市场。股票流通市场包含了股票流通的一切活动，股票流通市场的存在和发展为股票发行者创造了有利的筹资环境，投资者可以根据自己的投资计划和市场变动情况，随时买卖股票。股票流通市场价格变化也是经济预测和分析的重要内容。

4.4.1 股票流通市场结构

股票流通市场是股票流通的总和，股票的流通是通过多渠道多市场完成的，通常分为场内交易市场和场外交易市场，场内交易市场一般指证券交易所交易市场。

1.证券交易所

证券交易所是由证券管理部门批准的为证券集中交易提供固定场所和有关设施并制定各项规则以形成公正合理的价格和有条不紊的秩序的组织。证券交易所是一个高度组织化、集中进行证券交易的市场，是整个证券市场的核心。证券交易所作为股票流通市场的核心，是股票买卖的最主要场所。

在证券交易所上市交易的股份公司称为上市公司，符合公开发行条件，但未在交易所上市交易的股份公司称为非上市公众公司，其股票将在柜台市场转手交易。

证券交易所在组织形式上可以分为会员制和公司制两种类型。会员制证券交易所是以会员协会成立的不以营利为目的的组织，主要由股票经纪商组成，实行会员自治、自律、自我管理。只有会员及享有特许权的股票经纪商才有资格在交易所进行交易。公司制证券交易所以营利为目的，它是由各类出资人共同投资入股建立起来的公司法人。公司制证券交易所对在本所内的股票交易负有担保责任，必须设有赔偿基金。现在，越来越多的证券交易所由会员制向公司制转变。

我国的证券交易所都是会员制交易所。我国规定，证券交易所是为证券集中交易提供场所和设施，组织和监督证券交易，实行自律管理的法人。其交易采取经纪制，即一般投资者不能直接进入交易所买卖证券，只能委托会员作为经纪人间接进行交易。在我国，证券交易所的设立和解散由国务院决定，现在我国主要有两个全国性的股票交易所，上海证券交易所在1990年12月19日正式营业，深圳证券交易所在1991年7月3日正式营业。在中国的证券交易所中，会员大会是交易所的最高权力机构，职权是决定交易所重大事项。理事会是证交所的决策机构，职权是制定、修改证券交易所的业务规则，决定专门委员会的设置。

证券交易所按照所交易股票的性质，又分为主板市场和二板市场。主板市场一般对营业期限、股本、盈利水平、市值要求较高。中国上海证券交易所股票、深圳证券交易所原有股票属于主板。深交所中小板股票也属于主板，其特征遵循"两个不变"和"四个独立"。"两个不变"是指所遵循的法律、法规、规章与主板市场相同，发行上市条件和信息披露与主板相同。"四个独立"是指运行独立、监察独立、代码独立、指数独立。创业板，也叫"二板"，通常是为高新技术企业提供上市融资交易的市场，著名的美国纳斯达克市场就是创业板市场，中国创业板市场 2009 年 10 月 23 日在深圳证券交易所启动。

2.场外交易

场外交易是指股票在证券交易所以外进行的交易。场外交易有各种形式，不同形式的交易又有不同的市场名称，同一形式在不同国家还有不同的称呼。常见的有非正式市场、自由市场、店头市场或柜台市场、第三市场、第四市场等。

股票买卖之所以采用场外交易的组织形式，是因为股票在交易所内挂牌上市，必须遵守一系列严格而复杂的规定，这样，有的股票发行以后，达不到在证券交易所上市的要求，有的股票即使上市了，也会因各种原因在证券交易所以外成交。随着商品经济，特别是金融市场的发展和现代科技的不断进步，场外交易也日益活跃起来，其交易量和交易方式日渐增多，成为股票流通市场的重要组成部分。

店头市场，亦称柜台交易。这是场外交易最主要的和最典型的形式。一般在证券商的营业点内，由购销双方当面议价进行交易。在店头市场上的交易对象，既有小公司的股票，也有大公司的股票；既有上市股票，也有非上市股票；既有股票，也有债券。店头市场交易的参与者主要是证券商和客户。这些证券商有时充当买入者，有时充当卖出者，有时还充当买卖中介人。

店头市场没有大型的集中场地，而是分散在各证券的营业点进行交易，这种交易有两个突出的特点：一是交易双方一对一地直接洽谈，是客户与证券商，或是两个证券商的直接交易；二是交易价格不是既定的，而是双方经过磋商协议而定。对于证券商来说，他们在店头市场上主要从事自营业务，即为谋取利润自己买卖证券并自担经营风险。证券商可以向顾客买进证券自己持有，或转卖出去，也可以把买进和自己持有的证券卖给顾客，不管向谁买或卖给谁，在这些买卖过程中，证券商买入价总是低于卖出价，他们从卖大于买的价格差异中获取收益。如果证券商以中介人的身份代客户进行买卖，他赚的就不是差价收益，而是佣金或手续费。一般代客户买卖在场外交易中所占的比重很小。

议价市场，又称第三市场，即在证券交易所外专门买卖上市股票的一种场外交易形式。第三市场出现于20世纪60年代的美国，近些年发展很快。原因主要是证券交易所不仅对参与者、上市股票有严格的要求，而且还有"最低佣金比率"限制，不允许随意降低佣金，这就使大批量股票交易的代价非常昂贵。在证券交易所内正式上市的股票往往信誉较好，受人欢迎，因此，那些非交易所会员的证券商和大额投资者就在证券交易所之外买卖这些上市股票，以减轻大宗股零交易的费用负担。同时，许多非交易所会员的多种金融机构或机构投资者都大量持有或购买股票，有了第三市场，他们就可以主动参与上市股票的交易。第三市场的股票交易主要发生在证券商和机构投资者之间，机构投资者主要指那些投资公司、各类基金会、保险公司、互助储金会等机构，彼此都比较了解情况，而交易的对象又都是上市股票，他们之间交易就不需要证券交易所提供的各种服务，如证券研究、证券保管、信息传递、市场分析等，这使得交易不但不受"最低佣金比率"的限制，而且可以节约其他费用，降低交易的总成本，因此，很受欢迎。

第四市场是近年来在美国出现的场外交易形式。它是指股票的买卖双方绕开证券经纪商，彼此间利用电讯手段直接进行大宗股票交易。参与第四市场进行股票交易的都是一些大公司、大企业。在美国，第四市场主要是一个计算机网络，想要参加第四市场交易的客户可以租用或加入这个网络，各大公司把股票的买进价和卖出价都输入电子计算机系统。客户在购买或出售股票时，可以通知计算机系统，计算机屏幕上即可显示出各种股票的买进或卖出价格，一旦客户对某种股票的价格满意，他就可以通过终端设备商谈交易。

第四市场这种交易形式的优点在于：信息灵敏，成交迅速；交易成本低；可以保守交易秘密；不冲击股票行市。

场外交易市场的特征有：第一，挂牌标准低；第二，信息披露要求低，监管松；第三，采取做市商制度。

场外交易市场功能有：第一，拓宽融资渠道，改善中小企业融资环境；第二，为非上市证券提供转让场所；第三，提供风险分层的金融资产管理渠道。

我国的场外交易市场主要有两个：第一，银行间债券市场，成立于1997年6月6日，总部设在上海，备份中心在北京；第二，代办股份转让系统，又叫"三板市场"，建立于2001年6月。

3.股票场内交易与场外交易的区别

（1）交易地点和交易场合不同。

（2）交易的股票不同。

（3）交易规则不同。

（4）交易方式不同。

4.我国对股票柜台交易的管理

（1）规定股票上柜交易的基本条件。

（2）规定交易场所。

（3）规定可交易股票的范围。

（4）规定交易的方式及交易点的营业范围。

（5）规定柜台交易的行为准则。

（6）规定交易价格原则及收费标准。

（7）规定柜台交易点要定期及时向证券主管机构报告挂牌价格、成交数量及成交价格。

（8）规定所有股票上柜交易企业，要按季度向社会公开经注册会计师查核签证的财务报表及有关信息。

（9）规定违反有关规则的处罚办法，包括罚款、警告及取消上柜交易资格等。

5.二板市场

二板市场，通俗地讲就是一国主板市场之外的证券交易场所，一般明确定位于为具有高成长性的中小企业和高科技企业提供融资服务。与主板市场相比，在二板市场上市的标准和条件相对较低，更有利于中小企业上市募集发展所需资金。

在二板市场上挂牌上市的公司多为具有潜在成长性的新兴中小型企

业，其上市条件较主板市场比较宽松，例如，没有以往盈利记录的要求。因此，投资二板市场有着相对主板市场而言更大的风险，但由于在其上市的企业具备很高的成长潜力，也可能获得更高的投资收益。一般来说，二板市场是为了满足中小企业，主要是为了满足新兴高科技企业的融资需要而产生的，高科技产业是知识经济的第一支柱，它决定一国未来的国际竞争力。中小企业发展对活跃经济、创造更多就业机会有重大意义，但高科技企业在发展初期，面临着技术、市场、管理等诸多方面的不确定性，又无资产可以抵押，风险极大，难以从传统的融资渠道——银行和资本市场取得资金，如果仅靠自我积累发展，一是速度慢，二是不容易成气候，发挥不了其应有的作用。因此，广大高科技中小企业迫切需要新的融资途径。

从资本市场的发展经验看，当高科技企业在主板市场上的融资受阻后，市场组织能够不断地完善自己，它通过推出特别的板块市场或二板市场，利用特殊的评估方法（如亏损的高科技企业可按其将来的现金收入折现估价，无形资产可以在评估中占据很高价值），不断吸引投资银行来推荐、保荐高科技企业和有前途的中小企业，并为它们撰写调研报告，这样，投资的风险越来越容易为市场所吸收和消化，高科技中小企业进入股权融资就变得相对容易。在这个相对特殊的二板市场上，高科技、高成长的中小企业得到风险资本、战略资本及公众投资的支持而得以快速发展，风险投资家、战略投资家和投资银行家们则获得丰厚的报酬。因此，二板市场的出现，是高科技中小企业需求拉动的结果，而不是人为推动的结果。

二板市场的发展与高科技风险投资的发展密不可分，高科技企业在发展初期面临着极大的风险，此时风险投资是最主要的资金来源。风险投资不是实业资本，它通常不会从头至尾伴随一个企业的发展，它的目的是在实现企业高度增值之后退出，从而获得高额回报。一旦一个企业高成长期过去，风险资本就要撤离，再去寻找回报更高的企业进行投资，在风险投资的几种退出方式中，公开上市和与其他企业兼并被认为是最理想的方式，而这两种方式的实现都离不开资本市场。因此，二板市场给风险投资提供了一个有效的退出通道，不仅如此，二板市场给风险投资者提供了一个有关未来收益的预期，如果二板市场繁荣，风险投资就兴旺，反之亦然。因此，二板市场的发展是风险投资发展的必要条件。

为了促进高科技中小企业的发展，世界上许多国家都开设了二板市场。它们的存在不但为高科技公司上市融资提供了场所，而且为风险投资者提供了良好的投资机遇，世界上许多著名的高科技公司都是从二板市场中脱颖而出的。世界上最早、最成功的二板市场要算美国的纳斯达克证券市场。纳斯达克市场，不仅吸纳了美国绝大多数最优秀的高科技企业上市，而且还吸引了全世界各地的高科技企业，也吸引了全世界各地的资金。

二板市场有以下特点：第一，面向新兴的高成长、高科技中小企业；第二，较低的上市要求（资本和盈利）；第三，明显的风险警告声明，投资者应该风险自负；第四，监管并不放松，上市企业需要披露的信息并不少于主板市场，同样要求正规的公司管治。应特别指出，纳斯达克市场除了前面介绍的特点以及具备上述所列的条件外，它还有一条适合高科技企业发展特征的条件，那就是纳斯达克市场允许经营亏损或无形资产比重很高的企业也可通过适当的评估后上市。

6.我国新三板市场

（1）历史沿革。

三板市场起源于2001年"股权代办转让系统"，最早承接原STAQ、NET系统（1999年9月9日，这两个系统停止运行）挂牌公司和退市公司，称为"旧三板"。

2006年，中关村科技园区非上市股份公司进入代办转让系统进行股份报价转让，称为"新三板"。随着新三板市场的逐步完善，我国将逐步形成包括主板、创业板、场外柜台交易网络和产权市场在内的多层次资本市场体系。新三板与老三板最大的不同是配对成交，现在设置30%的幅度，超过此幅度要公开买卖双方信息。

2012年，经国务院批准，决定扩大非上市股份公司股份转让试点（即新三板），首批扩大试点新增上海张江高新技术产业开发区、武汉东湖新技术产业开发区和天津滨海高新区。

2013年底，新三板方案突破试点国家高新区限制，扩容至所有符合新三板条件的企业。

2014年1月24日，全国股转系统在北京举行新三板全国扩容后首批企业集体挂牌仪式，共有285家企业参加。至此，全国股份转让系统挂牌企业家数达到621家。

（2）上市条件。

依法设立且存续满两年，有限责任公司按原账面净资产值折股整体变更为股份有限公司的，存续时间可以从有限责任公司成立之日起计算；

业务明确，具有持续经营能力；

公司治理机制健全，合法规范经营；

股权明晰，股票发行和转让行为合法合规；

主办券商推荐并持续督导；

全国股份转让系统公司要求的其他条件。

（3）上市的好处。

资金扶持：根据各区域园区及政府政策，企业可享受园区及政府补贴。

便利融资：新三板挂牌后可实施定向增发股份，提高公司信用等级，帮助企业更快融资。

财富增值：新三板上市企业及股东的股票可以在资本市场中以较高的价格进行流通，实现资产增值。

股份转让：股东股份可以合法转让，提高股权流动性。

转板上市：转板机制一旦确定，公司可优先享受"绿色通道"。

公司发展：有利于完善公司的资本结构，促进公司规范发展。

宣传效应：新三板上市公司品牌，提高企业知名度。

（4）新三板挂牌和主板上市的区别。

全国中小企业股份转让系统是经国务院批准，依据证券法设立的全国性证券交易场所，2012年9月正式注册成立，是继上海证券交易所、深圳证券交易所之后第三家全国性证券交易场所。在场所性质和法律定位上，全国股份转让系统与证券交易所是相同的，都是多层次资本市场体系的重要组成部分。

全国股份转让系统与证券交易所的主要区别在于：一是服务对象不同。《国务院关于全国中小企业股份转让系统有关问题的决定》明确了全国股份转让系统的定位主要是为创新型、创业型、成长型中小微企业的发展服务。这类企业普遍规模较小，尚未形成稳定的盈利模式。在准入条件上，不设财务门槛，申请挂牌的公司可以尚未盈利，只要股权结构清晰、经营合法规范、公司治理健全、业务明确并履行信息披露义务的股份公司均可以经主办券商推荐申请在全国股份转让系统挂牌；二是投资者群体不同。我国交易所市场的投资者结构以中小投资者为主，而全国股份转让系统实行了较为严格的投资者适当性制度，未来的发展方向将是一个以机构投资者为主的市场，这类投资者普遍具有较强的风险识别与承受能力；三是全国股份转让系统是中小微企业与产业资本的服务媒介，主要是为企业发展、资本投入与退出服务，不是以交易为主要目的。

4.4.2　股票上市

1.股票上市的基本条件

需注意的是，股票上市的条件和股票发行的条件不是一个概念。

（1）应具备股票公开发行所需具备的条件，如公司性质、资产、财务状况、经营业绩及股票认购等，要符合基本要求。

（2）发行公司的设立或从事主要业务的时间应在一定年限以上（我国规定3年，还有的国家规定5年），并具有连续的良好营业记录，即保持连续盈利，连续分红派息，这对增强股票投资者的信心有很大作用。

（3）最近1年的有形资产净值与有形资产总额的比率达到一定的百分比以上，而且无累积亏损。

（4）税后利润与实收资本额的比例（即资本利润率）在前两年都应达到一定的水平。这一标准反映了公司的经营状况及偿债能力，从而能间接地反映出股息与红利的分派能力。

（5）实际发行的普通股总面值应在一定数额以上。例如，纽约股票交易所规定，普通股的总市场价值不低于800万美元。

（6）股权要适当分散，小股东要达到一定的人数。

（7）有些国家和地区还规定，公司要求股票上市，必须要有一位以上的交易所会员推荐。承担推荐的会员必须对该公司有全面的了解，并承担一定担保责任。

（8）公司在公开发行股票之后，能够定期在指定的公开刊物上公告该公司的经营状况及其他有关的信息。同时还要定期向证券主管机构报送公司的经营、财务情况及有关的统计资料。凡是公司发生影响其股票价格的情况，要迅速公开，对谣言要及时澄清，以免投机者从中渔利。

（9）申请上市的股票，不仅是公开发行的股票，而且必须是发行章程中明文规定的可转让的股票，并且已取得证券主管机构的批准或认可。

2.中国沪深股市主板上市条件

（1）股票经证监会核准已向社会公开发行。

（2）公司股本总额不少于人民币5 000万元。

（3）公开发行的股份达总数的25%以上；公司股本总额超过人民币4亿元的，公开发行股份的比例为10%以上。

（4）公司近3年无违法。

3.深交所创业板股票上市条件

（1）股票已公开发行。

（2）公司股本总额不少于3 000万元。

（3）公开发行的股份达总数的25%以上；公司股本总额超过人民币4亿元的，公开发行股份的比例为10%以上。

（4）股东人数不少于200人。

（5）公司近3年无违法。

4.股票上市的核准

（1）首先由发行公司提出申请，并报送有关文件、资料。

（2）证券交易所在接到上市申请后，审核有关文件、上市条件和所提交文件是否符合要求，在一定日期内提出审查意见书，转报证券主管机构。

（3）证券主管机构在收到证券交易所的审查意见书后进行必要的复审。

（4）经批准上市交易的股票发行者，应在每个会计年度的中间，向证券主管机构报送中期财务报告书，在每个会计年度末，向证券主管机构报送经会计师事务所及注册会计师签证的期末财务报告书，并向公众公布。批准上市后，如发现上市公司所报送和公布的财务报告有失真或重要遗漏情况，或者有意弄虚作假进行欺骗，以及存在其他违法违纪行为，证券主管机构有权下令停止该公司的股票上市交易，或取消其上市资格。如果发生重大影响和损失，则要追究有关当事人的经济与法律责任。

4.4.3 股票交易

1.股票交易方式

（1）议价买卖和竞价买卖。

议价买卖就是买方和卖方一对一地面谈，通过讨价还价达成买卖交易，它是场外交易中常用的方式。一般在股票上不了市、交易量少、需要保密或为了节省佣金等情况下采用。竞价买卖是指买卖双方都是由若干人组成的群体，双方公开进行双向竞争的交易，即交易不仅在买卖双方之间有出价和要价的竞争，而且在买者群体和卖者群体内部也存在着激烈的竞争，最后在买方出价最高者和卖方要价最低者之间成交。在这种双方竞争中，买方可以自由地选择卖方，卖方也可以自由地选择买方，使交易比较公平，产生的价格也比较合理。这种交易方式多在场内交易中被采用。

（2）直接交易和间接交易。

直接交易是买卖双方直接洽谈，股票也由买卖双方自行清算交割，在整个交易过程中不通过任何中介的交易方式。间接交易是买卖双方不直接见面或联系，而是委托中介人进行股票买卖的交易方式。证券交易所中的经纪人制度，就是典型的间接交易。

（3）现货交易和期货交易。

现货交易是指股票买卖成交后，马上办理交割清算手续，钱货两清的行为方式。期货交易则是股票成交后按合同中规定的价格、数量，过若干时期再进行交割清算的交易方式。

（4）信用交易。

信用交易又称为买空交易、垫头交易或保证金交易，是指证券买者或卖者通过交付一定数额的保证金，得到证券经纪人的信用而进行的证券买卖。保证金购买，是指对市场行情看涨的投资者交付一定比例的初始保证金，由经纪人垫付其余价款，为他买进指定证券。最低初始保证金比率通常是由监管部门规定的。我国证券交易所实行的融资融券业务中的融资即为买空交易。

（5）卖空交易。

卖空交易是指对市场行情看跌的投资者本身没有证券，就向经纪人交纳一定比率的初始保证金（现金或证券）借入证券，在市场上卖出，并在未来买回该证券还给经纪人。我国证券交易所实行的融资融券业务中的融券即为卖空交易。

2.股票交易过程

不同类型市场的交易程序会有所不同。我们以证券交易所市场为例介绍交易所内证券交易程序。投资者在证券交易所里进行证券交易的程序包括开户、委托、竞价、成交、交割、清算、过户等。

（1）开户。

由于投资者不能直接进入证券交易所买卖证券，因此投资者进行证券交易的第一步是寻找一个信用可靠并能提供有效服务的证券经纪人（证券商）。为使证券买卖顺利进行，投资者应首先到证券登记公司开设股东账户，取得买卖证券的资格。之后在自己所选择的证券商处开立资金账户和证券账户。

办理开户手续时，投资者应向证券商提供有关资料，并说明开立账户的类别。对于个人投资者应提供包括姓名、性别、身份证号码、家庭住址、职业、联系电话等在内的个人资料；对于法人投资者，应提供法人证明，及载明法定代表人和证券交易执行人的姓名、性别，留有法定代表人授权证券交易执行人的书面授权书等。

投资者将买卖证券的资金存入证券商处所开立的资金账户，该资金由证券商代为转存银行，利息自动转入该账户。证券账户是投资者将要买卖的证券存入证券商所开立的账户。证券商将这部分证券转存证券登记结算公司，由证券商免费代保管。

投资者采用不同的交易方式可以开立不同的账户：①现金账户，即采用现金现货交易方式时开立的账户。为使证券交易顺利进行，投资者必须在买进或卖出证券前将全部现金或证券存于证券商处；②保证金账户，即采用信用交易方式时所使用的账户。投资者在买进或卖出证券时，只需存部分资金或证券便能买卖所要做的证券交易。全部资金与保证金的差额由证券商垫支，并收取利息，买进的证券则在证券商处作为抵押品；③联合账户，即两个或两个以上的投资者共同开立的账户；

④信托账户，即未达到法定年龄的人从事证券交易，以其监护人的名义开立的账户。

（2）委托。

委托就是投资者向证券商发出买进或卖出某种证券的指令行为。委托的内容有委托证券种类、买进或卖出、数量、价格、有效期等。

委托方式就是投资者以何种方式向证券商发出买卖委托指令。委托的方式有当面委托、电话委托、电报委托、传真委托和信函委托等。随着互联网的普及，又出现了网上委托。之前最常用的委托方式是当面委托和电话委托。当面委托是投资者亲自到证券商营业柜台当面办理证券买卖委托手续，这是一般委托者最常采用的委托方法，具体又有填单委托和自助委托两种方式。填单委托是传统的最常见的委托方式，由投资者亲自到证券商处填写书面证券买卖委托书。自助委托是指投资者自己操作，把买卖委托指令输入电脑交易系统。

电话委托是投资者通过电话向证券商发出委托买卖的指令。其优点是方便、快捷，不受地区限制，比较保密，且投资决策不易受市场人气状况的影响。

委托价格就是投资者愿意以何种价格买进或卖出证券。委托价格主要有限价委托和市价委托两种。限价委托是投资者要求证券商按限定的价格买进或卖出证券。证券商在执行买卖时，可以低于限价买入，高出限价卖出，但不得高于限价买入，低于限价卖出。市价委托是投资者只提出委托数量而不指定委托价格，要求证券商按当时的市场价格买进或卖出证券。市价委托在证券交易所的竞价买卖顺序中最为优先，它多用于卖出委托。投资者较多采用的是限价委托，至于市价委托，具有较大的风险性。

委托期限就是投资者委托证券商买卖证券委托指令的有效期。常用的委托期限有委托当日有效和委托定期有效。委托当日有效就是证券委托买卖只限于当日有效，隔日失效。委托定期有效就是投资者的委托指定的有效期是特定的，由证券商与投资者协商确定或按交易所的规定来确定，一般分为委托当周有效和委托当月有效两种。我国的上海和深圳证券交易所采用当日有效的办法，即委托到当日交易收盘时自动失效。若当日没有成交，次日需重新办理委托手续。

在委托有效期内，投资者如果由于某种原因不想继续接受这份委托，也可以提出变更委托或撤销委托的请求，不过，这必须是发生在未成交之前。变更委托，视为重新办理委托。

证券买卖委托数量有整数委托和零数委托两种。整数委托是指委托买卖的证券数量是以一个交易单位为起点或其倍数的委托。零数委托是指委托买卖的证券数量不满一个交易单位的委托。证券交易所一般都规定，只有整数委托才能直接进入交易所场内交易；对于零数委托，则要由证券商将它与其他委托凑成整数后才能进场交易。不同国家或地区的证券交易所对委托买卖的起点单位有着不同的规定。例如，日本证券交易所的股票交易单位通常为 1 000 股，美国的证券交易所的股票交易单位通常为 100 股。我国的上海、深圳证券交易所规定股票按面额每 100 股为一个交易单位，债券按面额为每 1 000 股为一个交易单位，一个交易单位俗称"一手"。另外规定，买入委托必须是整数委托，而卖出委托可以是零数委托，这主要是考虑到许多投资者在进配股后的股票为非整数的实际情况。

（3）竞价、成交。

证券商在接受投资者委托后，就迅速把委托指令传入本公司驻交易所内的交易员，各会员单位的场内交易员通过双边拍卖方式申请竞价。证券商在申报竞价时可采用以下几种方式。

口头唱报竞价，是在交易所划定的唱报竞争区域内进行的。参加唱报竞价的证券商交易员通常以手势表示买进或卖出的数量，掌心向内为买进，掌心向外为卖出，同时口头高喊出买卖证券的种类和价格。买卖价格一经喊出，除另一新喊价成立或因委托人撤销或变更委托外，不得撤销。在竞价过程中，买方后手喊价不得低于前手喊价，卖方后手喊价不得高于前手喊价。当最高买进申报价与最低卖出申报价相同时，即告成交。

书面申报竞价，在这种竞价方式中，场内交易员接到委托指令后填写证券买卖申报单以书面形式提出申报内容（品种、数量、价格等），交易所场内中介经纪人根据价格优先、时间优先等原则进行配对，实现成交。

电脑申报竞价，这是利用电子计算机网络进行报价和竞价的一种方式。在电脑申报竞价中，证券商将接受的委托指令通过电子计算机终端输入主机，通过计算机主机自动撮合成交。

在电脑、书面申报竞价时，如果买（卖）方申报价格高（低）于卖（买）方申报价时，通常把双方申报价格的平均中间价位作为成交价。

无论采取哪一种竞价方式，成交的原则都是一样的，即按照时间优先、价格优先和市价委托优先的原则成交。时间优先是指在同一证券的许多买入申报或卖出申报中，如果申报价格相同，则按申报时间的先后顺序依次成交，即先申报的先成交，后申报的后成交。价格优先是指对同一证券在同一时间的许多买入或卖出申报，对买入申报按出价最高的先成交，对卖出申报按出价最低的先成交。市价委托优先是指对同时接到的同一证券的市价委托和限价委托，市价委托先成交，限价委托后成交。

（4）交割、清算。

证券买卖成交后，要进行买卖双方的清算和交割工作。清算是证券交易后，买卖双方核算应该支付的价款或收取证券的行为；证券的交割是卖方向买方交付证券而买方向卖方支付价款的行为。交割和清算是交织在一起的，分别分为证券商之间的清算和交割以及证券商与投资者的清算和交割。

证券商之间的清算一般由证券交易所的证券清算部或独立的证券登记结算公司集中进行。证券的集中清算采取净额交收的原则。每个证券商在一个交易日代理投资者买进或卖出证券的数量与金额分别予以抵消，然后通过证券清算机构交收净差额证券或价款。也就是说，对价款的清算只计其应付价款相抵后的净额；对证券的清算也只计其应收应付证券相抵后的净额。

证券商之间的交割可以有以下几种类型：当日交割，买卖双方成交后当天即办理证券与价款的转移；次日交割，即证券成交后，双方在第二个营业日内办理交割手续；例行交割，指在证券买卖成交后的若干个营业日（一般为成交后的第五个营业日中午12点）内，交易双方进行清算交割。一般如无特别指明的证券交易均为例行交割。世界上大多数证券交易所都把例行交割作为主要的交割形式，通常占证券交易总量的90%以上。

投资者与证券商之间的清算和交割是由证券商来完成的，是通过在证券商处开立的资金账户和证券账户之间相互转账来实现的。投资者与证券商之间的清算和交割同时进行，一般都在证券商之间进行清算交割之前已完成，投资者通过获取交割单加以确认。交割后，钱券两清，整个证券买卖过程宣告完结。

在上海、深圳的股票交易中，都已实行"无纸化"交易和股票集中托管制度，投资者手中的股票全部由特定机构统一保管。这样，实际上的交割仅为买方交付证券价款，并在股票账户或股票存折上确认买入；卖方取得价款，并从股票账户或股票存折上确认卖出。整个交割过程中，实实在在的股票并不出现，股票账户上的划账取代了实物证券的交割，整个交割过程实际上变成了价款的交割。

（5）过户。

证券的过户是指办理证券持有者姓名变更的手续。证券分记名和无记名两种，只有记名证券才有过户之说。证券作为权益证券，是以发行者的名册记载为依据的，以股票为例，只有股东手中所持的股票的内容与股东名册上相同，才能享受各种合法权益。因此，股东易人后必须及时办理过户。过户就是变更股票持有人的户头，在公司股东名册上注销原股东的姓名，换上买者即现在持有人的名字。股东过户后，股票持有人才算是公司真正的股东。至此，整个交易过程才算真正结束。

证券过户手续较为简单。在证券过户时，证券上必须有原持有人的转让"背书"证明，即原持有者在证券背面签名盖章，证明该证券已经转让给现证券持有者，现证券持有者凭身份证、印鉴、证券买卖交割单到规定地点办理过户手续。证券的过户一般都由专门的机构统一办理。在我国，上海股票的过户一律由上海证券交易所办理。深圳股票的过户全部由深圳证券登记公司办理。目前，上海和深圳证券交易所均实现了电脑自动过户制度，与清算和交割同时完成，投资者只需在交割时交纳交易额一定比例的过户费（目前为1%）即可，这为广大投资者带来了极大的方便。

3.对股票上市交易的监管

（1）要求或规定股票上市公司在其上市申请被批准，股票开始交易之后，仍要定期报送和公布公司的业务经营状况、资产负债状况、财务状况、股息红利分配状况，以及其他有关的资料。要继续贯彻公开的原则，继续对发行公司的经营状况和市场行为进行监督。

（2）对股票交易各方的交易行为进行监督管理。

（3）对上市交易过程中的违法违纪行为及其当事人，给予处罚、制裁，以维护市场交易秩序和投资者利益。

（4）对股市价格的剧烈波动实行必要的干预。

（5）对某些特殊身份的人，限制或禁止其直接或间接地为自己进行股票买卖。这些人员主要是：证券主管机构中管理证券事务的有关人员；证券交易所管理人员；证券经营机构中与股票发行或交易有直接关系的人员；与发行者有直接行政隶属或管理关系的机关工作人员；其他与股票发行或交易有关的知情人。

（6）对证券交易所及证券商进行监管。

4.4.4 股票价格指数

1.股票价格指数的定义

股票价格指数是用以表示多种股票平均价格水平及其变动情况并衡量股市行情的指标。在股票市场上，成百上千种股票同时进行交易，各种股票价格各异、价格种类多种多样，因此，需要有一个总的尺度标准来衡量股市价格的涨落，观察股票市场的变化。用股票价格平均数指标来衡量整个股票市场总的价格变化，能够比较正确地反映股票行情的变化和发展趋势。股票价格指数一般是由一些有影响的金融机构或金融研究组织编制的，并且定期及时公布。世界各大金融市场都编制或参考制造股票价格指数，将一定时点上成千上万种此起彼落的股票价格表现为一个综合指标，代表该股票市场的一定价格水平和变动情况。

2.股票价格指数的计算方法

计算股票价格指数的方法有三种。

（1）算术股价指数法。

算术股价指数法是以某交易日为基期，将采样股票数量的倒数乘以各采样股票报告期价格与基期价格的比之和，再乘以基期的指数值。计算公式为：

$$算术股价指数法 = \frac{1}{采样股票数} \times \sum\left(\frac{报告期价格}{基期价格}\right) \times 基期指数值$$

例如，某股票市场以 A、B、C 三种股票为样本，基期价格分别为20、45、25美元，报告期价格分别为32、54、20美元，基期指数值定为100，则：

$$该股市报告期算术股价指数 = \frac{1}{3} \times \left(\frac{32}{20} + \frac{54}{45} + \frac{20}{25}\right) \times 100 = 120$$

说明报告期的股价比基期上升了20个点。

（2）算术平均法。

第一，简单股票价格算术平均指数。该方法是先选定具有代表性的样本股票，然后以某年某月某日为基期，并定好基期指数值，最后计算某一日样本股票的价格平均数，将该平均数与基期平均价格相比，即得出该日的股票价格平均指数，计算过程如下：

$$P_{平均} = \frac{样本股票价格之和}{样本股票数量}$$

$$简单股票价格算术平均指数 = 基期指数值 \times \frac{P_{报告期平均}}{P_{基期平均}}$$

例如，样本股票有4只股票，报告期价格分别为10元、15元、20元、25元，基期股价平均为7元，基期指数值为100。那么，

$$简单股票价格算术平均指数 = 100 \times \frac{\dfrac{10 + 15 + 20 + 25}{4}}{7} = 250$$

第二，修正的简单股票价格算术平均数。股票市场上企业常常有增资和拆股行为，使股票股数迅速增加。股票价格也会相应降低，因此，有必要对简单算术平均数指数进行修正。对其修正，主要是对分母进行处理。具体做法是：用增资或拆股后的各种股票价格的总和除以增资或拆股前一天的平均价格作为新分母，这个新分母也叫道式除数。

$$道式除数 = \frac{增资或拆股后各种股票的价格总和}{增资或拆股前一天的价格平均数}$$

$$修正的简单股票价格算术平均数 = \frac{报告期股票价格总和}{道式除数}$$

这种方法能够保持指数的连续性和可比性，更真实地反映了股票市场的变动情况。这一方法是由道琼斯股票价格指数的创始人查尔斯·道首创的，现在的道琼斯股票价格指数采用的就是修正简单算术

平均法。

（3）加权股票价格平均指数。

股票市场上不同的股票地位也不同，对股票市场的影响也有大有小。简单算术平均法忽略了不同股票的不同影响，有时难以更加准确地反映股票市场的变动情况。加权平均法按样本股票在市场上的不同地位赋予其不同的权数，地位重要的权数大，地位次要的权数小。将各种样本股票的价格与其权数相乘后求和，再被权数扣除，得到的就是加权平均后的股票价格指数。这里的权数，可以是股票的交易额，也可以是它的发行量。计算公式如下：

$$\text{加权股票价格平均指数 } I = \frac{\sum\limits_{j=1}^{n} W_j \cdot P_j}{\sum\limits_{j=1}^{n} W_j \cdot P_0} \times I_0$$

式中：I 是加权股票价格平均指数，W_j 是第 j 种样本股票的权数，P_j 是第 j 种样本股票的报告期价格，P_0 是基期价格，I_0 是基期价格指数。

仍以上面的数据进行举例，样本股票有 4 只，报告期价格分别为 10 元、15 元、20 元、25 元，基期股价分别为 8 元、5 元、6 元、9 元，基期指数值为 100。此时，4 只股票的权数为其流通股股数，分别为 2 亿、1 亿、7 000 万、3 000 万。则：

$$W_1 = \frac{2}{2 + 1 + 0.7 + 0.3} = 0.5$$

$$W_2 = \frac{1}{2 + 1 + 0.7 + 0.3} = 0.25$$

$$W_3 = \frac{0.7}{2 + 1 + 0.7 + 0.3} = 0.175$$

$$W_4 = \frac{0.3}{2 + 1 + 0.7 + 0.3} = 0.075$$

$$I = \frac{\sum\limits_{j=1}^{n} W_j \cdot P_j}{\sum\limits_{j=1}^{n} W_j \cdot P_0} \times I_0 = \frac{0.5 \times 10 + 0.25 \times 15 + 0.175 \times 20 + 0.075 \times 25}{0.5 \times 8 + 0.25 \times 5 + 0.175 \times 6 + 0.075 \times 9} \times 100 = 202.51$$

3.国际金融市场主要的股票价格指数

（1）道琼斯股票价格指数。

道琼斯股票价格指数是世界上历史最为悠久的股票指数。它是 1884 年由道琼斯公司的创始人查理斯·道开始编制的。其最初的股票价格平均指数是根据11种具有代表性的铁路公司的股票，采用算术平均法进行计算编制而成的，发表在查理斯·道自己编辑出版的《每日通讯》上。其计算公式为"股票价格平均数＝入选股票的价格之和÷入选股票的数量"。自1887年起，道琼斯股票价格平均数开始分成工业与运输业两大类，其中工业股票价格平均指数包括12种股票，运输业平均指数则包括20种股票，并且开始在道琼斯公司出版的《华尔街日报》上公布。在1929年，道琼斯股票价格平均指数又增加了公用事业类股票，使其所包含的股票达到65种，并一直延续至今。现在的道琼斯股票价格平均指数是以1928年10月1日为基数，因为这一天收盘时的道琼斯股票价格平均指数恰好为100美元，所以就将其定为基准日。而以后股票价格同基期相比计算出的百分数，就成为各期的股票价格指数，所以现在的股票指数普遍用点来作单位，而股票指数每一点的涨跌就是相对于基数日的涨跌百分数。道琼斯股票价格平均指数最初的计算方法是用简单算术平均法求得，当遇到股票的除权除息时，股票指数将发生不连续的现象。1928年后，道琼斯股票价格平均指数采用了新的计算方法，即在计点的股票除权或除息时采用连接技术，以保证股票指数的连续，从而使股票指数计算方法得到了完善，并逐渐推广到全世界。

目前，道琼斯股票价格平均指数共分四组，第一组是工业股票价格平均指数。它由30种有代表性的大工商业公司的股票组成，且随经济变化而发展，大致上反映了各个时期美国整个工商业股票的价格水平，这也就是人们通常所引用的道琼斯工业股票价格平均数。第二组是运输业股票价格平均指数。它包括20种有代表性的运输业公司的股票，即8家铁路运输公司、8家航空公司和4家公路货运公司。第三组是公用事业股票价格平均指数，由代表着美国公用事业的15家煤气公司和电力公司的股票所组成。第四组是平均价格综合指数。它是综合前三组股票价格平均指数所选用的，共65种股票而得出的综合指数，这组综合指数虽然为优等股票提供了直接的股票市场状况参数，但现在通常引用的是第一组工业股票价格平均指数。

道琼斯股票价格平均指数是目前世界上影响最大、最有权威性的一种股票价格指数，原因之一是，道琼斯股票价格平均指数所选用的股票都是有代表性的，这些股票的发行公司都是在本行业中具有重要影响的著名公司，其股票行情为世界股票市场所瞩目，各国投资者都极为重视。为了保持这一特点，道琼斯公司对其编制的股票价格平均指数所选用的股票经常予以调整，不断地用具有活力的更富有代表性的公司股票去替代那些失去代表性的公司股票。自1928年以来，用于计算道琼斯工业股票价格平均指数的30种工商业公司股票，已有30多次更换，几乎每两年就要有一个新公司的股票代替老公司的股票。原因之二是，公布道琼斯股票价格平均指数的新闻载体——《华尔街日报》是世界金融界最有影响力的报纸。该报每天详尽报道其每个小时计算一次的采样股票平均指数、百分比变动率以及每种采样股票的成交数额等，并注意对股票分股后的股票价格平均指数进行校正。而在纽约证券交易所的营业时间里，则每隔半小时公布一次道琼斯股票价格平均指数。原因之三是，这一股票价格平均指数自编制以来从未间断，可以用来比较不同时期的股票行情和经济发展情况，成为反映美国股市行情变化最敏感的股票价格平均指数之一，是观察市场动态和从事股票投资的投资者的主要参考。当然，由于道琼斯股票价格指数是一种成分股指数，它包括的公司仅占目前2 500多家上市公司的极少部分，而且多是热门股票，且未将近年来发展迅速的服务性行业和金融业的公司包括在内，所以它的代表性也一直受人们的质疑和批评。从1996年5月25日开始，道琼斯公司还针对我国的股票市场编制了道琼斯中国股票指数。

（2）标准普尔500指数。

标准普尔500指数是由美国最大的证券机构标准普尔公司编制发表的，用以反映美国股票市场行情变化的股指指数。标准普尔500指数最早编制于1923年，当时所选取的股票仅为233种，1957年后扩大为500种。目前的标准普尔500指数是在1976年7月重新调整后编制的，它主要选用在纽约证券交易所上市的500种股票作为样本股票，其中包括400种工业类股票，40种公用事业类股票、20种运输业类股票和40种金融类股票。标准普尔500指数是一种历史悠久且具有重大影响的股票价格指数，它采取的是加权平均法的计算方法，以1941—1943年的平均市价总额为基期值，以10作为基期指数值，并以各种股票的发行量为权数进行计算。标准普尔500指数的特点是具有抽样面广、代表性强，且能比较精确地反映各种股票的价格对整个市场行情的影响等优点，因此，它被普遍地认为是一种理想的股票指数期货合约的标的指数。

（3）纽约证交所股票价格指数。

纽约证券交易所股票价格指数是由纽约证券交易所编制的股票价格指数。它起自1996年6月，采用加权平均法编制，先是普通股股票价格指数，后来改为混合指数，包括在纽约证券交易所上市的1 500家公司的1 570种股票。具体计算方法是将这些股票按价格高低分开排列，分别计算工业股票、金融业股票、公用事业股票、运输业股票的价格指数，最大和最广泛的是工业股票价格指数，由1 093种股票组成；金融业股票价格指数包括投资公司、储蓄贷款协会、分期付款融资公司、商业银行、保险公司和不动产公司的223种股票；运输业股票价格指数包括铁路、航空、轮船、汽车等公司的65种股票；公用事业股票价格指数则有电话电报公司、煤气公司、电力公司和邮电公司的189种股票。纽约股票价格指数是以1965年12月31日为基期，基期指数确定为50点，采用的是综合指数形式。纽约证券交易所每半个小时公布一次指数的变动情况。虽然纽约证券交易所编制股票价格指数的时间不长，但它可以全面及时地反映其股票市场活动的综合状况，因而比较受投资者的欢迎。

（4）英国金融时报股票指数。

金融时报股票指数是由伦敦证券交易所编制，并在《金融时报》上发布的股票指数。根据样本股票的种数，金融时报股票指数分为30种股票指数、100种股票指数和500种股票指数三种指数。目前常用的是金融时报工业普通股股票指数，其成分股由30种有代表性的工业公司的股票构成，最初以1935年7月1日为基期，通过计算30种主要工业股的几何平均数而得到。但作为几何平均数，其长期绩效不如其他以算术平均数为基础的指数，同时，金融时报30种股票价格指数的市场代表性较差，其成分股仅占总市值的30%。所以，为了提高指数的市场代表性，后来调整为以1962年4月10日为基期，基期指数为100，采用几何平均法计算的各种金融时报精算指数（FTA）。这些指数分别代表了各个产业板块的市场表现，而以FTA所有股票指数作为衡量整体市场的基准指数。FTA 所有股票指数是由 700 多只成分股组成的，指数市值超过英国股票市场总市值的 90%，是一种市值加权的算术平均数。该指数从而被视为英国股票市场的基准指标，投资组合和基金经理人的业绩都是以 FFA 所有股票指数作为评估的基准。

作为股票指数期货合约标的，金融时报指数则是以市场上交易较频繁的 100 家最大的上市公司的股票为样本编制的指数，它是由《金融时报》和伦敦证券交易所联合推出的。推出的主要原因是为了克服金融时报 3 种股票指数的成分股太少，市场代表性不足，不利于避险的缺点和 FTA 所有股票指数的成分股太多的不足。金融时报-证券交易所 100 种股票指数的 100 家成分股的市值约占英国股票市场总市值的 70%，它与 FTA 所有股票指数的相关性很高，约占 98% 的比例。为了确保该指数能及时更新，金融时报-证券交易所 100 种股票指数的成分股是根据一个名单来选择的，该名单由 120 家市值最大的上市公司所构成。一个"操控委员会"至少每季召开一次会议，评估金融时报-证券交易所 100 种股票指数的成分股，同时有权及时更换成分股，以保证指数有足够的市场代表性。英国金融时报-证券交易所 100 种股票指数 1984 年 1 月开始正式运作。

（5）日经股票平均指数。

日经股票平均指数是"日本经济新闻社道琼斯股指平均指数"的简称。起初，该指数由东京证券交易所模仿道琼斯平均价格指数的编制方法编制而成，是以东京证券交易所第一次上市的 225 种具有代表性的股票作为样本股票编制成的股指平均指数，其中制造业 158 种，建筑业 10 种，水产业 3 种，公用和服务业 5 种，其他 2 种。日经股票平均指数采用道琼斯公司的修正方法编制，使股票价格的平均指数不会因一些市场流通性小的高价股的大起大落而受到影响，以至于指数的运行脱离整个市场行情，而且能保持股指指数的连续性，所以日经股票平均指数是日本较有代表性的股票指数，常常被用来反映日本经济和股票市场情况的变化。

（6）香港恒生指数。

香港恒生指数是由香港恒生银行的一个全资子公司"恒生指数服务有限公司"所编制的，用以反映中国香港股市每日平均股指行情的系统性指标，于 1964 年开始在内部使用。该指数以 1964 年 7 月 31 日为基期，以 100 为基期指数，以样本股票的发行股数为权数，采用加权平均法编制而成。恒生指数 1969 年开始公布，用以反映中国香港的股市行情。香港恒生指数后来由于技术原因改为以 1984 年 1 月 13 日为基期，基期指数定为 975.47。目前，香港恒生指数的样本股票共有 33 种，其中包括 4 种金融业股票、6 种公用事业股票、9 种房地产股票以及 14 种工商业股票。这 33 种成分股票占香港联合证券交易所上市股票总市值的较大比重，编制者恒生指数服务有限公司的目标是确保指数成分股的总市值能达到联合交易所上市股票总市值的 70% 左右，这一点和其他主要指数如标准普尔 500 指数的覆盖率相似。成分股票主要根据程度、影响、股票数量、基地等四个指数选定。此外由于各行业所占有的股值大小及成分差别很大，为了更准确地反映各个行业的实际动态，恒生指数从各上市公司中分别列出了银行财务、工业制造、地产建筑、综合企业、仓储运输、酒店旅游、公用事业、百货业八大类。一般来说银行约占 20%，地产市值约占 27%，公用事业约占 19%，这三大类约占上市股票总市值的 65%。恒生指数在交易时间内每分钟计算一次。

恒生指数是香港证券市场上历史最悠久、地位最重要的股指指数，它的涨跌变化，可在很大程度上反映出股票的升值或贬值。虽然它只有 33 种样本股票，但由于其悠久的历史和其他原因，至今在国际金融市场上仍被广泛接受。1986 年 5 月，香港期货交易所推出了恒生指数期货交易，这也是中国香港的第一种金融期货。现在香港恒生指数市场有差不多一半的市场买卖是来自中国香港的散户，另外有 19% 的买卖来自中国香港的机构投资者，海外的投资者占这个市场买卖的 28%（会员公司户口的买卖是 6%）。投资者买卖恒生指数的目的到底是什么？1999 年，有 74% 的交易是用来做投机的，有 17.5% 的交易是用来套期保值的。虽然香港恒生指数的波动有时候很厉害，但是仍可保证市场的运作顺利、稳定、公平及有序，没有什么大问题，而且越来越多的投资者参与恒生期货指数市场，这充分说明了其市场的运作符合国际标准，是能够发挥股票指数期货的基本功能的。

（7）主要市场指数。

主要市场指数（major market index）是芝加哥期货交易所为开办股票指数期货交易而专门编制的一种指数。芝加哥期货交易所从在纽约证券交易所上市的工业股票中选取20种蓝筹股作为样本股票，以1983年为基期，令基期指数为200，编制了主要市场指数，并以此为标的物推出了股票指数期货交易。在80年代初期，芝加哥期货交易所想以道琼斯工业平均指数为标的物来推出股票指数期货合约，但遭到了道琼斯公司的极力反对，经过长时间的法律纠纷，结果道琼斯公司获得了最后的胜利。在这种情况下，芝加哥期货交易所才选择自己编制主要市场指数。在主要市场指数的组成股票中有16种是道琼斯工业平均指数的成分股。这样的话，主要市场指数和道琼斯工业平均指数所包含的股票有大量的重合，所以两者联系紧密。这两种指数在计算上虽然除数不同，但如果主要市场指数乘以5，其所得到的结果与道琼斯工业平均指数极为接近。由于主要市场指数主要用来跟踪道琼斯工业平均指数，所以在世界上享有很高的知名度。

（8）价值线综合平均指数。

价值线综合平均指数是由美国阿诺尔德·伯恩哈德公司采用算术平均法，对在纽约证券交易所的所有上市股票、美国证券交易所的部分股票以及在场外市场上交易的共计1 700种股票加权编制而成的股指指数。在价值线综合股票指数的计算上，小企业的权重大于标准普尔综合股指指数和纽约证券交易所综合股指指数。因此，价值线综合股指指数与后两种综合股指指数的相关性较小。

价值线综合股指指数是所有股票指数中包含范围最广的一种指数。在营业日，股票价格有变动，则股指指数每3分钟变动一次。价值线综合股指指数以1961年6月30日为基期，基期指数为100。由于该指数采用几何平均法编制，因而比纽约证券交易所综合股指指数（该指数对大公司的股票赋予较大的权数）更能真实地反映一般股票的细微变化，更加变化无常，从而对于投机者有更大的吸引力。但是，由于在1 700种股票中，有的股票价格上涨，有的股票价格下跌，相互抵消后，结果使个别股票的涨跌对整个股票指数的影响较小。

4.中国证券市场主要股票价格指数

（1）上证综指。

上证综指，全称是上海证券交易所股票价格综合指数，是由上海证券交易所编制的股票指数，该股票指数的样本为所有在上海证券交易所挂牌上市的股票，其中新上市的股票在挂牌的10天之后纳入股票指数的计算范围。

该股票指数的权数为上市公司的总股本。由于我国上市公司的股票有流通股和非流通股之分（即使股改之后，仍然存在限售或不售的问题），其流通量与总股本并不一致，所以总股本较大的股票对股票指数的影响就较大，上证指数有时就成为机构大户造市的工具，使股票指数的走势与大部分股票的涨跌相背离。

上证综指是上海证券交易所于1991年7月15日开始编制和公布的，以1990年12月19日为基期，基期值为100，以全部的上市股票为样本，以股票发行量为权数进行编制。其计算公式为：

本日股价指数 = 本日股票市价总值÷基期股票市价总值×100

具体的计算办法是以基期和计算日的股票收盘价（如当日无成交，延用上一日收盘价）分别乘以发行股数，相加后求得基期和计算日市价总值，相除后即得股价指数。遇上市股票增资扩股或新增（删除）时，则须进行相应的修正，其计算公式调整为：

本日股价指数 = 本日股票市价总值÷新基准股票市价总值×100

式中：$\dfrac{新基准股}{票市价总值} = \dfrac{修正前基准}{股票市价总值} \times \left(\dfrac{修正前股}{票市价总值} + \dfrac{股票市}{价总值}\right) \div \dfrac{修正前股}{票市价总值}$

上证综指是中国股票市场最重要的指数，一度成为中国股市的代名词。但是，现阶段上证综指的设立和运行也存在很多问题。

第一，权数设置不合理导致股指失真。由于市价总值是以总股本计算的，但非流通股占总股本的60%～70%，上证指数在一定程度上给投资者制造了一定的假象，其上涨往往造成虚假的牛市，结果是"赚了指数赔了钱"。

第二，资金仅追求流通股，指数计算时必须加权计算，若依照各日成交量或以流通股来代替总股本作为权数是较为可行的方案。

第三，新股票股价不变，老股票涨跌导致指数失真。新上市的股票不变化，老股票涨跌幅度将会超过指数涨跌幅度，这也是一种失真。在这种情况下，投资者会觉得自己的股票比大盘跌得更凶，从而弱化了非流通股吞噬指数而造成的指数失真。

图4-1显示了上证综指从设立以来到2018年5月的走势。

图4-1　上证综指1990—2018年5月月线走势图

（2）深证成指。

深证成指，全称是深圳证券交易所成份股价指数，是深圳证券交易所的主要股指。它是按一定标准选出40家有代表性的上市公司作为成份股，用成份股的可流通数作为权数，采用综合法进行编制而成的股价指标。

深证成指的基本公式为：

股价指数=现时成分股总市值/基期成分股总市值×1 000

计算方法是：从深圳证券交易所挂牌上市的所有股票中抽取具有市场代表性的40家上市公司的股票为样本，以流通股本为权数，以加权平均法计算，以1994年7月20日为基日，基日指数定为1 000点。

图4-2显示了深证成指从设立以来到2018年5月的走势。

（3）沪深300指数。

沪深300指数，是由中证指数有限公司（China Securities Index Co., Ltd）编制，中证指数有限公司成立于2005年8月25日，是由上海证券交易所和深圳证券交易所共同出资发起设立的一家专业从事证券指数及指数衍生产品开发服务的公司。

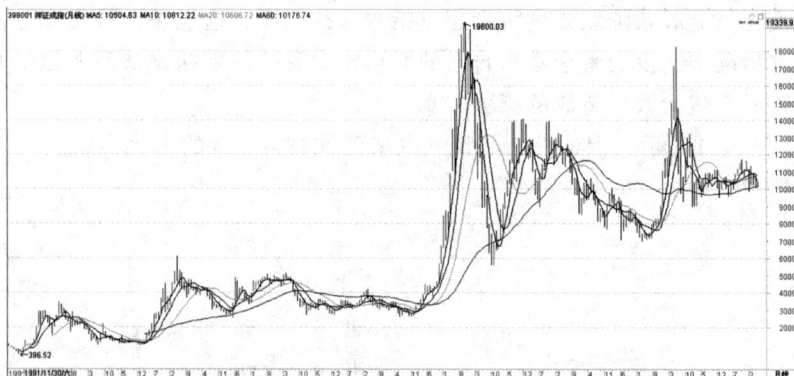

图4－2 深证成指1991—2018年5月月线走势图

沪深300指数是沪深证券交易所于2005年4月8日联合发布的反映A股市场整体走势的指数。沪深300指数的编制目标是反映中国证券市场股票价格变动的概貌和运行状况，并能够作为投资业绩的评价标准，为指数化投资和指数衍生产品创新提供基础条件。中证指数有限公司成立后，沪深证券交易所将沪深300指数的经营管理及相关权益转移至中证指数有限公司。中证指数有限公司同时计算并发布沪深300的价格指数和全收益指数，其中价格指数实时发布，全收益指数每日收盘后在中证指数公司网站和上海证券交易所网站上发布。

沪深300指数是以2004年12月31日为基期，基点为1 000点，在上海和深圳证券市场中选取300只A股作为样本，其中沪市有179只，深市121只。其计算是以调整股本为权重，采用派许加权综合价格指数公式进行计算。其中，调整股本根据分级靠档的方法获得。凡有成份股分红派息，指数不予调整，任其自然回落。沪深300指数会对成份股进行定期调整，其调整原则为：第一，指数成份股原则上每半年调整一次，一般为1月初和7月初实施调整，调整方案提前两周公布。第二，每次调整的比例不超过10%。样本调整设置缓冲区，排名在240名内的新样本优先进入，排名在360名之前的老样本优先保留。第三，最近一次财务报告亏损的股票原则上不进入新选样本，除非该股票影响指数的代表性。

图4-3是沪深300指数从2005年到2018年5月的走势图。

图 4 - 3　沪深 300 指数 2005—2018 年 5 月月线走势图

4.4.5　股票市场价格影响因素

股票有两种基本价格：一是发行价格，一是流通价格。影响这两种价格的因素是不完全相同的。一般所讲的股票价格都是指股票在流通市场上的转让价格，因为最能反映股票特性和投资者最关心的，也是股票的转让价格。

股票流通价也称股票行市。在股票发行市场，发行价与票面价值并非绝对相等，如市价发行和折价发行的价格就高于和低于股票面值，但两价之间的偏离不会太远。两价偏离太远只在股票的流通市场发生，股票行市的最大特点就是具有较强的波动性，随时都可能出现暴跌或暴涨。

股票价格的变化或波动，主要是股票供求关系的推动，因而，影响股票供求关系的因素，也就成为影响股票价格变化的因素。尽管在不同时期、不同国家里，影响股票供求关系进而造成股价波动的因素有所不同，但从大的方面来讲，不外乎以下几个方面。

1.宏观经济因素

（1）经济增长，主要是指一国在一定时期内国民生产总值的增长率。

（2）经济周期或经济景气循环，是指经济从萧条回升到高涨的过程。

（3）利率对股价变动的影响最大，也最直接。

（4）货币供应量是一国货币政策的主要调控指标，也是影响利率、投资、消费及社会总需求的重要因素。

（5）财政收支因素，主要是指财政增加或减少支出，增加或降低税收，对股价上涨或下降所产生的影响。

（6）投资与消费因素，二者构成了社会总需求的最主要因素。

（7）物价因素也是一个影响股价的很重要的因素，但二者没有直接的对应关系，只是一种趋势。

（8）国际收支因素。

（9）汇率因素。

2.政治因素与自然因素

（1）政治因素主要包括：战争与重大事件因素；政局因素；国际政治形势的变化；劳资纠纷。

（2）自然因素主要是指自然灾害。

3.行业因素

行业因素将影响某一行业股票价格的变化。行业因素主要包括行业寿命周期、行业景气循环等因素。所谓行业寿命周期，主要是指从开创到衰落的全过程，一般包括三个阶段：开创期、扩张期和停滞期。

4.心理因素

心理因素是指投资者心理状况对股票价格的影响。

5.公司自身的因素

公司自身的经营状况及发展前景，直接影响到该公司所发股票的价格。公司自身的因素主要包括公司利润、股息及红利的分配、股票是否为首次上市、股票分割、公司投资方向、产品销路以及董事会和主要负责人的调整等。

6.其他因素

其他因素主要包括：进行不正当的投机操作，人为地左右股票价格、信用交易因素、证券主管部门的限制确定等。

本章小结

股票是一种有价证券，它是股份有限公司发行的、用以证明投资者的股东身份和权益、并据以获取股息和红利的凭证。股票是有价证券、要式证券、证权证券、资本证券、综合权利证券。按股东享有权利的不同，股票可以分为普通股和优先股。

股票的价值包括：票面价值、账面价值、清算价值、内在价值。股票的价格可以分为股票的理论价格和市场价格。股票的市场价格由股票的价值决定，但同时受许多其他因素的影响。其中，供求关系是最直接的影响因素，其他因素都是通过作用于供求关系而影响股票价格的。

通常，我们将股票市场分为股票发行市场和股票流通市场，股票发行市场是融资的市场，主要为发行人服务，使股票从融资者手中发行到市场中；股票流通市场是投资者进行二次交易的场所。股票发行制度包括注册制和核准制。股票流通市场是股票流通的总和，股票的流通是多渠道多市场完成的，通常分为场内交易市场和场外交易市场，场内交易市场一般指证券交易所交易市场。

二板市场，通俗地讲，就是一国主板市场之外的证券交易场所，一般明确定位于为具有高成长性的中小企业和高科技企业提供融资服务。

股票价格指数是用以表示多种股票平均价格水平及其变动情况并衡量股市行情的指标。

关键概念

股票 普通股 优先股 蓝筹股 国家股 法人股 公众股 外资股 A股 B股 H股 N股 票面价值 账面价值 清算价值 内在价值 股票发行市场 注册制 核准制 公募发行 私募发行 代销 包销 助销 IPO 增发 股票流通市场 证券交易所 二板市场 新三板市场 信用交易 卖空交易 股票价格指数

综合训练

4.1 单项选择题

1.销售额和利润迅速增长，并且其增长速度快于整个国家及所在行业的公司所发行的股票是（　　　）。

A.收入股　　　B.蓝筹股　　　C.投机股　　　D.成长股

2.在连续竞价过程中，如果新进入的委托不能成交，则按照（　　）的顺序排队等待。

A.时间优先　　　　　　　　　　B.价格优先

C.时间优先价格优先　　　　　　D.价格优先时间优先

3.当公司由于经营不善等原因破产时，下列投资者对公司剩余资产索取的先后顺序为（　　）。

A.普通股股东　债权人　优先股股东

B.债权人　优先股股东　普通股股东

C.普通股股东　优先股股东　债权人

D.债权人　普通股股东　优先股股东

4.普通股种类，A种股票是指（　　）。

A.人民币普通股　　　　　　　　B.由公司创办人持有的

C.通常没有投票权利　　　　　　D.由外币认购或购买

5.以下哪个不是国际主要股价指数（　　）。

A.FTSE100　　　　　　　　　　B.NASDAQ

C.穆迪500　　　　　　　　　　　D.道琼斯

6.关于二板市场说法错误的是（　　）。

A.又称创业板　　　　　　　　　B.纳斯达克是美国的二板市场

C.更有利于大型企业的发展　　　D.上市标准比较低

7.注册地在内地，上市地在中国香港的股票叫作（　　）。

A.A股　　　　　　　　　　　　B.B股

C.N股　　　　　　　　　　　　D.H股

8.股票实际上代表了股东对股份公司的（　　）。

A.产权　　　　　　　　　　　　B.债权

C.物权　　　　　　　　　　　　D.所有权

9.股票的理论价值是（　　）。

A.票面价值　　　　　　　　　　B.账面价值

C.清算价值　　　　　　　　　　D.内在价值

10.账面价值又称为（　　）。

A.票面价值　　　　　　　　　　B.股票净值

C.清算价值　　　　　　　　　　D.内在价值

11.不是普通股股东享有的权利主要有（   ）。

A.公司重大决策的参与权　　　　B.选择管理者

C.有优先剩余资产分配权　　　　D.优先配股权

4.2　多项选择题

1.股票这种有价证券，从性质来看有（   ）的性质。

A.要式证券　　　　　　　　　　B.设权证券

C.证权证券　　　　　　　　　　D.资本证券

2.以下关于证券交易所的说法，正确的是（   ）。

A.组织形式上可以分为会员制和公司制两种类型

B.会员大会是会员制证券交易所的最高权力机构

C.都是不以营利为目的的组织

D.越来越多的证券交易所由公司制向会员制转变

3.我国《公司法》规定，股票发行价格可以和票面金额（   ）。

A.相等　　　　　　　　　　　　B.无关

C.超过票面金额　　　　　　　　D.低于票面金额

4.下列（   ）属于境外上市外资股。

A.B股　　　　　　　　　　　　B.H股

C.N股　　　　　　　　　　　　D.S股

5.关于优先股股票的阐述正确的是（   ）。

A.对股份公司而言，发行优先股的作用在于可以筹集长期稳定的
　公司股本，但会引起股息率固定不变

B.优先股股东有表决权

C.对投资者而言，由于优先股的股息收益稳定，而且在财产清偿时
　也先于普通股股东，因而风险相对较小

D.优先股股东具备普通股股东所具有的基本权利

6.从理论上分析，公司经营状况与股价的关系是（   ）。

A.公司经营状况好，股价上升

B.公司经营状况不好，股价下跌

C.股价与公司经营状况关系不大

D.股价只和公司经营状况有关

7.股票的发行制度包括（   ）。

A.保荐制　　　　　　　　　B.核准制

C.注册制　　　　　　　　　D.会员制

8.下列关于无面额股票的阐述正确的是（　　　）。

A.无面额股票是指在股票票面上不记载股票面额，只注明它在公司总股本中所占比例的股票

B.无面额股票也称为比例股票或份额股票

C.无面额股票的价值随股份公司净资产和预期未来收益的增减而相应增减

D.我国《公司法》允许发行无面额股票

9.下列关于债券与股票的比较正确的有（　　　）。

A.债券通常有规定的利率，股票的股息红利不固定

B.债券是一种有期证券，股票是一种无期证券

C.股票风险较大，债券风险相对较小

D.发行债券的经济主体很多，但能发行股票的经济主体只有股份有限公司

10.股票制定发行价格的方式有（　　　）。

A.平价发行　　　　　　　　B.中间价发行

C.终值发行　　　　　　　　D.折价发行

4.3　问答题

1.简述股票的特征。

2.简述股票与债券的区别。

3.简述优先股的类型。

4.公募和私募各有什么优缺点？

5.简述股票公开发行的程序。

6.简述国内外知名的股指指数。

第 5 章

基金市场

引例

2017年中国基金市场运行情况

截至2017年底，我国已经获批的具有公募管理资格的机构合计121家，其中基金公司108家，证券公司12家，保险公司1家。2013年以前，市场上公募基金的管理人的控股股东以券商系为主，以信托系和银行系为辅，而随着基金公司设立门槛的降低，新成立的基金公司中控股股东背景更加多元化。

2017年我国合计成立975只新基金，首募规模达到7 865.43亿元，相比2016年成立数量和募集规模均有所下滑。2015年和2016年是新基金发行成立高潮，分别成立新基金达到852只、1 152只，而合计首募规模分别为1.646万亿元、1.0843万亿元。

2017年以来成立的新基金平均成立规模为8.07亿元，处于历史最低水平。对比来看，2011—2016年间，年度新基金首募平均规模分别为13.1亿元、24.79亿元、14.38亿元、11.74亿元、19.98亿元和9.41亿元，见表5-1，呈现逐渐下滑的趋势。

表 5-1　　　　　　　2007—2017 年度成立新基金情况

时间	新发基金数	发行份额（亿份）	平均发行份额（亿份）
2007	39	4 168.63	106.89
2008	93	1 706.32	18.35
2009	118	3 763.20	31.89
2010	147	3 099.84	21.09
2011	212	2 777.39	13.1
2012	260	6 446.63	24.79
2013	378	5 435.52	14.38
2014	347	4 074.01	11.74
2015	824	16 463.88	19.98
2016	1 152	10 843.57	9.41
2017	975	7 865.43	8.07

从 2017 年新基金的类别看，混合型基金成为成立数量最多的一类品种，数据显示，2017 年合计成立 462 只混合基金，合计募集金额达到 2 509.83 亿元。而债券型基金成为成立规模最大的一类品种，数据显示，2017 年合计成立了 297 只债券基金，合计募集资金达到 3 696.07 亿元。此外，股票型、货币型、另类型、QDII 基金分别成立 126 只、72 只、2 只、16 只，分别募集资金 671.23 亿元、931.26 亿元、5.04 亿元、51.99 亿元。

浮华背后，我们也要问，投资者只知"余额宝"，可知它就是"天弘增利宝基金"吗？可知它属于货币市场基金吗？那么，什么是基金？什么又是货币市场基金？什么又是对冲基金？等等。本章将讲解这些基金与基金市场的问题。

在金融市场飞速发展的今天，传统的金融机构和金融服务已难以满足人们的需求，新的融资方式和工具层出不穷。作为新兴投融资方式的投资基金，它有别于传统的银行和非银行机构，既可以深入地介入资本市场进行交易活动，运用资本市场工具来筹集资金，又可以像银行那样，以零售的方式从社会广泛吸收资金。通过本章的学习，你会了解基金市场的概况、运作方式、国外以及我国基金市场的状况。

5.1 投资基金概述

5.1.1 投资基金的含义

投资基金是指通过发行基金券将投资者分散的资金集中起来，由专业管理人员分散投资于证券或其他资产，并将投资获得的收益按比例分配给基金持有者的一种金融机构。在这种情况下，投资者既承担了风险又分享了收益，基金公司则根据资金规模定期获得一定比例的管理费用。

基金可以分为证券投资基金和实业投资基金两种。证券投资基金是一种利益共享、风险共担的集合证券方式。它的道理很简单，就是汇集许多小钱成大钱，交给专业机构进行管理和投资，以此获取利润，证券投资基金的最大特点就是专家理财。而产业基金是指通过发售基金份额募集资金形成独立财产，然后由基金公司投资到特定产业的未上市企业，通过资本运营和提供增值服务对企业加以辅导和培育，以实现资产的保值增值，从而获得投资收益的投资方式。对于普通投资者来说，更多接触的是证券投资基金，所以我们在讨论基金市场时，通常指的是证券投资基金市场。

5.1.2 投资基金的特点

投资基金特点可以归纳成以下几点。

1.集合理财，专业管理

基金将众多投资者的资金集中起来，委托基金管理人进行共同投资，表现出一种集合理财的特点。通过汇集众多投资者的资金，积少成多，有利于发挥资金的规模优势，降低投资成本。基金由基金管理人进行投资管理和运作。基金管理人一般拥有大量的专业投资研究人员和强大的信息网络，能够更好地对证券市场进行全方位的动态跟踪与分析。将资金交给基金管理人管理，使中小投资者也能享受到专业化的投资管理服务。

2.组合投资，分散风险

为降低投资风险，《中华人民共和国证券投资基金法》（以下简称《证券投资基金法》）规定，基金必须以组合投资的方式进行投资运作，从而使"组合投资、分散风险"成为基金的一大特色。"组合投资、分散风险"的科学性已为现代投资学所证明。中小投资者由于资金量小，一般无法通过购买不同的股票分散投资风险。基金通常会购买几十种甚至上百种股票，投资者购买基金就相当于用很少的资金购买了一篮子股票，某些股票下跌造成的损失可以用其他股票上涨的盈利来弥补。因此可以充分享受到组合投资、分散风险的好处。

3.利益共享，风险共担

基金投资者是基金的所有者，基金投资人共担风险，共享收益。基金投资收益在扣除由基金承担的费用后的盈余全部归基金投资者所有，并依据各投资者所持有的基金份额比例进行分配。为基金提供服务的基金托管人、基金管理人只能按规定收取一定的托管费、管理费，并不参与基金收益的分配。

4.严格监管，信息透明

为切实保护投资者的利益，增强投资者对基金投资的信心，中国证监会对基金业实行比较严格的监管，对各种有损投资者利益的行为进行严厉的打击，并强制基金进行较为充分的信息披露。在这种情况下，严格监管与信息透明也就成为基金的一个显著特点。

5.独立托管，保障安全

基金管理人负责基金的投资操作，本身并不经手基金财产的保管。基金财产的保管由独立于基金管理人的基金托管人负责。这种相互制约、相互监督的制衡机制对投资者的利益提供了重要的保护。

但同时投资基金也具有一些局限性，包括：

（1）虽能够分散风险，但不能完全消除风险。

（2）在股票市场的整个行情被看淡时，证券投资基金的表现可能比股市还差。

（3）基金经理人有管理不善或投资失误的时候。

（4）基金更适于中长期投资。

5.1.3 投资基金的分类

1.根据基金的规模和期限的可变性进行划分，可分为开放式基金和封闭式基金

（1）开放式基金。

开放式基金是指基金份额不固定，基金份额可以在基金合同约定的时间和场所进行申购或者赎回的一种基金运作方式。开放式基金不上市交易，一般通过银行申购和赎回，基金规模不固定。

（2）封闭式基金。

封闭式基金是指基金份额在基金合同期限内固定不变，基金份额可以在依法设立的证券交易所交易，但基金份额持有人不得申请赎回的一种基金运作方式。封闭式基金有固定的存续期，期间基金规模固定，一般在证券交易场所上市交易，投资者通过二级市场买卖。

（3）两者的区别。

第一，由于两者存续期限不同，投资者在投资决策时就可以根据各自的计划投资期限选择相应的投资基金。

第二，两者的交易方式不同，封闭式基金一般在证券交易所上市或以柜台方式转让，交易在基金投资者之间进行；而开放式基金的交易则一直在基金投资者和基金经理人或其代理人（如商业银行、证券公司的营业网点）之间进行，基金投资者之间不发生交易行为。

第三，交易价格的决定方式不同，封闭式基金的价格受市场供求关系的影响较大，由市场竞价决定，可能高于或低于基金单位的资产净值，基金的单位资产净值一般隔一定时间公布一次；而开放式基金的交易价格由基金经理人依据基金单位资产净值确定，基本是连续性公布。

第四，基金的投资策略不同。由于封闭式基金不能随时被赎回，其募集到的资金可全部用于投资，这样基金管理公司便可据以制定长期的投资策略，取得长期经营绩效。而开放式基金则必须保留一部分现金，以便应对投资者随时可能的赎回，不能尽数地用于长期投资。一般投资于变现能力强的资产。

第五，基金的管理难度不同，封闭式基金的管理难度较小，基金资产可以在基金封闭期内从容运作；而开放式基金的管理难度较大，基金资产的投资组合要求高，要随时应付投资者的认购或赎回。

2.根据基金的组织形式进行划分，可分为公司型基金和契约型基金

不同的国家和地区具有不同的法律环境，基金能够采用的法律形式也会有所不同。目前，我国的基金全部是契约型基金，而美国的绝大多数基金是公司型基金。组织形式的不同赋予了基金不同的法律地位，基金投资者所受到的法律保护也因此有所不同。

（1）契约型投资基金。

契约型投资基金是根据一定的信托契约原理，由基金发起人和基金管理人、基金托管人订立基金契约而组建的投资基金。

（2）公司型投资基金。

公司型投资基金是指具有共同投资目标的投资者依据《公司法》组成以营利为目的，投资于特定对象的股份制投资公司。

（3）契约型投资基金和公司型投资基金的区别包括以下几点。

第一，法律依据不同；第二，法人资格不同；第三，投资者的地位不同；第四，融资渠道不同；第五，经营资产的依据不同；第六，资金运营不同。

3.依据投资对象的不同，可以将基金分为股票基金、债券基金、货币市场基金、混合基金等

股票基金是指以股票为主要投资对象的基金。股票基金在各类基金中历史最为悠久，也是被广泛采用的一种基金类型。根据中国证监会对基金类别的分类标准，基金资产60%以上投资于股票的为股票基金。

债券基金主要以债券为投资对象。根据中国证监会对基金类别的分类标准，基金资产80%以上投资于债券的为债券基金。

货币市场基金以货币市场工具为投资对象。根据中国证监会对基金类别的分类标准，仅投资于货币市场工具的为货币市场基金。目前比较火热的余额宝就属于货币市场基金。

混合基金同时以股票、债券等为投资对象，以期通过在不同资产类别上的投资实现收益与风险之间的平衡。根据中国证监会对基金类别的分类标准，投资于股票、债券和货币市场工具，但股票投资和债券投资的比例不符合股票基金、债券基金规定的为混合基金。

依据投资对象对基金进行分类，简单明确，对投资者具有直接的参考价值。从投资风险的角度来看，几种基金给投资人带来的风险是不同

的。其中股票基金风险最大，货币市场基金风险最小，债券基金的风险居中。

4.根据投资目标的不同，可以将基金分为增长型基金、收入型基金和平衡型基金

增长型基金是指以追求资本增值为基本目标，较少考虑当期收入的基金，主要以具有良好增长潜力的股票为投资对象。

收入型基金是指以追求稳定的经常性收入为基本目标的基金，主要以大盘蓝筹股、公司债、政府债券等具有稳定收益的证券为投资对象。

平衡型基金则是既注重资本增值又注重当期收入的一类基金。

一般而言，增长型基金的风险大、收益高；收入型基金的风险小、收益较低；平衡型基金的风险、收益则介于增长型基金与收入型基金之间。根据投资目标的不同，既有以追求资本增值为基本目标的增长型基金，也有以获取稳定的经常性收入为基本目标的收入型基金和兼具增长与收入双重目标的平衡型基金。不同的投资目标决定了基金的基本投向与基本的投资策略，以满足不同投资者的投资需要。

5.依据投资理念的不同，可以将基金分为主动型基金与被动（指数）型基金

主动型基金是一类力图取得超越基准组合表现的基金。

与主动型基金不同，被动型基金并不主动寻求取得超越市场的表现，而是试图复制指数的表现。被动型基金一般选取特定的指数作为跟踪的对象，因此通常又被称为指数型基金。

6.根据募集方式的不同，可以将基金分为公募基金和私募基金

公募基金是指可以面向社会公众公开发售的一类基金。

私募基金则是指只能采取非公开方式，面向特定投资者募集发售的基金。

公募基金主要具有如下特征：可以面向社会公众公开发售基金份额和宣传推广，基金募集对象不固定；投资金额要求低，适宜中小投资者参与；必须遵守基金法律和法规的约束，并接受监管部门的严格监管。

与公募基金相比，私募基金不能进行公开的发售和宣传推广，投资金额要求高，投资者的资格和人数常常受到严格的限制。例如，美国相关法律要求，私募基金的投资者人数不得超过100人，每个投资者的净

资产必须在100万美元以上。与公募基金必须遵守基金法律和法规的约束并接受监管部门的严格监管相比，私募基金在运作上具有较大的灵活性，所受到的限制和约束也较少。它既可以投资于衍生金融产品进行买空卖空交易，也可以进行汇率、商品期货投机交易等。私募基金的投资风险较高，主要以具有较强风险承受能力的富裕阶层为目标客户。

7.根据基金的资金来源和用途的不同，可以将基金分为在岸基金和离岸基金

在岸基金是指在本国募集资金并投资于本国证券市场的证券投资基金。由于在岸基金的投资者、基金组织、基金管理人、基金托管人及其他当事人和基金的投资市场均在本国境内，所以基金的监管部门比较容易运用本国的法律法规及相关技术手段对证券投资基金的投资运作行为进行监管。

离岸基金是指一国的证券投资基金组织在他国发售证券投资基金份额，并将募集的资金投资于本国或第三国证券市场的证券投资基金。

5.1.4　特殊类型基金

随着金融创新和金融发展的深入，越来越多的基金种类进入了人们的视野，下面简单介绍一些特殊类型的基金形式。

1.系列基金

系列基金又称为伞型基金，是指多个基金共用一个基金合同，子基金独立运作，子基金之间可以进行相互转换的一种基金结构形式。

2.基金中的基金

基金中的基金是指以其他证券投资基金为投资对象的基金，其投资组合由其他基金组成。我国目前尚无此类基金存在。

3.保本基金

保本基金是指通过采用投资组合保险技术，保证投资者在投资到期时至少能够获得投资本金或一定回报的证券投资基金。保本基金的投资目标是在锁定下跌风险的同时力争有机会获得潜在的高回报。目前，我国已有多只保本基金。

4.交易型开放式指数基金（ETF）与ETF联接基金

交易型开放式指数基金通常又称为交易所交易基金（Exchange Traded Funds，ETF），是一种在交易所上市交易的、基金份额可变的一

种开放式基金。ETF最早产生于加拿大，但其发展与成熟主要是在美国。ETF一般采用被动式投资策略跟踪某一标的市场指数，因此具有指数基金的特点。

ETF结合了封闭式基金与开放式基金的运作特点。投资者既可以像封闭式基金那样在交易所二级市场买卖，又可以像开放式基金那样申购、赎回。不同的是，它的申购是用一篮子股票换取ETF份额，赎回时则是换回一篮子股票而不是现金。这种交易制度使该类基金存在一级和二级市场之间的套利机制，可以有效防止类似封闭式基金的大幅折价。

1990年，加拿大多伦多证券交易所（TSE）推出了世界上第一只ETF——指数参与份额（TIPs）。1993年，美国的第一只ETF——标准普尔存托凭证（SPDRs）诞生，其后ETF在美国开始获得迅速发展。美国投资公司协会统计，截至2007年年末，美国共有629只ETF产品，资产总值达到6 084亿美元。ETF已成为美国基金市场上成长速度最快的基金品种之一。我国第一只ETF成立于2004年年底的上证50ETF。2009年年末，我国共有8只ETF，最近几年发展势头迅猛，仅2010年一年就增加了12只ETF。

普通投资者尽管可以像买卖封闭式基金一样在交易所买卖ETF，但对未参与股票二级市场交易的投资者而言仍无法参与ETF投资。在这种情况下，一种将其绝大部分基金财产投资于跟踪同一标的指数的ETF（简称目标ETF）、密切跟踪标的指数表现、采用开放式运作方式、可以在场外申购或赎回的、被称为"ETF联接基金"的基金应运而生。

根据中国证监会的相关指引，ETF联接基金投资于目标ETF的资产不得低于基金资产净值的90%，其余部分应投资于标的指数的成份股和备选成份股以及中国证监会规定的其他证券品种。从性质上看，可以将ETF联接基金看作一种指数型基金中的基金。

5.上市开放式基金

上市开放式基金（listed open-ended funds，LOF）是一种既可以在场外市场进行基金份额申购、赎回，又可以在交易所（场内市场）进行基金份额交易和基金份额申购或赎回的开放式基金。它是我国对证券投资基金的一种本土化创新。

LOF结合了银行等代销机构和交易所交易网络两者的销售优势，为开放式基金的销售开辟了新的渠道。LOF通过场外市场与场内市场获得的基金份额分别被注册登记在场外系统与场内系统，但基金份额可以通过跨系统转托管（即跨系统转登记）实现在场外市场与场内市场的转换。LOF获准交易后，投资者既可以通过银行等场外销售渠道申购和赎回基金份额，也可以在挂牌的交易所买卖该基金或进行基金份额的申购与赎回。

LOF所具有的转托管机制与可以在交易所进行申购、赎回的制度安排，使LOF不会出现封闭式基金的大幅折价交易现象。

LOF与ETF都具备开放式基金可以申购、赎回和场内交易的特点，但两者存在本质区别，主要表现在：

（1）申购、赎回的标的不同。

ETF与投资者交换的是基金份额与一篮子股票；而LOF的申购、赎回是基金份额与现金的对价。

（2）申购、赎回的场所不同。

ETF的申购、赎回通过交易所进行；LOF的申购、赎回既可以在代销网点进行也可以在交易所进行。

（3）对申购、赎回的限制不同。

只有资金在一定规模以上的投资者（基金份额通常要求在50万份以上）才能参与ETF的申购、赎回交易；而LOF在申购、赎回上没有特别要求。

（4）基金投资策略不同。

ETF通常采用完全被动式的管理方法，以拟合某一指数为目标；而LOF则是普通的开放式基金增加了交易所的交易方式，它可以是指数型基金，也可以是主动管理型基金。

（5）在二级市场的净值报价上，ETF每15秒提供一个基金参考净值报价；而LOF的净值报价频率要比ETF低，通常1天只提供1次或几次基金净值报价。

6.QDII基金

QDII是qualified domestic institutional investors（合格境内机构投资者）的首字母缩写。QDII基金是指在一国境内设立，经该国有关部门批准从事境外证券市场的股票、债券等有价证券投资的基金。它为国内投资者参与国际市场投资提供了便利。2007年，我国推出了首批QDII基金。

7.分级基金

分级基金又称为"结构型基金"或"可分离交易基金"，是指在一只基金内部通过结构化的设计或安排，将普通基金份额拆分为具有不同预期收益与风险的两类（级）或多类（级）份额并可分离上市交易的一种基金产品。

5.2 基金市场的运作

5.2.1 投资基金市场的运作与参与主体

1.投资基金的运作

基金的运作包括基金的市场营销、基金的募集、基金的投资管理、基金资产的托管、基金份额的登记、基金的估值与会计核算、基金的信息披露以及其他基金运作活动在内的所有相关环节。

基金的运作活动从基金管理人的角度看，可以分为基金的市场营销、基金的投资管理与基金的后台管理三大部分。基金的市场营销主要涉及基金份额的募集与客户服务。基金的投资管理体现了基金管理人的服务价值，而包括基金份额的注册登记、基金资产的估值、会计核算、信息披露等后台管理服务则对保障基金的安全运作起着重要的作用。

2.基金的参与主体

在基金市场上，存在许多不同的参与主体。依据所承担的职责与作用的不同，可以将基金市场的参与主体分为基金当事人、基金市场服务机构、基金监管和自律机构三大类。

（1）基金当事人。

我国的证券投资基金依据基金合同设立，基金份额持有人、基金管理人与基金托管人是基金合同的当事人，简称基金当事人。

①基金份额持有人。

基金份额持有人即基金投资者，是基金的出资人、基金资产的所有者和基金投资回报的受益人。按照《证券投资基金法》的规定，我国基金份额持有人享有以下权利：分享基金财产收益，参与分配清算后的剩余基金财产，依法转让或者申请赎回其持有的基金份额，按照规定要求召开基金份额持有人大会，对基金份额持有人大会审议事项行使表决权，查阅或者复制公开披露的基金信息资料，对基金管理人、基金托管人、基金销售机构损害其合法权益的行为依法提出诉讼，基金合同约定的其他权利。

②基金管理人。

基金管理人是基金产品的募集者和管理者，其最主要的职责就是按照基金合同的约定，负责基金资产的投资运作，在有效控制风险的基础上为基金投资者争取最大的投资收益。基金管理人在基金运作中具有核心作用，基金产品的设计、基金份额的销售与注册登记、基金资产的管理等重要职能多半由基金管理人或基金管理人选定的其他服务机构承担。在我国，基金管理人只能由依法设立的基金管理公司担任。

③基金托管人。

为了保证基金资产的安全，《证券投资基金法》规定，基金资产必须由独立于基金管理人的基金托管人保管，从而使得基金托管人成为基金的当事人之一。基金托管人的职责主要体现在基金资产保管、基金资金清算、会计复核以及对基金投资运作的监督等方面。在我国，基金托管人只能由依法设立并取得基金托管资格的商业银行担任。

（2）基金市场服务机构。

基金管理人、基金托管人既是基金的当事人，又是基金的主要服务机构。除基金管理人与基金托管人外，基金市场上还有许多面向基金提供各类服务的其他机构。这些机构主要包括基金销售机构、注册登记机构、律师事务所、会计师事务所、基金投资咨询机构、基金评级机构等。

①基金销售机构。

基金销售机构是受基金管理公司的委托从事基金代理销售的机构。通常，只有机构客户或资金规模较大的投资者才直接通过基金管理公司进行基金份额的买卖，一般资金规模较小的普通投资者通常经过基金代销机构进行基金的申（认）购与赎回或买卖。在我国，只有中国证监会认定的机构才能从事基金的代理销售。目前，商业银行、证券公司、证券投资咨询机构、专业基金销售机构以及中国证监会规定的其他机构，均可以向中国证监会申请基金代销业务资格，从事基金的代销业务。

②注册登记机构。

基金注册登记机构是指负责基金登记、存管、清算和交收业务的机构。其具体业务包括投资者基金账户的管理、基金份额的注册登记、清算及基金交易的确认、红利的发放、基金份额持有人名册的建立与保管等。目前，在我国承担基金份额注册登记工作的主要是基金管理公司自身和中国证券登记结算有限责任公司（简称"中国结算公司"）。

③律师事务所和会计师事务所。

律师事务所和会计师事务所作为专业、独立的中介服务机构，为基金提供法律、会计服务。

④基金投资咨询机构与基金评级机构。

基金投资咨询机构是向基金投资者提供基金投资咨询建议的中介机构；基金评级机构则是向投资者以及其他市场参与主体提供基金评价业务、基金资料与数据服务的机构。

（3）基金监管机构和自律组织。

①基金监管机构。

为了保护基金投资者的利益，世界上不同国家和地区都对基金活动进行严格的监督管理。基金监管机构通过依法行使审批或核准权，依法办理基金备案，对基金管理人、基金托管人以及其他从事基金活动的中介机构进行监督管理，对违法违规行为进行查处，因此其在基金的运作过程中起着重要的作用。

②基金自律组织。

证券交易所是基金的自律管理机构之一。我国的证券交易所是依法设立的，不以营利为目的，为证券的集中和有组织的交易提供场所和设施，履行国家有关法律法规、规章、政策规定的职责，实行自律性管理的法人。一方面，封闭式基金、上市开放式基金和交易型开放式指数基金等需要通过证券交易所募集和交易，而且还必须遵守证券交易所的规则；另一方面，经中国证监会授权，证券交易所对基金的投资交易行为还承担着重要的一线监控职责。

基金行业自律组织是由基金管理人、基金托管人或基金销售机构等行业组织成立的同业协会。同业协会在促进同业交流、提高从业人员素质、加强行业自律管理、促进行业规范发展等方面具有重要的作用。

3.投资基金运作中需注意的问题

（1）证券投资基金的组建。

按我国基金法规的要求，基金发起人在其设立募集基金的申请获得中国证监会的批准后，于基金募集前三天在中国证监会指定的报刊上刊登招募说明书，封闭式基金自批准之日起，三个月内募集的资金超过该基金批准规模的80%，该基金方可成立。开放式基金自批准之日起三个月内净销售额超过2亿元的，该基金方可成立。这一募集资金的过程称为发行。

基金的上市是针对封闭式基金而言的，封闭式基金成立后，基金管理人可以向中国证监会及证券交易所提出基金上市申请，获得批准后，基金就可以在证券交易所挂牌上市。与封闭式基金不同，开放式基金不允许上市交易，而是在其他符合国家有关规定的场所进行，买卖对象应为基金管理人或其代理机构。

（2）基金的发行价格与交易价值的确定。

基金的发行价格一般由两部分组成：一是基金的面值；二是基金的发行费用，比如律师费，会计师费等。

封闭式基金的交易价格和股票价格的表现形式是一模一样的，可以分为开盘价、收盘价、最高价、最低价、成交价等，这一价格的变动主要受六个方面的影响，即基金资产净值（指基金全部资产扣除按照国家有关规定可以在基金资产中扣除的费用后的价值，包括管理人费用等），市场供求关系，宏观经济状况，证券市场状况，基金管理人水平以及政府有关基金的政策。其中，确定基金价格最根本的依据是每基金单位资产净值及其变动情况。

（3）基金的收益和分配情况。

根据有关法规的规定，我国的证券投资基金主要投资于股票和债券等金融工具，因此它的收益来源也主要有三部分：第一部分是买卖价，就是基金卖出股票等有价证券的价格高于原来买入价的部分；第二部分是利息收入，主要包括存款利息收入和债券利息收入；第三部分是股息收入，来自所投资股票的分红派息。

5.2.2 基金业的重要性

证券投资基金是一种集中资金、专业理财、组合投资、分散风险的集合投资方式。一方面，它通过发行基金份额的形式面向投资大众募集资金；另一方面，它将募集的资金，通过专业理财、分散投资的方式投资于资本市场。其独特的制度优势促使其不断发展壮大，在金融体系中的地位和作用也不断上升。

1.为中小投资者拓宽了投资渠道

对中小投资者来说，储蓄或购买债券较为稳妥，但收益率较低。投资于股票有可能获得较高的收益，但对于手中资金有限、投资经验不足的中小投资者来说，直接进行股票投资有一定困难，而且风险较大。在资金量有限的情况下，很难做到组合投资、分散风险。此外，股票市场变幻莫测，中小投资者由于缺乏投资经验，再加上信息条件的限制，很难在股市中获得良好的投资收益。证券投资基金作为一种面向中小投资者设计的间接投资工具，把众多投资者的小额资金汇集起来进行组合投资，由专业投资机构进行管理和运作，从而为投资者提供了有效参与证券市场的投资渠道，已经成为被广大民众普遍接受的一种理财方式。

2.优化金融结构，促进经济增长

目前，我国金融结构存在直接融资和间接融资相对失衡的矛盾，通过证券市场的直接融资比重较小，且有不断萎缩的态势。截至2016年年底，超过60万亿元的储蓄资金滞留在银行系统，既增大了商业银行的经营压力，不利于银行体制的改革，也增大了整个金融体系的风险。证券投资基金将中小投资者的闲散资金汇集起来投资于证券市场，扩大了直接融资的比例，为企业在证券市场筹集资金创造了良好的融资环境，实际上起到了将储蓄资金转化为生产资金的作用。近年来，基金市场的迅速发展已充分说明，以基金和股票为代表的直接融资工具能够有效分流储蓄资金，在一定程度上降低了金融行业的系统性风险，为产业发展和经济增长提供了重要的资金来源，有利于生产力的提高和国民经济的发展。

3.有利于证券市场的稳定和健康发展

证券投资基金在投资组合管理过程中对所投资的证券进行的深入研究与分析，有利于促进信息的有效利用和传播，有利于市场合理定价，有利于市场有效性的提高和资源的合理配置。证券投资基金发挥专业理财优势，推动市场价值判断体系的形成，倡导理性的投资文化，有助于防止市场的过度投机。证券投资基金的发展有助于改善我国目前以个人投资者为主的不合理的投资者结构，充分发挥机构投资者对上市公司的监督和制约作用，推动上市公司完善治理结构。不同类型、不同投资对象、不同风险与收益特性的证券投资基金在给投资者提供广泛选择的同时，也成为资本市场不断变革和金融产品不断创新的源泉之一。

4.完善金融体系和社会保障体系

通过为保险资金提供专业化的投资服务和投资于货币市场，证券投资基金行业的发展有利于促进保险市场和货币市场的发展壮大，增强证券市场与保险市场、货币市场之间的协同，改善宏观经济政策和金融政策的传导机制，完善金融体系。

国际经验表明，证券投资基金的专业化服务，可为社保基金、企业年金等各类养老金提供保值增值的平台，促进社会保障体系的建立与完善。

5.2.3 国际基金市场

1.证券投资基金的起源与早期发展

证券投资基金是证券市场发展的必然产物，在发达国家已有上百年的历史。最早的基金究竟诞生于何时目前并没有一致性的看法。一些人认为，1822年由荷兰国王威廉姆一世所创立的私人信托投资基金可能是世界上最早的基金。但另一些人认为，将不同投资者的资金汇集起来，进行分散投资的思想早在1774年就由一位名叫凯特威士（Ketwich）的荷兰商人付诸实践，其所创办的一只信托基金名称中就包含着"团结就是力量"的含义。但无论如何，封闭式的投资信托基金后来是在英国生根发芽并发扬光大的，因此目前人们更多地倾向于将1868年英国成立的"海外及殖民地政府信托基金"（the foreign and colonial government trust）看作最早的基金。

基金作为一种社会化的理财工具能够在英国落地生根和发扬光大与

英国工业革命的发展密不可分。19世纪中叶时的英国经过第一次产业革命之后，工商业发展速度很快，殖民地和贸易遍及世界各地，社会和个人财富迅速增长，国内投资成本提高，于是许多商人便将私人财产和资金纷纷转移到劳动力价格低廉的海外市场进行投资，以谋求资本的最大增值。但由于投资者缺乏国际投资经验，对海外的投资环境缺乏应有的了解，加上地域限制和语言不通，无力自行管理。在经历了投资失败、被欺诈等惨痛教训之后，集合投资者的资金、委托专人经营和管理、分散投资的封闭式信托投资基金应运而生，并受到人们的欢迎。

早期的基金基本上是封闭式基金。1924年3月21日诞生于美国的"马萨诸塞投资信托基金"成为世界上第一个开放式基金。此后，美国逐渐取代英国成为全球基金业发展的中心。

1929年，美国只有十多只开放式基金，而封闭式基金的数量则有700多只。但1929年的经济大危机与股市崩盘，使普遍进行杠杆操作的美国封闭式基金几乎全军覆没，而开放式基金则顽强地生存了下来。

美国基金投资者在经济大危机中损失惨重，而且基金在操作中的投机行为也极大地影响了投资者的信心。为此，美国监管部门开始对基金加强监管，其中1940年出台的《投资公司法》与《投资顾问法》不但对美国基金业的发展具有基石性作用，也对基金在全球的普及性发展影响深远。

2.证券投资基金在全球的普及性发展

美国是世界上基金业最为发达的国家，下面我们主要以美国基金业的发展情况为例对证券投资基金在全球的普及性发展作一下简要介绍。

20世纪30年代，美国基金业的发展遭受重创后，在接下来的40年代和50年代，美国基金业的发展非常缓慢。60年代，尽管出现了短暂的股票基金发展热，但由于1969年股票市场大熊市的到来，使投资者对基金的兴趣再次减退。

1971年，货币市场基金的推出为美国基金业的发展注入了新的活力，基金开始受到越来越多的普通投资者的青睐。而20世纪80年代，随着养老基金制度的改革以及随后90年代股票市场的持续大牛市使美国基金业的发展真正迎来了大发展的时代。截至2008年年末，美国共同基金的资产有9.6万亿美元，有9 300万名基金投资者，基金数量超过

1万只。

从全球基金业的发展来看，20世纪80年代以后，随着世界经济的高速增长和全球经济一体化的迅速发展，受美国与其他发达国家基金业的发展对促进资本市场的健康发展经验的启示，一些发展中国家也认识到了基金的重要性，对基金业的发展普遍持积极的态度，相继制定了一系列法律、法规，基金在世界范围内得到了普及发展。

3.全球基金业发展的趋势与特点

（1）美国占据主导地位，其他国家和地区发展迅猛。

目前，美国的证券投资基金资产总值占世界半数以上，对全球证券投资基金的发展有着重要的示范性影响。除欧洲、美国、日本外，澳大利亚、拉丁美洲、亚洲新兴国家和地区，如中国香港、中国台湾等地区以及新加坡、韩国等国家的证券投资基金发展也很快。随着数量、品种、规模的大幅度增长，证券投资基金日益成为各国或各地区资本市场的重要力量，市场地位和影响力不断提高。

（2）开放式基金成为证券投资基金的主流产品。

20世纪80年代以来，开放式基金的数量和规模增加幅度最大，目前已成为证券投资基金中的主流产品。探究其中的原因，开放式基金更加市场化的运作机制和制度安排是非常重要的因素之一，其独特灵活的赎回机制适应了市场竞争的客观需要，是金融创新顺应市场发展潮流的集中体现和必然结果。事实证明，开放式基金更加全面的客户服务和更加充分的信息披露，已经获得了基金投资者的广泛青睐。

（3）基金市场竞争加剧，行业集中趋势突出。

在证券投资基金的发展过程中，基金市场行业集中趋势明显，资产规模位居前列的少数大型基金管理公司所占的市场份额不断扩大。随着市场竞争的加剧，许多基金管理公司不得不走上兼并、收购的道路，这反过来进一步加剧了基金市场的集中趋势。

（4）基金资产的资金来源发生了重大变化。

个人投资者一直是传统上的证券投资基金的主要投资者，但目前已有越来越多的机构投资者，特别是退休基金成为基金的重要资金来源。比如，美国允许雇主发起的养老金计划和个人税收优惠储蓄计划，以共同基金为投资对象。在近10年中，美国共同基金业的迅速发展壮大与退休养老金快速增加紧密相关。

5.3 我国基金市场

5.3.1 我国基金市场的发展历程

我国基金业的发展可以分为三个历史阶段：20世纪80年代末至1997年11月14日《证券投资基金管理暂行办法》颁布之前的早期探索阶段、暂行办法颁布实施以后至2004年6月1日《证券投资基金法》实施前的试点发展阶段与《证券投资基金法》实施以来的快速发展阶段。

1. 早期探索阶段

始于20世纪70年代末的中国经济体制改革，在推动中国经济快速发展的同时，也引发了社会对资金的巨大需求。在这种背景下，基金作为一种筹资手段开始受到一些中国驻外金融机构的注意。1987年，中国新技术创业投资公司（中创公司）与汇丰集团、渣打集团在中国香港联合设立了中国置业基金，首期筹资3 900万元人民币，直接投资于以珠江三角洲为中心的周边乡镇企业，并随即在香港联合交易所上市，这标志着中资金融机构开始正式涉足投资基金业务。其后，一批由中资金融机构与外资金融机构在境外设立的中国概念基金相继推出。

中国经济的快速发展也催生了中国证券市场的发展。上海证券交易所与深圳证券交易所相继于1990年12月、1991年7月开业，标志着中国证券市场正式形成。

在境外中国概念基金与中国证券市场初步发展的影响下，中国境内第一家较为规范的投资基金——淄博乡镇企业投资基金（简称"淄博基金"），于1992年11月经中国人民银行总行批准正式设立。该基金为公司型封闭式基金，募集规模1亿元人民币，60%投向淄博乡镇企业，40%投向上市公司，并于1993年8月在上海证券交易所最早挂牌上市。

淄博基金的设立揭开了投资基金业在内地发展的序幕，并在1993年上半年引发了短暂的中国投资基金发展的热潮。1993年下半年，经济发展过热引发了通货膨胀，政府加强了宏观调控。在这种情况下，投资基金的审批受到限制。1994 年后，我国进入经济金融治理整顿阶段。随着经济的逐步降温，基金发展过程中的不规范问题和积累的其他问题逐步暴露出来，多数基金的资产状况趋于恶化，在经营上步履维艰。中国基金业的发展因此陷于停滞状态。

相对于 1998 年《证券投资基金管理暂行办法》实施以后发展起来的新的证券投资基金（简称"新基金"），人们习惯上将 1997 年以前设立的基金称为"老基金"。截至 1997 年年底，老基金的数量共有 75 只，筹资规模在 58 亿元人民币左右。

老基金存在的问题主要表现在以下三个方面：一是缺乏基本的法律规范，普遍存在法律关系不清、无法可依、监管不力的问题；二是受地方政府要求服务地方经济需要的引导以及当时境内证券市场规模狭小的限制，老基金并不以上市证券为基本投资方向，而是大量投向了房地产企业等产业部门，因此它们实际上是一种直接投资基金，而非严格意义上的证券投资基金；三是这些老基金深受房地产市场降温、实业投资无法变现以及贷款资产无法回收的困扰，资产质量普遍不高。总体而言，这一阶段中国基金业的发展带有很大的探索性与自发性。

2.试点发展阶段

在对老基金发展过程加以反思的基础上，经国务院批准，国务院证券监督管理委员会于 1997 年 11 月 14 日颁布了《证券投资基金管理暂行办法》。这是我国首次颁布的规范证券投资基金运作的行政法规，为我国基金业的规范发展奠定了规制基础。由此，中国基金业的发展进入了规范化的试点发展阶段。

在试点发展阶段，我国基金业在发展上主要表现出以下几个方面的特点：

（1）基金在规范化运作方面得到了很大的提高。

在这一阶段，为确保试点的成功，监管部门首先在基金管理公司和基金的设立上实行严格的审批制。《证券投资基金管理暂行办法》对基金管理公司的设立规定了较高的准入条件：基金管理公司的主要发起人必须是证券公司或信托投资公司，每个发起人的实收资本不少于 3 亿元人民币。较高的准入门槛和严格的审批制度尽管不利于竞争，但在保证基金的规范化运作上起到了良好的作用，在很大程度上确保了基金的社会公信力。其次是明确基金托管人在基金运作中的作用。最后就是建立较为严格的信息披露制度。这些措施的实行，有力地促进了我国基金业的规范化运作。

（2）在封闭式基金成功试点的基础上成功地推出开放式基金，使我国的基金运作水平实现了历史性的跨越。

1998年3月27日，经中国证监会批准，新成立的南方基金管理公司和国泰基金管理公司分别发起设立了两只规模均为20亿元的封闭式基金——基金开元和基金金泰，由此拉开了中国证券投资基金试点的序幕。在试点的第一年——1998年，我国共设立了5家基金管理公司，管理封闭式基金数量5只，募集资金100亿元人民币，年末基金资产净值合计107.4亿元人民币。1999年，基金管理公司的数量增加到10家，全年共有14只新的封闭式基金发行。

在封闭式基金成功试点的基础上，2000年10月8日，中国证监会发布了《开放式证券投资基金试点办法》。2001年9月，我国第一只开放式基金——华安创新诞生，使我国基金业的发展实现了从封闭式基金到开放式基金的历史性跨越。此后，开放式基金逐渐取代封闭式基金成为中国基金市场发展的方向。

（3）对老基金进行了全面规范清理，绝大多数老基金通过资产置换、合并等方式被改造成为新的证券投资基金。

在新基金成功试点的基础上，中国证监会开始着手对原有投资基金进行清理规范。1999年10月下旬，10只老基金最先经资产置换后合并改制成4只证券投资基金，随后其他老基金也被陆续改制为新基金。老基金的全面清理规范，解决了基金业发展的历史遗留问题。

（4）监管部门出台了一系列鼓励基金业发展的政策措施，对基金业的发展起到了重要的促进作用。

鼓励基金业发展的政策措施包括向基金进行新股配售、允许保险公司通过购买基金间接进行股票投资等。对基金进行新股配售，提高了基金的收益水平，增强了基金对投资者的吸引力，对基金业的发展起到了重要的促进作用。允许保险公司通过购买基金间接进行股票投资，使保险公司成为基金的最大机构投资者，也有力地支持了基金业在试点时期的规模扩张。

（5）开放式基金的发展为基金产品的创新开辟了新的天地。

在开放式基金推出之前，我国共有 47 只封闭式基金。2002 年 8 月，我国封闭式基金的数量增加到了 54 只。其后由于封闭式基金一直处于高折价交易状态，封闭式基金的发展因此陷入停滞状态。与此相反，开放式基金的推出为我国基金业的产品创新开辟了新的天地，我国的基金品种日益丰富。这一阶段具有代表性的基金创新品种有：2002 年 8 月推出的第一只以债券投资为主的债券基金——南方宝元债券基金；2003 年 3 月推出的我国第一只系列基金——招商安泰系列基金；2003 年 5 月推出的我国第一只具有保本特色的基金——南方避险增值基金；2003 年 12 月推出的我国第一只货币型市场基金——华安现金富利基金等。

3. 快速发展阶段

2004 年 6 月 1 日开始实施的《证券投资基金法》，为我国基金业的发展奠定了重要的法律基础，标志着我国基金业的发展进入了一个新的发展阶段。

自《证券投资基金法》实施以来，我国基金业在发展上出现了以下一些新的变化：

（1）基金业监管的法律体系日益完善。

为配合《证券投资基金法》的实施，中国证监会相继出台了《证券投资基金管理公司管理办法》、《证券投资基金运作管理办法》、《证券投资基金销售管理办法》、《证券投资基金信息披露管理办法》、《证券投资基金托管管理办法》和《证券投资基金行业高级管理人员任职管理办法》等法规，使我国基金业监管的法律体系日趋完备。

（2）基金品种日益丰富，开放式基金取代封闭式基金成为市场发展的主流。

《证券投资基金法》实施以来，我国基金市场产品创新活动日趋活跃，具有代表性的基金创新产品包括：2004 年 10 月成立的国内第一只上市开放式基金（LOF）——南方积极配置基金；2004 年年底推出的国内首只交易型开放式指数基金（ETF）——华夏上证 50ETF；2006 年 5 月推出的国内首只生命周期基金——汇丰晋信 2016 基金；2007 年 7 月推出的国内首只结构化基金——国投瑞银瑞福基金；2007

年 9 月推出的首只 QDII 基金——南方全球精选基金 QDII 基金；2007年，我国基金业的资产规模达到了前所未有的 3.28 万亿元人民币。2008 年 4 月推出的国内首只社会责任基金——兴业社会责任基金，2009 年 5 月推出的 ETF 联接基金等。层出不穷的基金产品创新极大地推动了我国基金业的发展。

自 2006 年起，随着一些封闭式基金陆续到期转为开放式基金，我国封闭式基金的数量不断减少。到 2009 年末，我国封闭式基金的数量从高峰时的 54 只下降到了 31 只，资产净值为 1 238.8 亿元。与此形成鲜明对比的是，2003 年，我国开放式基金的数量首次超过封闭式基金的数量。2004 年开放式基金的资产规模首次超过封闭式基金的资产规模后，开放式基金取代封闭式基金成为市场发展的主流。2009 年年末，我国的基金数量达到了 556 只。其中，开放式基金的数量达到了 525 只（包括 ETF、QDII 基金），开放式基金数量占基金全部数量的比例达到了94.3％。2009 年年末，我国基金资产净值为 2.68 万亿元，其中，开放式基金的资产净值占到全部资产净值的 95.4％。

（3）基金公司业务开始走向多元化，出现了一批规模较大的基金管理公司。

目前，我国的基金管理公司除了募集、管理公募基金外，已被允许开展社保基金管理、企业年金管理、QDII 基金管理以及特定客户资产管理等其他委托理财业务，基金管理公司的业务正在日益走向多元化。随着市场的发展，市场上也涌现出一批管理资产规模较大的基金管理公司。截至 2009 年年末，我国基金管理公司有 60 家，共有 7 家基金管理公司的基金管理资产超过了 1 000 亿元。

（4）基金行业对外开放程度不断提高。

基金行业的对外开放主要体现在三个方面：一是合资基金管理公司数量不断增加。我国第一家中外合资基金公司诞生于 2002 年年末。截止到 2009 年年末，我国共有 34 家合资基金公司。合资基金管理公司占到基金管理公司总数的 57％。合资基金公司带来的国际投资理念、风险控制技术和营销体系等，推动了国内基金业的发展和成熟。二是合格境内机构投资者（QDII）的推出，使我国基金行业开始进入国际投资市场。自 2007 年我国推出首批 4 只 QDII 基金后，至 2009 年年末，共有 9

只QDII基金成功募集运作。三是自2008年4月起，部分基金管理公司开始到中国香港设立分公司，从事资产管理的相关业务。

（5）基金业市场营销和服务创新日益活跃。

基金业市场化程度的提高直接推动了基金管理人营销和服务意识的增强。例如，在申购费用模式上，客户可以选择前端收费模式或后端收费模式；在交易方式上，可以采用电话委托、ATM、网上委托等。定期定额投资计划、红利再投资这些在成熟市场较为普遍的服务项目，也越来越多地被我国基金管理公司所采用。

（6）基金投资者队伍迅速壮大，个人投资者取代机构投资者成为基金的主要持有者。

2006年之前，机构投资者持有开放式基金的比例在50%左右。2006年以来，开放式基金越来越受到普通投资者的青睐。2009年年末，我国开放式基金的账户数达到了7 788.7万户，基金资产约80%以上由个人投资者持有，标志着我国证券投资基金的投资者结构发生了质的变化。

5.3.2 我国基金市场现状

公募基金是我国经济生活中最规范、最透明、制度化建设较完善的一个行业，是一个健康的行业。各类资产管理机构也不断完善制度框架，在市场竞争中显示出强大的生命力。过去一年，基金行业呈现出六大创新发展的亮点。

一是基金管理公司稳步发展。截至2014年5月底，共有公募基金管理机构94家，管理规模合计5.43万亿元。基金子公司从无到有，新设立的67家子公司规模达到1.6万亿元。此外，券商资管规模也达到6万亿元。

二是私募基金登记备案工作启动，集中登记备案基本完成。截至6月12日，已经有4 503家私募基金管理机构提交登记申请，办结登记3 491家，管理基金5 220只，管理规模1.96万亿元。其中，私募证券基金管理机构登记1 009家，管理基金1 885只，管理规模2 579亿元；股权基金管理机构2 043家，管理基金2 666只，管理规模14 794亿元；创投基金管理机构413家，管理基金613只，管理规模1 792亿元；其他类型基金管理机构26家，管理基金56只，管理规模400亿元。上述数万亿元资产为资本市场发展提供了重要的支撑。中商情报网发布的《2014—2018 年中国产业投资基金行业发展分析及投资研究报告》指出：2013 年的中国基金业真正走上了创新之路，但是与成熟市场近百年的发展历史相比，我国基金业仍是一个新兴行业，尚存在一些问题，例如，基金投资受到持有人申赎的影响较大，作为专业机构投资者的作用未充分发挥；高管和基金经理流动频繁；管理层目标短期化；从业人员利用非公开信息交易股票行为时有发生等。

三是基金管理公司股权激励取得突破。私募基金混合所有制和多种组织形式为资产管理业提供了新鲜经验。公司整体治理水平有了很大提高。

四是基金管理人多元化取得进展，拓宽了行业发展的疆界。电商控股基金公司获得批准，证券公司直接取得公募基金牌照，保险公司直接设立基金管理公司，私募基金管理机构直接成立了基金管理公司。

五是移动互联网与基金密切合作，增加了公募基金一亿多客户，货币市场基金规模增长前所未有。

六是国有资产、养老资金、保险资金交由各类资产管理公司管理的规模大幅增长，大大提高了资金的收益率和使用效率。

本章小结

投资基金是一种将众多不确定的投资者的资金汇集起来，委托专业的基金管理人进行投资管理，委托专业的基金托管人进行资产的托管，基金所得的收益由投资者按出资比例分享的一种投资工具。它是资本市场的一个新的形态，本质上是股票、债券及其他证券投资的机构化，不仅有利于克服个人分散投资的种种不足，而且成为个人投资者分散投资风险的最佳选择，从而极大地推动了资本市场的发展。

通过本章对基金的类型，投资基金的一些原理和运作的介绍，希望可以帮助学生理解这个当代金融市场中非常重要的一个分支。

关键概念

开放式基金 封闭式基金 公司型基金 契约型基金 投资基金

5.1 单项选择题

1.证券投资基金反映的是投资者和基金管理人之间的一种（　　）。

A.债权关系   B.所有权关系

C.综合权利关系   D.委托代理关系

2.下列各项对契约型基金的认识，正确的是（　　）。

A.是将投资者、管理人、托管人三者作为信托关系的当事人，通过签订基金契约的形式发行受益凭证而设立的一种基金

B.设立程序类似于一般股份公司，基金本身为独立法人机构

C.是最重要的基金品种，其优点是资本的成长潜力较大

D.起源于美国，后来在中国香港、新加坡、印度尼西亚等国家和地区十分流行

3.封闭式基金的交易价格主要取决于（　　）。

A.基金总资产   B.供求关系

C.基金净资产   D.基金负债

4.封闭式基金期满终止，清算核资后的（　　）按投资者的出资比例进行分配。

A.基金总资产   B.基金净资产

C.可分配收益   D.基金资本金

5.为了满足投资者中途抽回资金、实现变现的需要，（　　）一般在基金资产中保持一定比例的现金。

A.封闭式基金   B.开放式基金

C.国债基金   D.股票基金

6.封闭式基金单位的交易方式是（　　）。

A.赎回   B.证交所上市

C.柜台交易   D.场外交易

7.基金持有人与托管人之间的关系是（　　）。

A.所有人与经营者的关系   B.经营与监管的关系

C.持有与监管的关系   D.委托与受托的关系

8.在下列几种基金中，一般（　　）的年管理费率最低。

A. 债券基金   B. 货币基金

C. 股票基金   D. 认股权证基金

9.在计算基金资产总值时，基金拥有的上市股票、认股权证是以计算日集中交易市场的（　　　）为准。

A. 开盘价   B. 收盘价

C. 最高价   D. 最低价

5.2　多项选择题

1.证券投资基金的特点包括（　　　）。

A. 集合投资   B. 分散风险

C. 专业理财   D. 享受税收优惠

2.证券投资基金与股票、债券的区别在于（　　　）。

A. 风险水平不同   B. 收益水平不同

C. 所筹资金的投向不同   D. 所反映的关系不同

3.封闭式基金与开放式基金的区别在于（　　　）。

A. 投资者的身份不同

B. 对期限和发行规模限制不同

C. 基金单位交易方式和价格计算标准不同

D. 投资策略不同

4.影响封闭式基金单位价格的直接因素有（　　　）。

A. 资产净值   B. 基金收益

C. 市场供求状况   D. 基金风险

5.基金在运作中的主要费用有（　　　）。

A. 管理费   B. 托管费

C. 风险费   D. 投资费

6.证券投资基金的当事人主要有（　　　）。

A. 基金持有人   B. 基金发起人

C. 基金托管人   D. 基金管理人

7.根据组织形式的不同，投资基金可以划分为（　　　）。

A. 契约型基金   B. 开放式基金

C. 封闭式基金   D. 公司型基金

5.3 问答题

1.为什么社会需要基金产业？

2.为什么人们会把钱放到基金当中？

3.开放式基金和封闭式基金相比有哪些区别？

4.公司型基金和契约型基金有哪些区别？

第 6 章

外汇市场

引例

2017年中国外汇市场运行情况

2018年初，国家外汇管理部门公布了2017年全年中国外汇市场交易概况数据。数据显示，2017年1—12月，中国外汇市场累计成交162.27万亿元人民币（等值24.08万亿美元）。

统计数据显示，2017年12月，中国外汇市场（不含外币对市场，下同）总计成交16.92万亿元人民币（等值2.57万亿美元）。其中，银行对客户市场成交2.39万亿元人民币（等值3 630亿美元），银行间市场成交14.52万亿元人民币（等值2.20万亿美元）；即期市场累计成交6.18万亿元人民币（等值9 377亿美元），衍生品市场累计成交10.74万亿元人民币（等值1.63万亿美元）。

美元是外汇，所有外国货币都叫外汇吗？人民币是外汇吗？人民币国际化是什么意思？本章将就这些外汇市场问题一一进行解答。

外汇市场是进行外币和以外币计价的票据及有价证券买卖的市场，是金融市场的重要组成部分。通过本章的学习，同学们可以了解外汇市场的构成、功能以及运作机制；掌握各种外汇交易方式的概念和作用，重点掌握远期汇率的报价方法及计算，领会远期汇率与利率的关系；掌握汇率折算及其在进出口业务中的应用。

6.1 外汇市场概述

6.1.1 外汇与汇率

1.外汇

世界各国都有自己独立的货币和货币体系，各国货币相互之间很难直接流通使用，因此，国际债权债务的清偿和人们对别国货币的需求必然产生国际货币兑换，由此产生外汇和汇率的概念。通常来讲，外汇主要包括以外币表示的银行汇票、支票、银行存款等。

2.汇率

汇率就是两种货币之间的折算比价，也就是以一国货币表示另一国货币的价格。汇率的表达方式有两种：直接标价法和间接标价法。直接标价法是以一定单位的外国货币为标准来折算应付若干单位的本国货币的汇率标价法，又称应付标价法。间接标价法是以一定单位的本国货币为标准来折算应收若干单位的外国货币的标价法，又称应收标价法。可以看出，在直接标价法下，汇率的数值越大，意味着本国货币币值越低。在间接标价法下，这一关系则相反。

6.1.2 外汇市场的含义和功能

外汇市场（foreign exchange market）是指从事外汇买卖的交易场所或交易网络，是国际金融市场重要的组成部分。与普通商品买卖不同，外汇买卖实际上是货币兑换行为，即把一国货币兑换成另一国货币。

外汇市场是世界上最大的交易市场，全球外汇交易额远远超过贸易额。由于全球各金融中心的地理位置不同，因时差关系，世界上主要的外汇市场此开彼关，使得外汇交易可以在全球范围内24小时连续不间断地进行，伦敦和纽约是世界上最大的两个外汇市场，在所有外汇市场中起主导地位，而外汇市场上交易最为活跃的币种有美元、欧元、日元、英镑。外汇市场的主要功能有以下几点：

1.外汇买卖的场所

如同其他商品市场一样，外汇市场为外汇这一特殊商品提供了一个集中交易的场所。外汇市场为外汇交易的双方寻找交易对象和发现交易价格节约了交易成本，提高了外汇市场的交易效率。

2.调节外汇的供求

外汇市场不仅为外汇买卖双方提供了交易场所，而且外汇市场上汇率的变化对外汇的供求起着调节作用。任何外汇供求的失衡都会引起外汇价格（汇率）的相应变动，而价格的变动反过来又影响外汇供求的变动，进而使外汇供求的失衡得以调节。

3.保值与投机的场所

外汇市场为试图避免外汇风险的交易者提供保值的场所。交易者可以在外汇市场上从事套期保值、掉期交易等外汇交易以避免外汇风险。同样，外汇市场也为那些希望从汇率波动中获取收益的投机活动提供了可能。

6.1.3 外汇市场的分类

1.按组织方式的不同，外汇市场可分为柜台市场和交易所市场

外汇柜台市场，是一种无固定场所及无固定开盘和收盘时间的外汇市场。外汇交易所市场，也称有形市场，即有固定的交易场所和交易时间限制的市场。

2.按参加者的不同，外汇市场又可分为零售市场和批发市场

外汇零售市场是由外汇银行与个人及公司客户之间的交易构成的外汇市场。外汇批发市场则是由外汇银行同业间的买卖外汇活动构成的，成交额巨大。

3.按政府对市场交易的干预程度不同，外汇市场又可分为官方外汇市场、自由外汇市场和外汇黑市

官方外汇市场是指受所在国政府控制，按照中央银行或外汇管理机构规定的官方汇率进行交易的外汇市场。自由的外汇市场是指不受政府控制的外汇市场。

相对于自由外汇市场而言，官方外汇市场有以下特点：

（1）对外汇市场交易的参与者有资格限制，即对市场准入的管制。

（2）对外汇市场交易的对象有所限制，即对市场交易的货币品种进行限制。

（3）对市场的汇率进行控制，不允许无限制波动。控制的方式包括：或实行固定汇率制；或只允许在一定幅度内波动，或者是暂停交易，或者是中央银行吞吐外汇，以平抑汇率的波动。

（4）对外汇的用途有一定的限制。一般只允许进行与国际贸易活动相联系的外汇买卖，如国家批准的进口及出口后必须进行的结售汇等。用于投机活动的外汇买卖，是受到严格限制的，甚至定性为非法行为而被禁止。

（5）对每笔外汇交易的金额有一定的限制。

4.按外汇买卖交割期的不同，外汇市场又可分为现货市场和期货市场

现货市场一般是指外汇交易协议达成后，必须在数日内交割清算的市场。期货市场则是指外汇交易的双方购买或销售一种标准的外汇买卖契约，交易现在完成，而在未来某一规定的日期进行交割，交割时是按交易时的汇率，而不是按交割时的汇率，在本章的后半部分会详细介绍外汇市场的交易方法。

6.2 外汇市场运作

6.2.1 参与主体

1.外汇银行

在外汇交易过程中，外汇银行充当着重要角色。许多外汇银行拥有遍布全球的机构网络，承担着绝大部分的跨国资金调拨、借贷以及国际收支结算等多种任务，因而它们在外汇交易中发挥着核心作用。在外汇市场上，外汇银行的交易主要包括两个方面：一是受客户委托从事外汇买卖，主要获取代理佣金或交易手续费；二是以自己的账户直接进行外汇交易，以调整自己的外汇头寸，其目的是减少外汇头寸可能遭受的风险，以及获得买卖外汇的差价收入。外汇银行是外汇市场上最重要的参与者，所进行的外汇交易额占外汇交易的绝大部分，是决定外汇市场供

求的主要力量。

2.中央银行

各国中央银行也是外汇市场的重要参加者，它代表政府对外汇市场进行干预。一方面，中央银行以外汇市场管理者的身份，通过制定法律、法规和政策措施，对外汇市场进行监督、控制和引导，保证外汇市场上的交易有序进行；另一方面，中央银行直接参与外汇市场的交易，主要是依据国家货币政策的需要主动买进或卖出外汇。中央银行的外汇买卖活动实际上充当外汇市场的最后交易者，即因汇率不能充分调整（指达不到均衡汇率的水平）而导致的外汇超额供给或需求都由中央银行购进或出售，进而维持外汇市场的稳定。

3.外汇经纪人

外汇经纪人是指为外汇交易双方介绍交易以获取佣金的中间商人，主要任务是利用其掌握的外汇市场各种行情和与银行的密切关系，向外汇买卖双方提供信息，以促进外汇交易的顺利进行。外汇经纪人一般有三类：（1）一般经纪人，即那些既充当外汇交易的中介又亲自参与外汇买卖以赚取利润者；（2）跑街经纪人，即那些本身不参加外汇买卖而只充当中介赚取佣金的经纪人；（3）经纪公司，即那些资本实力较为雄厚，既充当商业银行之间外汇买卖的中介又从事外汇买卖业务的公司。

4.非银行客户及个人

非银行客户及个人主要指因从事国际贸易、投资及其他国际经济活动而出售或购买外汇的非银行客户及个人。他们有的是为了实施某项经济交易而买卖外汇，如经营进出口业务的国际贸易商、到外国投资的跨国公司、发行国际债券或筹借外币贷款的国内企业等；有的是赚取风险利润的外汇投机者。除此之外，还有其他零星的外汇供求者，如国际旅游者、留学生、汇出或收入侨汇者等。

6.2.2 外汇市场的交易层次

1.银行与客户之间的外汇交易

银行与客户之间的外汇交易是指由外汇银行与顾客之间的外汇交易而形成的市场，又称为"零售外汇市场"。银行一方面从顾客手中买入外汇，另一方面又将外汇卖给顾客，从而成为外汇需求者和外汇供给者的中介。

在外汇市场中，凡是与外汇银行有外汇交易关系的公司企业和私人客户都是外汇银行的顾客，包括进出口商、投资者、投机者，以及其他一些与贸易收支无关的外汇供求者（如留学生、旅游者、侨居者等）。顾客在外汇市场中的作用仅次于外汇银行，他们往往出于各种各样的目的而向外汇银行买卖外汇。根据交易目的的不同可以将市场上的顾客分为三类：第一类是交易性顾客，他们一般是为了满足贸易、投资等实际交易需要而买卖外汇，通常是在外汇市场上将通过各种渠道获得的外汇收入卖给外汇银行以换取本币，或者是在外汇市场上用本币向外汇银行购买外汇，用以进行对外支付，主要包括进出口商、国际投资者、旅游者等；第二类是保值性顾客，他们主要是为了降低汇率波动对外汇资产或负债造成的损失而向外汇银行买卖外汇；第三类是投机性顾客，他们向外汇银行买卖外汇，既不是为了满足实际贸易、投资等需要，也不是为了保值的需要，而是为了获取汇率变动带来的差价利润。

2.银行同业间的外汇交易

银行同业市场是指外汇银行与外汇银行之间进行外汇交易而形成的市场。外汇银行是外汇市场的主要参与者，它们之间的外汇交易主要是为了弥补与客户交易而产生的买卖差额。因为在与客户的外汇交易中，银行难免会在营业日内出现外汇头寸的"多头"（long position，即外汇买入额超过卖出额）或"空头"（short position，即外汇卖出额超过买入额）。为了避免外汇汇率变动的风险，银行需要及时调整外汇头寸。借助同业间的外汇交易，银行可以及时调拨外汇头寸，以轧平外汇头寸，即抛出多头、补进空头。除了调整头寸的需要外，银行出于套利、套汇、投机等目的，也会进行同业间的外汇交易。由于银行同业间的交易规模比较大，所以银行同业市场也被称为"批发外汇市场"。

银行同业间的外汇买卖差价一般要低于银行与顾客之间的买卖差价，原因在于银行之间的交易金额都比较大，通常每笔都在100万美元以上，多者超过1 000万美元，所以尽管买卖差价较小，但是银行仍可以通过"薄利多销"获取可观的收入。在外汇市场的交易中，银行同业间的外汇交易通常要占外汇交易总额的90%左右。正因如此，银行同业市场基本集中了外汇市场的供求流量，从而决定着外汇汇率的高低。

3.外汇银行与中央银行间的外汇交易

中央银行也是外汇市场的重要参与者，但其参与外汇市场交易的目的不同于外汇银行及其他顾客。中央银行参与外汇交易主要是为了干预外汇市场，以保持本币汇率的相对稳定，维护外汇市场的正常运行。当本币汇率过高时，中央银行通过向外汇银行购进外汇，以增加市场对外汇的需求量，从而促使外汇汇率上升、本币汇率下跌；反之，当本币汇率大幅度下跌时，中央银行则通过出售外汇，促使外汇汇率下跌、本币汇率上升。此外，中央银行出于管理外汇储备的需要，也常常要通过外汇银行进行外汇买卖，以调整储备货币的结构。

中央银行实际上也是外汇市场的领导者，因为它们经常要对外汇市场进行干预。为此，要时常进入市场买卖外汇，并且在汇率波动剧烈时，要大量买进或卖出外汇，以影响汇率的走势。所以在一定的条件下，中央银行对外汇市场的影响甚至超过了外汇银行。

6.3　传统外汇交易形式

传统型外汇交易形式，是指20世纪70年代以前外汇市场上普遍采用的外汇交易形式。为了区别于70年代以后出现的一些新的外汇交易方式，故称之为传统型外汇交易方式，这些外汇交易方式主要有即期外汇交易、远期外汇交易、掉期交易、套汇交易和套利交易。

6.3.1　即期外汇交易

1.即期外汇交易的概念

即期外汇交易（spot exchange transaction），又称现汇交易，是指外汇买卖双方以当天外汇市场价格成交后，并在当天或两个营业日内进行交割的外汇交易方式。成交汇率称为即期汇率（spot rate）。

与即期交易相关的若干概念有：

（1）交割，是指交易双方进行货币的清算。

交割通常表现为交易双方分别按照对方的要求将卖出的货币转划进买方指定的银行账户。双方实现货币收付的那一天叫做"交割日"，亦称为"起息日"（value date）。

进行即期外汇交易并不意味着立即进行交割，只要在成交后的两个营业日内完成外汇的交割就属于即期交易。这实际上意味着即期外汇交易的交割有三种情况："T+0"交割（value today），即外汇买卖双方在成交的当天进行交割；"T+1"交割（value tomorrow），即外汇买卖双方在成交后的第一个营业日进行交割；"T+2"交割（value spot），即外汇买卖双方在成交后的第二个营业日进行交割。目前，在世界一些主要的外汇市场上基本都采用"T+2"交割。

（2）营业日，是指两个清算过的银行均开门营业的日子，目的是保证交易双方同时完成货币的收付，避免其中任何一方承担信用风险或利息损失。若其中任何一国遇到节假日，交割日按节假日天数顺延。

即期外汇交易尽管是在两个营业日内进行交割，但对于交易者来说仍存在外汇风险，因为交割银行所处时区的不同会导致交割时间的不同。例如，中国香港的银行与英国伦敦的银行进行的即期外汇交易，虽然交割日都在同一天，但伦敦银行可以比香港的银行至少晚8个小时划转交易的货币。这也就意味着，当中国香港的银行在交割日划转出所售货币后，却可能因伦敦银行的破产而无法收进所购货币。

（3）基本点，简称为点，是表示汇率的基本单位。

一般情况下，一个基本点为万分之一货币单位，相当于小数后的第四个单位数，即0.0001。极少数货币因为数字较大，基本点有些不同。以日元为例，日元价格变动的基本点为0.01单位。例如，欧元/美元即期汇率是1.3260，而美元/日元则为98.06。

2.即期外汇交易的基本程序

即期外汇交易一般成交金额较大，且交易时间很短，交易各方一般要按照一定的程序来进行外汇买卖。

（1）询价。

当一家银行的外汇交易部门接到顾客的委托，要求代为买卖外汇，或银行自身要调整外汇头寸而买卖外汇时，交易员首先要通过电话或电传向其他银行进行询价，询价时通常要自报家门，询问有关货币的即期汇率的买入价、卖出价。询问的内容简洁、完整，包括币种、金额（有时还要包括交割日）。此外，询价时不要透露出自己是想买进还是想卖出，否则对方会抬价或压价。

（2）报价。

当一家银行的外汇交易部门接到询价时，一般要求做出回答，即报价。报价是外汇交易的关键环节，因为报价合理与否关系到外汇买卖是否能成交。报价时银行要同时报出买价和卖价，并且通常只报出交易汇率的最后两位数，例如，美元兑瑞士法郎的汇率为0.9293/0.9294，银行只需报"93/94"。报价时必须遵守"一言为定"的原则，只要询价方愿意按报价进行交易，报价行就要承担按此报价成交的责任，不得反悔或变更。

（3）成交。

当报价行报出买卖价后，询价方要立即做出答复，是买进还是卖出，以及买或卖的货币金额。若不满意报价，询价方可回答"Thanks Nothing"，表示谢绝交易，此时报价便对双方无效。

（4）确认。

在报价行做出交易承诺之后，通常是回答"Ok，Done"，交易双方还应将买卖的币种、汇率、金额、起息日期以及结算方法等交易细节再相互证实或确认一遍。

（5）结算。

这是即期外汇交易中的最后一个环节，即在双方交易员将交易的文字记录交给交易后台后，由后者根据交易要求指示其代理行将卖出的货币划入对方指定的银行账户。银行间的收付款即各种货币的结算是利用SWIFT系统，通过交易双方的代理行或分行进行，最终以有关交易货币的银行存款的增减或划拨为标志。

3.即期外汇交易的报价

报价是外汇即期交易的关键环节，外汇银行在报价时也遵循一定的惯例：

（1）采用美元标价法。

所有在外汇市场上交易的货币，除有特别说明的以外，都以美元作为标准来报价。当交易员向某行询问日元以及瑞士法郎的汇价时，银行报出的是美元兑日元和美元兑瑞士法郎的汇价，若要知道日元兑瑞士法郎的汇价，一般是通过美元进行套算。

（2）采用双向报价，即同时报出买价和卖价。

报价排列是"前小后大"，直接标价法下的顺序是买入价/卖出价；在间接标价法下的顺序是卖出价/买入价。

（3）通过电话、电传等报价时，报价银行一般只报汇率的最后两位数字。

汇率的标价通常为5位有效数字，由于外汇交易人员对各种货币对美元的汇率很清楚，银行间报价时，只报最后两位数字。比如，英镑兑美元的汇率为GBP1=USD1.5224/1.5234，交易员只报24/34即可。

6.3.2　远期外汇交易

1.远期外汇交易概述

远期外汇交易（forward transaction），也称期汇交易，是指外汇买卖双方先签订合同，约定买卖外汇的币种、数额、汇率和将来交割的日期，但是当时并不实际进行交付，而是到规定的交割日期，再按合同办理交割。

关于远期外汇交易的概念应注意以下几点：

（1）在远期外汇交易中，交易双方必须订立远期合约。

远期合约要详细载明买卖双方的姓名、商号、币种、金额、汇价、远期期限及交割日等。合约一经签订，双方必须按期履行，不能任意违约。若有一方在交割期以前要求取消合约，由此而遭受损失的一方，可向取消合约方索取赔偿金。

（2）远期期限。

远期外汇交易的期限有长有短，常见的有1个月、2个月、3个月、6个月和1年，最常见的是3个月期限的远期外汇交易。以上期限的交易称为标准期限的交易，除此以外的远期交易日期则称为不规则日期。个别可达1年以上，称为超远期。

（3）交割日的确定。

远期外汇交易中交割日的确定主要有两种情况：一是固定交割日，即交易双方成交时约定交割日期，一般是按成交日期加相应月数确定交割日。例如，7月15日的一笔3个月期的外汇交易，其交割日期则为10月15日。但若遇交割日为交割银行休假日，则向后延至下一个营业日；但如果交割日是在月底且正好是交割银行的休假日，则交割日提前一天。二是非固定交割日，亦称为择期外汇交易，即买卖双方可以在约定期限内的任何一个营业日办理交割。如上例，签约日为7月15日，则交割日可以是7月18日至10月15日期间的任何一个营业日。

2.远期汇率的报价

在远期外汇交易中使用的汇率是远期汇率（forward rate）。远期汇率以即期汇率为基础，受相关两种货币利率差异影响。即期汇率与远期汇率之间必然存在着差额，称为远期差价或远期汇水，包括升水、贴水和平价三种情况。

远期汇率的报价可以采用两种方法：

（1）直接标明远期汇率。

直接标明远期汇率即直接报出远期汇率的具体数字，采用这种方法的国家有日本、瑞士等少数国家。例如，东京外汇市场上美元兑日元1个月的远期汇率为97.91/98.91。

（2）差价报价。

外汇银行只公布即期汇率而不直接公布远期汇率，远期汇率是在即期汇率的基础上，通过远期外汇与即期汇率的差价来表示的。

差价报价法可以直接用升、贴水表示，即报出升贴水数，然后在即期汇率上加减升贴水数得出远期汇率。英国、德国、美国和法国等国采用这种方法。

由于汇率的标价方法不同，计算远期汇率的方法也不同：

直接标价法下：远期汇率=即期汇率+升水

远期汇率=即期汇率-贴水

间接标价法下：远期汇率=即期汇率-升水

远期汇率=即期汇率+贴水

例如，某日在伦敦外汇市场上美元的即期汇率为 GBP1=USD1.5147/1.5167，3个月远期美元升水 0.35-0.32美分，则3个月远期美元汇率应由即期汇率减去升水数，即：

即期汇率：1.5147 / 1.5167

美元升水：0.0035 / 0.0032

远期汇率：1.5112 / 1.5135

另一种差价报价法，是用"点数"来表示。外汇银行在报价时，只报出远期汇率升、贴水的点数，而且并不说明是升水还是贴水。所报出的点数有两栏数字，分别代表买入价与卖出价变动的点数。

例如，某日中国外汇市场 USD/CAD 报价：

即期汇率：　　1.0324/1.0340

1 个月远期：　　10/15

3 个月远期：　　35/25

6 个月远期：　　55/40

此时，远期汇率的计算首先要判断升贴水。当买价变动小于卖价变动时，即为升水；当买价变动大于卖价变动时，即为贴水。其次，不同标价法下买卖价格位置不同。直接标价法下，前面是买价，后面是卖价；间接标价法下，前面是卖价，后面是买价。经过归纳，我们可以得出计算远期汇率的一个规则：不管是什么标价法，如果远期汇率点数顺序是前小后大，就用加法；如果是前大后小，就用减法，即"前小后大往上加，前大后小往下减"。

根据这一计算规则，可得出上例中加拿大银行所报出的美元远期汇率：

即期汇率：　　　　1.0324/1.0340

1 个月远期：　　　1.0334/1.0355

3 个月远期：　　　1.0289/1.0315

6 个月远期：　　　1.0269/1.0300

3.远期外汇的应用

（1）出口商出口收汇保值。

出口商发出出口货物后，往往要在一段时间后才能收到对方用外币支付的出口货款。如果日后收到货款时，该种外币出现贬值，那么出口商就会遭受损失。为避免这一风险，出口商在出口货物时，可通过做一笔卖出远期外汇的交易，对其出口收益进行保值。

【例6-1】国内某出口商与美国某公司签订了一笔价值为100万美元的出口合同，约定1个月后收款。由于预期人民币对美元会继续升值，该出口商将面临汇率风险。问：该出口商如何运用远期交易避险？当天中国银行报价如下：即期汇率 USD/CNY 为 6.1289/6.1290，1个月远期差价为50/35。该出口商的成交价为多少？若1个月后人民币对美元即期汇率升到 6.1200，该出口商通过远期交易避免了多少损失？

解：该出口商可通过出售 100 万的 1 个月远期美元来防止美元汇率下跌的风险。

该出口商的成交价为：1 美元=6.1264 元人民币（6.1289-0.0025）。

尽管 1 个月后出口商收到 100 万美元时，美元对人民币即期汇率跌至 6.1200，但由于该出口商已远期结汇，仍可以按远期价格 6.1264 卖出 100 万美元，收入 6 126 400 元人民币，避免损失 6 400 元人民币（6 126 400-1 000 000×6.1200）。

（2）进口商付汇保值。

进口商从国外进口商品，往往需要用外币支付货款，而且通常要等到收到进口货物后才支付款项。这样就使进口商面临着外汇风险，一旦付款日外币市场即期汇率出现上升，那么进口商购买一定量的外汇就需支付更多的本币。为避免这一风险，进口商可通过做一笔买进期汇的远期交易，以固定进口成本。

【例 6-2】某港商从美国进口了一批设备，须在 2 个月后支付 5 000 000 美元。为避免 2 个月后美元汇率上升而增加进口成本，港商决定买进 2 个月期的 5 000 000 美元。假设签约时，美元/港元的即期汇率为 7.7750/60，2 个月的远期差价为 15/25。如果付款日市场即期汇率为 7.7880/90，那么港商不做远期交易会受到什么影响（不考虑交易费用）？

解：港商买进 2 个月期的 5 000 000 美元，预期支付：

5 000 000×（7.7760+0.0025）=38 892 500（港元）

港商在付款日买进 5 000 000 美元现汇需支付：

5 000 000×7.7890 = 38 945 000（港元）

港商若不做远期交易将多支付 52 500 港元。

（3）投机性远期外汇交易。

投机性远期外汇交易是投机者基于预期未来某一时点市场上的即期汇率与目前市场上的远期汇率不一致而进行的远期外汇交易。利用远期外汇交易进行投机有"买空"和"卖空"两种基本形式。

买空（buy long）的投机是基于外汇即期汇率将要上升的预期。如果在远期合约到期时，市场即期汇率果然上升，则合约持有者可以用约定价格交割远期合约，然后将外汇转到现汇市场上以高于买入价卖出，获取利差。该收益扣除用于买空的一些交易费用，便是投机利润。当然，若市场汇率的变动与投机者的预期相反，投机者则会遭受损失。

【例6-3】假设某日东京外汇市场上美元/日元的6个月远期汇率为98.10/20。某投机商预期半年后美元/日元的即期汇率将为99.50/60。若预期准确，在不考虑其他费用的情况下，该投机商买入6个月期的1 000 000美元，可获多少投机利润？

解：投机商买入6个月的1 000 000美元预期支付：

1 000 000 ×98.20 = 98 200 000（日元）

投机商半年后在即期市场上卖出1 000 000美元现汇可收进：

1 000 000×99.50 = 99 500 000（日元）

投机获利：

99 500 000-98 200 000=1 300 000（日元）

同理，卖空（sell short）是投机者基于对外汇即期汇率将会下跌的预期而在市场上卖出远期外汇的一种投机活动。若到交割日市场即期汇率低于远期合约协定的汇率，投机者便可在现汇市场上买进即期外汇来交割远期合约，从而获取投机利润。

4.远期汇率的决定

在远期外汇交易中，外汇银行报出的远期汇率的升、贴水的依据是什么呢？假定美元的年利率为5%，而在德国，欧元的存款利率为2%，两国利差为3个百分点。如果客户向银行用美元购买3个月的远期欧元，银行便按照即期汇率用美元买入欧元，将欧元存放于银行以备3个月后交割。这样，银行就要放弃美元的高利息，显然银行不会承担这部分损失，它会把这个因素打入欧元的汇价，从而将损失转嫁到客户头上。因此，远期欧元就要比即期的贵，即远期欧元升水。

由此我们可以得出这样一个结论：两种货币的利差是决定他们远期汇率的基础，利率高的货币，远期汇率会贴水；利率低的货币，其远期汇率会升水。而根据利率平价理论，我们可以用比较简单近似的公式来进行计算：

$$升水（或贴水）数字=即期汇率×两种货币的利差×\frac{月数}{12}$$

在正常情况下，两种货币的利率差是决定货币升、贴水及其数值大小的主要因素，但不是唯一因素。国际政治经济形势、货币国的经济政策、中央银行对外汇市场的干预措施等都会不同程度地影响货币的远期汇率。

6.3.3 套汇

所谓套汇（arbitrage transaction），是指利用不同外汇市场在同一时刻的汇率差异，在汇率低的市场大量买进，同时在汇率高的市场卖出，通过贱买贵卖赚取利润的外汇业务。

套汇的种类有地点套汇、时间套汇和利息套汇。时间套汇就是后面讲到的掉期交易；利息套汇又叫套利。通常所说的套汇指的是地点套汇（space arbitrage），即利用不同外汇市场上的汇率差异而进行的外汇买卖。这里我们提到的套汇都是地点套汇，地点套汇的形式主要有直接套汇和间接套汇两种。

1.直接套汇

直接套汇（direct arbitrage），又叫两角套汇或两地套汇，是指利用某种货币在两个不同地点的外汇市场上同一时间所存在的汇率差异，对同一种货币进行低买高卖，从中赚取差价收益。

【例6-4】在某一时刻，纽约外汇市场和东京外汇市场上，美元对日元的汇率如下：

纽约　　USD/JPY =99.56/99.80

东京　　USD/JPY =100.00/100.20

可见美元在纽约市场上比东京市场上便宜，投资者此时可按如下方法套汇获利：

在纽约市场上按照USD/JPY = 99.80的价格，以99.80日元买入1美元；同时在东京市场上按照USD/JPY =100.00卖出1美元，获得100.00日元。这样，在不考虑交易费用的情况下每1美元可以得到20点位日元的差价收益。若投资者以100万美元套汇，则可赚20万日元。

上述套汇活动可以一直进行下去，直到美元与日元两地汇差消失或接近。当然，套汇业务要花费电传、佣金等费用，因此套汇利润必须大于套汇费用，否则套汇将无利可图。

2.间接套汇

间接套汇（indirect arbitrage）又称三角套汇，是指套汇人利用三个不同地点的外汇市场在同一时间的汇率差异，同时在三地市场上贱买贵卖进行的套汇。

进行间接套汇首先要判断三地市场上是否存在套汇机会，一般来说我们假定在一个市场上投入1单位货币，经过市场中介，收入的货币不等于1单位，就说明三个市场汇率存在差异。因此简单的判别方法是：首先将各个外汇市场上的汇率都变成直接标价法，然后将每个市场的汇率进行连乘。其次，若结果等于1，说明没有套汇获利机会；如果结果大于1，则表明可以套汇，而且得出连乘算式的买卖顺序即为套汇顺序；第二种情况是小于1，这仍表明可以套汇，只是以得出连乘算式的买卖顺序作为套汇顺序有误，可以反方向进行套汇。

【例6-5】在某日的同一时间，法兰克福、伦敦、纽约三地外汇市场的现汇行情如下：

在法兰克福外汇市场：　1英镑=1.1510/1.1530欧元

在纽约外汇市场：　1欧元=1.3513 /1.3530美元

在伦敦外汇市场：　1英镑=1.5117 /1.5130美元

套汇过程如下：

（1）换成直接标价法。

在法兰克福外汇市场：　1英镑=1.1510 / 1.1530 欧元

在纽约外汇市场：　1欧元=1.3213 / 1.3230 美元

在伦敦外汇市场：　1美元=1÷1.5130 / 1÷1.5117 英镑

（2）假设以欧元作为套汇货币，先从法兰克福市场卖出英镑收进欧元，然后在纽约市场卖出欧元换回美元，最后再在伦敦市场卖出美元换回英镑，连乘算式为：

$1.1510 \times 1.3513 \times (1/1.5130) = 1.0280 > 1$

因此存在套利机会，且方向正确。

（3）套汇过程。

在法兰克福外汇市场：卖出1万英镑，收入11 510欧元

在纽约外汇市场：卖出11 510欧元，收入11 510×1.3513=15 553.463美元

在伦敦外汇市场：卖出15 553.463美元，收入15 553.463/1.5130=10 279.883英镑

因此本次套汇过程可获利279.883英镑。

如果上例中连乘算式的结果小于1，表明先从法兰克福市场卖出英

镑有误，而应该转为先从伦敦市场卖出英镑，仍可获利。

6.3.4　套利

所谓套利（interest arbitrage），又称利息套汇，是指投资者根据两国市场短期利率的差异，将资金从利率较低的国家调往利率较高的国家，以赚取利差收益的一种行为。由于在套利活动中往往涉及货币的交易，因此将其视为因转移资金而派生出来的一种外汇交易。

根据是否对套利交易所涉及的汇率风险进行抵补，套利可分为非抵补套利和抵补套利。

1.非抵补套利

非抵补套利（uncovered interest arbitrage）是指投资者单纯根据两国市场利率的差异，将资金从低利率货币转向高利率货币，而不同时进行反方向交易轧平头寸。

【例6-6】假设4月初美国的3个月国库券利率为2%，而英国3个月国库券利率为6%，英镑与美元的即期汇率为1英镑=1.50美元。为谋取利差收益，某投资者欲将150万美元转到英国投资半年。如果半年后汇率没有发生变动，该投资者的套利情况如何？

（1）如果没有套利，该投资者在美国购买3个月国库券，3个月到期后本利和为：

$150×（1+2\%×1/4）=150.75$（万美元）

（2）4月初将150万美元换成英镑：$150/1.5=100$（万英镑）

将100万英镑在英国购买国库券，3个月到期后本利和为：

$100×（1+6\%×1/4）=101.5$（万英镑）

将英镑投资本利和换回美元，投资者可得152.25万美元；15 000美元为套利所得。

但是，该例中的套利活动并未考虑汇率变动的风险，所以对该投资者而言收益是不确定的，一般半年后英镑汇率出现下跌，那么套利收益就会受到损失。因此，投资者在进行套利时往往需要结合一些外汇交易手段，以避免外汇风险，这就是抵补套利。

2.抵补套利

抵补套利（covered interest arbitrage）是指投资者在将资金从低利率国调往高利率国的同时，在外汇市场上卖出远期高利率货币，以避免套利中的汇率风险。

【例6-7】如上例中，若3个月后英镑/美元的即期汇率跌为1英镑=1.45美元，则该投资者半年后收回的101.5万英镑只能兑换到147.175万美元，套利出现损失。这时候应考虑采用抵补套利。假设4月初英镑/美元3个月的远期汇率为1英镑=1.49美元，则该投资者可利用远期交易来进行如下抵补套利：

（1）4月初将150万美元换成英镑：150 / 1.5 = 100万英镑

将100万英镑在英国购买国库券，3个月到期后本利和为：

$100×（1+6\%×1/4）=101.5$（万英镑）

（2）同时将预计得到的本利和101.5万英镑在远期外汇市场上卖出可得：

$101.5 × 1.49 = 151.235$（万美元）

（3）3个月后，投资者可得151.235万美元，避免了汇率大幅下跌的风险，套利可获收益为：

$151.235 - 150.75 = 0.485$（万美元）$= 4\,850$（美元）

需要指出的是，一旦投资者以远期的方式卖出英镑后，无论3个月后英镑/美元的即期汇率是上涨还是下跌，都不改变其抵补套利的结果。因此抵补型套利，实际上是投资者利用远期外汇买卖来防范未来可能发生的货币兑换损失抵消甚至超过利差的收益。因此，套利活动的可行性实际上取决于两国利息率差异和货币兑换的即期汇率与远期汇率差异这两个因素的比较。若前者大于后者，则套利可以进行；若前者小于后者，则套利不可行；若两者相等，则套利没有必要。

但是根据利率平价理论，外汇的远期差价是由两国利率的差异决定的，高利率国的货币远期必然贴水，低利率国的货币必然升水。在套汇过程中，一方面在外汇市场上，套汇者会大量买进某种货币的现汇，同时大量出售该种货币的期汇，因而使该货币的即期汇率提高、远期汇率降低，从而扩大即期汇率同远期汇率的差异；另一方面在货币市场上，短期资金不断从利率低的国家流向利率高的国家，也会缩小两国的利率差异。这两方面作用的结果，会使两个差额之间的差距逐渐缩小，直至相等。此时，套汇活动停止，外汇市场和货币市场也处于均衡。

6.3.5 掉期

掉期（swap transaction）也叫时间套汇，从广义上讲应属于套汇的一种，是指同时买入或卖出同种货币、同等数额而期限不同的外汇，以避免汇率风险或套取汇率、利率差额的外汇交易。

1.掉期交易的类型

按照掉期交易的买卖对象，掉期可以分为纯粹的掉期和制造的掉期。纯粹的掉期是指两笔期限不同的交易是同时与同一个对手进行的掉期。制造的掉期是指两笔期限不同的交易是与不同对手分别进行的掉期。

按照掉期交易的交割期限可以划分为：

（1）即期对远期的掉期，是指买进或卖出某种即期外汇的同时，卖出或买进同种货币的远期外汇。这是掉期交易中最常见的形式，国际投资者投资保值、进出口商的远期交易的展期、外汇银行筹措外汇资金都可以利用这种方式。

（2）即期对即期的掉期，是指买进或卖出某种即期货币的同时，卖出或买进同种货币的即期。区别在于它们的交割日期不同，可以分为今日对明日掉期、明日对后日掉期以及即期对次日的掉期。这类掉期交易主要用于外汇银行之间的交易，目的在于避免同业拆借过程中存在的汇率风险。

（3）远期对远期的掉期，是指买进或卖出货币金额相同，但方向相反、交割期限不同的两笔远期交易。可以是买进或卖出较短期限的远期，同时卖出或买进较长期限的远期；也可以是买进或卖出较长期限的远期，同时卖出或买进较短期限的远期。折中掉期可以利用有利的汇率机会，并且能够从汇率的变动中获取好处。

2.掉期交易的应用

（1）套期保值。

可用于进出口商存在不同期限、数额相当的外汇应收款和应付款的情况。

【例6-8】中国香港某公司进口一批货物，根据合同1个月后须支付货款10万美元；该公司同时将这批货物转口外销，预计3个月后收回以美元计价的货款。香港外汇市场的汇率如下：

1个月USD/HKD汇率：7.7560—7.7580

3个月 USD/HKD 汇率：7.7520—7.7540

该公司做以下掉期操作：

买进1个月远期美元10万，支付77.58万港币。

卖出3个月远期美元10万，收取77.52万港币。

付出掉期成本0.06万港币（77.58-77.52）。此后无论美元汇率如何波动，该商人均无外汇风险。

（2）使远期外汇交易展期或提前到期。

【例6-9】我国某外贸公司3个月后有一笔100万欧元的出口收入，为避免欧元下跌带来损失，该公司卖出了3个月的远期欧元。但是3个月到期时，欧洲进口商表示无法按期付款，希望延期付款1个月。这就造成了我国外贸公司与银行签订的远期合约无法履行的问题。此时，该外贸公司可进行如下操作：

买进即期欧元100万，了结到期的3个月远期合约；

卖出1个月远期欧元100万，防范1个月后应收货款的外汇风险。

这样，该公司通过掉期交易对远期欧元合同进行了展期，达到了保值的目的。在此过程中，该公司要付出的掉期成本，即即期汇率与1个月远期汇率之间的差额。

（3）轧平银行外汇头寸。

【例6-10】某银行收盘时，外汇头寸出现了以下情况：3个月远期美元超卖100万，6个月远期美元超买100万；同时，3个月远期日元超买9830万，6个月远期日元超卖9840万。当时市场汇率如下：

3个月远期：USD/JPY 98.00 / 98.30

6个月远期：USD/JPY 98.50 / 98.70

若银行对空头和多头分别进行抛补，需安排多笔交易，成本较高。此时可以采用掉期交易，以日元换美元，操作如下：

买进3个月远期美元100万，同时卖出3个月远期日元9830万（汇率为98.30）；

卖出6个月远期美元100万，同时买入6个月远期日元9850万（汇率为98.50）。

这样，除了弥补6个月远期日元空头，还可收益10万美元。通过掉期交易，使美元和日元头寸达到平衡。

6.4 外汇衍生交易

衍生外汇交易是衍生金融交易的一种。衍生金融交易是指以利率、外汇、股票为基础衍生出来的金融交易。20世纪70年代，随着浮动汇率制度的实行，外汇交易者面临的汇率风险越来越大。为了更有效地避免汇率风险，外汇市场相继出现了一些新的交易方式，如外汇期货交易、外汇期权交易等。起初，衍生外汇交易只是作为一种防范金融风险的方法，但是20世纪90年代以后，已逐渐成为众多金融机构表外业务中重要的获利手段。

6.4.1 外汇期货

1.外汇期货交易的概念

外汇期货交易（foreign exchange future transaction）是指在固定场所（期货交易所）进行标准化的外汇期货合约买卖的一种外汇交易方式。

外汇期货属于一种金融期货，它起源于商品期货交易。由于20世纪70年代后，国际汇率制度逐渐由固定汇率制转向浮动汇率制，从而使汇率风险剧增，为了有效防范汇率频繁波动带来的风险，便在传统远期外汇交易的基础上产生了以商品期货形式来做外汇交易的外汇期货交易。

外汇期货交易最早出现在美国芝加哥商业交易所（Chicago Mercantile Exchange，CME）1972年5月16日，CME建立"国际货币市场"（international monetary market，IMM），其主要目的就是要将商品期货的交易经验运用于外汇交易，即开办外汇期货交易。继IMM之后，1982年9月，伦敦国际金融期货交易所（London International Financial Future Exchange，LIFFE）宣告成立，并开始经营英镑、德国马克、瑞士法郎和日元四种货币的期货交易。此后，加拿大、荷兰、澳大利亚、新西兰等国也相继建立外汇期货交易所，经营外汇期货，从而使外汇期货交易在国际上得到迅速发展。

2.标准化的外汇期货合约

与远期外汇交易相似，外汇期货交易也是在将来某一时期按照约定价格买卖一定数量外汇的交易活动，但与远期外汇交易不同的是，外汇期货交易是通过买卖标准化的期货合约来进行的外汇买卖。外汇期货合约的标准化主要体现在：

（1）交易币种。

各外汇交易所分别规定有特定的外汇期货交易币种，如IMM主要做经营的外汇期货币种包括英镑、欧元、日元、瑞士法郎、加拿大元、澳元、瑞典克朗、新西兰元、捷克克朗、挪威克朗、匈牙利福林、波兰兹罗提、巴西雷亚尔、韩国韩元、印度卢比、人民币元等。

（2）合约面额。

各期货交易所都对外汇期货合约的面额作了特别规定，各种货币的交易量必须是合约面额的整数倍。例如，IMM对每份合约数额规定：GBP/USD期货合约的面额是625 000英镑；AUD/USD期货合约的面额是100 000澳元；EUR/USD期货合约的面额是125 000欧元；CAD/USD期货合约的面额是100 000加元。

（3）交割月份及日期。

交割月份是指期货交易所规定的期货合约的到期月份。大多数期货交易所都以3月、6月、9月、12月作为交割月份。

交割日期是指进行期货合约实际交割的日期，即具体为交割月份的某一天，如IMM规定交割日为交割月的第三周的星期三。如果在合约到期前（一般为交割日的前2个营业日），交易者未做对冲交易（即进行反向交易），那么就必须在交割日履行期货合约，进行现货交割。

（4）价格波动。

在外汇期货交易中，每种货币期货合约都规定有价格变动的最低限度和日价格波动的最高限度。价格变动的最低限度是指进行外汇期货合约买卖时，合约价格每次变化的最低数额，如IMM规定英镑合约价格变动的最低限度为2个基本点，即0.0002美元，这就意味着每张英镑合约的每次报价必须高于或低于上次报价的6.25（62 500×0.0001）美元。日价格波动的最高限度是指一个营业日内期货合约价格波动的最高幅度，一旦期货合约价格波动达到或超过这一限度，交易即自动停止。

3.外汇期货交易与远期外汇交易的区别

外汇期货交易是在远期外汇交易的基础上发展而来的，但它与远期外汇交易又有着诸多的区别。这些区别主要有：

（1）交易场所与方式。

外汇期货交易是在有形市场即在固定的期货交易所内进行的，并由场内经纪人采用竞价方式竞价成交；而远期外汇交易一般是在无形市场上进行，不涉及固定的交易场所，基本是在外汇银行、外汇经纪人和顾客之间通过电话、电传等通信网络来进行，由买卖双方经过询价和报价来确定成交价格。

（2）市场参与者。

外汇期货交易的参与者可以是任何按照规定缴存了保证金的公司企业、机构以及个人，不受资格限制；而远期外汇交易虽无资格限制，但实际上多限于一些信誉良好、与银行有密切往来关系的大厂商，广大的个人投资者和中小企业则难以参加交易。

（3）交易合约。

正如前文所述，外汇期货交易合约是标准化的；远期外汇交易合约却是非标准化的，交易币种、交易金额、交割日期均由买卖双方自由议定，而且没有价格波动的限制。

（4）保证金。

外汇期货交易采用保证金制度，参加外汇期货交易的客户必须按规定事先缴存一定数量的初始保证金，如果在交易中因亏损而使保证金账户上的余额低于维持保证金，客户还必须追缴保证金；远期外汇交易一般不收取保证金，但要求客户有极高的信誉。

（5）结算制度。

外汇期货交易采用每日结算制度，每天营业结束后，由清算机构根据清算价格对当日尚未平仓的合约进行结算，并据此对有关当事人的保证金账户进行调整；远期外汇交易一般要到交割日才由买卖双方进行结算。

（6）合约的交割。

外汇期货交易的双方虽有履约的义务，但绝大多数交易者都是在期货合约到期前通过做一笔反向交易而终止实物交割义务；远期外汇交易的参加者则基本上要在合约到期后履行交割义务，完成实物的交割。

（7）信用风险。

外汇期货交易因采用保证金制度和日结算制度，且有清算机构的介入，所以一般不存在信用风险；远期外汇交易多半是仅凭信用而达成的，这就存在交易双方可能违约的风险。

（8）管理方式。

外汇期货交易要受到政府较严格的管制，各国一般都有专门的期货管理部门对期货交易进行管理；远期外汇交易在很大程度上则是实行自我管理，一般仅受合同法和税法的制约。

4.外汇期货交易的实际应用

（1）外汇期货的套期保值。

所谓套期保值，是指利用期货交易来降低或减少现货市场价格波动风险的一种经济活动。利用外汇期货交易进行套期保值，主要是根据外汇期货价格与现汇价格变动方向一致的特点，通过在外汇期货市场和现汇市场的反向买卖，以达到所持有的外汇债权或外汇债务进行保值的目的。外汇期货套期保值分为空头套期保值和多头套期保值两种：

第一，空头套期保值（short hedge）。

空头套期保值是在外汇期货市场上先卖出某种货币的外汇期货，然后买进平仓，以冲抵汇率下跌给所持有的外汇债权带来风险。

【例6-11】假设8月10日美国某公司出口了一批商品，3个月后可收到80万澳元。为防止3个月后澳元贬值，公司决定用AUD/USD期货（每份合约100 000澳元）进行套期保值。套期保值的操作见表6-1。

表6-1 外汇期货的空头套期保值

现汇市场	外汇期货市场
8月10日 预收80万澳元 汇率：1USD=1.1200AUD 折合美元：800 000÷1.1200=714 285.71（美元）	8月10日 卖出8份12月份澳元期货 汇率：1AUD=0.8960USD 价值：100 000×8×0.8960=716 800（美元）
11月10日 卖出80万澳元 汇率：1USD=1.1230AUD 折合美元：800 000÷1.1230=712 377.56（美元）	11月10日 买进8份12月份澳元期货 汇率：1AUD=0.8900USD 价值：100 000×8×0.8900=712 000（美元）
亏损712 377.56-714 285.71=-1 908.15（美元）	盈利：716 800-712 000=4 800（美元）

从表6-1中可以看到，由于3个月后澳元贬值，该公司少收入1 908.15美元，但在期货市场上实现盈利4 800美元。当然如果3个月后澳元汇率上升，该公司在期货市场上受损，但在现汇市场上可以多收美元，得到弥补。

第二，多头套期保值（long hedge）。

多头套期保值是在期货市场上先买进某种货币期货，然后卖出平仓，以抵消现汇汇率上升给外汇债务带来的风险。

【例6-12】假设6月初美国某公司从英国进口了一批价值250 000英镑的货物，3个月后支付货款。为防止因英镑汇率上升而增加进口成本，公司便准备通过英镑期货（每份合约62 500英镑）交易来进行套期保值。具体操作见表6-2。

表6-2　　　　　　　　　　　**外汇期货的多头套期保值**

现汇市场	外汇期货市场
6月初 汇率：1英镑=1.5300美元 250 000英镑折合382 500美元	6月初 买进：4份9月份英镑期货 价格：1英镑=1.5320美元 价值：62 500×4×1.5320 = 383 000（美元）
9月初 买进：250 000英镑 汇率：1英镑=1.5500美元 支付：387 500美元	9月初 卖出：4份9月份英镑期货 价格：1英镑=1.5550美元 价值：62 500×4×1.5550= 388 750（美元）
损失：382 500－387 500 =－5 000（美元）	盈利：388 750－383 000=5 750（美元）

从表6-2中可以看出，尽管因英镑汇率上升而使公司3个月后在现汇市场上买进250 000英镑多支付了5 000美元，但因在期货市场上做了多头套期保值而盈利了5 750美元，从而抵消了现汇市场上的损失。同样道理，如果3个月后英镑汇率出现下跌，那么该公司在期货市场上的亏损可用现汇市场上的风险收益来抵消。

（2）外汇期货的投机。

与套期保值者不同的是，投机者没有实际持有外币债权或债务，而是纯粹根据自己对外汇期货行情变动的预测，进行对冲来赚取差价利润。如果预测汇率上涨买入外汇期货合约，则是多头（买空）；如果预测下跌而卖出外汇期货合约则是空头（卖空）。如果行情与所预测方向相反，则该投机者直接遭受损失。

【例6-13】假设8月初某投机者预测1个月后瑞士法郎对美元的汇率将上升，于是买进10份9月份瑞士法郎期货（每份合约金额为125 000瑞士法郎），支付保证金15 000美元，成交价格为1瑞士法郎 = 0.7836美元。假如1个月后瑞士法郎对美元的汇率果然上升，该投机者以1瑞士法郎 = 0.7962美元抛出10份瑞士法郎期货，可获多少投机利润？

解：8月初投机者买进10份9月份瑞士法郎期货，总价值：

125 000×10×0.7836 = 979 500（美元）

9月初投机者抛出10份9月份瑞士法郎期货，总价值：

125 000×10×0.7962 = 995 250（美元）

投机利润：995 250 − 979 500 = 15 750（美元）

6.4.2 外汇期权

1.外汇期权交易的概念

期权（option）的英文原意是"选择权"，是由买方选择买或卖一种标的物的权利。所谓外汇期权交易（foreign exchange option transaction），是指期权合约买方在支付一定费用后，可以获得在约定时间内决定是否按规定的价格买卖约定数量的某种货币的权利或放弃这种权利的一种交易。

在外汇期权交易中，交易双方实际上是就"选择权"进行交易，买方为获得"选择权"要向卖方支付一定的费用，这种费用通常称为期权费（premium）。在买进"选择权"后，买方就有权决定是否根据合约规定的价格买外汇。当外汇市场行情对交易不利时，买方就执行期权合约，即按约定价格向期权卖方买进或卖出某种外汇；当外汇市场行情有利于交易时，买方有权放弃期权合约，即不按合约规定向期权卖方买进或卖出某种外汇，而是到市场上按有利的价格买进或卖出外汇，损失的仅为期权费。

2.外汇期权的种类

（1）按行使期权的有效时间划分为欧式期权和美式期权。

欧式期权（European option）是买方只能在合约到期日才能执行的期权。由于这种期权在欧洲国家比较流行，故称为欧式期权。

美式期权（American option）是期权买方在合约到期日之前的任何一个营业日都可以执行的期权。

（2）按外汇交易的买卖权划分为看涨期权和看跌期权。

看涨期权（call option）又称买权，它是期权买方支付期权费后，可在约定的期限按协定价格买进约定数量的某种外汇的期权。通常是在预测外汇汇率将上升时，为避免外汇债务遭受风险而购买看涨期权。一旦日后外汇汇率上升，看涨期权持有人便可行使期权，以低于市场汇率的协定价格向期权卖方买进约定数量的外汇；如果日后外汇汇率下跌，看涨期权持有人则可放弃期权合约，损失的只是预先支付的期权费。

看跌期权（put option）又称卖权，它是期权买方支付期权费后，可在约定的期限按协定价格卖出约定数量的某种外汇的期权。通常是在预测外汇汇率将下跌时，为避免外汇债权遭受损失而购买看跌期权。一旦日后外汇汇率下跌，看跌期权持有人便可行使期权，即以高于市场汇率的协定价格向期权卖方卖出约定数量的外汇；如果日后外汇汇率上升，看跌期权持有人则可放弃期权合约，损失的只是预先支付的期权费。

（3）外汇期权的应用。

第一，买入看涨期权。

通常是负有外汇债务的进口商和借款者为避免外汇汇率上升的风险，通过买入外汇看涨期权，以达到保值的目的。在看涨期权有效期内，如果市场即期汇率高于或等于期权的协定价格，就执行期权；如果市场即期汇率低于期权的协定价格，就放弃期权。

【例6-14】假设3月初美国某公司预计3个月后要支付100 000瑞士法郎的进口货款，为防范瑞士法郎汇率大幅度上升的风险，便买进4份6月份瑞士法郎欧式看涨期权。已知：6月份瑞士法郎欧式看涨期权协定价格为1瑞士法郎=0.9600美元，期权费为每瑞士法郎0.02美元。假设3个月后市场即期汇率可能出现：（1）1美元=1.0150瑞士法郎；（2）1美元=1.0500瑞士法郎。分别计算两种情况下该公司需支付的美元总额。

解：在6月份，1美元=1.0150瑞士法郎的情况下，瑞士法郎汇率高

于期权的协定价格,公司便可执行期权,按1瑞士法郎=0.9600美元的协定价格买进100 000瑞士法郎:

支付美元:100 000×0.9600 = 96 000(美元)

支付期权费:100 000×0.02=2 000(美元)

支付美元总额:96 000 + 2 000 = 98 000(美元)

在1美元=1.0500瑞士法郎的情况下,瑞士法郎汇率低于期权的协定价格,公司便可放弃期权,而从市场上买进100 000瑞士法郎:

支付美元:100 000÷1.0500= 95 238(美元)

损失期权费:100 000×0.02=2 000(美元)

支付美元总额:95 238 + 2 000=97 238(美元)

第二,买入看跌期权。

买进看跌期权的目的,是套期保值者或投资者为了避免未来汇率下跌所带来的风险,或者希望从未来汇率的下跌中获利,以付出一定数额的期权费为代价,获得以固定价格卖出某种货币的权利。

【例6-15】某交易员预测英镑兑美元的汇率将下跌,因此买入1份2个月后到期的英镑看跌期权(欧式),金额为1万英镑,协定价格为:GBP/USD = 1.5450,期权费为每英镑0.02美元。假设2个月后市场即期汇率为GBP/USD = 1.5100,问该投资者收益如何?

解:2个月后,交易员在即期市场上以GBP/USD = 1.5100买入1万英镑

支付美元:10 000×1.5100 = 15 100(美元)

同时以GBP/USD = 1.5450的价格行使期权,卖出即期市场上买入的1万英镑:

收入美元:10 000×1.5450 = 15 450(美元)

支付期权费:100 000×0.02=2 000(美元)

收入15 450美元,支付共15 300美元,因此获利150美元。

6.5 我国外汇市场

6.5.1 我国外汇市场发展阶段

我国的外汇市场主要指银行之间进行结售汇头寸平补的市场,就是

通常所说的国内银行间外汇市场。根据国家规定，金融机构不得在该市场之外进行人民币与外币之间的交易。但对于不同外汇之间的交易，国内银行可以自由地参与国际市场的交易，没有政策限制。

我国外汇市场改革自 1979 年开始，可以将其分为三个阶段：1979年到 1994 年，从计划到市场的转变阶段；1994 年到 2005 年，统一的外汇市场初步创立阶段；2005 年到现在，是中国外汇市场的深化发展阶段。

第一阶段（1979—1994 年），"外汇市场"概念的提出，这是改革开放带来的成果。20 世纪 80 年代中后期，全国各省市纷纷设立了外汇调剂中心，外汇价格逐步开放，参与外汇的主体范围在日益扩大。市场化、公开化的成分不断增强。这个阶段，中国外汇市场从无到有建立起来。

第二阶段（1994—2005 年），中国外汇管理体制进行了重大改革，作为改革的措施之一，采取政府推动的方式，建立了全国统一的银行间外汇市场，从而彻底改变了市场分割，汇率不统一的局面，奠定了以市场供求为基础的、单一的、有管理的浮动汇率制的基础。这一阶段的改革，建立了统一、规范的外汇市场，外汇资金可以在不同地区和银行之间流动，保证了外汇资源的合理配置，奠定了外汇市场发展的基本雏形。

第三阶段（2005 年至今），我国外汇市场进入了向市场化、自由化方向发展的新阶段，交易工具日益丰富，功能不断完善，多种交易方式并存、分层有序的外汇市场体系正逐渐确立。

外汇体制改革以后，中国告别了计划经济色彩较浓、地区分割的外汇调剂市场，形成了全国统一的外汇市场。外汇市场主要包括外汇指定银行与企业之间的结售汇市场和银行间市场，后者以中国外汇交易中心负责管理的全国联网的外汇交易系统为载体，是汇率形成机制的核心。中央银行参与其间的交易，对汇率进行调控。

6.5.2　我国外汇市场存在的问题

1.我国外汇市场交易主体单一。这主要表现为：

（1）银行间市场主体构成单一，交易相对集中。

目前我国银行间外汇市场主体主要有五类：国有商业银行；股份制商业银行；少数资信较高的非银行金融机构；经中央银行批准设立的外

资金融机构；中央银行操作室。这种现状使得外汇指定银行数量少、结构简单、市场竞争程度和流动性不高，限制了我国外汇市场组织形式和交易方式的选择。

（2）缺乏外汇经纪人。

从国际经验看，外汇市场还有一个重要的参与者，即外汇经纪人。外汇经纪人是存在于外汇银行之间或外汇银行与其他参与者之间代理外汇买卖业务收取佣金的中介者。外汇经纪人可以为商业银行提供最新的市场行情，提高市场的交易效率，防止外汇市场垄断的形成并为客户提供最好的服务。缺乏专业的外汇经纪人，导致市场信息不灵、不利于交易的顺利进行。

（3）中央银行对外汇市场过多的干预，造成外汇市场供求失真。

一般来说，中央银行在外汇市场上只是宏观调控者，不是市场主体，外汇指定银行才是市场的真正主体，是外汇市场的主要媒介，处于中心的地位，从事代客买卖和自营买卖。而我国现代外汇管理的特征决定了在外汇市场上央行的干预行为和职能的扭曲。央行对外汇指定银行的外汇结算周转余额实行比例幅度管理。这样，便使外汇指定银行系统内宏观调控的难度无形增大，其结果是央行成为市场上最大的买主和唯一的买主，这种被动性的市场干预与只有在市场上出现突发性的大幅波动央行才进行主动干预的职能是相背离的；同时，央行在通过公开市场操作、收购外汇抛售本币来稳定汇率的过程中，由于国内缺乏本币的公开市场业务操作与之配套进行，因此央行在外汇市场抛售本币即相当于向国内市场投放货币，这对我国通货膨胀居高不下的现状更是雪上加霜。

2.我国外汇市场交易品种与币种结构单一。这主要表现为：

（1）市场交易品种单一。

目前银行间外汇市场只有人民币对美元、日元、港币和欧元的即期交易，尚无远期、互换、期权、期货等交易品种。这与国际外汇市场上即期交易居次要地位的状况有根本差异。2001年，在传统的国际外汇市场上，远期交易日均1 310亿美元，外汇互换日均6 560亿美元。此外，场外衍生外汇交易日均达8 530亿美元。相比之下，即期外汇交易日均不过3 870亿美元（BIS，2002）。

（2）外汇市场交易币种少。

我国外汇市场交易币种只有美元、日元和港元，交易品种单一，无法像纽约、伦敦等国际外汇市场在交易品种上显现出主次分明的局面；市场无法承担外币与外币之间的即期买卖，而我国企业现实外贸进出口是以其他自由外汇计算的，在向银行结汇和买汇时，须经过以上三种货币转换套算方可，由此损失了外汇买卖差价。

（3）缺乏远期外汇交易和远期外汇市场。

缺乏远期外汇交易和远期外汇市场，导致我国外汇市场的功能不完善，规避外汇风险的能力弱。

（4）缺乏外汇拆借市场。

银行间外币拆借市场是银行、非银行金融机构之间融通短期外汇资金的市场，其基本功能是为商业银行提供一种流通性管理的渠道，有利于商业银行盘活资金存量，实现利润最大化。目前我国缺乏外币拆借市场，不利于完善我国外汇市场的结构与功能，也不能提高商业银行的外汇资金营运水平和效益，更不利于国内金融机构的相互协作。

3.缺少一个统一的外汇市场

1994年4月1日，我国实施新外汇管理体制时，仅将国有企事业单位纳入了结售汇体系，而三资企业的外汇买卖仍通过外汇调剂市场进行。虽然中国人民银行自1996年3月1日起对外商投资企业实行银行结售汇试点工作，但除江苏、上海、深圳、大连以外地区，仍是银行间的外汇交易市场与三资企业的外汇调剂市场同时存在，并出现了许多问题：一是调剂业务造成外汇交易中心极大的工作量，使其不能将主要精力放在银行间外汇市场的管理及新交易工具的开发上；二是三资企业买卖外汇的价格，按国家外汇管理局公布的中心汇率加收1.5‰的手续费计算，而国内企业的结算汇价是按照外汇指定银行在中心汇率一定浮动幅度内的挂牌汇率来计算，这容易产生双重汇率；三是外汇调剂市场与银行间的外汇市场并存，容易产生违规情况，造成银行结售汇的混乱，不利于我国外汇市场的统一；四是外汇调剂业务的萎缩，使部分外商投资企业经营困难。

4.外汇市场管理和调节机制不健全

这主要表现为：第一，国家对外汇调节市场的宏观调控缺乏合理有效的经济和法律手段，更多运用行政手段进行直接调控，这样就难免在实施过程中出现偏差，如至今还没有建立全国的外汇平准基金这一调控外汇市场的机制，这是造成我国外汇市场大起大落、起伏不定的重要原因。第二，行政干预过多，地区封锁严重，阻碍外汇资金的合理流动，这与市场的最基本的要求即资源的自由和合理的流动及最佳配置是相悖的。第三，政企不分，外汇调剂中心还没有成为真正的事业单位，它的责权利在实施过程中时有偏移，这也不利于国家对外汇调剂市场实施宏观调控和管理。

5.外汇市场的法律法规不健全

我国外汇交易中心自成立以来，制定了《中国外汇交易中心章程》、《中国外汇交易中心市场交易规则》、《中国外汇交易中心资金清算管理》和《现汇账户管理暂行办法》等规章制度，这些法规的建立，对保障外汇交易市场的正常运行起到了重要作用。但随着外贸事业的不断发展，交易量的迅速扩大，各分中心联网的增加，外汇交易从业人员的增加，原有法规对跨地区交易、市场交易管理、从业人员违纪、银行柜台交易等缺乏相应约束力，外汇交易市场法规还有待于进一步完善。

6.市场清算和信用风险增大，交易主体不平等现象凸现

由于我国诚信体系建设落后，建立在双边授信基础上的市场整体诚信风险高于集中撮合的交易方式。另外，在询价交易方式下，中资中小银行相对处于弱势地位。

专栏 6-1

进一步发展和完善我国外汇市场的对策和措施

1.积极培育和逐步扩大外汇市场主体，完善和发展银行间外汇市场

为尽快改善我国外汇市场交易主体数量较少的状况，增加市场主体，活跃市场气氛，让汇价更充分反映市场供求变化，同时保证基层银行结售汇资金能及时到位，可考虑采取以下措施：

（1）允许更多的国有商业银行分行入市交易。具体可考虑在保证一个市场行为主体和一个利益主体的前提下，各分行在其总行授权范围之内参与外汇市场交易。

（2）允许分行进入当地外汇交易中心进行自营买卖，调整本外汇头

寸，自担风险。

（3）在逐步放开金融机构人民币业务的同时，准许外资金融机构在市场自营买卖外汇，促使资信好的非银行金融机构入市交易，放宽对其各种限制，使其与外汇指定银行平等竞争。

（4）外汇指定银行既然是市场的主要力量，应该有较大的自主买卖外汇的权利。总之，与上述结售汇制度的完善相适应，应改变银行间外汇市场的功能，合并银行间外汇市场和调剂市场为一个市场，逐步发挥外汇交易中心和外汇指定银行的作用；改变中央银行在外汇市场的主体地位，最大限度地允许外汇指定银行自由地参与外汇交易，充当外汇买卖和资金调拨、融通的媒介，使外汇指定银行成为真正的市场主体和造市者。

2.增加外汇市场交易币种，丰富交易品种，拓展外汇市场业务，健全外汇市场的功能

目前国际上可以自由兑换的货币不多，要使外汇市场能客观地反映外汇供求总的情况，必须有多样化的交易币种，外汇市场的交易币种和品种多样化，既有利于更全面地反映外汇市场的供求，形成更合理的市场汇率，也可为入市者提供多种获利或避险的机会。在交易方式上，我们应该借鉴国外的一些经验，发展金融衍生工具的市场，发展远期、期货、期权交易，使交易活动多样化，增加一些避险工具，保证市场正常运行和发展。

3.逐步取消各地的外汇调剂中心，统一外汇市场

在目前的市场经济条件下将三资企业收支纳入银行结售汇体系适应了新形式的要求，与国家利用外资新政策相吻合。改革开放至今，我国外商投资企业已在我国经济结构中占有重要份额，其外贸出口收汇占我国整体外贸出口收汇1/4以上的比重，允许他们直接纳入银行结售汇体系，具有普遍的现实意义。事实上，沿海至内地省市的部分三资企业的外贸进出口收付汇已悄然进入了银行的结售汇体系，并且从1996年三月份起，我国外汇管理部门也对这一问题在部分省市进行了试点工作，这既有利于三资企业的经营管理，也有利于我国外汇市场和人民币汇价的真正统一。

4.完善中央银行的职能，把工作重点放在宏观调控与金融监管上

从规范意义上说，央行介入外汇市场进行干预的基本目的，是根据

宏观金融调控政策的需要改变当时外汇市场的供求，同时影响市场参与者预期。我国的央行对市场干预过多，这种做法会阻碍金融市场的发展。为了满足经济体制改革的整体进程和经济发展的现实需要，满足外汇市场自身稳健运行的内在需求，我们央行的职能一定要改善，这关系到宏观经济金融的稳定。随着金融业的进一步开放，金融机构之间的竞争将更加激烈，金融业的风险也将进一步加大。而金融业内在的脆弱性，使单个金融机构的危机有可能诱发整个金融体系乃至整个经济体系的危机。这对央行的金融监管水平要求更高，要求央行能够面对日益复杂的金融市场，运用各种货币政策工具对经济进行宏观调控。

5.建立健全外汇交易市场法规

目前，我国外汇市场的有关法规尚不健全，国家应尽快制定和颁布外汇市场交易法、外汇市场从业人员守则和中华人民共和国外汇法等法规，以加速外汇清算交割，杜绝从业人员犯罪，逐步健全外汇交易市场，使其稳步发展。

6.完善外汇市场基础建设

一是不断增加市场交易品种；二是营造公平的市场交易环境，提高中小银行和"两非企业"的市场参与程度；三是建立金融机构外部评级制度，在信用评级基础上建立双边或多边授信，并加快建立同步交收结算系统，缩短清算时间；四是加快发展货币市场，尽快形成货币市场基准利率。

总之，我国外汇市场尚处于起步阶段，与规范的国际性外汇市场相比，还有较大的差距，在有些方面尚不完善，还存在不少问题，交易规模偏小、市场交易量小，交易主体、交易品种与币种结构单一，管理和调节机制及法律法规不健全，缺少一个统一的外汇市场。这些对外汇市场的活跃程度、货币政策的实施效果、外汇资源的配置效率和外汇风险的防范力度都产生了负面影响，因此，应针对外汇市场的不足，采取适当的发展策略。

本章小结

随着世界经济的日益国际化和一体化，外汇市场愈将发挥其重要作用。本章主要研究外汇市场的形成、功能、外汇交易的种类和方式，以及外汇市场的调控与管理，为进一步认识外汇市场乃至金融市场在新的世界经济格局中对世界经济的发展所起重要作用奠定基础。国际间经济往来的发展必然伴随着货币的清偿和支付数量的增长，从而促进了外汇交易的发展。外汇市场是世界上最大的金融市场之一，它的规模被认为是股票市场交易额的数十倍。说它大，不仅指交易单位大，而且也指世界上无数的参加者进行着同样的外汇交易。

20世纪70年代以来，随着国际金融市场业务创新的不断发展，外汇交易的方式越来越多，除了传统的即期外汇交易、远期外汇交易、掉期交易之外，交易者还可采用外汇期货交易、外汇期权交易等方式来进行外汇买卖。

关键概念

外汇市场　汇率　即期外汇交易　远期外汇交易　升水　贴水　平价　套汇　直接套汇　间接套汇　套利　掉期　外汇期货交易

综合训练

6.1　单项选择题

1.在国际外汇市场上，假如美元 USD/日元 JPY 的汇率标价为 118.96，那么标价中的"9"代表（　　　）。

A.9个点　　　　　　　　　　B.90个点

C.900个点　　　　　　　　　D.9 000个点

2.外汇市场上最常见、最普遍、交易量最大的交易形式是（　　　）。

A.即期外汇交易　　　　　　B.远期外汇交易

C.外汇期货交易　　　　　　D.外汇期权交易

3.根据利率平价理论，利率较高的货币，其远期汇率表现为（　　　）。

A.升水　　　　　　　　　　B.贴水

C.平价　　　　　　　　　　D.升跌不定

4.一国货币汇率上升，则会有利于（　　　）。

A.出口　　　　　　　　　　B.进口

C.增加就业　　　　　　　　D.扩大生产

5.在采用直接标价的前提下，如果需要比原来更少的本币就能兑换一定数量的外国货币，这表明（　　）。

A.本币币值上升，外币币值下降，通常称为外汇汇率上升

B.本币币值下降，外币币值上升，通常称为外汇汇率上升

C.本币币值上升，外币币值下降，通常称为外汇汇率下降

D.本币币值下降，外币币值上升，通常称为外汇汇率下降

6.报刊等媒体报道汇率消息时一般常用的汇率是（　　）。

A.买入汇率 　　　　　　　　B.卖出汇率

C.中间汇率 　　　　　　　　D.现钞汇率

7.世界上的国际金融中心有几十个，而最大的三个金融中心是（　　）。

A.伦敦、法兰克福和纽约

B.伦敦、巴黎和纽约

C.伦敦、纽约和东京

D.伦敦、纽约和中国香港

8.下列说法正确的是（　　）。

A.在直接标价法下，汇率上升意味着本币升值

B.买入价和卖出价是同一种外汇交易中买卖双方所使用的价格

C.在直接标价法和间接标价法下，升水与贴水的含义截然相反

D.远期外汇的买卖价之差总是大于即期外汇的买卖价之差

9.利率对汇率变动的影响是（　　）。

A.国内利率上升，则本国汇率上升

B.国内利率下降，则本国汇率下降

C.需比较国内外的利率和通货膨胀后确定

D.利率对汇率的影响是长期的

10.下列关于本币贬值的说法中错误的是（　　）。

A.有利于改善一国的旅游和其他服务收入

B.有利于减少单方面转移的收入

C.可能引发国内通货膨胀

D.在进口商品需求弹性充分的条件下阻碍进口增长

11.某人某日以美元汇价在 1.0700/1.0705 买进 5 份欧元合约，3 天后在 1.0840/1.0845 平仓，其获利为（　　）。

A. 7 000 美元　　　　　　　　　　B. 7 250 美元

C. 6 275 美元　　　　　　　　　　D. 6 750 美元

12. 套汇是外汇市场上的主要交易之一，其性质是（　　　）。

A. 保值性的　　　　　　　　　　B. 投机性的

C. 盈利性的　　　　　　　　　　D. 既是保值的，又是投机的

13. 银行对于现汇的卖出价一般（　　　）现钞的买入价。

A. 高于　　　　　　　　　　　　B. 等于

C. 低于　　　　　　　　　　　　D. 不能确定

14. 一般情况下，一种汇率的表示通常有（　　　）位有效数字。

A. 4　　　　　　　　　　　　　　B. 5

C. 6　　　　　　　　　　　　　　D. 7

15. 下列属于远期外汇交易的是（　　　）。

A. 客户与银行约定有权以 1 美元 =8.2739 人民币的价格在一个月内
　　购入 100 万美元

B. 客户从银行处以 1 美元 =8.2739 人民币的价格买入 100 万美元，
　　第二个营业日交割

C. 客户按期交所规定的标准数量和月份买入 100 万美元

D. 客户从银行处以 1 美元 =8.2739 人民币的价格买入 100 万美元，
　　约定 15 天以后交割

16. 下列关于远期外汇交易风险、收益评述不正确的是（　　　）。

A. 远期外汇合约能够帮助外贸企业锁定汇率，避免汇率波动可能
　　带来的损失

B. 如果汇率向不利的方向变动，由于锁定汇率，投资者也可能遭
　　受损失

C. 使用远期合约能够事先将贸易和金融上外汇的成本和收益固定
　　下来，有利于经济核算

D. 远期外汇合约能够帮助投资者锁定汇率，所以投资者能够不承
　　担任何汇率风险

17. 在国际外汇市场上，日元汇率的最小变化单位一点是指（　　　）。

A. 0.1　　　　　　　　　　　　　B. 0.01

C. 0.001　　　　　　　　　　　　D. 0.0001

18.掉期交易的两笔交易不同的是（　　　　）。

A.方向　　　　　　　　　　B.币种

C.期限　　　　　　　　　　D.金额

6.2　多项选择题

1.外汇市场的参与者主要有（　　　　）。

A.商业银行　　　　　　　　B.政府

C.中央银行　　　　　　　　D.外汇经纪商

2.对于我国目前的银行个人外汇买卖业务，正确的描述是（　　　　）。

A.个人外汇买卖交易采用实盘交易方式，买卖成交后必须进行实
　 际交割

B.目前个人外汇买卖业务主要是外汇宝交易

C.个人外汇买卖交易的币种一般为各家银行的外币储蓄币种

D.现在大多数银行对客户通过柜台进行外汇买卖仍设有较高的最
　 低交易金额的限制

3.套汇交易的方式有（　　　　）。

A.地点套汇　　　　　　　　B.时间套汇

C.套利　　　　　　　　　　D.直接套汇

4.个人外汇买卖的基本程序包括（　　　　）。

A.申请　　　　　　　　　　B.报价

C.交易　　　　　　　　　　D.交割

5.中央银行干预外汇市场的手段有（　　　　）。

A.直接干预　　　　　　　　B.汇率政策

C.货币政策　　　　　　　　D.多国联合干预

6.外汇掉期交易的两笔交易相同的是（　　　　）。

A.方向　　　　　　　　　　B.币种

C.期限　　　　　　　　　　D.金额

7.狭义的静态外汇包括（　　　　）。

A.外币表示的银行汇票　　　　B.外币表示的银行支票

C.外币有价证券　　　　　　　D.外币银行存款

8.下列说法不正确的是（　　　　）。

A.外汇银行只要存在敞开头寸就一定要通过外汇交易将其轧平

B. 只要两国间存在利率差异，国际投资者就可以在套利交易中获利

C. 甲币对乙币升值10%，则乙币对甲币贬值10%

D. 外汇银行同业的外汇买卖差价一般要求低于银行与客户之间的买卖差价

9. 远期外汇交易的交割方式有（　　　）。

A. 固定交割日　　　　　　　　B. 标准交割日

C. 当日交割　　　　　　　　　D. 选择交割日

10. 按照我国2008年修订颁布的《中华人民共和国外汇管理条例》的规定，下列属于外汇范围的是（　　　）。

A. 外国货币　　　　　　　　　B. 外币债券

C. 外币存款凭证　　　　　　　D. 特别提款权

11. 影响汇率波动的因素有（　　　）。

A. 日本央行宣布加息

B. 欧盟区经济增长速度减缓

C. 英国发现北海油田

D. 奥巴马政府决定对叙利亚开战

12. 以下对外汇市场特点的叙述中正确的有（　　　）。

A. 外汇市场像股票市场一样有统一固定的地点

B. 全球外汇市场每天24小时连续作业，为投资者提供了没有时间和空间限制的投资场所

C. 外汇交易通常没有固定的交易场所，外汇交易基本都是通过电脑和通信网络来完成的

D. 在外汇市场上，无论汇率如何波动，总的价值是不变的

13. 下列对即期外汇交易的功能和风险的描述中，正确的有（　　　）。

A. 即期外汇买卖是外汇投机的重要工具之一

B. 即期外汇买卖可以满足客户临时性的支付需要

C. 即期外汇买卖可以帮助客户调整手中持有的外币的币种结构

D. 用即期外汇买卖在外汇市场上进行投资，由于汇率确定，只会获利，不会出现亏损

14. 下列关于即期汇率与远期汇率关系的叙述中，错误的有（　　　）。

A. 即期汇率以远期汇率为基础，但又不同于远期汇率

B. 即期汇率总是低于远期汇率

C. 远期汇率由即期汇率加、减远期点构成，亦称升、贴水

D. 远期汇率必须同即期汇率一样直接标出实际汇率

6.3 问答题

1. 简述外汇市场的作用。

2. 什么是交叉汇率？

3. 简述导致外汇市场汇率波动的主要经济因素。

4. 简述汇率的分类。

5. 简述汇率市场的特点。

6. 简述外汇市场的参与者。

7. 简述即期外汇交易的方式。

8. 简述掉期交易的形式。

9. 分析外汇市场的独特之处。

10. 介绍一种常用的外汇市场交易手段。

第7章

期货市场

> **引例**
>
> ### 2017年中国期货市场运行情况
>
> 中国期货协会数据显示，2017年1—12月全国期货市场累计成交量为30.76亿手，累计成交额为187.9万亿元，同比分别下降25.66%和3.95%。
>
> 具体来看，2017年1—12月，上海期货交易所累计成交量为13.64亿手，累计成交额为89.93万亿元，同比分别下降18.83%和增长5.83%，分别占全国市场的44.35%和47.86%。
>
> 2017年1—12月，郑州商品交易所累计成交量为5.86亿手，累计成交额为21.37万亿元，同比分别下降34.98%和31.14%，分别占全国市场的19.05%和11.37%。
>
> 2017年1—12月，大连商品交易所累计成交量为11.01亿手，累计成交额为52.01万亿元，同比分别下降28.37%和15.31%，分别占全国市场的35.80%和27.68%。
>
> 2017年1—12月，中国金融期货交易所受益于股指期货逐步松绑，累计成交量为0.25亿手，累计成交额为24.59万亿元，同比分别增长34.14%和34.98%，分别占全国市场的0.80%和13.09%。

截至 2017 年 12 月底，全国期货市场总持仓量 1 218 万手，较上月下降 13.22%。其中，上期所持仓量为 406 万手，环比下降 16.38%；郑商所持仓量为 273 万手，环比下降 15.71%；大商所持仓量为 519 万手，环比下降 9.41%；中金所持仓量为 20 万手，环比下降 5.23%。

期货，机遇与风险并存，天堂与地狱比邻；期货市场是所有金融市场中风险最大的市场。那么，什么是期货？期货为什么收益和风险最高？什么又是商品期货？为什么期货交易通常意味着定价权？带着这些问题，本章将为读者系统地阐述期货及期货市场。

7.1 期货市场概述

7.1.1 期货及期货合约

1.期货的概念和期货合约的标准化条款

所谓期货（future），是指以合约形式确定下来的在将来某一特定日期进行交割（购买或出售）的某种实物商品或金融资产，它与"远期"一样，都是相对于"现货"而言的。

期货合约，是指由期货交易所统一制定的、规定在将来某一特定的时间和地点交割一定数量和质量实物商品或金融商品的标准化合约。期货合约的标准化条款一般包括：

（1）交易数量和单位条款。每种商品的期货合约规定了统一的、标准化的数量和数量单位，统称为"交易单位"。

（2）质量和等级条款。商品期货合约规定了统一的、标准化的质量等级，一般采用国际上普遍认可的商品质量等级标准。例如，由于中国黄豆在国际贸易中所占的比例较大，所以在日本名古屋谷物交易所就以中国产黄豆为该交易所黄豆质量等级的标准品。

（3）交割地点条款。期货合约为期货交易的实物交割指定了标准化的、统一的实物商品的交割仓库，以保证实物交割的正常进行。

（4）交割期条款。商品期货合约对进行实物交割的月份作了规定，一般规定几个交割月份，由交易者自行选择。例如，中国金融期货交易所（以下简称中金所）规定，沪深300股指期货合约月份或交割期为当月、下月及随后两个季月。

（5）最小变动价位条款。最小变动价位条款是指期货交易时买卖双方报价所允许的最小变动幅度，每次报价时价格的变动必须是这个最小价位的整数倍。例如，中金所规定沪深300股指期货合约最小变动价位为0.2点。

（6）每日价格最大波动幅度限制条款。它是指交易日期货合约的成交价格不能高于或低于该合约上一交易日结算价的一定幅度，达到该幅度则暂停该合约的交易。例如，中金所规定沪深300股指期货合约每日价格最大波动幅度限制为上一个交易日结算价的±10%。

（7）最后交易日条款。它是指期货合约停止买卖的最后截止日期。每种期货合约都有一定的限制，到了合约月份的一定日期，就要停止合约的买卖，准备进行实物交割。例如，中金所规定沪深300股指期货合约最后交易日为合约到期月份的第三个周五（遇法定假日顺延）。

除此之外，期货合约还包括交割方式、违约及违约处罚等条款。

2.期货品种

国际上已经上市的期货品种主要分为两大类：商品期货和金融期货。

商品期货是指标的物为实物商品的期货合约，可分为农产品期货、农副产品期货、金属产品期货、能源化工产品期货。

（1）农产品期货品种有玉米、大豆、小麦、稻谷、燕麦、大麦、黑麦等；

（2）农副产品期货品种有猪腩、活猪、活牛、小牛、大豆油、豆粕、可可、咖啡、棉花、羊毛、糖、橙汁、菜籽、菜籽油等；

（3）金属产品期货品种有金、银、铜、铝、铅、锌、镍、钯、铂等；

（4）能源化工产品期货品种有原油、取暖用油、无铅普通汽油、丙烷、天然橡胶等。

金融期货是指以金融工具为标的物的期货合约，可分为外汇期货、利率期货、股指期货。

外汇期货品种有美元、欧元、英镑、日元、瑞士法郎、加拿大元、澳元等；目前国际上上市的利率期货品种主要指美国的短期国库券、中长期国债、欧洲美元等；目前国际上具有代表性的股指期货主要是道·琼斯平均价格指数、标准普尔500指数、英国金融时报股票指数和香港恒生指数。

本章介绍的期货市场主要是商品期货市场，金融期货将在第11章中讲解。

3.期货市场参与者

为了使期货市场成功运行，必须有两类参与者——套期保值者和投机商。没有套期保值者的参与，这个市场就不会存在，更不会有投机商发挥增加市场流动性和承担套期保值者转嫁风险的作用。

（1）套期保值者。在期货市场环境下，套期保值者是从事存在无法接受的价格风险水平的交易活动的人。例如，农场主每个冬季都必须为春季要种什么农作物做出决定。尽管他们知道作物轮作的事情，但仍然会面临抉择。如果他们种植的某种农作物价格在后来升高，他们便获得收益，万一生产过多或需求减少则价格会下降，价格可能下跌到一个连生产费用都补偿不了的水平上。为了降低这种风险，农场主可能会选择在期货市场上进行套期保值，将他们不愿意承担的风险转移给愿意承担风险的投机商。在这个例子中，农场主就是一个套期保值者。

（2）加工商。加工商是与套期保值者有关的一个群体，但是也有区别。接上文所述，加工商并不会面临种植什么农作物的困惑，但是作为中间产品，他们时刻需要这些农作物来为自己的生产做准备，所以也需要在期货市场上来为自己可能面临的风险进行保值。

（3）投机商。套期保值者为了消除那些可能的风险，必须找到一些愿意承担风险的人，这些人就是投机商。投机商不存在需要使用期货合约的经济活动，他们在期货市场上寻找有吸引力的投资机会并取得期货头寸，以期从该头寸上获得利润而不是对自己的生产进行保护。

7.1.2 期货市场的形成与发展

1.期货交易的起源

随着商业的发展，人们越来越觉得有必要积累库存，尤其是那些季节性较强的农产品，但是储存商品有很大的财务和价格风险。生产商、加工商和中间商们为了解决这一矛盾，最终采用了远期合约，即用签订远期货物合同的方式来固定购销关系。一旦商人觉得市场价格将会上涨，他就先在市场上签订固定价格的远期货物销售合同，以此来维持购销关系并转嫁货物买卖的价格波动风险。但是，随着交易量的日益增多，市场价格波动使交易风险越来越大，远期合约的局限性逐渐暴露出来。远期合约的购销关系并不稳定，在价格波动极为剧烈的情况下，撕毁合同或拒绝履约的情况屡见不鲜。现货市场在一定程度上已经无法解决它自身存在的不稳定性，从而产生了标准化的期货合约，以及为期货合约进行统一清算和结算的机构。正是这一演变，为期货市场的真正形成奠定了基础。

期货市场最早萌芽于欧洲，早在古希腊时期就出现过中央交易所、大宗交易所。到了 12 世纪，这种交易方式在英、法等国发展较快，规模和专业化程度也不断提高。

1571 年，英国创建了世界上第一家集中的商品市场——伦敦皇家交易所，后来演变为伦敦国际金融期货期权交易所。其后，荷兰的阿姆斯特丹建立了第一家谷物交易所，比利时的安特卫普开设了咖啡交易所。17 世纪前后，在期货交易的基础上产生了期权交易方式，在阿姆斯特丹交易中心形成了交易郁金香的期权市场。

2.期货市场的形成

现代期货交易至今已有一百多年的历史，美国的芝加哥商业交易所（CME）自 1874 年成立后就一直在从事期货交易。但一直以来，期货交易多集中于初级产品，也就是商品期货。现代意义上的期货市场产生在 19 世纪中期的美国芝加哥。1848 年，芝加哥 82 位商人发起组建了芝加哥期货交易所（CBOT）。1851 年，芝加哥期货交易所引入远期合约。1865 年，芝加哥期货交易所推出了标准化合约，同时实行了保证金制度，向签约双方收取不超过合约价值 10% 的保证金，作为履约保证，这促成了真正意义上的期货交易的诞生。1882 年，芝加哥期货交易所允许以对冲方式免除履约责任，促进了投机者的加入，使货市场流动性加大。1883 年，芝加哥期货交易所成立了结算协会，向交易所会员提供对冲工具。1925 年，芝加哥期货交易所成立了结算公司——芝加哥期货交易所结算公司（BOTCC），从此，现代意义上的结算机构正式产生。

1874年，芝加哥商业交易所的前身芝加哥黄油和鸡蛋交易所成立，该机构于1919年9月更名为芝加哥商业交易所，交易对象包括鸡蛋、活牛、活猪等。到了1969年，芝加哥商业交易所发展成为世界上最大的肉类和畜类期货交易中心。

19世纪中期，英国是世界上最大的金属锡和铜的生产国。1876年12月，300名金属商人发起成立了伦敦金属有限公司，这是伦敦金属交易所（LME）的雏形。1987年7月，伦敦金属交易所正式组建成立。

1972年5月，芝加哥商业交易所推出了历史上第一个外汇期货合约，标志着金融期货的诞生。随着第一种金融期货合约的推出，期货交易逐渐被引进到多种不同的金融工具，其中包括美国国库中长期债券、股价指数和利率互换等。

商品期货市场的形成主要是为了使商品生产者和商品使用者能有个渠道来转移他们所承受的市场价格风险，同时它也为投机商入市承担风险、赚取风险利润创造了必要的条件。假如是投机交易的话，购买期货合约的一方总是相信基础资产的价格将要上升，而出售期货合约的人则希望基础资产的价格下跌。假如是套期保值交易的话，买卖期货合约的当事人并不是在对基础资产的价格走势打赌，而是根据其在日常经营活动中所面临的风险情况来做出卖出还是买入期货合约的决策，如原来承受的是多头风险，就往往会选择卖出期货合约来进行冲抵；反之，原来承受的是空头风险，就会选择买进期货合约来加以平衡。

3.期货市场的发展

国际期货市场的发展，大致经历了由商品期货到金融期货、交易品种不断增加、交易规模不断扩大的过程。

1848年，芝加哥期货交易所诞生，1865年该交易所推出农产品期货标准化合约。1876年成立的伦敦金属交易所，开创了金属期货交易的先河，它当时的名称是伦敦金属交易公司，主要从事铜和锡的期货交易，现已扩展到铜、锡、铅、锌、铝、镍、白银等各种金属交易。纽约商业交易所COMEX分部主要进行黄金、白银、铜、铝的交易。1972年5月，芝加哥商业交易所设立了国际货币市场分部（IMM），首次推出外汇期货合约。1975年10月，芝加哥期货交易所上市国民抵押协会债券（GNMA）期货合约，这是世界上第一个利率期货合约。1977年8

月，美国长期国债期货合约在芝加哥期货交易所上市，是目前国际期货市场上交易量较大的金融期货合约之一。1982年2月，美国堪萨斯期货交易所（KCBT）开发了价值线综合指数期货合约。1982年10月1日，美国长期国债期货期权合约在芝加哥期货交易所上市。

4.国际期货市场的发展趋势

20世纪70年代初，布雷顿森林货币体系解体以后，浮动汇率制取代固定汇率制，世界经济格局发生深刻的变化，出现了市场经济货币化、金融化、自由化、一体化（电子化的结果）的发展趋势，利率、汇率、股价频繁波动，金融期货应运而生，使国际期货市场呈现出快速发展的趋势，其特点如下：

（1）期货中心日益集中。国际性的期货交易中心有芝加哥、纽约、伦敦和东京；区域性的期货交易中心有欧洲大陆、新加坡、中国香港和韩国。

（2）国际期货市场的发展呈现出交易品种增加、交投活跃、成交量大、辐射面广、影响力强等特点。

5.我国期货市场发展历程

1918年，中国第一家交易所——北平证券交易所成立。1920年，上海证券物品交易所成立。1921年发生了"民十信交风潮"，当时有88家交易所停业，法国领事署颁布"交易所取缔规则"21条。

中华人民共和国成立后，郑州粮食批发市场于1990年10月12日成立，引入期货交易机制，这是我国第一家商品期货市场。

1991年6月10日，深圳有色金属交易所成立，并于1992年1月18日正式开业。

1992年5月28日，上海金属交易所开业。

1992年9月，广东万通期货经纪公司成立，这是中国第一家期货经纪公司。

1992年年底，中国国际期货经纪公司开业。

1993年11月4日，国务院开始第一次清理整顿工作，最终在1995年由中国证监会批准了15家试点交易所。1998年国务院开始第二次清理整顿工作，15家交易所被压缩合并为郑州商品交易所、大连商品交易所和上海期货交易所3家期货交易所。

1999年12月25日，《中华人民共和国刑法修正案》，将期货领域的犯罪纳入刑法中。2000年12月29日，中国期货业协会宣告成立，作为期货市场的自律组织，它标志着我国期货市场的三级监管体系的形成。

2004年2月1日，国务院发布《关于推进资本市场改革开放和稳定发展的若干意见》，对"稳步发展期货市场"做出了进一步阐述和部署，成为指导期货市场发展的纲领。

2006年5月18日，中国期货保证金监控中心成立。该监控中心是经国务院同意、中国证监会决定设立的期货保证金安全存管机构，由上海期货交易所、大连商品交易所、郑州商品交易所出资兴建，属于非营利性公司制法人。

2006年9月8日，中国金融期货交易所在上海挂牌成立。该交易所是由上海期货交易所、郑州商品交易所、大连商品交易所、上海证券交易所和深圳证券交易所共同发起设立的。

2006年年底，全球首个PTA期货在郑州商品交易所上市。

2007年4月15日，《期货交易管理条例》正式施行。2017年4月15日，新修订的《期货交易管理条例》正式施行。

7.1.3　期货市场的功能和作用

期货交易具有以下主要特征：

（1）期货市场具有专门的交易场所。

（2）期货市场的交易对象是标准化的期货合约。

（3）适宜于进行期货交易的期货商品具有特殊性。

（4）期货交易通过买卖双方公开竞价方式进行。

（5）期货交易实行保证金制度。

（6）期货市场具有高风险、高回报的特点。

（7）期货交易不以实物商品的交割为目的。

（8）期货交易由期货交易所对其提供履约担保。

1.期货市场的功能

期货市场上主要有三种需求者：希望寻找商品未来价格的人、投资者和希望进行避险的人。所以，期货市场至少有两项主要功能——价格发现和风险规避。

（1）价格发现。价格发现是指通过期货市场推断现货市场的未来价格。在期货合约的买卖中，交易者同意于未来某特定时间，根据目前决定的价格，进行或接受某特定商品的交割。在这种情况下，期货价格与期货合约未来交割的预期现货价格之间应该存在某种特定的关系，而且，这种关系具有高度的可预测性。运用目前期货价格中所包含的资讯，市场观察者可以估计某种商品在未来某特定时间的可能价格。

（2）风险规避。许多期货市场的参与者利用期货交易来替代现货交易。风险规避是在期货市场发生的交易，借以取代未来预期的现货市场交易。一般情况下，避险者都是相关商品的供应商或使用者。

2.期货市场的作用

（1）期货市场在宏观经济中的作用。第一，提供分散、转移价格风险的工具，有助于稳定国民经济。第二，为政府制定宏观经济政策提供参考依据。现货市场的价格信息具有短期性的特点，仅反映一个时点的供求状况。期货交易是通过对大量信息进行加工，进而对远期价格进行预测的一种竞争性经济行为。它所形成的未来价格信号能反映多种生产要素在未来一定时期的变化趋势，具有超前性。政府可以依据期货市场的价格信号确定和调整宏观经济政策。第三，有助于本国争夺国际定价权。第四，促进本国经济的国际化。第五，有助于市场经济体系的建立与完善。期货市场是市场经济发展到一定历史阶段的产物，是市场体系中的高级形式。市场体系在现代的发展和创新主要表现为期货市场的发展和创新。

（2）期货市场在微观经济中的作用。第一，锁定生产成本，实现预期利润。第二，利用期货价格信号，组织安排现货生产。第三，期货市场拓展现货销售和采购渠道。第四，期货市场促使企业关注产品质量问题。

7.1.4 期货价格、远期价格、现货价格

1.期货价格与现货价格的关系

期货价格以现货价格为基础，期货价格收敛于现货价格。随着期货合约交割月份的逼近，期货的价格将收敛于标的资产的现货价格。当到达交割期限时，期货的价格将等于现货价格。

2.期货价格与预期的现货价格的关系

（1）预期假说（expectations hypothesis）。期货合约的交易价格等于

交割日现货市场的预期价格，即 $P_f = \bar{P}$。

（2）期货折价（normal backwardation）。凯恩斯认为，从总体上看，套期保值者在期货市场上是以空头的身份出现的，为使投机者以多头的身份出现在期货市场上，并承担相应的风险，套期保值者必须以高于无风险回报率的收益作为投机者的风险补偿。因此要求期货的价格低于预期的现货价格，即 $P_f < \bar{P}$。

（3）期货溢价（normal contango）。另一个相反的假说认为，在通常情况下，套期保值者愿意在期货市场上做多头，他们为使投机者做空头并承担相应的风险，套期保值者必须通过使持有空头头寸的预期回报率高于无风险的回报率来吸引投机者。这就要求期货价格比预期的现货价格高，即 $P_f > \bar{P}$。

3.期货价格与远期价格

从理论上讲，如果市场是完善的，而且利率呈非随机性，期货价格与远期价格应该是相等的。

在一个相对完善的市场上，只要一系列相关的利率是已知的，并且保持不变，即使期货价格的变动是随机性的，期货价格也必定与远期价格相等。如果两者不相等，套利活动便有利可图，即在较低的价格上买进期货（或远期）合约的同时，在较高的价格上卖出远期（或期货）合约，尽管买卖的期货合约数量要按合约的现值来计算。随着大规模套利进程的展开，由于市场机制的作用，期货价格会逐渐趋向于与远期价格相等。

但是在实践中，由于期货合约与远期合约在流动性、交易费用、税收待遇等方面有不同的规定，而且两者涉及的信用风险也有所不同，因此，两者的价格确实会存在着一些差异。此外，利率的变动也是呈随机性质的，在事前很难预测，因此，期货价格与远期价格也会不尽相同。

一般来说，如果期货价格运动与利率的变动存在着正相关性，期货价格就会高于远期价格。其市场作用原理是：期货价格上涨，持多仓的投资者获利；与此同时，市场利率也会上升，于是，逐日盯市带来的收益便可按较高的利率进行投资。反之，期货价格下降，逐日盯市导致持多仓者的保证金账户发生现金流出；同时，市场利率也出现下跌，投资者可在较低的利率水平上通过借入资金来满足追加保证金的要求。这两种影响都使得持有期货的多空头寸比持有远期合约更为有利。于是，相对于远期合约而言，投资者竞相购买期货合约，结果将期货的价格抬得比远期的高。

反过来，假如期货价格的变动与利率的变动呈负相关，期货价格就会低于远期价格。因为期货价格上涨给持多仓者带来的现金流入，现在只能在较低的利率上进行投资；反之，期货价格下降给持多仓者造成的现金流出，现在却要在较高的利率水平上进行融通。这就使得持有期货合约不如持有远期合约有利。于是，前者的价格就会比后者的低。

7.2　期货市场组织结构

期货市场组织结构包括期货交易所、期货结算机构、期货经纪公司、期货投资者、期货监管机构和期货相关服务机构。

7.2.1　期货交易所

1.期货交易所的概念

期货交易所是专门进行标准化期货合约买卖的场所，按照其章程的规定实行自律管理，以其全部财产承担民事责任。期货交易所通常具有高度的系统性和严密性，是一种高度组织化和规范化的交易服务组织，自身并不参与交易活动，不参与期货价格的形成，也不拥有合约标的商品，只为期货交易提供设施和服务。

我国经国务院批准设立的期货交易所有4家，分别是大连商品交易所、上海期货交易所、郑州商品交易所和中国金融期货交易所。

2.期货交易所的设立条件

通常情况下，期货交易所应该设立在经济或金融中心城市；期货交易所的设立还要求交易所要有良好的基础设施（比如优质的物业管理、高效的计算机系统、先进的通信设备等）；期货交易所的设立还应具备软件基础，包括大批高素质的期货专门人才、完善的交易规则等。

3.期货交易所的职能

期货交易所的职能包括：

（1）提供交易场所、设施和服务；

（2）制定并实施业务规则；

（3）设计合约、安排合约上市；

（4）组织和监督期货交易、结算和交割；

（5）监控市场风险；

（6）保证合约履行；

（7）发布市场信息；

（8）按照章程和交易规则对会员进行监督管理；

（9）监管指定交割仓库。

4.期货交易所的组织形式

期货交易所一般分为会员制和公司制两种。

（1）会员制。会员制期货交易所为全体会员共同出资组建，缴纳一定的会员资格费作为注册资本。交易所是实行自律性管理的非营利性的会员制法人，以全额注册资本对其债务承担有限责任，权力机构是由全体会员组成的会员大会。会员大会的常设机构是由其选举产生的理事会。

目前世界上大多数国家的期货交易所都实行会员制，我国的郑州商品交易所、大连商品交易所和上海期货交易所3家期货交易所也实行会员制。

我国不允许自然人成为会员，必须是在中国境内登记注册的法人才能成为会员。会员在进场交易或代理客户交易之前必须取得会员资格，期货交易所会员的资格获得方式有多种，主要包括：以创办发起人身份加入；接受转让加入；依据交易所规则加入；市价购买加入。

会员机构设置一般包括会员大会、理事会、专业委员会和业务管理部门。

按照国际惯例，会员大会由期货交易所的全体会员组成，作为期货交易所的最高权力机构，就期货交易所的重大事项做出决定。

理事会是会员大会的常设机构，对会员大会负责。按照国际惯例，理事会由交易所全体会员通过会员大会选举产生，设理事长一人、副理事长若干人，由理事会选举和任免。理事会中还有由政府管理部门委任的非会员理事，因此，理事会中不全是交易所会员。

一般期货交易所有如下专业委员会：会员资格审查委员会，负责审查入会申请，并调查其真实性及申请人的财务状况、个人品质和商业信誉；交易规则委员会，负责起草交易规则，并按理事会提出的修改意见进行修改；交易行为管理委员会，负责监督会员的市场交易行为，使会员的交易行为不仅要符合国家的有关法规，还要符合交易所内部有关交易规则和纪律要求，以保证期货交易正常进行；合约规范委员会，负责审查现有合约并向理事会提出有关合约修改的意见；新品种委员会，负责对本交易所发展有前途的新品种期货合约的开办进行研究；业务委员会，负责监督所有与交易活动有关的问题；仲裁委员会，负责通过仲裁程序解决会员之间、会员与非会员之间以及交易所内部纠纷及申诉。

（2）公司制。公司制期货交易所通常由若干股东共同出资组建，以营利为目的，股份可以按照有关规定转让，盈利来自从交易所进行的期货交易中收取的各种费用。

英国以及英联邦国家的期货交易所一般都是公司制交易所。1999年10月27日，芝加哥商业交易所董事局通过了公司化的决议，目前已经完成改制并成功上市。中国金融期货交易所是以股份有限公司形式成立的。

公司制期货交易所的主要特点有：对场内交易承担担保责任；交易所在交易中完全中立，其人员也不得参与交易；注重扩大市场规模，提高经营效率；成本观念强，有利于提高市场效率，加大市场投资建设力度；收取的交易费用较多，使交易商负担较大。

公司制期货交易所的机构设置一般采用公司管理制，入场交易的交易商的股东、高级职员或雇员不能成为交易所的高级职员。

第一，股东大会由全体股东共同组成，是公司最高权力机构，就公司的重大事项做出决议。

第二，董事会是公司制交易所的常设机构，对股东大会负责。董事会负责聘任或解聘经理；根据经理的提名，聘任或者解聘公司副经理、财务负责人等。

第三，经理对董事会负责，由董事会聘任或者解聘，经理列席董事会会议。经理负责提请聘任或者解聘公司副经理、财务负责人。

第四，监事会由股东代表和适当比例的公司职工代表组成，监事列席董事会会议。

同会员制期货交易所一样，公司制期货交易所也设有一些专业委员会。

7.2.2　期货结算机构

在19世纪中期，买卖双方汇集于交易所，面议价格，并安排交收实货商品。在美国，1883年成立了结算协会，向芝加哥期货交易所的会员提供对冲工具。1925年，芝加哥期货交易所结算公司成立，现代意义上的结算机构正式产生。

1.期货结算机构的组织方式

（1）作为某一交易所的内部机构而存在，如美国芝加哥商业交易所的结算机构。

（2）附属于某一交易所的相对独立的结算机构，如美国国际结算公司就同时为纽约期货交易所和费城证券交易所提供结算服务。

（3）由多家交易所和实力较强的金融机构出资组成一家全国性的结算公司，多家交易所共用这一个结算公司。例如，英国的伦敦结算所（LCH）就不仅为英国本土的数家期货交易所提供结算服务，还为大多数英联邦国家和地区及欧洲许多国家的期货交易所提供结算服务。

2.期货市场的结算体系

（1）期货市场采用分级、分层的结算管理体系，结算机构通常采用会员制。

（2）期货交易的结算大体上可以分为两个层次：第一个层次是由结算机构对会员进行结算；第二个层次是由会员根据结算结果对其所代理的客户（即非结算会员）进行结算。

（3）我国目前的结算机构均是作为交易所的内部机构来设立的。在具体结算制度上有以下两种类型：

一种是分级结算（公司制交易所），即期货交易所会员由结算会员和非结算会员组成，交易所对结算会员进行结算，结算会员对投资者或非结算会员进行结算。目前，中国金融期货交易所实行的就是分级结算制度。

另一种则不做结算会员和非结算会员的区分（会员制交易所），交易所的会员既是交易会员也是结算会员。目前，郑州商品交易所、大连商品交易所和上海期货交易所实行这种结算制度。

3.结算机构的作用

（1）计算期货交易盈亏。期货交易的盈亏结算包括平仓盈亏结算和持仓盈亏结算。平仓盈亏结算就是当日平仓的总值与原持仓合约总值的差额的计算。

（2）担保交易履约。结算机构是所有合约卖方的买方和所有合约买方的卖方，期货交易一旦成交，结算机构就承担起保证每笔交易按期履约的全部责任。正是由于结算机构替代了原始对手，使得期货交易独有的以对冲平仓方式免除合约履行义务的机制得以运行。

（3）控制市场风险。保证金制度是期货市场风险控制最根本、最重要的制度。结算机构作为结算保证金的收取、管理机构，承担风险控制责任。所谓结算保证金，就是结算机构向结算会员收取的保证金。

4.全球期货市场统一结算趋势

统一结算体系在多个国家和地区的期货市场运作中取得了成功，集中表现在英国期货市场、加拿大期货期权市场和美国期权市场。

2003年，世界上历史最悠久的期货结算机构——芝加哥期货交易所结算公司和世界最大的期货交易所——欧洲期货交易所联合发表声明，宣布达成长期合作协议，创立一个全球性的结算平台。

7.2.3　期货经纪公司

1.期货经纪公司的概念

期货经纪公司，就是通常所说的期货公司，是指依法设立的，接受客户委托、按照客户的指令、以自己的名义为客户进行期货交易并收取交易手续费的中介组织。

2.期货经纪公司的职能和作用

期货经纪公司作为交易者与期货交易所之间的桥梁和纽带，一般具有如下职能：

（1）根据客户指令代理买卖期货合约、办理结算和交割手续；

（2）对客户账户进行管理，控制客户交易风险；

（3）为客户提供期货市场信息，进行期货交易咨询，充当客户的交易顾问等。

期货经纪机构在期货市场中的作用：

（1）代理期货交易：拓展市场参与者范围，扩大市场规模，节约交易成本，提高交易效率，增强期货市场竞争的充分性，有助于形成权威、有效的期货价格；

（2）管理账户：有效地控制客户的交易风险，实现期货交易风险在各环节的分散承担；

（3）提供信息咨询：有专门从事信息收集及行情分析的人员为客户提供咨询服务，有助于提高客户交易的决策效率和决策的准确性。

3.期货公司的设立条件

期货公司的设立必须根据有关法律、规章，按照规定程序办理手续。公司设立前必须经政府主管部门批准，并到政府有关部门办理登记注册后才能开业。

根据我国《期货交易管理条例》的规定：期货公司是依照《公司法》和本条例规定设立的经营期货业务的金融机构。设立期货公司，应当经国务院期货监管机构批准，并在公司登记机关登记注册。

申请设立期货公司，应当符合《公司法》的规定，并具备下列条件：

（1）注册资本最低限额为人民币3 000万元；

（2）董事、监事、高级管理人员具备任职资格，从业人员具有期货从业资格；

（3）有符合法律、行政法规规定的公司章程；

（4）主要股东以及实际控制人具有持续盈利能力，信誉良好，最近3年无重大违法、违规记录；

（5）有合格的经营场所和业务设施；

（6）有健全的风险管理和内部控制制度；

（7）国务院期货监管机构规定的其他条件。

7.3　期货市场交易

7.3.1　期货交易制度

1.保证金制度

保证金制度是指在期货交易中，期货交易者必须按照其所买卖期货合约价值的一定比例缴纳资金，用于结算和保证履约。期货交易的杠杆作用是通过保证金制度体现的，这也是期货交易最主要的特征。期货交易者只需要交5%~10%的保证金就可以完成数倍乃至数十倍价值的交易，这就是"以小博大"的杠杆原理。

保证金可分为结算准备金和交易保证金。结算准备金是指交易所专用结算账户中预先准备的未被合约占用的保证金，结算准备金是会员为了交易结算，在交易所专用结算账户中预先准备的资金，是未被合约占用的保证金。交易保证金是指交易所专用结算账户中确保合约履行的已被合同占用的保证金。交易保证金是会员在交易所专用结算账户中确保合约履行的资金，是已被合约占用的保证金，它随期货合约价格变动而变动。

期货公司向客户收取的保证金属于客户所有，除下列可划转的情形外，严禁挪用：第一，依据客户的要求支付可用资金；第二，为客户交存保证金，支付手续费、税款；第三，国务院期货监督管理机构规定的其他情形。

交易所可以根据具体情况调整交易保证金比率，这些情况包括：

（1）上市后的不同阶段规定不同的交易保证金比率，交易保证金比率随着交割临近而提高。

（2）随着合约持仓量的增大可以提高合约交易保证金比例。在交易过程中，当某一合约持仓量达到某一级持仓总量时，新开仓合约按该级交易保证金标准收取。交易结束后，交易所对全部持仓收取与持仓总量相对应的交易保证金。

（3）出现涨跌停板时，可以调高交易保证金比例。

（4）连续若干个交易日的累计涨跌幅达到一定程度，交易所可以调整交易保证金。

（5）当某期货合约交易出现异常情况时，交易所可以调整交易保证金。

【例7-1】假设某个月份的大豆期货合约价格为3 000元/吨，买进1手（1手为10吨），合约的总价值是30 000元，按10%的保证金计算就是3 000元，从账户里实际扣除的资金是3 000元，同时账户里多了1手大豆合约。

实际上，计算盈亏还是按合约总价值30 000元计算，也就相当于把我们的资金扩大了10倍，这就是保证金的杠杆效应。保证金制度是期货交易最吸引人的地方。

但经济学上有句话——"收益跟风险始终是成正比关系"，在期货市场里10元钱可以当作100元用，它带来的盈利空间是巨大的，风险也同样是巨大的。所以说，期货的真正风险其实就从保证金而来。

2.双向交易制度

双向交易制度，是指期货交易者既可以买入期货合约作为期货交易的开端（成为买入建仓），也可以卖出期货合约作为交易的开端（成为卖出建仓），也就是通常所说的"买空卖空"。

双向交易制度，对于中国投资者来说，这也是期货与股票相比的最大优势，当投资者预测行情向上走的时候，可以选择做多期货，当投资者预测行情向下走的时候，可以选择做空期货。

3."T+0"制度

"T+0"的T，是英文Trade的首字母，是交易的意思。"T+0"是指期货交易成交的当天日期。凡在期货交易成交当天办理好期货头寸和价款清算交割手续的交易制度，就称为"T+0"交易。通俗地说，就是当天买入的期货仓位在当天就可以卖出。

"T+0"制度是现代金融市场的主要交易买卖制度，大多数国家股票市场和期货市场都实行"T+0"。在我国，股票市场出于抑制投机等目的而实行"T+1"，只有期货市场实行的是"T+0"制度。

4.当日无负债结算制度

期货交易所实行当日无负债结算制度，又称"逐日盯市"。它是指每日交易结束后，交易所按当日结算价结算所有合约的盈亏、交易保证金及手续费、税金等费用，对应收应付的款项同时划转，相应增加或减少会员的结算准备金。

期货交易所会员和投资者的保证金不足时，应当及时追加保证金或者自行平仓。规定时间内未追加保证金或未自行平仓的，期货交易所将强行平仓。强行平仓的有关费用和发生的损失由该会员或投资者承担。

5.强行平仓制度

强行平仓制度是指当会员、投资者违规或结算保证金不足时,交易所对有关持仓实行强制平仓的一种措施。

我国期货交易所对强行平仓制度的主要规定如下:

(1)强行平仓情形包括:会员结算准备金余额小于零,并未能在规定时限内补足的;持仓量超出其限仓规定的;因违规受到交易所强行平仓处罚的;根据交易所的紧急措施应予强行平仓的;其他应予强行平仓的。

(2)强行平仓的执行原则包括:强行平仓先由会员自己执行,时限除交易所特别规定外,一律为开市后第一节交易时间内。否则,由交易所强制执行。因结算准备金小于零而被要求强行平仓的,在保证金补足前,禁止相关会员的开仓交易。

(3)由会员单位执行的强行平仓产生的盈利仍归直接责任人;由交易所执行的强制平仓产生的盈亏按国家有关规定执行(盈亏相抵后的盈利部分予以罚没);因强行平仓发生的亏损由直接责任人承担。直接责任人是投资者的,强行平仓后发生的亏损,由该投资者开户所在经纪会员先行承担后,自行向该客户追索。

6.涨跌停板制度

涨跌停板制度,又称每日价格最大波动限制,指期货合约在一个交易日中的交易价格波动不得高于或者低于规定的涨跌幅度,超过该涨跌幅度的报价将被视为无效,不能成交。

涨跌停板一般是以合约上一交易日的结算价为基准确定的,一般有百分比和固定数量两种形式。

涨停板是指合约上一交易日的结算价加上允许的最大涨幅构成当日价格上涨的上限。跌停板是指合约上一交易日的结算价减去允许的最大跌幅构成当日价格下跌的下限。涨跌停板的确定,主要取决于该种商品现货市场价格波动的频繁程度和波幅的大小。商品的价格波动越频繁、越剧烈,该商品期货合约的每日停板额就应设置得大一些;反之,则小一些。

7.持仓限额制度

交易所制定根据不同情况会员可以持有合约的持仓上限,即可购进合约的最大数量。交易所通常按照"一般月份"、"交割月前一个月份"和"交割月份"三个阶段依次对持仓数额进行限制。比如,在"一般月份"规定,一个会员对某种合约的单边持仓量不得超过交易所该合约持仓总量的15%,距离交割月越近持仓量越少。对套期保值的客户的套保头寸也实行审批制。如果超出,就要在交易所规定的时间内减仓,否则将强行平仓。

8.大户报告制度

会员或大客户在某合约上持仓的投机头寸达到交易所对其规定的投机头寸持仓限量的80%以上时,应向交易所报告其持仓情况、持仓保证金、可动用资金、持仓意向、资金来源、预报和申请交割的数量等。套期保值的会员和客户也执行大户报告制度。

9.实物交割制度

临近交割月,投机者要将持有合约平仓卖出;套期保值的现货商卖方需要在规定的期限前将货物运到指定的交割仓库,经过入库预报、商品入库、验收,指定交割仓库签发和注册成标准仓单;买方按交易所的时间上的规定逐渐提高保证金比例,最后要按交易双方持有的合约数额进行实物商品的转移。实物交割加强了期货价格和现货价格的联系,使期货价格不会大幅度脱离现货价格。

10.信息披露制度

期货交易遵循公平、公开、公正的原则,保证信息的公开与透明;交易所即时、每日、每月向投资者和社会公众提供期货行情信息。每日主力成交情况、持仓情况、持多单量多少、持空单量多少及增减情况,均对外公布,内幕交易相对较少。

11.风险准备金制度

风险准备金制度是指为了维护期货市场正常运转,提供财务担保和弥补因不可预见风险带来的亏损而提取的专项资金的制度。

根据我国《期货交易管理条例》的规定,交易所、期货公司、非结算会员都需要提取风险准备金。以交易所为例,其风险准备金制度规定如下:

(1)风险准备金的来源包括:交易所按向会员收取交易手续费收入20%的比例,从管理费用中提取;符合国家财政政策规定的其他收入。

（2）当风险准备金余额达到交易所注册资本 10 倍时，经中国证监会批准后可不再提取。

（3）风险准备金必须单独核算，专户存储，除用于弥补风险损失外，不得挪作他用。

（4）风险准备金的动用必须经交易所理事会批准，报中国证监会备案后按规定的用途和程序进行。

7.3.2　期货交易流程

1.开立交易账户

期货交易必须集中在交易所内进行，在场内操作交易的只能是交易所的会员，包括期货经纪公司和自营会员。普通投资者在进入期货市场交易之前，应首先选择一个具备合法代理资格、信誉好、资金安全、运作规范和收费比较合理的期货经纪公司。

投资者在经过对比、判断，选定期货经纪公司之后，即可向该期货经纪公司提出委托申请，开立账户。开立账户实质上是投资者（委托人）与期货经纪公司（代理人）之间建立的一种法律关系。

一般来说，各期货经纪公司会员为客户开设账户的程序及所需的文件不尽相同，但基本程序及方法大致一样，包括风险揭示、签署合同、缴纳保证金等。

2.下单

下单是指客户在每笔交易前向期货经纪公司业务人员下达交易指令，说明拟买卖合约的种类、数量、价格等的行为。

（1）指令。期货交易所使用的交易指令包括市价指令、限价指令、止损指令、阶梯价格指令、限时指令、双向指令、套利指令、取消指令等。目前，我国期货交易所使用的交易指令种类主要有限价指令、市价指令和取消指令三种。其中，大连商品交易所、上海期货交易所目前只采用限价指令和取消指令，郑州商品交易所三种指令均使用。

市价指令是指按当时市场价格即刻成交的指令。其特点是成交速度快，指令下达后不可更改或撤销。

限价指令是指执行时必须按限定价格或更好的价格成交的指令。其特点是可以按客户的预期价格成交，成交速度相对较慢，有时甚至无法成交。

止损指令是指当市场价格达到客户预计的价格水平时，即变为市价指令予以执行的一种指令。

阶梯价格指令是指按指定的价格间隔，逐步购买或出售指定数量期货合约的指令。

限时指令是指要求在某一时间段内执行的指令。如果在该时间段内指令未被执行，则自动取消。

双向指令是指客户向经纪人下达两个指令，一个指令执行后，另一个指令则自动撤销。

套利指令是指同时买入和卖出两种期货合约的指令。一个指令执行后，另一个指令也立即执行。它包括跨商品套利指令、跨期套利指令和跨市场套利指令等。

取消指令是指客户要求将某一指定指令取消的指令。

期货公司对其代理客户的所有指令，必须通过交易所集中撮合交易，不得私下对冲，不得向客户作获利保证或者约定与客户分享收益。

（2）下单方式。我国《期货交易管理条例》规定，客户可以通过书面、电话、互联网或者中国证监会规定的其他方式向期货公司下达交易指令。具体下单方式有如下几种：书面下单、电话下单、网上下单、自助终端下单。

3.竞价

期货合约价格的形成方式主要有公开喊价和计算机撮合成交两种方式。

公开喊价方式包括连续竞价制（动盘）和一节一价制（静盘）。连续竞价制是指在交易所交易池内由交易者面对面地公开喊价，表达各自买进或卖出合约的要求，这种方式在欧美期货市场较为流行。一节一价制是指把每个交易日分为若干节，每节只有一个价格的制度，这种叫价方式在日本较为普遍。

计算机撮合成交方式分为两种：第一种为撮合成交，是指先将买卖申报单以价格优先、时间优先的原则进行排序。撮合成交价取买入价、卖出价、前一成交价三者中居中一个的价格。第二种为集合竞价，以最大成交量原则，即以此价格成交能够得到最大成交量。通常开盘价和收盘价采用集合竞价方式产生，集合竞价采用最大成交量原则，连续竞价采取价格优先、时间优先的撮合原则。

4.结算

结算是指根据交易结果和交易所有关规定对会员交易保证金、盈亏、手续费、交割货款和其他有关款项进行的计算、划拨。结算包括交易所对会员的结算和期货经纪公司会员对其客户的结算，其计算结果将被记入客户的保证金账户。

期货经纪公司在每一交易日交易结束后对每一客户的盈亏、交易手续费、交易保证金等款项进行结算。

当每日结算后客户保证金低于期货交易所规定的交易保证金水平时，期货经纪公司按照期货经纪合同约定的方式通知客户追加保证金，客户不能按时追加保证金的，期货经纪公司应当将该客户部分或全部持仓强行平仓，直至保证金余额能够维持其剩余头寸。

当日盈亏在每日结算时进行划转，当日盈利划入客户账户，当日亏损从客户账户中扣划。当日结算时的交易保证金超过前日结算时的交易保证金部分从客户账户中扣划。当日结算时的交易保证金低于前日结算时的交易保证金部分划入会员客户账户。手续费等费用从客户账户中直接扣划。

（1）结算公式：

未平仓期货合约均以当日结算价作为计算当日盈亏的依据。

当日结算价是指某一期货合约当日成交价格按照成交量的加权平均价。当日无成交价格的，以上一交易日的结算价作为当日结算价。当日盈亏可以分项计算。

分项结算公式为：

当日盈亏=平仓盈亏+持仓盈亏

其中，

平仓盈亏=平历史仓盈亏+平当日仓盈亏

持仓盈亏=历史持仓盈亏+当日开仓持仓盈亏

当日盈亏可以综合成为总公式，即：

$$\text{当日盈亏} = \sum\left[\left(\text{卖出成交价} - \text{当日结算价}\right) \times \text{卖出量}\right] + \sum\left[\left(\text{当日结算价} - \text{买入成交价}\right) \times \text{买入量}\right] + \left(\text{上一交易日结算价} - \text{当日结算价}\right) \times \left(\text{上一交易日卖出持仓量} - \text{上一交易日买入持仓量}\right)$$

（2）可用资金的计算公式：

可用资金=客户权益-所持头寸占用的保证金总额

$$\begin{matrix} 客户 \\ 权益 \end{matrix} = \begin{matrix} 上日资金 \\ 余额 \end{matrix} \pm \begin{matrix} 当日资金 \\ 存取 \end{matrix} \pm \begin{matrix} 当日资金 \\ 调整 \end{matrix} \pm \begin{matrix} 当日平仓 \\ 盈亏 \end{matrix} \pm \begin{matrix} 实物交割 \\ 款项 \end{matrix} \pm \begin{matrix} 当日浮动 \\ 盈亏 \end{matrix} - \begin{matrix} 当日交易 \\ 手续费 \end{matrix}$$

5.交割

（1）实物交割。实物交割是指期货合约到期时，交易双方通过该期货合约所载商品所有权的转移，了结到期未平仓合约的过程。商品期货交易一般采用实物交割制度。虽然最终进行实物交割的期货合约的比例非常小，但正是这极少量的实物交割将期货市场与现货市场联系起来，为期货市场功能的发挥提供了重要的前提条件。

在期货市场上，实物交割是促使期货价格和现货价格趋向一致的制度保证。当由于过分投机，发生期货价格严重偏离现货价格时，交易者就会在期货、现货两个市场间进行套利交易。当期货价格过高而现货价格过低时，交易者在期货市场上卖出期货合约，在现货市场上买进商品。这样，现货需求增多，现货价格上升，期货合约供给增多，期货价格下降，期现价差缩小；当期货价格过低而现货价格过高时，交易者在期货市场上买进期货合约，在现货市场卖出商品。这样，期货需求增多，期货价格上升，现货供给增多，现货价格下降，使期现价差趋于正常。以上分析表明，通过实物交割，期货、现货两个市场得以实现相互联动，期货价格最终与现货价格趋于一致，使期货市场真正发挥价格晴雨表的作用。

一些熟悉现货流通渠道的套期保值者在实际操作中，根据现货市场的有关信息，直接在期货市场上抛出或购进现货，获取差价。这种期现套做的方法在一定程度上消除了种种非价格因素所带来的风险，客观上起到了引导生产、保证利润的作用。

我国期货合约的交割结算价通常为该合约交割配对日的结算价或为该期货合约最后交易日的结算价。交割商品计价以交割结算价为基础，再加上不同等级商品质量升贴水以及异地交割仓库与基准交割仓库的升贴水。

实物交割的程序（以上海期货交易所为例）如下：

第一步，买方申报意向。买方在最后交易日（合约交割月份的15

日）的下一个工作日的12：00以前，向交易所提交所需商品的意向书，内容包括品名、牌号、数量及指定交割仓库名等。

第二步，卖方交标准仓单和增值税专用发票。卖方在18日16：00以前将已付清仓储费用的标准仓单及增值税专用发票交交易所。如果18日为法定假日则顺延至节假日后的第一个工作日，若是20日，则卖方必须在12：00以前完成交割。

第三步，交易所分配标准仓单。交易所根据已有资源，向买方分配标准仓单。

第四步，不能用于下一期货合约交割的标准仓单，交易所按所占当月交割总量的比例向买方分摊。

第五步，买方交款、取单。买方必须在最后交割日14：00以前到交易所交付货款，交款后取得标准仓单。

第六步，卖方收款。交易所在最后交割日16：00以前将货款付给卖方。

（2）期转现。上海期货交易所于2000年6月推出了适用于标准仓单的"期货转现货"的交割办法，将其适用范围扩展到非标准仓单（非标准仓单是指注册品在非指定交割仓库而开具的、非注册品在指定交割仓库或非指定交割仓库而开具的仓单）。

所谓"期货转现货"，是指持有方向相反的同一月份合约的会员（客户）协商一致并向交易所提出申请，获得交易所批准后，分别将各自持有的合约按交易所规定的价格由交易所代为平仓，同时按双方协议价格进行与期货合约标的物数量相当、品种相同、方向相同的仓单的交换行为。

具体来讲，买卖双方只要符合以下条件，均可通过交易所会员向交易所申请进行期转现。一是持仓，即同一合约月份的历史头寸、数量相等、方向相反。例如，买方持有5手Cu0105（最先交割单位）多头，卖方持有5手Cu0105（最先交割单位）空头。二是期限，合约到期在一个月内，即从欲进行期转现合约的交割月份的上一月份合约最后交易日后的第一个交易日起至交割月份最后交易日前两个交易日（含当日）止。例如，Cu0105合约在4月17日至5月11日之间均可进行期转现。三是买卖双方要协商一致，即双方都要有意愿按双方同意的价格进行期转现，并共同申请。四是卖方有相应仓单，买方备有相应货款，用非标准仓单进行期转现的，还应有相应的现货买卖协议。

7.3.3 期货交易分析

分析期货价格的方法主要有基本因素分析法和技术图表分析法两大流派，两者之间相互独立。

1.基本因素分析法

基本因素分析法较注重中长线分析，适合于掌握现货行情的大的现货商和消息灵通的投资者使用。基本因素分析法是从商品的实际供给和需求对商品价格的影响这一角度来进行分析的方法。这种分析方法注重国家的有关政治、经济、金融政策，法律、法规的实施及商品的生产量、消费量、进口量和出口量等因素对商品供求状况直接或间接的影响程度。商品价格的波动主要是受市场供应和需求等基本因素的影响，即任何减少供应或增加消费的经济因素，将导致价格上涨的变化；反之，任何增加供应或减少商品消费的因素都将导致库存增加、价格下跌。

影响价格变化的基本因素概括起来主要有以下几个方面：

（1）供求关系。期货交易是具体商品的交易，因此，它的价格变化受商品市场供求关系的影响。当供大于求时，期货价格下跌；反之，期货价格就上升。

（2）经济周期。在期货市场上，价格变动还受经济周期的影响，在经济周期的各个阶段，都会出现随之波动的价格上涨和下跌现象。

（3）政府政策。各国政府制定的某些政策和措施会对期货市场价格带来不同程度的影响。

（4）政治因素。期货市场对政治气候的变化非常敏感，各种政治性事件的发生常常对价格造成不同程度的影响。

（5）社会因素。社会因素指公众的观念、社会心理趋势、传播媒介的信息影响等。

（6）季节性因素。许多期货商品，尤其是农产品有明显的季节性，价格亦随季节变化而波动。

（7）心理因素。所谓心理因素，就是交易者对市场的信心程度。例如，对某商品看好时，即使无任何利好因素，该商品价格也会上涨；而当对某商品看淡时，无任何利空消息，价格也会下跌。又如，一些大投机商还经常利用人们的心理因素，散布某些消息，并人为地进行投机性的大量抛售或补仓，谋取投机利润。

（8）金融货币变动因素。在世界经济发展过程中，各国的货币政策、汇率变化以及利率的上下波动，也会给期货市场带来较为明显的影响。

2.技术图表分析法

（1）技术面分析假设：技术图表分析作为投资分析的一种方式，它的依据是基于三个假设，即：价格反映市场一切信息；价位循一定方向推进；历史是会重演的。

（2）技术图表分析的要点：价格是由供求关系决定的；商品的供求关系又是由各种合理与非合理的因素决定的；忽略价格微小波动，则价格的变化就会在一段时间内显示出一定的变化趋势；价格的变化趋势会随市场供求关系的变化而变化。技术分析的基本方法就是以过去投资行为的轨迹为依据，考察未来或潜在的投资机会。

（3）技术分析理论：股票技术分析中的K线理论、切线理论、形态理论、波浪理论、江恩理论、随机漫步理论、相反理论、循环周期理论、四度空间理论以及一些指标如MACD、KDJ、RSI、威廉指标等都适用于期货市场。

（4）期货技术分析中持仓量与价格的关系：期货市场的一般规律是慢涨急跌。

第一，持仓量和价格均上升。持仓增加表明新入市的交易者买卖合约开仓数量超过原交易者平仓数量。价格上涨表明多头力量压倒空头力量，持仓量、价格均上升表明处于技术性强市，新交易者入市做多，期价上升空间较大。

第二，持仓量上升，价格下跌。这表明新交易者入市做空，空头卖出力量压倒多头买入力量；市场处于技术性弱市，价格很可能出现急跌，但下跌空间有限。

第三，持仓量和价格均下跌。持仓下降表明市场原有交易者平仓买卖合约的数量超过新交易者买卖的合约。价格下跌表明市场原买入者卖出平仓的力量超过原卖出者买入平仓的力量。持仓量和价格下跌表明市场处于技术性强市，多头平仓了结，期价下跌空间较大。

第四，持仓量下降，价格上涨。持仓下降表明市场上原交易者正在对冲平仓了结合约。价格上升表明市场上原卖出者在买入平仓时的力量超过原卖出平仓的力量，表明市场处于技术性弱市，空头正在买入平仓，期价上涨空间有限。

（5）期货技术分析中成交量与价格的关系。价格上升时成交量也上升，表明价格上涨时大量的交易者跟市买入；交易量减少价格也下跌，表明下跌时跟市卖出者少；这两种情况均表明市场处于技术性强市，一般来说空间很大。

相反，如果量价分离，则表明市场处于技术性弱市，空间有限。价涨量跌表明市场交易者不愿意跟市买进；价跌量涨表明市场交易者大多看淡市场，跟市卖出的人很多。

7.4 期货品种及市场

7.4.1 农产品期货市场

1.大豆期货

（1）定价权主要在芝加哥期货交易所。

（2）大豆是重要的粮油兼用作物，是一种高蛋白、高脂肪、高能量的食物。

（3）世界大豆的产量一直居各类油料作物之首，对其需求也一直呈增长势头。

（4）大豆的种植以亚洲、北美和南美面积为最大，美国、阿根廷、巴西、中国是大豆的主要生产国。

（5）在国际期货市场上，芝加哥期货交易所、东京谷物交易所都进行大豆期货合约交易。在我国，大连商品交易所交易大豆期货合约。

（6）大豆是我国进口量最大的转基因粮食品种。

（7）黄大豆1号，其合约标的物为非转基因黄大豆；黄大豆2号，其合约标的物以含油率为交割质量标准，无转基因和非转基因之分。

2.豆粕期货

（1）定价权主要在芝加哥期货交易所。

（2）大豆经过榨油加工后，可制成豆油和豆粕。每100千克大豆大约可制出20千克非精炼油和80千克豆粕。

（3）豆粕的主要成分是蛋白质和氨基酸，主要用于制作家畜家禽的食用饲料。

（4）豆粕的供给量与大豆的产量关系密切。全球的豆粕生产主要集中于美国、巴西、阿根廷和中国这几个大豆生产大国。世界上主要的豆粕进口国主要是欧盟各国、前苏联各国、大部分东亚国家等。

（5）由于豆粕的保质期较短，使得豆粕价格变化更为扑朔迷离。

（6）国际上的豆粕期货交易主要集中于美国芝加哥期货交易所和中美洲商品交易所。我国豆粕期货合约在大连商品交易所交易。

3.豆油期货

（1）定价权主要在芝加哥期货交易所。

（2）豆油是大豆加工的油脂产品的总称。豆油按其加工程度可分为大豆原油和成品大豆油。在我国，大豆原油（也称毛油）主要为工厂的中间产品，目前我国进口大豆油全部是大豆原油。

（3）豆油消费的明显特点是：主要的生产大国阿根廷消费量一直较低，中国是豆油消费增长速度最快的国家。烹饪用油是豆油消费的主要方式。从世界上看，豆油用于烹饪的消费量约占豆油总消费的70%左右。

（4）豆油期货2006年1月9日在大连商品交易所正式上市交易，当年实现成交量2 067万手，成交额11 201亿元，分别占大连商品交易所2006年全年成交量与成交额的8.59%和21.48%。

（5）除了大连商品交易所外，目前世界上发展豆油期货交易的交易所还有芝加哥期货交易所、印度国家商品及衍生品交易所（NCDEX）等。

4.玉米期货

（1）定价权主要在芝加哥期货交易所。

（2）大约在16世纪中期，中国开始引进玉米。目前，中国已经成为全球第二大玉米产地。玉米的播种面积以北美洲最多，其次为亚洲、拉丁美洲、欧洲。

（3）在全球三大谷物中，玉米总产量和平均单产均居世界首位。

（4）美国芝加哥期货交易所的玉米期货交易规模最大，年交易量全球第一。

（5）大连商品交易所的玉米合约曾经运作得较为成功，一度成为期货市场的明星品种。1998年，国家对期货交易所及品种进行调整时，取消了玉米品种。2004年9月22日，大连商品交易所在获准后重新推出玉米期货交易。

5.鸡蛋期货

（1）鸡蛋。鸡蛋中含有大量的维生素、矿物质及高价值的蛋白质，是人类最好的营养来源之一。

（2）2011年我国鸡蛋产量约为2 300万吨，占全球总产量的36%，一直保持全球第一位。

（3）鸡蛋期货在我国大连商品交易所上市交易。

6.棉花期货

（1）定价权主要在纽约期货交易所（NYBOT）。

（2）相对于其他农产品，棉花生长期较长，受自然因素的影响较大。

（3）20世纪80年代以来，美国、中国、乌兹别克斯坦、印度、埃及主宰世界棉花生产的格局没有改变，但位序发生了变化，中国已成为头号棉花生产大国。世界棉花消费量近年保持在2 100万吨左右。

（4）我国棉花消费量居世界第一位，占世界总量的30%左右，而且有增长的趋势。

（5）目前，国际上最大的棉花期货交易中心是纽约期货交易所，它也是国际权威的棉花定价中心。2004年6月1日，我国郑州商品交易所推出棉花期货交易——1号棉花期货合约和2号棉花期货合约。

7.小麦期货

（1）定价权主要在芝加哥期货交易所。

（2）小麦是世界上最重要的粮食品种，可按生长季节分冬小麦和春小麦。我国以种植冬小麦为主。依据对温度要求不同，小麦还可分为硬麦和软麦。

（3）小麦的主要产区在北半球，欧亚大陆和北美的种植面积占小麦种植总面积的90%以上。我国是小麦的最大生产国。

（4）我国郑州商品交易所开设有硬冬白小麦和优质强筋小麦两种小麦期货合约。

8.白糖期货

（1）定价权主要在纽约期货交易所和伦敦国际金融期货期权交易所（LIFFE）。

（2）白砂糖，俗称白糖，是食糖的一种。食糖是天然甜味剂，是人们日常生活的必需品，同时也是饮料、糖果、糕点等含糖食品和制药工业中不可或缺的原料。

（3）生产食糖的原料主要是甘蔗，此外还有甜菜。

（4）地球上热带和亚热带地区的许多国家都种植甘蔗，主要分布在南美、加勒比海、大洋洲、非洲的大多数发展中国家和少数发达地区。

（5）我国是重要的食糖生产国和消费国，我国食糖年产销量已超过1 000万吨，其中食品、饮料工业和民用消费量最大的为白砂糖。食糖产销量仅次于巴西、印度、欧盟，居世界第四位。巴西是世界上最大的食糖生产和出口国，产量占全球总产量的20%。

（6）在国际期货市场上，最有影响力的是纽约期货交易所的原糖期货和伦敦国际金融期货期权交易所的5号白糖期货。

（7）2006年1月6日，郑州商品交易所推出了白糖期货交易。

7.4.2　金属期货市场

1.铜期货

（1）定价权主要在英国伦敦金属交易所和美国纽约商业交易所。

（2）据估计，世界可开采的铜的蕴藏量约3亿多吨，以智利和美国为最多。美国也是世界上最大的铜消费国。

（3）在国际期货商品中，铜是最主要的金属期货商品。铜的期货交易主要集中于英国和美国。

（4）我国铜期货合约在上海期货交易所交易。

2.铝期货

（1）定价权主要在英国伦敦金属交易所和美国纽约商业交易所。

（2）铝无毒，不带磁，被广泛应用于包装运输、建筑行业和集装箱、电器设备、机械设备等生产方面。

（3）世界最大的铝生产国是美国，美国也是最大的铝消费国。

（4）英国伦敦金属交易所和美国纽约商业交易所是全球最大的铝期货交易市场。伦敦金属交易所1978年开始进行铝期货交易，其牌价目前已成为世界铝工业生产和交易中重要的指导性价格。

（5）我国上海期货交易所开设铝期货交易。

3.锌期货

（1）定价权主要在伦敦金属交易所。

（2）锌金属具有良好的压延性、耐磨性和抗腐性。

（3）目前，锌在有色金属的消费中仅次于铜和铝，原生锌企业生产的主要产品有：金属锌、锌基合金、氧化锌。

（4）我国的锌资源丰富，地质储量居世界第一位。

（5）2007年3月26日，锌期货在上海期货交易所上市，中国成为第二个交易锌期货品种的国家。

4.铅期货

（1）定价权主要在伦敦金属交易所。

（2）铅是常用的有色金属，其年产销量在有色金属中排在铝、铜和锌之后的第四位。

（3）铅的消费领域集中在铅酸蓄电池、电缆护套、铅箔及挤压产品、铅合金、颜料及其他化合物、弹药和其他方面，其中铅酸蓄电池是铅消费最主要的领域。

（4）全球铅资源分布相对比较集中，主要分布在澳大利亚、北美、中国等国家和地区。

（5）2011年3月24日，铅期货在上海期货交易所上市。

5.黄金期货

（1）定价权主要在美国纽约商业交易所。

（2）黄金，又称金，柔软性好，易锻造和延展，具有极佳的抗化学腐蚀和抗变色性能力。黄金不同于一般商品，自从被人类发现开始就具备了货币、金融和商品属性，并始终贯穿人类社会发展的整个历史。

（3）世界上主要的黄金资源国是南非、俄罗斯、中国、澳大利亚、加拿大、巴西等。

（4）2008年1月9日，黄金期货在上海期货交易所上市。

（5）关于黄金期货相关内容将在第8章讲解。

6.白银期货

（1）定价权主要在美国纽约商业交易所。

（2）银，有良好的柔韧性和延展性，延展性仅次于金。银是所有金属中导电性和导热性最好的金属；银对光的反射性也很好，反射率可达到91%。银的化学性质不活泼，在常温下不与氧发生反应，属于较稳定的元素。银具有很好的耐碱性能。

（3）世界矿产白银生产主要集中在白银资源相对丰富的国家和地区，而再生银生产主要集中在一些白银消费大国，目前中国、秘鲁、墨西哥、澳大利亚、玻利维亚、俄罗斯、智利、美国、波兰、哈萨克斯坦是世界最大的10个白银生产国。

（4）2012年5月10日，白银期货在上海期货交易所上市。

7.钢材期货

（1）钢材期货就是以钢材为标的物的期货品种，可以交易的钢材期货是螺纹钢期货和线材期货。

（2）铁，分布在地球表面，储量极为丰富。钢，是指以铁为主要元素、含微量碳成分的铁碳合金。

（3）世界主要的钢铁生产国是中国、美国、日本及欧洲等国家。

（4）2009年3月27日，螺纹钢期货和线材期货在上海期货交易所上市。2013年10月18日，大连商品交易所铁矿石期货上市。

7.4.3 化学品及能源期货市场

1.原油期货

（1）原油期货是最重要的石油期货品种，目前世界上重要的原油期货合约有4个：纽约商业交易所的轻质低硫原油即"西得克萨斯中质油"期货合约；高硫原油期货合约；伦敦国际石油交易所（IPE）的布伦特原油期货合约；新加坡交易所（SGX）的迪拜酸性原油期货合约。

（2）定价权主要在纽约商业交易所的轻质低硫原油期货合约和伦敦国际石油交易所的布伦特原油期货合约。

（3）国际原油期货交易规格为每手1 000桶，报价单位为美元/桶，价格波动最小单位为1美分。

（4）原油期货是国际金融市场中最重要的期货品种之一，其价格波动影响着各国人民的日常生活。

（5）全世界主要的原油生产国和出口国为中东各产油国和俄罗斯，全世界主要的原油消费国和进口国为中国和欧洲，美国基本能做到自给自足，但是美国对全球石油资源的掠夺和控制是极尽所能的，同时，美国基本掌握着全球原油价格的走势。

2.燃料油期货

（1）燃料油广泛用于船舶燃料、加热炉燃料、冶金炉和其他工业燃料。燃料油消费的方式是以燃烧加热为主，少量用于制气原料，具有较强的节约和替代潜力。

（2）上海期货交易所于2004年新推出了燃料油期货，并于2004年8月正式上市交易。

3.天然橡胶期货

（1）天然橡胶特点：高弹性的高分子化合物，具有绝缘性、可塑性、耐磨耐拉等特点，是重要的工业生产原料。

（2）泰国、印尼、马来西亚三国的天然橡胶产量约占全球的80%，是世界主要的出口国。世界主要的天然橡胶进口国是美国、日本、中国和西欧各国。

（3）天然橡胶期货交易主要集中在亚洲地区，中国、日本、马来西亚、新加坡等地都有天然橡胶期货交易。我国的天然橡胶期货合约在上海期货交易所交易。

4.PTA期货

（1）PTA是精对苯二甲酸（pure terephthalic acid）的英文缩写，其主要用途是生产聚酯纤维（涤纶）、聚酯瓶片和聚酯薄膜。

（2）目前，中国PTA产能一举超越韩国和美国，成为世界第一大PTA生产国。

（3）2006年12月18日，PTA期货在郑州商品交易所上市。

5.聚乙烯期货

（1）聚乙烯（以下简称PE）是五大合成树脂之一，其产量占世界通用树脂总产量的40%以上，是我国合成树脂中产能最大、进口量最多的品种。目前，我国是世界最大的PE进口国和第二大消费国。

（2）PE主要分为线型低密度聚乙烯（LLDPE）、低密度聚乙烯（LDPE）、高密度聚乙烯（HDPE）三大类。

（3）LLDPE 产品无毒、无味、无臭，呈乳白色颗粒，主要应用领域是农膜、包装膜、电线电缆、管材、涂层制品等。

（4）世界 LLDPE 产能主要集中在北美、亚洲、西欧和中东地区。美国、沙特阿拉伯、加拿大、中国和巴西位居世界产能的前五名。

（5）2005 年 5 月 27 日，伦敦金属交易所在全球率先推出了 LLDPE 期货合约；大连商品交易所于 2007 年上市了 LLDPE 期货合约。

6.焦炭和焦煤期货

（1）焦炭是由炼焦煤在焦炉中经过高温干馏转化而来，生产 1 吨焦炭约消耗 1.33 吨炼焦煤，焦炭既可以作为还原剂、能源和供炭剂用于高炉炼铁、冲天炉铸造、铁合金冶炼和有色金属冶炼，也可以应用于电石生产、气化和合成化学等领域。

（2）焦煤，也称冶金煤，是中等及低挥发的中等黏结性及强黏结性的一种烟煤。在中国煤炭分类国家标准中，是对煤化度较高，结焦性好的烟煤的称谓，又称主焦煤。

（3）我国是传统的焦炭生产和出口大国，近年来焦炭产量一直占世界焦炭产量的 50% 左右，焦炭是我国目前为数不多的常年排名世界第一的、具有重要影响力的资源型和能源类产品。

（4）从整个世界来说，焦煤资源比较匮乏，因为资源宝贵，所以已很少用焦煤单独炼焦。

（5）2011 年 4 月 15 日，焦炭期货在大连商品交易所挂牌上市。2013 年 3 月 22 日，焦煤期货在大连商品交易所挂牌上市。

7.5 期货套期保值及套利

7.5.1 期货套期保值

1.套期保值概述

（1）套期保值的定义。套期保值是指把期货市场当作转移价格风险的场所，利用期货合约作为将来在现货市场上买卖商品的临时替代物，对其现在买进准备以后售出商品或对将来需要买进商品的价格进行保险的交易活动。

（2）套期保值的基本特征。在现货市场和期货市场对同一种类的商品同时进行数量相等但方向相反的买卖活动，即在买进或卖出现货的同时，在期货市场上卖出或买进同等数量的期货，经过一段时间，当价格变动使现货买卖上出现盈亏时，可由期货交易上的亏盈得到抵消或弥补，从而在"现"与"期"之间、近期和远期之间建立一种对冲机制，以使价格风险降低到最低限度。

（3）套期保值交易原则。第一，交易方向相反原则；第二，商品种类相同原则；第三，商品数量相等原则；第四，月份相同或相近原则。

企业利用期货市场进行套期保值交易实际上是一种以规避现货交易风险为目的的风险投资行为，是结合现货交易的操作。

2.套期保值理论

（1）传统套期保值理论。传统套期保值理论下，现货和期货市场的走势趋同（在正常市场条件下），由于这两个市场受同一供求关系的影响，所以二者价格同涨同跌；但是由于在这两个市场上操作相反，所以盈亏相反，期货市场的盈利可以弥补现货市场的亏损。"品种相同、数量相等、方向相反"是市场对于套期保值的整体印象。下述如无特殊注明，一般都是基于传统套期保值而言的。

随着市场开放程度的日益提高，商品市场的金融属性不断提高，市场竞争日益激烈，原料价格上涨导致现货企业单位利润率大幅萎缩。因此，传统套期保值理论不再适应当前的市场需求与环境，而且期货与现货市场的多种因素也使得现实问题无法完全如传统套保理论那样一一对应来解决，这就需要我们在运作方法和理论上进一步创新。基差逐利型套期保值理论、现代套期保值理论以其灵活性及有效性逐步取代了传统套期保值理论。

传统套期保值理论由凯恩斯和希克斯于1930年提出，其核心在于对同一商品在期货市场上建立与现货市场部位相反的头寸，以规避现货的价格风险。这正是期货市场关于套保的总体印象：品种相同、数量相等、方向相反。在真正的实践中，完全利用这个理论运作，对于企业来说会感到效果并不一定非常好。实际上，这个理论的提出，其前提条件是期货市场的金融属性并不是很强，现货企业的品种比较单一，而且现货企业的单位利润率比较高，此时利用这个理论会有比较好的效果。

综合考量保值效果，其规避的是一个时间点上的风险问题。比如对于玉米贸易商来说，在企业买进玉米现货的同时，抛出等量的期货，规避的就是买玉米时间点往后的价格波动风险。目前，国内相当一部分企业对于期货市场的认识基本上处在这个阶段。但在实践中我们发现，若按照该理论严格执行，由于期货与现货存在升贴水问题、价格趋势波动问题、现货定价模式多样性等问题，根本无法完全通过套保工具一一对应的方式来操作。

（2）基差逐利型套期保值理论。基差逐利型套期保值理论由Working 提出，是指通过选择现货与期货、期货不同时间跨度合约之间，有生产关系的不同品种之间的套期图利行为，以规避一段时间范围内的过程风险问题。该理论的交易特点不再像传统套期保值理论那么刻板，要求的品种不尽相同，但必须有关联性、数量相等、方向相反。该理论适合于期货市场的金融属性较强、产业链链条长、企业单位利润率较低的领域，这在很大程度上更适应当前的市场环境与企业现实。比如，国内压榨企业可在大豆、豆油、豆粕出现压榨利差时，通过买入美国大豆、卖出国内豆粕和豆油，建立一个虚拟的期货头寸，而真正的利润需要通过实物及生产过程产生。由于利差的正锁定，价格对于企业已经不重要了，企业可随时在美国点位交易买入大豆，从而将采购、运输、生产加工整个过程的风险加以锁定，实现套期保值的效果。

（3）现代套期保值理论。现代套期保值理论由 Johnson、Ederington较早提出，通过采用马科维茨的组合投资理论来解释套期保值概念，即将现货市场和期货市场的头寸作为企业资产来看待，套期保值实际上是资产组合。在企业经营过程中，在合适的或可承受的风险情况下获得所对应的最大利润，即研究有效保值的操作方法。比如在牛市环境下，卖出保值就可以减少卖出的规模，减少无效保值的量，根据市场情况，允许现货有一定的风险敞口。该理论是根据组合投资的预期收益和预期收益的方差，确定现货市场和期货市场的交易头寸，以使收益风险最小化或效用函数最大化。其交易特点是：更加灵活，品种不尽相同，数量不尽相等，方向相反，适用于较成熟或市场化的期货市场和现货市场。目前市场利用该理论设计出宏观保值策略，比如利用升水商品编制成价格指数，以对冲固定资产投资风险；利用贴水商品编制成价格指数，以对冲通胀风险。

纵观套期保值理论发展的三个阶段，分别呈现出如下特点：第一阶段，同品种、同数量、方向相反，解决了系统性风险问题；第二阶段，品种相关、同数量、方向相反，解决升贴水问题；第三阶段，品种不尽相同、数量不等、方向相反，解决价格趋势问题。随着期货市场套期保值要求越来越细，水平越来越高，效果越来越好，套期保值理论也不断创新升级，以适应市场的变化与企业的需求。

3.套期保值在企业生产经营中的作用

企业生产经营决策正确与否的关键，在于能否正确地把握市场供求状态，特别是能否正确掌握市场下一步的变动趋势。期货市场的建立，不仅使企业能通过期货市场获取未来市场的供求信息，提高企业生产经营决策的科学合理性，真正做到以需定产，而且为企业通过套期保值来规避市场价格风险提供了场所，在增进企业经济效益方面发挥着重要的作用。

归纳起来，套期保值在企业生产经营中有以下作用：

（1）确定采购成本，保证企业利润。供货方已经跟需求方签订好现货供货合同，将来交货，但供货方此时尚无需购进合同所需材料，为避免日后购进原材料时价格上涨，通过期货买入相关原材料锁定利润。

（2）确定销售价格，保证企业利润。生产企业已经签订采购原材料合同，通过期货卖出企业相关成品材料，锁定生产利润。

（3）保证企业预算不超标。

（4）行业原料上游企业保证生产利润。

（5）保证贸易利润。

（6）调节库存。当认为当前原料价格合理需要增加库存时，可以通过期货代替现货买进增加库存，通过其杠杆原理提高企业资金利用率，保证企业现金流。当原材料价格下降，企业库存因生产或其他因素不能减少时，可以通过期货卖出避免价格贬值给企业造成损失。

（7）融资。当现货企业需要融资时，通过质押保值的期货仓单，可以得获得银行或相关机构较高的融资比例。

（8）避免外贸企业汇率损失。外贸型企业在以外币结算时，可以通过期货锁定汇率，避免汇率波动带来的损失，锁定订单利润。

（9）企业的采购或销售渠道。在某些特定情况下，期货市场可以是企业采购或销售另外一个渠道，是现货采购或销售的适当补充。

4.套期保值案例

要说明的是，案例只用于说明套期保值原理，具体操作中，应当考虑交易手续费、持仓费、交割费用等。

（1）卖出套期保值举例。

【例7-2】7月份，大豆的现货价格为每吨2 010元，某农场对该价格比较满意，但是大豆9月份才能出售，因此该单位担心到时现货价格可能下跌，从而减少收益。为了避免将来价格下跌带来的风险，该农场决定在大连商品交易所进行大豆期货交易。

交易情况如下（注：1手为10吨）：

7月份现货市场大豆价格2 010元/吨，卖出10手9月份大豆合约，期货市场价格为2 080元/吨。

9月份现货市场卖出100吨大豆，价格为1 980元/吨；期货市场买入10手9月份大豆合约，价格为2 050元/吨。

套利结果：现货亏损30元/吨，期货盈利30元/吨。

最终结果：净获利=100×30−100×30=0

从该例可以看出：

第一，完整的卖出套期保值实际上涉及两笔期货交易。第一笔为卖出期货合约，第二笔为在现货市场卖出现货的同时，在期货市场买进原先持有的部位。

第二，因为在期货市场上的交易顺序是先卖后买，所以该例是一个卖出套期保值。

第三，通过这一套期保值交易，虽然现货市场价格出现了对该农场不利的变动，价格下跌了30元/吨，因而少收入了3 000元，但是在期货市场上的交易盈利了3 000元，从而消除了价格不利变动的影响。

（2）买入套期保值举例。

【例7-3】9月份，某油厂预计11月份需要100吨大豆作为原料。当时大豆的现货价格为每吨2 010元，该油厂对该价格比较满意。据预测11月份大豆价格可能上涨，因此该油厂为了避免将来价格上涨，导致原材料成本上升的风险，决定在大连商品交易所进行大豆套期保值交易。交易情况如下：

9月份现货市场大豆价格2 010元/吨；在期货市场买入10手11月份大豆合约，价格为2 090元/吨；

11月份现货市场买入100吨大豆，价格为2 050元/吨；期货市场卖出10手11月份大豆合约，价格为2 130元/吨。

套利结果：现货市场亏损40元/吨；期货市场盈利40元/吨。

最终结果：净获利=40×100-40×100=0

从该例可以看出：

第一，完整的买入套期保值同样涉及两笔期货交易。第一笔为买入期货合约，第二笔为在现货市场买入现货的同时，在期货市场上卖出对冲原先持有的头寸。

第二，因为在期货市场上的交易顺序是先买后卖，所以该例是一个买入套期保值。

第三，通过这一套期保值交易，虽然现货市场价格出现了对该油厂不利的变动，价格上涨了40元/吨，因而原材料成本提高了4 000元，但是在期货市场上的交易盈利了4 000元，从而消除了价格不利变动的影响。如果该油厂不做套期保值交易，现货市场价格下跌他可以得到更便宜的原料，但是一旦现货市场价格上升，他就必须承担由此造成的损失。相反，他在期货市场上做了买入套期保值，虽然失去了获取现货市场价格有利变动的盈利，可同时也避免了现货市场价格不利变动的损失。因此可以说，买入套期保值规避了现货市场价格变动的风险。

5.套期保值的程序和策略

为了更好实现套期保值目的，企业在进行套期保值交易时，必须注意以下程序和策略：

（1）坚持"均等相对"的原则。"均等"，就是进行期货交易的商品必须和现货市场上将要交易的商品在种类上相同或相关数量上相一致。"相对"，就是在两个市场上采取相反的买卖行为，如在现货市场上买，在期货市场则要卖，或相反。

（2）应选择有一定风险的现货交易进行套期保值。如果市场价格较为稳定，那就不需进行套期保值，进行保值交易需支付一定费用。

（3）比较净冒险额与保值费用，最终确定是否要进行套期保值。

（4）根据价格短期走势预测，计算出基差（即现货价格和期货价格之间的差额）预期变动额，据此做出进入和离开期货市场的时机规划，并予以执行。

6.基差与套期保值

套期保值可以大体抵消现货市场中价格波动的风险，但不能使风险完全消除，主要原因是存在"基差"这个因素。要深刻理解并运用套期保值，避免价格风险，就必须掌握基差及其基本原理。

（1）基差的含义。基差（basis）是指某一特定商品在某一特定时间和地点的现货价格与该商品近期合约的期货价格之差，即：基差=现货价格-期货价格。

（2）基差变化与套期保值的关系。比如，2013年5月30日，大连的大豆现货价格2 700元/吨，当日，2013年7月黄大豆1号期货合约价格是2 620元/吨，则基差是80元/吨。基差可以是正数也可以是负数，这主要取决于现货价格是高于还是低于期货价格。现货价格高于期货价格，则基差为正数，又称为远期贴水或现货升水；现货价格低于期货价格，则基差为负数，又称为远期升水或现货贴水。

基差包含着两个成分，即分隔现货与期货市场间的"时间"与"空间"两个因素。因此，基差包含着两个市场之间的运输成本和持有成本。前者反映了现货与期货市场间的空间因素，这也正是在同一时间里，两个不同地点的基差不同的根本原因；后者反映了两个市场间的时间因素，即两个不同交割月份的持有成本，它又包括储藏费、利息、保险费和损耗费等，其中利率变动对持有成本的影响较大。

（3）基差变化与套期保值。在商品实际价格变动过程中，基差总是在不断调整，基差的变动形态对一个套期保值者而言至关重要。由于期货合约到期时，现货价格与期货价格会趋于一致，而且基差呈现季节性变动，使套期保值者能够应用期货市场降低价格波动的风险。基差变化是判断能否完全实现套期保值的依据。套期保值者利用基差的有利变动，不仅可以取得较好的保值效果，而且还可以通过套期保值交易获得额外的盈余。一旦基差出现不利变动，套期保值的效果就会受到影响，蒙受一部分损失。

对于买入套期保值者来讲，他愿意看到的是基差缩小。

第一，现货价格和期货价格均上升，但现货价格的上升幅度大于期货价格的上升幅度，基差扩大，从而使得加工商在现货市场上因价格上升买入现货蒙受的损失大于在期货市场上因价格上升卖出期货合约的获利。如果现货市场和期货市场的价格不是上升而是下降，加工商在现货市场获利，在期货市场损失。但是只要基差扩大，现货市场的盈利不仅不能弥补期货市场的损失，而且会出现净亏损。

第二，现货价格和期货价格均上升，但现货价格的上升幅度小于期货价格的上升幅度，基差缩小，从而使得加工商在现货市场上因价格上升买入现货蒙受的损失小于在期货市场上因价格上升卖出期货合约的获利。如果现货市场和期货市场的价格不是上升而是下降，加工商在现货市场获利，在期货市场损失。但是只要基差缩小，现货市场的盈利不仅能弥补期货市场的全部损失，而且会有净盈利。

对于卖出套期保值者来讲，他愿意看到的是基差扩大。

第一，现货价格和期货价格均下降，但现货价格的下降幅度大于期货价格的下降幅度，基差缩小，从而使得经销商在现货市场上因价格下跌卖出现货蒙受的损失大于在期货市场上因价格下跌买入期货合约的获利。如果现货市场和期货市场的价格不是下降而是上升，经销商在现货市场获利，在期货市场损失。但是只要基差缩小，现货市场的盈利只能弥补期货市场的部分损失，结果仍是净损失。

第二，现货价格和期货价格均下降，但现货价格的下降幅度小于期货价格的下降幅度，基差扩大，从而使得经销商在现货市场上因价格下跌卖出现货蒙受的损失小于在期货市场上因价格下跌买入期货合约的获利。如果现货价格和期货价格不降反升，经销商在现货市场获利，在期货市场损失。但是只要基差扩大，现货市场的盈利不仅能弥补期货市场的全部损失，而且仍有净盈利。

期货价格与现货价格的变动趋势是一致的，但两种价格变动的时间和幅度是不完全一致的，也就是说，在某一时间基差是不确定的，所以，套期保值者必须密切关注基差的变化。因此，套期保值并不是一劳永逸的事，基差的不利变化也会给保值者带来风险。虽然，套期保值没有提供完全的保险，但是，它的确规避了与商业相联系的价格风险。套期保值基本上是风险的交换，即以价格波动风险交换基差波动风险。

7.套期保值与投机的区别

（1）交易目的不同。套期保值者是为了规避或转移现货价格涨跌带来风险的一种方式，目的是锁定利润和控制风险，而投机者则是为了赚取风险利润。

（2）承受风险不同。套期保值者只承担基差变动带来的风险，风险相对较小，而投机者需要承担价格变动带来的风险，风险相对较大。

（3）操作方法不同。套期保值者的头寸需要根据现货头寸来确定，套保头寸与现货头寸操作方向相反，种类和数量相同或相似，而投机者则根据自己的资金量、资金占用率、心理承受能力和对趋势的判断来进行交易。

7.5.2 期货套利

1.套利概述

（1）套利的概念。套利，也叫价差交易，指的是在买入或卖出某种期货合约的同时，卖出或买入相关的另一种合约，并在某个时间同时将两种合约平仓的交易方式。它是利用不同（可以是时间不同，也可以是地区不同或品种不同）市场之间的不合理价格差异来谋取低风险利润的一种交易方式。

也就是说，套利是利用相关市场或相关合约之间的价差变化，在相关市场或相关合约上进行交易方向相反的交易，以期价差发生有利变化而获利的交易行为。

套利在交易形式上与套期保值相同，只是套期保值是在现货与期货两个市场上同时买进卖出合约。套利必须通过在期货市场上买卖合约来实现。

套利的潜在利润不是基于商品价格的上涨或下跌，而是基于不同合约月份之间价差的扩大或缩小，从而构成其套利的头寸。套利者是一种与投机者和套保者都不同的独立群体。

（2）套利的分类。套利一般分为：期现套利（arbitrage），利用期货市场和现货市场之间的价差进行的套利行为；价差交易（spread），利用期货市场上不同合约之间的价差进行的套利行为。

（3）套利的特点。套利风险较小，类似套期保值；成本较低，佣金和保证金较少，其佣金支出比一个单盘交易的佣金费用要高，但又不及一个回合单盘交易的两倍。同时，由于套利的风险较小，在保证金的收取上小于单纯投机交易，大大节省了资金的占用。

（4）套利的作用。套利正是利用期货市场中有关价格失真的机会，并预测这种价格失真会最终消失，从中获取套利利润。套利有助于价格发现功能的有效发挥，有助于市场流动性的提高。

（5）套利与投机的区别。套利与投机的区别如下：

第一，获利途径不同。投机交易是利用单一期货合约价格的上下波动赚取利润；套利是从不同的两个期货合约彼此之间或不同市场之间的相对价格差异套取利润。

投机者关心和研究的是单一合约或不同市场之间的涨跌，而套利者关心和研究的则是不同合约之间或不同市场之间的价差，与价格波动方向无关。

第二，买卖方向不同。投机交易是在一段时间内只进行买或卖，方向明确；套利是在同一时间在不同合约之间或不同市场之间进行相反方向的交易，买入并卖出期货合约，同时扮演多头和空头的双重角色。

2.价差交易的相关概念

（1）价差交易的价差。价差（spread）是指两种相关的期货合约价格之差。在价差交易中，关注相关期货合约之间的价差是否在合理的区间范围。在价差交易中，交易者要同时建立一个多头部位和一个空头部位，这是套利交易的基本原则。为便于分析，统一用建仓时价格较高的一"边"减去价格较低的一"边"来计算价差。在计算平仓时的价差时，也要用建仓时价格较高合约的平仓价格减去建仓时价格较低合约的平仓价格来进行计算。只有计算方法一致，才能恰当地比较价差的变化。

（2）价差的扩大与缩小。价差能否在套利建仓之后"回归"正常，会直接影响套利交易的盈亏和套利的风险。价差的扩大和缩小，不是指绝对值的变化，而是按照统一用建仓时价格较高的一"边"减去价格较低的一"边"所计算的价差,通过比较建仓时和当前(或平仓)时价差数值的变化,来判断价差到目前为止(或套利结束)是扩大还是缩小。如果当前(或平仓时)价差大于建仓时价差,则价差是扩大的;如果相反,则价差是缩小的。

3.买进套利和卖出套利

对于套利者来说,究竟是买入较高一"边"的同时卖出较低一"边",还是进行相反操作,这要取决于套利者对相关期货合约价差的变动趋势的预期。

(1)买进套利(预计价差扩大,买进套利)。如果套利者预期不同交割月份的期货合约的价差将扩大时,则套利者将买入其中价格较高的一"边"同时卖出价格较低的一"边",叫作买进套利(buy spread)。如果价差变动方向与套利者的预期相同,则套利者就会通过同时平仓来获利。

套利交易关注的是价差变化而不是期货价格的上涨或者下跌,只要价差变大,不管期货价格上涨还是下跌,进行买进套利都会盈利。

(2)卖出套利(预计价差缩小,卖出套利)。如果套利者预期不同交割月份的期货合约的价差将缩小(narrow)时,套利者可通过卖出其中价格较高的一"边"同时买入价格较低的一"边"来进行套利,叫作卖出套利(sell spread)。

只要价差缩小,不管期货价格上涨还是下跌,进行卖出套利都会盈利。

需要注意的是:如果套利者买卖的是同种商品不同交割月份的合约(称为跨期套利),可能出现正向市场或反向市场的情况,这对买进套利和卖出套利的判断标准没有影响,相应地也不影响价差变化与套利盈亏的判断规律。

【例7-4】某投资者以2 100元/吨卖出5月大豆期货合约一张,同时以2 000元/吨买入7月大豆期货合约一张。那么,当5月合约和7月合约价差为多少时,该投资人可以获利?

我们可以把它看成一个跨期套利交易,因为对较高价格的一边的操作是卖出,判断为卖出套利,因此只有价差缩小会保证获利,所以价差要小于原来的100元/吨。

4.跨期套利

投机者在同一市场利用同一种商品不同交割期之间的价格差距的变化，买进某一交割月份期货合约的同时，卖出另一交割月份的同类期货合约以谋取利润的活动。其实质，是利用同一商品期货合约的不同交割月份之间的差价的相对变动来获利。这是最为常用的一种套利形式。比如，如果你注意到5月份的大豆和7月份的大豆价格差异超出正常的交割、储存费，你应买入5月份的大豆合约而卖出7月份的大豆合约。过后，当7月份大豆合约与5月份大豆合约更接近而缩小了两个合约的价格差时，你就能从价格差的变动中获得一笔收益。跨月套利与商品绝对价格无关，而仅与不同交割期之间价差变化趋势有关。

具体而言，这种套利又可细分为三种：牛市套利、熊市套利及蝶式套利。

5.跨市套利

跨市套利又称为跨市场套利，是指投机者利用同一商品在不同交易所的期货价格的不同，在两个交易所同时买进和卖出期货合约以牟取利润的活动。

当同一种商品在两个交易所中的价格差额超出了将商品从一个交易所的交割仓库运送到另一交易所的交割仓库的费用时，可以预计，它们的价格差将会缩小并在未来某一时期体现真正的跨市场交割成本。比如说小麦的销售价格，如果芝加哥商业交易所比堪萨斯期货交易所高出许多而超过了运输费用和交割成本，那么就会有现货商买入堪萨斯期货交易所的小麦并用船运送到芝加哥商业交易所去交割。

6.跨商品套利

所谓跨商品套利，是指利用两种不同的、但是相互关联的商品之间的期货价格的差异进行套利，即买进（卖出）某一交割月份某一商品的期货合约，而同时卖出（买入）另一种相同交割月份另一关联商品的期货合约。

本章小结

期货是指以合约形式确定下来的在将来某一特定日期进行交割（购买或出售）的某种实物商品或金融资产，它与"远期"一样，都是相对于"现货"而言的。期货合约的标准化条款一般包括：交易数量和单位条款；质量和等级条款；交割地点条款；交割期条款；最小变动价位条款；每日价格最大波动幅度限制条款；最后交易日交款。

国际上已经上市的期货品种主要分两大类——商品期货和金融期货。期货市场参与者有套期保值者、加工商、投机商。

期货市场组织机构包括期货交易所、期货结算机构、期货经纪机构、期货投资者、期货监管机构、期货相关服务机构。

期货交易制度包括：保证金制度；双向交易制度；T+0制度；当日无负债结算制度；强行平仓制度；涨跌停板制度；持仓限额制度；大户报告制度；实物交割制度；信息披露制度；风险准备金制度。

期货交易程序包括开立交易账户、下单、竞价、结算、交割。影响期货价格变化的基本因素主要有：供求关系；经济周期；政府政策；政治因素；社会因素；季节性因素；心理因素；金融货币变动因素。

期货交易分为投机、套期保值、套利三种情形。

关键概念

期货　商品期货　金融期货　期货交易所　期货经纪公司　保证金制度　双向交易制度　逐日盯市　强行平仓制度　限价指令　实物交割　套期保值　基差　套利　价差交易

综合训练

7.1　单项选择题

1.芝加哥期货交易所的英文缩写是（　　）。

A.CME　　　　　　　　　　　　B.COMEX

C.CBOT　　　　　　　　　　　　D.SHFE

2.芝加哥商业交易所的前身是（　　）。

A.芝加哥黄油和鸡蛋交易所　　　B.芝加哥谷物协会

C.芝加哥商品市场　　　　　　　D.芝加哥畜产品交易中心

3.关于期货交易与现货交易，下列描述错误的是（　　）。

A.现货交易中，商流与物流在时空上基本是统一的

B.并不是所有商品都能够成为期货交易的品种

C.期货交易不受时空限制，交易灵活方便

D.期货交易的目的一般不是为了获得实物商品

4.期货交易套期保值者的目的是（　　　）。

A.获得风险利润　　　　　　　B.获得实物

C.转移价格风险　　　　　　　D.让渡商品的所有权

5.（　　　）与远期交易均为买卖双方约定于未来某一特定时间以约定价格买入或卖出一定数量的商品。

A.分期付款交易　　　　　　　B.纸货交易

C.现货交易　　　　　　　　　D.期货交易

6.期货合约中的唯一变量是（　　　）。

A.数量　　　　　　　　　　　B.价格

C.质量　　　　　　　　　　　D.交割月份

7.关于涨跌停板制度，下列表述不正确的是（　　　）。

A.涨跌停板一般是以合约上一交易日的结算价为基准确定的

B.一般只有百分比一种形式

C.合约上一交易日的结算价加上允许的最大涨幅构成当日价格上涨的上限，称为涨停板

D.合约上一交易日的结算价减去允许的最大跌幅构成当日价格下跌的下限，称为跌停板

8.国内期货交易所计算机交易系统运行时，先将买卖申报单以（　　　）原则进行排序。

A.时间优先，价格优先　　　　B.价格优先，数量优先

C.数量优先，时间优先　　　　D.价格优先，时间优先

9.国内交易所期货合约的开盘价和收盘价均由（　　　）产生。

A.买方报价　　　　　　　　　B.卖方报价

C.买卖均价　　　　　　　　　D.集合竞价

7.2　多项选择题

1.目前国内期货交易所有（　　　）。

A.深圳商品交易所　　　　　　B.大连商品交易所

C.郑州商品交易所　　　　　　D.上海期货交易所

2.期货交易与现货交易在（　　　）方面是不同的。

A.交割时间   B.交易对象

C.交易目的   D.结算方式

3.期货市场可以为生产经营者（   ）价格风险提供良好途径。

A.规避   B.转移

C.分散   D.消除

4.以下说法中，（   ）不是会员制期货交易所的特征。

A.全体会员共同出资组建

B.缴纳的会员资格费可有一定回报

C.权力机构是股东大会

D.非营利性

5.期货经纪公司在期货市场中的作用主要体现在（   ）。

A.节约交易成本，提高交易效率

B.为投资者期货合约的履行提供担保，从而降低了投资者交易风险

C.提高投资者交易的决策效率和决策的准确性

D.较为有效地控制投资者交易风险，实现期货交易风险在各环节的分散承担

6.全球主要的铝期货交易市场是（   ）。

A.伦敦金属交易所   B.纽约商业交易所

C.东京商品交易所   D.韩国期货交易所

7.下列有关结算公式描述正确的是（   ）。

A.当日盈亏=平仓盈亏+持仓盈亏

B.持仓盈亏=历史持仓盈亏+当日开仓持仓盈亏

C.历史持仓盈亏=（当日结算价−开仓当日结算价）×持仓量

D.平仓盈亏=平历史仓盈亏+平当日仓盈亏

8.期货经纪公司为客户开设账户的基本程序包括（   ）。

A.风险揭示   B.签署合同

C.缴纳保证金   D.下单交易

7.3 问答题

1.期货合约的标准化条款一般包括哪些？

2.目前上市的期货品种主要有哪些？

3.期货市场参与者有哪些？

4.简述期货交易的主要特征。

5.期货市场的功能有哪些?

6.简述期货市场的作用。

7.简述期货经纪公司的职能和作用。

8.期货交易基本因素分析法包括哪些内容?

第 8 章

黄金市场

引例

2017年中国黄金市场运行情况

根据世界黄金协会的报告，2017年世界黄金总供应量下跌4%至4 398吨，世界黄金总需求量下滑7%至4071.7吨；2017全年世界金饰需求仍增长4%至2 135.5吨，其中中国2017年第4季度金饰需求增长6%，这是2013年以来首次出现年度增长。科技行业2017年全球黄金总需求增加3%至332.8吨，是2010年近7年以来首次同比增长。投资方面，2017年中国依然是全球最大的金条和金币市场，2017全年中国金条和金币总投资需求量上涨8%至306.4吨。

受中国严格的环保政策限制，2017年中国国内黄金产量有所下降，但连续11年保持世界第一位。中国黄金协会统计，2017年，中国黄金实际消费量1 089.07吨，与去年同期相比增长9.41%。其中：黄金首饰696.50吨，同比增长10.35%；金条276.39吨，同比增长7.28%。

2017年上海黄金交易所全部黄金品种累计成交量5.43万吨，同比增长11.54%，成交额14.98万亿元，同比增长14.98%。

> 2016年商业银行黄金总交易量为6.236万吨，其中上海黄金交易所和上海期货交易所组成的场内交易平台3.89万吨，占比62.38%。
>
> 2017年尽管面临美联储加息三次的不利因素，但国际现货黄金仍收盘上涨13%。
>
> 研究认为，中国消费者由于看中黄金的保值功能，所以长期关注黄金市场变动。
>
> 黄金市场几乎可以说是金融市场中最古老的市场，同时又是最受关注的市场。那么，黄金市场指的是什么？黄金市场在各国发展的态势又是怎样的呢？本章将回答这些问题。

黄金市场是金融市场体系中最为古老的市场之一。黄金作为国际经济往来的结算工具之一，也是国际投资活动的重要投资工具。由于黄金具有其特殊的货币职能，因此它不仅是投资者的宠儿，更是各国政府国际储备的重要构成。虽然黄金的货币功能逐渐退化，但是黄金市场仍然是金融市场中一个很重要的子市场。本章重点讲解黄金市场的概况、运作和交易方式。

8.1 黄金市场概述

8.1.1 黄金市场的定义和历史

黄金以其稀有贵重的自然属性和社会属性成为国际贸易的最后支付手段，在国际经济交往中执行世界货币的重要职能。同时，由于其具有国际流通性好、投资免税、耐久、不会折旧及延展性好等特性，因此成为财产保值、投资组合中的重要投资工具，其生产、储备以及买卖一直受到各国的高度重视。

黄金市场是世界各国集中进行黄金买卖的交易中心，即黄金供求双方交易黄金的场所。黄金市场是国际金融市场的一个重要组成部分，也是世界各地黄金买卖的交易中心。黄金市场一般要按照有关的法律法令，经所在地政府的批准或认可才能成立和运行。

在古代，因为黄金极其稀有，开采困难，属于非常贵重的物品，所以成为财富和权力的象征，但那时并不存在黄金市场。

进入19世纪，俄国、美国、澳大利亚、南非和加拿大先后发现了丰富的金矿资源，伴随着采矿技术的进步，大量黄金被开采出来。仅19世纪后半叶，人类生产的黄金就超过了过去5 000年的产量总和。到20世纪初，许多国家实行了金本位制，也就是说黄金就是货币，既可以用普通货币兑换黄金，也可以用黄金兑换货币。这时只存在有限范围内的黄金市场，黄金由官方严格控制在各国间及国内的流通。

第一次世界大战爆发后，各国纷纷加强了贸易管制，禁止黄金自由买卖和进出口，黄金市场被迫取消了。

第二次世界大战以后，美国借助其在世界上的政治经济强势地位，使美元成为世界上最主要的货币，即美元和黄金挂钩，其他货币和美元挂钩，各国间用美元进行结算。1944年7月1日，在美国新罕布什尔州布雷顿森林举行了由美、英、法、中等44国代表参加的世界货币金融会议，在会上通过了《国际货币基金组织协定》，建立了以美元为中心的国际货币体系，即通常所称的"布雷顿森林体系"。其主要内容是：以美元作为国际货币结算的基础，美元成为世界最主要的国际储备货币；美元直接与黄金挂钩（1盎司黄金等于35美元），各国可按官价向美国兑换黄金；各国货币与美元实行固定汇率制，一般只能在平价1%上下幅度波动，如果超过规定界限，各国则有义务进行干预。

这个体系的建立对二战后扩大国际贸易往来和各国经济的恢复与发展起到了很大的作用。但是随着各国经济的发展，美国经济在世界经济中的比重不断下降，美元难以维持其和黄金的特殊关系了。

20世纪60年代后期，美国发动的侵略战争不断扩大，国际收支进一步恶化，美元危机再度爆发。美国黄金储备大量外流，无法维持黄金每盎司35美元的官价。在经过和其他国家协商后，美国政府宣布不再按官价向市场供应黄金，市场金价自由浮动，但各国政府或中央银行之间仍按官价结算。1973年3月，因为美元贬值，再次引发了欧洲抛售美元，抢购黄金的风潮。西方各国经过磋商，最终达成协议，放弃固定汇率，实行浮动汇率。至此，布雷顿森林体系完全崩溃，这也成为黄金非货币化的开始。1975年，美国政府允许私人买卖和储备黄金。1978年，国际货币基金组织以多数票通过了修改后的《国际货币基金组织协定》，决定黄金不再作为货币平价的共同单位，取消了黄金官价。黄金可在市场上自由买卖，国际货币基金组织不再干预黄金交易的市场价格，自此开始了黄金市场化的进程。

1972年，加拿大温尼伯商品交易所开始试验黄金期货交易。1974年，纽约商业交易所引入黄金期货。1983年，以伦敦为交易中心，以苏黎世为周转中心，连接东京、纽约、开普敦等地的全球黄金市场体系基本形成。

国际黄金非货币化的结果，使黄金成为可以自由拥有和自由买卖的商品，黄金从国家金库走向了寻常百姓家。随着黄金流动性不断增强，交易规模迅速增加，因此为黄金市场的发展壮大提供了现实的经济环境。黄金非货币化使各国逐步放松了黄金管制，这是当今黄金市场得以发展的前提条件之一。但是黄金在实际的经济生活中并没有完全退出金融领域，目前仍作为一种公认的金融资产活跃在投资领域，并有相当数量仍被国家或个人作为储备资产。

国家放开黄金管制不仅使商品黄金市场得以发展，同时也促使金融黄金市场迅速地发展起来。由于交易工具的不断创新，几十倍、上百倍地扩大了黄金市场的规模。在当前的世界黄金市场中，商品实物黄金交易额不足总交易额的3%，90%以上的市场份额是黄金金融衍生品。当前，世界各国央行仍保留了高达3.4万吨的黄金储备。在1999年9月26日欧洲15个央行的声明中，再次确认黄金仍是公认的金融资产。因此，我们不能单纯地将黄金市场的发展原因归结为黄金非货币化的结果，也不能把黄金市场视为单纯的商品市场，只能说在国际货币体制中黄金非货币化的条件下，黄金开始由货币属性主导的阶段向商品属性回归。国家放开了黄金管制，使市场机制在黄金流通及黄金资源配置方面发挥出日益增强的作用，目前黄金仍是一种具有金融属性的特殊商品。

8.1.2 国际黄金市场

目前，在世界上大大小小的黄金市场有40多个，各个市场在不同的地域和范围发挥各自的作用，并通过电话和网络等构成一个整体，一天24小时不间断地进行黄金交易。当前国际上的普遍做法是根据黄金市场的地点和交易时间不同，将其划分为亚洲市场、欧洲市场和美洲市场三大块。

亚洲市场包括悉尼、东京、香港、新加坡、孟买等，最主要的是东京和香港；欧洲市场包括伊斯坦布尔、苏黎世、伦敦等，最主要的是伦敦和苏黎世；美洲交易市场包括纽约、芝加哥、加拿大的温尼伯等，最主要的是纽约。

每一天早晨从悉尼开始亚洲的黄金交易，随后开市的是东京和香港期货市场。欧洲市场最具有影响力的是伦敦定盘价，而在伦敦下午定盘价开出之后，纽约也迎来了交易时间。最具影响力的当属纽约商业交易所的当期活跃月份的期货金价，在其带动下纽约现货金价往往也产生很大波动。在纽约市场闭市后还有电子交易市场，这样就构成了一天内基本不停顿的国际黄金交易市场。下面对一些重要的黄金市场进行介绍。

1. 伦敦黄金市场

伦敦黄金市场历史悠久，是世界上最具特色、最具影响力的黄金市场。1919年伦敦黄金市场正式成立，以前主要经营黄金现货交易，自1982年开始期货交易。目前伦敦黄金市场仍是世界上最重要的黄金现货市场，交易的黄金数量巨大，是世界上唯一可以成吨购买黄金的市场。伦敦黄金市场每天上下午的定盘价在世界黄金市场上具有巨大的影响力，成为反映世界黄金行情的晴雨表。

2. 美国黄金市场

美国黄金市场是从1975年1月开始逐步在商品交易中建立起来的，以期货和期权交易为主。

3. 苏黎世黄金市场

苏黎世黄金市场是世界上最重要的黄金现货市场，也是最主要的世界金币市场。苏黎世黄金市场是在第二次世界大战后发展起来的，这里集中了80%的南非产金、前苏联的央行售金，以及瑞士制造的金条、金币等，是世界上仅次于伦敦的第二大黄金现货市场。

4. 中国香港黄金市场

中国香港黄金市场中最主要的是香港金银业贸易市场，它已有90多年的历史，从最初买卖各国纸币、金银等发展到以买卖黄金为主，又从一个地区性的市场逐渐发展成为国际性的黄金市场。其黄金主要是来自欧洲，销往东南亚、韩国、日本等。

5.其他黄金市场

新加坡黄金市场成立于1969年4月，原先只对英镑区的非当地居民开放，除持有执照的本地金商外，禁止当地居民买卖和持有黄金。1978年11月，新加坡黄金交易所正式开业，使原来只有现货和伦敦交货的两种交易方式扩大到期货。新加坡黄金交易所从事昼夜业务，夜市从21：00到次日凌晨3：30。新加坡黄金市场是亚太地区的重要市场，印度尼西亚和马来西亚的很多黄金业务均通过新加坡市场成交。

日本是黄金需求大国，自1978年后日本开始真正实行黄金自由化，大量进口的黄金用于投资。东京期货市场受日本国内形势影响较大，同时因为其交易时间在纽约期货市场之后，其价格在世界上也有一定影响力。

迪拜黄金市场近年来发展很快，年交易量达到近300吨，是中东最大的黄金市场。由于官方对金条、黄金制品的进出口和转口贸易没有任何限制，而且中东居民喜爱购买黄金，迪拜因此成为重要的黄金市场之一。

世界黄金协会数据显示：2011年，全球黄金需求4 585.7吨，同比增长12.3%，其中珠宝首饰需求1 972.1吨，同比增长下降2.21%，投资需求2 160.7吨，同比增长34.96%，占黄金总需求的47.12%。黄金投资需求占总需求比例已由2005年的15.95%增加到2011年的47.12%，全球黄金投资需求增速迅猛，并成为需求增长的主要动因。据世界黄金协会发布的数据显示，截至2018年8月，全球官方黄金储备共计33 736.9吨。自2009年以来，世界黄金储备平稳上升。从黄金储备占外汇储备比重看，中国、俄罗斯、日本、印度等国家黄金储备占外汇储备比例不到10%，与美国、德国等国70%以上的储备占比相比明显偏低，各国纷纷增加黄金储备。分区域来看，世界黄金第一消费国印度2011年黄金需求933吨，同比下降9.05%，其中黄金投资需求同比上升3.04%，占黄金总需求的39.28%。中国黄金消费770.5吨，同比上涨20.54%，其中投资需求同比上升38.79%，占黄金总需求的33.76%。从目前情况看，未来中国黄金需求依旧旺盛，在2016中国国际黄金大会开幕式上，工业和信息化部原材料工业司司长周长益表示："黄金需求呈现快速增长，预计到2020年我国黄金消费量将达到1 200吨。"投资需求将是中国和印度黄金需求增长的重要因素。总体来说，未来黄金投资需求强劲，黄金总体需求仍将稳步增长。

8.2 黄金市场的运作

8.2.1 黄金市场的参与者

我们可以把市场上的参与者大致分成两类：

一类是大部分时间站在市场之外的黄金供应者和需求者。供应者手中持有黄金，他们来到市场的目的是将手中的黄金换成货币。需求者手中持有货币，他们来到市场的目的是将手中的货币换成黄金用于加工成其他产品（如首饰），或是为了投资而持有它。黄金市场和其他任何市场一样，由供方和需方组成。与其他商品不同的是，黄金有着巨大的地质储量，它比每年的全球黄金产量要大得多。

另一类是大部分时间都在市场上的交易商和投机商。交易商手中同时持有黄金和货币，不断地用黄金换成货币，又用货币换成黄金，他们是市场的中间人，通过不断地买卖差价获取利润。投机商则同样手中持有黄金和货币，不断地用黄金换成货币，又用货币换成黄金，利用市场波动获利，同时承担因此而带来的风险，他们的存在使得市场更加活跃。

供应者与需求者之间并没有绝对的界限，例如生产商虽然用矿山生产出来的黄金供应市场，但是在金价上涨时也会回购黄金而成为市场的需求者。

我们可以对这两大类市场参与者进行以下细分。

（1）做市商（market maker）：例如，目前伦敦黄金市场上有9个做市商，做市商大都是商业银行，通过在市场上不断报出买价和卖价，保持市场活跃。由于做市商与世界上各大金矿和黄金商有着广泛的联系，同时其下属的各个分支机构又直接与许多商店和顾客相联系，所以业务量较大。做市商在黄金交易中并不另外收取手续费，只是获取差价。

（2）商业银行：有的银行自己做黄金业务，也有的只是代客户进行买卖和结算。向生产商和加工商融资是其重要业务。

（3）基金（fund）：基金中最重要的是商品基金和对冲基金。商品基金是主要从事某种商品业务的基金。例如，有的基金从事原油业务，有的基金从事金属业务，也有的基金专门从事黄金业务。黄金基金主要进行长期投资，低吸高抛，是市场的稳定力量。对冲基金则是在不同的领域用较小的资金做投资，借以获取高额利润，通过在黄金市场买空卖空，大量持有空头或者多头仓位，将金价压低或者拉高后平仓获利。因为基金手中资金充裕，在市场上又实行杠杆运作，所以对市场价格有很大的影响力。

（4）交易所交易黄金基金（ETF）：这是最近几年新出现的一种基金，通过在股市上出售基金股份，再用所得资金购买黄金存放。通常每个基金单位等于1/10盎司的黄金。交易者可以随时在股市上买卖现货黄金，基金价格随着国际金价波动起伏，为交易者提供了方便，而这种基金就成为市场中的一种投资力量。

（5）商业贸易顾问（ATC）：和普通基金类似，但经营的规模要小一些。

（6）央行（central bank）：中央银行是黄金市场最主要的参与者，自1999年欧洲15个央行签署了关于限制出售和借贷黄金的华盛顿协议以后，其操作变得透明，而且数量有限，对稳定国际黄金市场起到了至关重要的作用。

（7）交易商（trader）：依靠自身的实力进行黄金的买卖业务，从中获利。

（8）经纪人（broker）：其本身并不进行黄金的买卖，只是为客户代理黄金买卖业务，从中获取佣金。

（9）投资者（investor）：投资者包括机构投资者和个人投资者。一些投资者主要是把黄金作为能够规避纸币风险的保值资产，作为通货膨胀、各种政治经济动乱不安的避难所；另一些投资者则是把黄金作为投机对象，希望在市场波动中获利，同时也承担其风险，我们常称之为投机商（speculator）。

（10）生产商（producer）：生产商在市场上出售自己矿山开采出来的黄金。在金价一路下跌时，黄金生产商为了尽可能保护自身利益，纷纷利用对冲操作，持续在黄金市场上抛售。随着金价反弹不断走高，此前大量抛售对冲的生产商纷纷以购买者身份入市买入，顺势推动金价节节走高。

8.2.2 影响黄金价格的因素

黄金具有三个基本价格，即生产价格、官方价格和市场价格。

生产价格是指根据生产成本决定的价格，其特点是比较稳定。例如，南非的黄金价格水平反映了全世界黄金生产价格基本趋势。

官方价格是指由政府或中央银行严格控制的价格。布雷顿森林体系时期，通用的每盎司黄金值35美元是国际货币基金组织成员国之间通用的官价。黄金非货币化并实行浮动汇率制后，外汇管制国家都规定有黄金官方价格，用以官方买卖、黄金储备、清偿债务债权、政府间的抵押贷款和双边结算的记账。

市场价格是指市场供求决定的价格，包括现货价格、期货价格和期权价格。

除了市场供给和市场需求这两个最根本的因素外，影响黄金价格的因素还包括以下几点：

1.政治局势

当今各国实行的是不兑现的纸币本位制度。纸币本身并无价值，它之所以能履行货币的各种职能，完全是按政府的法定程序强制其流通和使用的结果。在政治经济局势较为稳定的时期，人们对纸币并无内在价值这一特性并不敏感。但当政治经济局势发生动荡，基于安全性的原因人们就会倾向于持有十足价值的物品，以取代纸币。在这方面，黄金无疑是最佳选择。所以，黄金又是一种非常敏感的投机商品，任何政治、经济局势的较大变动都会引起黄金需求的增加，并推动黄金价格的上涨。

2.美元汇率

虽然美国的政治经济实力日渐衰退，但其优势地位仍很明显，美元仍然是主要的国际结算货币、干预货币和储备货币。各国政府、跨国公司和跨国银行均持有大量美元。此外，在国际黄金市场上，黄金买卖大都以美元计价，美元的币值是否坚挺可以直接通过黄金价格反映出来。当美元疲软时，人们为了避免美元下跌的风险，就会竞相抛售美元、抢购黄金，从而导致黄金价格的上涨；反之，当美元坚挺时，黄金价格一般会下降。

3.通货膨胀

在通货膨胀时期，一般商品价格会发生持续上涨，货币贬值。在这种情况下，黄金作为一种直接代表财富的商品，其价格也会上升。所以，持有黄金可以降低通货膨胀带来的风险和损失。当人们形成对通货膨胀的一种预期时，黄金价格往往会上升。

4.石油价格

从历史上看，石油价格的变动也曾对黄金市场价格产生过很大的影响。当石油价格显著上升，西方各国国际收支普遍恶化，出现通货膨胀压力时，人们纷纷购买黄金，导致黄金价格上升。

5.市场利率

市场利率提高会抑制黄金价格上涨。在高利率的诱惑下，人们会将资本投入到其他金融市场或者银行等金融机构去获取高利率带来的好处，黄金的吸引力因此降低，价格下降。

8.3　黄金市场的交易方式

黄金是一种特殊的商品，它既和大多数其他商品一样，能被生产出来和消费掉，又因为它可以长期储存而不变质、易于分割和整合而成为货币。因而它的交易也最复杂、最具特色。

经过多年的发展，国际黄金市场已经具有了多种多样的交易方式，最终目的都是为客户提供最方便有效的途径，满足其不同的需要。既让需要买入黄金的客户在所需要的时间、地点得到所需数量的黄金，又使需要卖出黄金的客户可以选择对自己最有利的时间和方式成交；既可以像货币一样为长期持有黄金者提供储蓄使其从中获取利益，也可以为加工者、投机者等不同对象提供任意时间长短的租赁、借贷等。下面介绍黄金市场中几种主要的交易方式。

8.3.1　现货（即期）黄金交易

最常见的黄金市场交易方式自然就是现货（即期）交易（spot gold transaction），不过并非像我们通常所说的一手交钱一手交货，一般要求在1~2个工作日内完成交割手续。现货黄金交易是黄金市场中最基本的交易，也是其他各种交易的基础。

国际市场中最重要的现货黄金交易，当属伦敦黄金协会的会员间的现货交易，这种现货交易以伦敦黄金市场认证金锭（London good delivery）为基础，以伦敦金银交割（London bullion clearing）进行结算，通常被称作伦敦金或者伦敦本地金（loco london）。由于伦敦金开发得早，世界上各个主要的黄金交易参与者都在伦敦金银市场协会拥有席位，他们之间的交易大都使用伦敦金银交割结算，所以尽管目前伦敦黄金市场的交易量几乎在逐年下降，但仍旧是世界上最重要的现货市场。

伦敦黄金市场的交易是一种无形市场交易，也就是说，并不存在一个伦敦黄金市场的交易场所，交易主要是在各大金商之间展开，客户和金商之间一对一单独完成交易，所以又被称为场外交易市场。这些交易通常在交易日当天之后的两个工作日内完成结算和交割。

伦敦金交易的单位是金衡盎司，而与金锭的纯度无关。货币单位通常使用美元，我们通常所说的国际金价，都是指美元金价。虽然用于交割的标准金锭必须达到995的纯度，但是参加交易时需要金锭的重量乘以其纯度，得到纯金的含量，才是交易中的黄金重量。

由于许多交易者并不在交易后把黄金提走，所以伦敦黄金交割的账户分为指定账户和非指定账户。指定账户是用来提金的，账户中的金锭都标明了号码、重度、纯度等，所以这些金锭是属于客户的，一般来说不会出现负值。而非指定账户则只标明其所拥有的纯金的数量，以便随时参加交易，账户中的正数表示拥有黄金，负数则表示亏欠黄金。

当然，交易商可以根据客户的要求在世界上任何地点提供各种重量、规格、纯度和符合其他要求的金锭，只不过价格需要另行商定了。

我们通常所说的国际金价主要就是指伦敦黄金市场中的成交价。相比之下，其他黄金市场中的现货交易的范围就要小得多，其价格与伦敦金的价格也会有所差别。

伦敦黄金市场的现货交易主要有两种方式：一是通过做市商在市场营业期间提供的报价进行；二是通过交易日上下午的定盘价方式进行。定盘价买入和卖出只有一个价格，只是在成交时买方需交一定手续费，很多人都愿意参加定盘交易，所以定盘价在国际市场上有很大的影响力。

在黄金现货交易中，当客户作为供应者出售黄金时，交易商从客户手中买入黄金，使手中持有的黄金头寸增加，同时减少了货币头寸。而当客户作为需求者购买黄金时，交易商把黄金出售给客户，减少了手中的黄金头寸，同时使手中持有的货币头寸增加。

8.3.2 黄金的衍生品市场

衍生（derivative）的原意是衍化、派生，也就是从一种东西产生出另一种与之相近的东西。黄金的衍生品市场则是从黄金的现货市场衍生出来的，包括期货（future）、远期（forward）、期权（option）等。

最常见的一种黄金衍生品是期货，在期货市场中买卖的是未来某个时刻交付的黄金。以前人们进行黄金交易都是用现货，也就是一手交钱，一手交货。但是后来人们发现，因为金价的波动很大，所以交易者随时处在风险之中。生产黄金的人怕黄金价格下跌，生产出来的黄金无法弥补成本；使用黄金加工首饰或用作其他用途的人们则担心黄金价格上涨，使生产出来的成品成本增加，有可能卖不掉。因此，进行期货交易的需求应运而生，交易时买卖双方都交付一定数量的定金，规定在未来某个时间、地点按照预先商定好的价格、数量、规格交付黄金。

1.标准期货市场

交易双方签订的合同中统一规定了交货的时间、地点、质量、数量、交货方式等，双方在进行交易的时候并不需要实际持有黄金，只要交一份保证金，就可以选择买入或是卖出黄金。由于一般保证金的数量只是所交易黄金价值的1/10左右，这样就带来很强的杠杆作用。也就是说，只要有2万美元，就可以买卖20万美元的黄金期货合约，即所谓"以小博大"。收益大、风险也大的特点吸引了大量的投机者，他们愿意承担价格波动的风险，进行以牟取风险利润为目的的炒买炒卖。国际上的标准期货市场有如下特点：在交易所内进行；采用标准合同；实行保证金制度；除了最终实物交割之外，买卖双方并不直接交易而是和交易所进行黄金期货合约的买卖，从中获取差价，而并非要取得实物黄金。

期货市场的参与者可以分为两类——投资或投机者（investor, speculator）与保值者（hedger）。前者的主要目的是到市场中获取利润，后者则主要是黄金生产商和大的黄金加工商，其目的主要是寻求黄金保值，避免金价波动带来的风险。

和股市一样，投机者是期货市场中的"润滑剂"。由于黄金生产商在市场中进行的主要是套期保值操作，大多是单向的，所以如果没有投机者的炒作，期货市场就会是一潭死水甚至根本运转不起来。当前国际上各黄金期货市场中的交易者大都是这样的投机者，他们在市场中买空（做多头）或卖空（做空头），交易过程中并不持有黄金，也不愿在合同到期时进行交割，而只是把它当作炒作的对象，买进卖出，从中赚取差价。例如，纽约商业交易所95%以上的期货合约都不进行实物交割，在某个月份的期货合约到期时，大多数持有者会将其平仓或者转入下一期继续持有。

2.场外交易市场

通过场外交易，交易双方根据各自需求签订特殊的合同，通常称为远期销售。

黄金矿山出售黄金大都采取这种方式。黄金的远期销售一般是在矿山和银行之间进行。交付的数量、价格、时间、地点、交货方式都是由双方商定的，并且常常和期权联系在一起。

标准期货市场和一般的远期销售不同：前者有一定的场所（通常是在商品交易所内进行交易）和一定的交割时间。例如，纽约商业交易所和东京商品交易所的黄金期货大都是在双月，交割日通常在月底或下月初。

下面介绍几个与黄金期货市场有关的名词：金价持续上涨称作"牛市"（bull），连续下跌则称为"熊市"（bear）；在期货市场上新签下买入或者卖出期货的合同称为开仓；在市场中对金价上涨前景看好，现在买入期货准备在将来卖掉的人被称为多头（long），而在市场中认为金价下跌的可能性大，现在卖出期货准备在将来买进的人被称为空头（short）；手中持有期货合约称为持仓（hold position）；买入期货和卖出期货的合同数量分别称为多头部位（long position）和空头部位（short position），也称为仓位或者头寸；一个投资人在市场中往往同时持有多空双方的头寸，多空相抵之后称为净头寸（net position），而未平仓的多空双方合计则称为未平仓合约或者叫作持仓量（open interest）；在金价连续上涨时大投机商往往持有净多头部位（net long），在金价连续下跌时大投机商则往往持有净空头寸（net short）部位；头寸也可以指整个市场中的流动黄金的总和，也叫作流通量（liquidity）。

投资人对手中所持有的期货合约实行反向操作，将原来的合同冲销称为平仓（cover）或兑现（liquidate）。例如，原来持有卖出期货合约的人现在买入相等（全部平仓）或较少数量（部分平仓）的同期买入期货合约。平仓可能是因为手中的合同已经获利而将其兑现，也可能是因为期货走势和原来的预期相反，平仓以避免更大的损失，称作止损（stop loss）。如果投资人一直持有期货合约到期，则需进行实物清算，称为交割（delivery）。如果投资人既不愿将合同兑现也不愿将合同交割，可以在到期之前将其转期（switch），实际上就是在将原来的合同平仓的同时购入新的远期期货。例如，纽约商业交易所的黄金期货各品种大都相隔两个月，一般在主要交易品种到期之前几天，绝大多数交易商都会将原先持有的部位转到下一个活跃品种，也就是推迟两个月的期货品种中去。

8.4 我国的黄金市场

8.4.1 我国的黄金市场发展历程

虽然我国把黄金作为货币的历史很悠久，但是在漫长的封建社会中，黄金的使用范围很小，对整个社会经济的作用也不明显。

国内黄金市场的出现可以追溯到20世纪的二三十年代。1917年上海建立了金业公会；1921年成立了上海金业交易所；之后在当时经济发达的北平、天津、武汉都建立了黄金交易机构，在一些证券交易市场内也设立了黄金交易部门。由于当时社会形势动乱，民众纷纷买入黄金作为保值之用，而实力雄厚的投资人则入市"炒金"牟利。在上海黄金市场交易最活跃的1926—1931年间，年交易量最高时曾达到过近2万吨，成为当时世界上的第三大黄金市场。

抗日战争胜利后，国内出现了一个相对稳定的时期，国民政府决定实现黄金自由兑换，并放开了黄金价格。但是好景不长，随着国民党发动内战，物价飞涨，人们纷纷抢购黄金，国民政府到1947年2月被迫停止了黄金自由兑换。以蒋介石为首的国民政府在逃离大陆时几乎将所有的黄金席卷一空，1948年12月从当时的中央银行劫运黄金200万两，1949年2月又劫运黄金57万两。

早在中华人民共和国成立之前，为了树立新政府发行的货币的权威，使其成为社会上主要的货币流通手段，中国共产党领导下的人民政府在解放区就已颁布了《金银管理办法》，以切断黄金与货币的联系。其主要内容是：严禁一切金银带出解放区；在解放区允许人民储存金银和以金银向人民银行按牌价兑换人民币；金银不得用于流通和私下买卖；金银首饰业除出售制成品外，不得私下买卖金银，不得出兑金银制品；各企事业单位需要使用金银时，向政府申请配售。

中华人民共和国成立之后，人民政府继续对金银实施了严格的控制政策，并将黄金统收专营政策推广到全国，出台了《金银管理暂行办法》。1952年国家统一了金银收购价格，这标志着中国统一的金银计划性市场已经形成，即国家按价收购和配售金银。任何单位生产金银，一律按国家价格予以收购；中国工商银行也按规定的价格支付价款；任何单位和个人需要金银时，按国家牌价予以配售；任何单位或个人不得自由进出口黄金；黄金矿业为国家所垄断，禁止外资及私人资本进入。由此可见，中国银行供求关系是中国人民银行管理下的有计划的买卖关系，买卖场所是中国人民银行。

改革开放以后，中国的黄金市场进入了新时期。随着国家外汇环境逐渐宽松，百姓手中也有了余钱，长期禁锢的黄金市场重新开始对百姓开放。1979年我国恢复了金币的生产和发行，1982年恢复了黄金首饰的供应。但是在加快金银生产的同时，我国对金银产品的管理进行了一定程度的强化。1983年颁发的《金银管理条例》对金银业的管理比以前控制得更加严格。

随着改革开放进程的加快，《金银管理条例》受到很大的冲击，集中表现在黄金的价格形成机制上。国内的固定价格制使国内金价长期低于国外金价，对于国内市场来说就是官价长期低于市场价，这样就出现了国家控制下的隐性黄金市场。从1982年9月国家恢复内销金首饰业务开始至1992年，隐性黄金市场主要是境内民采黄金私下买卖和境外走私黄金。据黄金管理部门估计，每年全国个体采金产量约为40万两，但国家收购上来的却很少，大部分被私下买卖。

到了1993年，在地方政府的支持和纵容下，最终掀起了一股黄金买卖潮，极大地震撼了黄金统收专营的管理体制，原已存在的地下黄金交易半公开化地成为民营黄金市场。据估计，当时约有30%的黄金流入自由贸易的民营市场。其中，最为突出的代表是辽宁海城感王黄金市场。2001年，中国人民银行直接介入了上海黄金市场的筹备工作，确定成立上海黄金交易所，并由中国人民银行直接领导。2002年10月30日，上海黄金交易所投入正式运营，中国的黄金市场建设进入了崭新的阶段。

8.4.2　上海黄金交易所

上海黄金交易所是经国务院批准，由中国人民银行组建，在国家工商行政管理局登记注册的，不以营利为目的，实行自律性管理的法人。遵循公开、公平、公正和诚实信用的原则组织黄金、白银、铂等贵金属交易。交易所于2002年10月30日正式开业。

上海黄金交易所的职能是：提供黄金交易的场所、设施和相关的服务；制定并实施黄金交易所的业务规则，规范交易行为；组织、监督黄金、白银、铂等贵金属的交易、清算、交割和配送；设计交易合同，保证交易合同的履行；制定并实施风险管理制度，控制市场风险；生成合理价格，发布市场信息；监管会员交易业务，查处会员违反交易所有关规定的行为；监管指定交割仓库的黄金、白银、铂金等贵金属业务；中国人民银行规定的其他职能。交易所的会员必须是按照中华人民共和国有关法律，在中华人民共和国境内注册登记，并经中国人民银行核准从事黄金业务的金融机构，从事黄金、白银、铂等贵金属及其制品的生产、冶炼、加工、批发、进出口贸易的企业法人。

上海黄金交易所在交易中坚持公开、公平、公正的宗旨，标准黄金、铂金交易通过交易所的集中竞价方式进行，实行价格优先、时间优先撮合成交。非标准品种通过询价等方式进行，实行自主报价、协商成交。会员可自行选择通过现场或远程方式进行交易。在中国银行、中国农业银行、中国工商银行、中国建设银行和平安银行、兴业银行和华夏银行等18家商业银行作为交易所指定的清算银行，国际板现有7家指定清算银行。实行集中、净额、分的资金清算原则。交易所实物交割实行"一户一码制"的交割原则，在全国36个城市设立58家指定仓库，在上海自贸区内设立指定仓库，金锭和金条由交易所统一调运配送。

上海黄金交易所现有会员167家，分散在全国26个省、自治区、直辖市；交易所会员依其业务范围分为金融类会员、综合类会员和自营会员。金融类会员可进行自营和代理业务及批准的其他业务，综合类会员可进行自营和代理业务，自营会员可进行自营业务。现有国际会员40家。目前会员单位中年产金量约占全国的80%；用金量占全国的90%；冶炼能力占全国的90%。

交易所主要实行标准化撮合交易方式。交易时间为每周一至周五（节假日除外）上午9：00—11：30，下午13：30—15：30，晚上20：00—2：30。目前，交易所主板共有黄金、白银、铂金等13个交易品种，国际板共有3个黄金现货品种。

上海黄金交易所每月都会对外公布黄金市场的销售报告，报告中会涉及十几个黄金品种，通常，AU99.95、AU99.99、AU100g这三个品种的成交量加起来基本上能反映实物黄金的成交量。2013年是上海黄金交易所成立以来最疯狂的一年。2013年全年，实物黄金销售量约为2014.8吨，足足比2012年多出1 055.1吨。

2013年年初金价基本维持在1 600美元/盎司左右，到2013年年底已经跌到了1 200美元/盎司附近，黄金市场的多数投资人士都认为持续了数十年的黄金大牛市已经基本走到了尽头。

本章小结

黄金市场是世界各国集中进行黄金买卖的交易中心，即黄金供求双方交易黄金的场所。黄金市场是国际金融市场的一个重要组成部分，也是世界各地黄金买卖的交易中心。

目前，在世界上大大小小的黄金市场有40多个，各个市场在不同的地域和范围发挥各自的作用，并通过电话和网络等通信手段构成一个整体，一天24小时不间断地进行黄金交易。当前国际上的普遍做法是根据黄金市场的地点和交易时间不同，将其划分为亚洲市场、欧洲市场和美洲市场三大块。

亚洲市场包括悉尼、东京、中国香港、新加坡、孟买等，最主要的是东京和中国香港；欧洲市场包括伊斯坦布尔、苏黎世、伦敦等，最主要的是伦敦和苏黎世；美洲交易市场包括纽约、芝加哥、加拿大的温尼伯等，最主要的是纽约。

黄金市场的参与者大致分成两类：一类是大部分时间站在市场之外的黄金供应者和需求者；另一类是大部分时间都在市场上的交易商和投机商。

黄金具有三个基本价格，即生产价格、官方价格和市场价格。市场价格是指市场供求决定的价格，是最主要的价格。

影响黄金价格的因素包括：政治局势、美元汇率、通货膨胀、石油价格、市场利率。

黄金市场的交易方式有：现货黄金交易和黄金的衍生品交易。

上海黄金交易所是经国务院批准，由中国人民银行组建，在国家工商行政管理局登记注册的，不以营利为目的，实行自律性管理的法人，2002年10月30日正式开业。

关键概念

黄金市场　做市商　黄金现货　黄金期货

综合训练

8.1　单项选择题

1.当前世界上最大的黄金市场在（　　　）。

A.香港　　　　　　　　　　B.伦敦

C.芝加哥　　　　　　　　　D.巴黎

2.当美元汇价上升时，通常会导致黄金价格（　　　）。

A.上升　　　　　　　　　　B.下降

C.不变　　　　　　　　　　D.不确定

3.关于黄金远期价格的计算公式，正确的是（　　　）。

A.即期价格＋即期价格×（银行利率－贷金利率）×天数/360

B.即期价格＋（银行利率－贷金利率）×天数/360

C.即期价格×（银行利率－贷金利率）×天数/360

D. 即期价格＋即期价格×（银行利率－贷金利率）

4. 上海黄金交易所组织（　　　）交易。

A. 黄金　　　　　　　　　　　B. 铂等贵金属

C. 黄金、白银、铂等贵金属　　D. 黄金、纸黄金、黄金衍生品

5. 当黄金的（　　　）属性凸显时，黄金的当期供给对黄金价格的影响较小。

A. 自然　　　　　　　　　　　B. 货币

C. 社会　　　　　　　　　　　D. 收藏

8.2　多项选择题

1. 黄金具有三个基本价格，即（　　　）。

A. 生产价格　　　　　　　　　B. 官方价格

C. 交易价格　　　　　　　　　D. 市场价格

2. 黄金的市场价格是指市场供求决定的价格，包括（　　　）。

A. 现货价格　　　　　　　　　B. 远期价格

C. 期货价格　　　　　　　　　D. 期权价格

3. 国际上公认的硬通货包括（　　　）。

A. 美元　　　　　　　　　　　B. 黄金

C. 港币　　　　　　　　　　　D. 欧元

4. 黄金的衍生交易有（　　　）。

A. 期货　　　　　　　　　　　B. 互换

C. 远期　　　　　　　　　　　D. 期权

5. 下列（　　　）因素影响黄金市场价格走势。

A. 政治局势　　　　　　　　　B. 美元汇率

C. 通货膨胀　　　　　　　　　D. 石油价格

8.3　问答题

1. 与其他市场相比，黄金市场有什么特点？

2. 简述黄金与美元的关系。

3. 影响黄金价格变化的因素有哪些？

第9章

保险市场

引例

2017年中国保险市场运行情况

2017年，中国保险市场产险公司原保险保费收入10 541.38亿元，同比增长13.76%；寿险公司原保险保费收入26 039.55亿元，同比增长20.04%。2017年，中国产险业务原保险保费收入9 834.66亿元，同比增长12.72%；寿险业务原保险保费收入21 455.57亿元，同比增长23.01%；健康险业务原保险保费收入4 389.46亿元，同比增长8.58%；意外险业务原保险保费收入901.32亿元，同比增长20.19%。产险业务中，交强险原保险保费收入1 869.01亿元，同比增长9.97%；农业保险原保险保费收入为479.06亿元，同比增长14.69%。另外，寿险公司未计入保险合同核算的保户投资款和独立账户本年新增交费6 362.78亿元，同比下降50.29%。

2017年，中国保险市场产险业务赔款5 087.45亿元，同比增长7.64%；寿险业务给付4 574.89亿元，同比下降0.61%；健康险业务赔款和给付1 294.77亿元，同比增长29.38%；意外险业务赔款223.69亿元，同比增长22.23%。

2017年，中国保险市场资金运用余额14.9万亿元，较年初增长11.42%。银行存款19.3万亿元，占比12.92%；债券5.16万亿元，占比34.59%；股票和证券投资基金1.8万亿元，占比12.3%；其他投资6万亿元，占比40.19%。

2017年，中国保险公司总资产16.7万亿元，较年初增长10.80%。其中，产险公司总资产2.5万亿元，较年初增长5.28%；寿险公司总资产13.2万亿元，较年初增长6.25%；再保险公司总资产0.3万亿元，较年初增长14.07%；资产管理公司总资产491.45亿元，较年初增长15.28%。2017年中国保险净资产1.9万亿元，较年初增长9.31%。

保险是金融领域非常重要的一个分支，那么，保险市场是个什么样的市场，它和普通投资者有什么关系？它又有哪些特殊之处？本章将对这些问题进行回答。

本章要求了解保险的含义，保险市场的含义、特征、分类等基本概念，理解保险市场的构成要素、供求分析以及保险监管，并在理解保险衡量指标的基础上把握我国及其他主要保险市场的现状及发展。

9.1 保险市场概述

9.1.1 保险概述

《中华人民共和国保险法》（以下简称《保险法》）第二条规定："保险，是指投保人根据合同约定，向保险人支付保险费，保险人对于合同约定的可能发生的事故因其发生所造成的财产损失承担赔偿保险金责任，或者当被保险人死亡、伤残、疾病或者达到合同约定的年龄、期限等条件时承担给付保险金责任的商业保险行为。"

现代商业保险的要素主要包括五个方面的内容：可保风险的存在；大量同质风险的集合与分散；保险费率的厘定；保险准备金的建立；保险合同的订立。其中，可保风险应该具备如下条件：风险应当是纯粹风险；有大量同质标的存在；风险应当有导致重大损失的可能；风险不能使大多数的保险标的同时遭受损失；风险必须具有现实的可测性。

根据不同的划分标准，保险有很多种类。按实施方式的不同，可分为强制保险和自愿保险；按照保险标的的不同，可分为财产保险与人身保险；按照保险性质的不同，可以分为商业保险、社会保险和政策保险；按承保方式分类，保险可分为原保险、再保险、共同保险和重复保险；按照风险转嫁方式的不同，保险可以分为足额保险、不足额保险和超额保险。按照投保单位的不同，可以分为个人保险和团体保险。

保险的功能可以分为基本功能和派生功能。基本功能是指保险保障功能，具体包括财产保险的补偿功能和人身保险的给付功能。派生功能包括资金融通功能和社会管理功能。

9.1.2　保险市场的含义

保险市场是现代金融市场体系的一个重要组成部分，是商品经济发展的产物。保险市场有广义与狭义之分。狭义的保险市场是进行保险商品交易的场所，即有形的保险市场。它是以保险代理人和保险经纪人为中介，并且具有固定的交易地点和稳定的交易方式，较为典型的如保险交易所。广义的保险市场不仅包括有形的保险市场，还包括无形的保险市场。后者是指不设立固定的场所，保险业务并不一定在保险交易所内集中进行，而是由各种保险组织和其他中介机构分散完成保险交易，在这一市场中，由于现代的通信设备和电子计算机技术的应用，保险市场的范围越来越广，并逐步摆脱了固定的交易场所和行为模式。当前，随着保险业和信息产业的高速发展，通过信息网络，人们足不出户就可以完成保险的交易活动。

较早的保险市场出现在英国的保险中心——伦巴第街，参与保险市场交易活动的两大主体为供给方和需求方。随着经济全球化趋势的加强和保险业的发展，保险中介人也应运而生，从而使保险交换关系更加复杂化；随着通信技术的发展，保险市场也被注入了新的活力。因而，现代意义上的保险市场应该从广义上来理解，即保险市场是保险商品交换关系的总和，它既包括保险商品交换的场所，也包括保险商品交换中需求与供给的关系及活动。

9.1.3　保险市场的特征

保险市场的特征是由保险市场的交易对象的特殊性所决定的。保险市场的交易对象是一种特殊形态的商品——保险经济保障，因此，保险市场表现出其独有特征。

1.保险市场是抽象的无形市场

一般的商品市场都是在一定的时空范围内进行交易的有形市场，它们都有集中的、相对固定的交易场所，受到一定的时间制约；而保险市场则是一个抽象的无形市场，保险活动的全过程不可能受到一定的时间限制，也不可能固定集中于某一场所。现代保险经济活动，特别是再保险活动，基本上是通过现代化通信手段随时进行的。保险中的展业、投保、签单、索赔、理赔、追偿等环节，都不受时间、空间的局限，可以说是抽象的无形市场。

2.保险市场是直接的风险市场

这里所说的直接风险市场，是就交易对象与风险的关系而言的。尽管任何市场都存在风险，交易双方都可能因市场风险的存在而遭受经济上的损失，但是一般的商品市场所交易的对象自身并不与风险联系，而保险企业的经营对象就是风险。保险市场所交易的对象是保险经济保障，即对投保人转嫁于保险人的各类风险提供保险经济保障，所以本身就直接与风险相关联。保险商品的交易过程，本质上就是保险人聚集与分散风险的过程。风险的客观存在和发展是保险市场形成和发展的基础和前提。如果没有风险，也就没有了保险市场交易的必要。

3.保险市场是非即时清结市场

所谓即时清结的市场，是指市场交易一旦结束，供需双方立刻就能够确切知道交易结果的市场。无论是商品市场，还是一般的金融市场，都是能够即时清结的市场。即便是银行存款，由于利率是事前确定的，交易双方当事人在交易完成时也就立即确切地知道了交易结果。保险交易活动因风险的不确定性和保险合同的射幸性使得交易双方都不可能确切知道交易结果，因此不能立刻清结。相反，保险交易还需通过订立保险合同来明确双方当事人的保险关系，并且依据保险合同履行各自的权利与义务。因此，保险单的签发看似保险交易的完成，实则是保险保障的刚刚开始，最终的交易结果则要看双方约定的保险事件是否发生。所以，保险市场是非即时清结市场。

9.1.4　保险市场的种类

保险市场可以按不同的标准进行分类，常见的分类方法有以下几种：

1.按保险标的分类

根据保险标的的不同，保险市场可分为财产保险市场和人身保险市场两大类。财产保险市场是经营以财产或有关利益为保险标的的保险商品市场，保险人承保各种有形的或无形的财产，包括物质形态的财产、民事损害赔偿责任和各种信用风险。人身保险市场是经营以人的身体或寿命作为保险标的的保险商品的市场。

2.按承保方式分类

根据承保方式的不同，保险市场可分为原保险市场和再保险市场。原保险市场也称直接业务市场，是保险人与投保人之间通过订立保险合同而直接建立保险关系的市场；再保险市场也称为分保市场，是原保险人将已经承保的直接业务的一部分或全部，通过再保险合同分保给再保险人形成保险关系的市场。

3.按保险的实施方式分类

按照保险实施方式的不同，保险市场可分为自愿保险市场和法定保险市场。自愿保险市场是投保人和保险人在自愿平等、等价有偿和协商一致的基础上，通过签订保险合同而建立保险关系的市场。法定保险市场是依据政府颁布有关的保险法规，凡在法律规定范围内的单位或个人，不管愿意与否，都必须依法参加保险的市场。

4.按保险市场的地域分类

按照保险业务活动的地域范围不同，保险市场可分为国内保险市场和国际保险市场。国内保险市场是专门为本国境内提供各种保险商品的市场，按经营业务的区域范围不同，又可分为全国性保险市场和区域性保险市场；国际保险市场是国内保险人经营国外保险业务而形成的市场，可分为区域性的国际保险市场和全球性的国际保险市场。

5.按保险市场的模式分类

依照保险市场的模式，保险市场可分为完全竞争型保险市场、完全垄断型保险市场、垄断竞争型保险市场，以及寡头垄断型保险市场。垄断竞争模式和寡头垄断模式在各国保险市场上都较为常见，而完全竞争型保险市场由于是一种理想状态的市场，所要求的条件十分严格，所以真正意义上的完全竞争型保险市场并不存在。在完全垄断型保险市场中，价值规律无法发挥作用，各种资源配置扭曲，市场效率低下，只有经济落后的国家，出于控制的需要才选择这种市场模式。

9.1.5 保险市场的衡量指标

一国或一个地区保险市场的发展程度一般用保险费收入、保险密度以及保险深度来统计衡量。

保险费收入（gross premium）是指投保人转嫁风险而支付给保险人的费用总和。该指标是绝对指标，是衡量一国保险业是否发达的重要指标。一般情况下，保费收入越高，说明该国保险业越发达；反之，则说明保险业越落后。

保险密度（insurance density）表明一国平均每年人均保费数。该指标是相对指标。保险密度越高，说明该国保险业越发达；反之，则说明该国保险业越落后。保费数额通常由一国通货转换为国际货币基金组织的特别提款权或美元来考量。它是衡量在一国经济中保险购买力水平的重要的、有用的指标。

保险深度（insurance penetration）是一国一定年份直接保费收入与国内生产总值（GDP）或国民生产总值（GNP）之比。该指标是相对指标，它表明了保险业在一国经济中的重要性，并不受币值波动的影响。保险深度越高，说明该国保险业越发达；反之，则说明该国保险业越落后。即使这样，它也不能完全反映一国保险业的发展状况，因为它忽视了保险价格水平、不同国家保险产品组合和其他一些市场可变因素的不同。

9.2　保险市场的构成要素

保险市场的构成要素包括保险市场的主体、客体和保险商品的交易价格。保险市场的主体是指保险商品的供给者、保险商品的需求者、保险中介；保险市场的客体是指保险交易的对象，即保险商品；保险商品的交易价格亦即保险费率。

9.2.1 保险市场的主体

保险市场同其他市场一样，是进行商品或服务交易的场所。从一般市场的构成要素来看，只要有供给方和需求方就能完成商品或服务的交易。供给与需求双方力量相互作用，共同促进市场的发展。保险市场的特点决定了保险市场的主体比起一般意义上的市场要复杂些，除了保险供给者与保险需求者，还存在为供需双方完成交易提供服务的保险中介人。

1. 保险商品的供给方

保险商品的供给方是指在保险市场上，提供各种保险产品，承担分散和转移投保人风险的各类保险人。从具体组织形式来看，各国保险人的组织形式主要有以下几种：

（1）国有保险公司。国有保险公司是由国家或政府投资设立的保险经营组织，由政府或其他公共团体所经营，其经营宗旨为：一是以营利为目的作为增加财政收入的手段，组织形式为举办商业保险的保险组织；二是实施公共管理政策，并无营利的动机，组织形式为举办社会保险的保险组织等。

国有保险公司中，国有独资保险公司是其中最为重要的一种形式。国有独资保险公司是国家授权投资机构或国家授权的部门单独投资设立的保险有限责任公司。我国的中国人民保险公司、中国人寿保险公司在股份制改造之前都属于国有独资保险公司。

国有独资保险公司的优点表现为：资金实力雄厚，经营规模大；风险分散能力强，业务稳定；注重社会效益，有利于实施国家政策。国有独资保险公司也存在一些问题，如产权不明晰、筹资能力有限、效率较低等，正因为如此，很多国有独资保险公司转为国家控股的保险公司。

（2）股份保险公司。股份保险公司，又称为保险股份有限公司，是世界各国保险公司广泛采用的一种组织形式。它是指公司将全部资本分成等额股份，股东以其持有的股份为限对公司承担责任。为了保证股份有限公司的稳定经营，各国保险法一般有明确规定其实收资本的最低限额，如我国《保险法》第六十九条规定："设立保险公司，其注册资本的最低限额为人民币二亿元……保险公司的注册资本必须为实缴货币资本。"

股份保险公司最早出现于1629年的荷兰，法国于1688年也成立了股份保险公司，其后被推广至世界各国。至今仍在经营的历史最久的保险公司，是1720年在英国成立的伦敦保险公司与皇家交易保险公司。我国第一家股份保险公司是1988年在深圳成立的平安保险股份有限公司，随后在1990年又成立了第一家全国性的股份制保险公司——中国太平洋保险股份有限公司。

保险股份有限公司的优点表现为：筹资能力强，资金来源广泛，容易分散风险；规模庞大、效率高等。大部分国家的保险法规都规定，经营保险业者必须采用股份有限公司的形式。我国的商业保险公司基本上都是股份有限公司的形式。

（3）相互保险公司。相互保险公司是保险业中特有的公司组织形态，是由可能发生某些风险的经济组织为达到保险保障的目的而共同构成的非营利保险组织。相互保险公司是以会员之间相互保险为目的的一种社会互助行为。相互保险公司的会员必须是保险加入者，即一方面发生会员关系，另一方面又发生保险关系。保险关系终止时会员资格也随之消失。相互保险公司的最高权力机关是会员大会或会员代表大会，但其理事可聘请公司外部人员担任而并不局限于会员，从而可以利用非会员理事的各种社会关系，促进业务的发展。相互保险公司不以营利为目的，必须由会员或非会员共同出资，用以支付创立费用以及作为业务费用和担保资金。这种资金不同于股份有限公司的股本，它属于基金的一种，具有负债性质，于创立时借入，偿还时还需支付利息。

相互保险公司的优点表现为：经营成本较低，为经济条件相对较差的人寻求保险保障提供了机会；不以营利为目的，没有利润压力，所有的资产和盈余都用于被保险人的福利和保障，同时更重视对被保险人有利的长期保险项目；能灵活调整保险费率，可以有效地避免利差损、费差损等问题。相互保险公司的缺点表现为：利用资本市场的能力有限；保障能力有限；发展速度受到限制等。

相互保险公司在英、美等保险业发达国家相当普遍，但由于新设相互保险公司的法律要求较严格，组建一家新的相互保险公司困难很大。例如，美国纽约州规定相互保险公司获准开业的条件是有超过1 000人提出投保申请，每人的投保金额超过1 000美元，年度总保费不低于

25 000美元，而且有150 000美元现金形式存放的初始公积金。因此，美国、日本、英国等国家多年来没有成立新的相互保险公司，以后新设的可能性也很低。黑龙江阳光农业相互保险公司是目前我国唯一的一家相互保险公司。

（4）专业自保公司。专业自保公司是那些由其母公司拥有的，主要为母公司或关联公司提供保险保障服务的保险公司。母公司直接影响并支配着该专业自保公司的运营，包括承保、索赔处理的政策和投资行为等。专业自保公司是决定自留风险的企业避免不合理税收的技术性产物，也是企业利用内部基金进行风险融资的高级形式。

专业自保公司产生于19世纪中期，当时，由于投保人发现传统的保险险种和保险费率无法满足其保险需求，因而创建了自己的保险机构。直到20世纪60年代初，专业自保公司才开始真正发展起来，现在已成为国际保险市场上一支十分重要的力量。国际上越来越多的企业拥有了自己的专业自保公司。

专业自保公司的优势表现为：增加了保险承保弹性；节省了保险成本；可享受税收优惠政策；有利于加强损失控制等。专业自保公司的局限性表现为：业务量有限；风险品质有时较差；财务基础脆弱；技术与人才供应不足等。

（5）个人保险组织。个人保险组织是以个人名义经营保险业务的保险组织。各国为了保护投保人和被保险人的利益，一般不准许个人经营保险业务，我国也是如此。英国劳合社成立至今已有300余年的历史，成为国际保险业历史最悠久和最有影响的保险组织。

劳合社并不是一家保险公司，而是一个保险社团组织。该组织本身并不直接经营业务，仅为其成员提供保险交易相关的服务，包括提供保险交易场所，以及保险交易的规则和程序。从劳合社诞生到1994年允许公司资本进入以前，劳合社的承保社员都是自然人，因而当时的劳合社属于个人保险组织。劳合社的承保范围很广，包括水险、非水险、航空保险、汽车保险和新技术险等，其中最有影响力的是海上保险。据统计，全世界远洋船舶保险业务中有80%直接或间接与劳合社有关。劳合社的业务来自世界200多个国家和地区，所承保的国际保险业务保费约占伦敦保险市场国际保险业务的一半，同时也是英国最大的机动车辆保险市场。历史上第一张飞机险保单、第一张盗窃险保单等都是由劳合社设计的，其设计的保单为世界各国效仿采用。同时，劳合社在国际保险市场上享有极佳的声誉，对世界保险业的繁荣和发展具有举足轻重的作用。

2.保险商品的需求方

保险商品的需求方，即保险市场上的各类投保人，是指保险市场上所有实现的和潜在的保险商品的购买者。投保人可能是个人，也可能是企业或团体等。

（1）个人。个人在日常工作、生活中常常会遇到各种各样的风险。自然灾害、意外事件的存在不仅使其财产有遭受损失的可能，而且对于其生命和健康都存在着一定的威胁。同时，个人的不幸对于其家庭和好友等都会带来消极影响，从而会干扰人们的正常生活秩序。基于此，个人为了保障自己及家庭生活的稳定，对于保险这种风险转移的手段，客观上就有了一种购买需求，成为保险商品潜在的购买者。

（2）企业。企业在市场经济条件下是独立自主、自负盈亏的经济实体。企业要想在激烈的竞争中立于不败之地，就必须对面临的各种可能情况进行预测、处理。自然灾害、意外事件的客观存在无疑会给企业的正常持续经营带来阻碍，而通过购买保险的方法，企业可将自己面临的风险转嫁给保险公司，这样即便受灾，也可以及时得到补偿，从而继续自己的生产经营。因此，企业也有投保需求，成为保险商品潜在的购买者。

3.保险中介

保险中介，是指为保险交易双方提供服务，专门从事保险业务咨询与销售、风险管理与安排、价值衡量与评估、损失鉴定与理算等中介服务活动，并从中依法获取佣金或手续费的单位或个人。保险中介在保险市场上作用的发挥，是由其在专业技术服务、保险信息沟通、风险管理咨询等方面的功能所决定的。

保险中介人的主体形式多样，主要包括保险代理人、保险经纪人和保险公估人等。此外，其他一些专业领域的单位或个人也可以从事某些特定的保险中介服务，如保险精算师事务所、保险信用评级机构、事故调查机构和律师等。

（1）保险代理人。保险代理人是根据保险人的委托，向保险人收取代理手续费，在保险人授权的范围内代为办理保险业务的单位和个人。根据组织形式的不同，可将保险代理人分为专业代理人、兼业代理人和个人代理人。专业代理人是指专门从事保险代理业务的保险代理公司，包括各种以合伙企业、有限责任公司或股份有限公司形式设立的保险代理机构。兼业代理人是指受保险人委托，在从事自身业务的同时，指定专人为保险人代办保险业务的单位。兼业代理人的主要业务范围包括代理推销保险产品、代理收取保险费，例如，旅行社代收旅行意外伤害险、银行代销分红险等。个人代理人是指自然人作为保险代理人。我国《保险法》第一百二十五条规定："个人保险代理人在代为办理人寿保险业务时，不得同时接受两个以上保险人的委托。"

（2）保险经纪人。保险经纪人是基于投保人的利益，为投保人与保险人订立保险合同提供中介服务，并依法收取佣金的单位。我国保险经纪人的存在形式是保险经纪公司。保险经纪人的业务范围主要包括：为投保人拟订投保方案、选择保险公司以及办理投保手续；协助被保险人或者受益人进行索赔；为委托人提供防灾、防损或者风险评估，风险管理咨询服务等。

（3）保险公估人。保险公估人是指接受保险合同当事人的委托，为其办理保险标的的勘查、鉴定、估损及赔款的理算等并出具证明的中介人。保险公估人的独立性非常强，是独立于保险人和被保险人之外的第三者，独立地提供服务。保险公估人的业务范围主要包括：保险标的承保前的检验、估价及风险评估；对保险标的出现后的查勘、检验、估损及理算等。

保险中介是保险市场精细分工的结果。保险中介的出现推动了保险业的发展，使保险供需双方更加合理、迅速地结合，减少了供需双方建立联系的成本，既满足了被保险人的需求，方便了投保人投保，又降低了保险企业的经营成本。保险中介的出现，解决了投保人或被保险人保险专业知识缺乏的问题，最大限度地帮助客户获得最适合自身需要的保险商品。此外，保险中介的出现和发展也使保险经营者从繁重的展业、检验等工作中解脱出来，集中精力致力于市场调研、险种开发、偿付能力管理、保险资金运用以及信息传递迅速、系统运转高效的管理制度建设等方面。

9.2.2　保险市场的客体

保险市场的客体是保险市场供需双方具体交易的保险产品。与一般商品不同，保险产品是一种以风险为对象的特殊商品，是一种无形的、卖方向买方提供的保险保障。消费者在购买保险产品之后获得的是一种保险保障，即只有在保险期限内发生合同约定的情形时，才能够从保险人那里获得一定的保险金。因此，对于消费者而言，在支付保险费之后，获得的是保险人对未来所提供服务的承诺。这种承诺是以保险合同的签订作为保障的。

在保险市场上，保险公司向顾客提供多种多样的保险产品，以满足不同投保人的需求。由于保险产品的特殊性，且保险是满足人们更高层次的、对安全的需要，而非日常生活必需品，一般人不会主动购买保险产品，所以保险产品需要推销。

通常情况下，一般商品购买之后可以立刻开始消费，而保险产品却不同。消费者在购买保险产品后，可能从来不会消费，也可能在将来某一个时刻消费，或者在将来某一个时期内长时间消费，即保险产品消费具有滞后性。例如，消费者投保意外伤害险后，如果被保险人在保险期限内没有出现意外，则得不到任何补偿；如果在此期间出现了合同约定的意外，则可以获得保险公司理赔。

9.2.3　保险商品的交易价格

保险商品的交易价格，即保险费率，是计算保险费的依据。保险费率是保险费与保险金额的比例，即每单位保险金额的保险费，保险费与保险费率之间的关系可表示为：

保险费 = 保险金额 × 保险费率

保险费率通常以1年每百元或每千元保险金额的保险费来表示。例如，年费率为5‰，则10万元保险金额的保险单1年应交500元保险费。在保险金额一定的情况下，费率越高，保险费越多。

保险费率通常包括纯费率和附加费率。根据纯费率计算出来的保险费用于保险金的偿付或给付，依风险成本而定；按照附加费率计算出来的附加保险费则包括了保险人的经营管理费用及应得的利润部分，考虑了市场因素。

1.纯费率

目前，世界各国普遍采用把以往若干年的平均保额损失率加上一定数量的危险附加率之和作为纯费率，以此计算预期纯保费。平均保额损失率就是一定时期内的保险赔款总额与保险金额总和的比率，即：

$$平均保额损失率 = \frac{保险赔款总额}{保险金额总和} \times 100\%$$

由于实际发生的保险损失额往往会高于或低于平均纯保费的数额，所以为了提高保险经营财务的稳定性，必须在平均保额损失率的基础上，增加一定比率的危险附加率，两者之和构成纯费率。

2.附加费率

附加保费通常包括营业费用、预期利润、异常风险费用三项内容，附加费率为三者之和与保险金额总和之比，计算公式为：

$$附加费率 = \frac{营业费用 + 预期利润 + 异常风险费用}{保险金额总和} \times 100\%$$

3.毛费率

毛费率包括纯费率和附加费率两部分，计算公式为：

毛费率 = 纯费率 + 附加费率

9.3 保险市场的供求

9.3.1 保险市场的需求

保险市场的需求简称保险需求，是指在一定时期和一定费率水平上，投保人在保险市场上愿意而且能够购买的保险商品的数量，包括保险商品的总量需求和保险商品的结构需求。保险商品的结构需求是各类保险商品需求量占保险商品需求总量的比重，如财产保险保费收入占全部保费收入的比率。由于保险交易的特殊性，保险需求除需具备"对商品的需要和相应的支付能力"外，还必须满足两个条件：一是需求者即投保人具有完全民事行为能力，能履行相应的义务；二是投保人对保险标的必须具有法律上承认的经济利害关系，即存在保险利益。

保险需求有两种表现形式：一是有形的经济保障，体现在物质方面，即在人们遭受意外事故和自然灾害时，投保人或被保险人能获得经济补偿和给付；二是无形的经济保障，体现在精神方面，即在获得保险经济保障之后，投保人或被保险人由于转嫁了意外经济损失风险，减轻了后顾之忧，得到心理上的安全感。

1.保险市场需求的影响因素

保险商品服务的具体内容是各种客观风险，无风险则无保险。因此，风险的客观存在是保险需求产生的前提。保险需求总量与风险因素存在的程度成正比。影响保险市场需求的因素较多，主要有：

（1）风险因素。风险因素存在的程度越高、范围越广，保险需求的总量也就越大；反之，保险需求量就越小。

（2）社会经济与收入水平。保险是社会生产力发展到一定阶段的产物，并且随着社会生产力的发展而发展。消费者的收入水平直接关系到保险购买力的大小。收入水平越高，支付能力越强，对保险商品的需求就越大；反之，收入水平越低，保险需求就越小。

（3）保险费率。保险费率即保险商品的价格。商品的需求一般与价格成反比，保险商品也是如此。保险费率越高，则保险需求量越小；反之，则越大。

（4）人口因素。人口因素主要包括人口总量和人口结构，后者主要指年龄、性别、收入、种族、教育程度、家庭构成、婚姻状况、职业和生命周期阶段等。人口特征能极大地影响消费者行为。比如，不同年龄的人对保险的需求不同，人口老龄化将增加养老保险、护理保险、疾病保险等寿险和健康险产品的需求。同样，不同收入阶层的人对投保险种、投保保额等需求也有很大差异；从事危险程度较高工作的人的保险需求明显高于从事危险程度低的工作的人。

（5）商品经济的发展程度。商品经济的发展程度与保险需求成正比，商品经济越发达，则保险需求越大；反之，则越小。

（6）文化传统。保险需求在一定意义上受人们风险意识和保险意识的直接影响，而这些又受到特定文化环境的影响。在我国，由于长期封建文化的影响，对于一些风险，人们有时宁愿求助于神灵的保佑，也不接受保险保障，在一定程度上抑制了保险需求。

此外，利率水平的变化对储蓄型的保险商品有一定影响。虽然目前投资理财型保险占据了一定的保险市场份额，但是由于红利没有固定的保证，所以也影响到客户对于投资理财型保险的需求。

2.保险需求弹性

保险需求弹性是指保险需求对其影响因素变动的反应程度，用公式表示为：

$$Ed = \frac{\Delta Qd/Qd}{\Delta F/F}$$

式中：Ed表示保险需求弹性，Δ表示相应变量的绝对变动，Qd表示保险需求量，F表示某个影响保险需求的因素变量，如价格、收入等。

保险需求弹性一般可分为保险需求的价格弹性、保险需求的收入弹性和保险需求的交叉弹性。

保险需求的价格弹性表示保险需求量对保险费率的变化的敏感程度，即保险费率变动1%所引起的保险需求量的变化比率，一般为负值，即保险费率的变化和保险需求量呈反向变动的关系。从短期来看，保险的需求价格弹性较大。从长期来看，保险的需求价格弹性较小，其原因在于：保险产品及其费率是通过对风险评估、投资收益以及各种相关因素的精算分析后确定的，一旦确定就不易变更，消费者一旦购买了保险商品（特别是人寿保险），在保险合同下的费率几年甚至几十年不变，享受的保险保障也不变，无论同样的保险商品在这些年中费率如何变化，都不会影响已经形成的保险需求。另外，不同保险商品之间的费率弹性也存在差异，比如，强制保险的费率弹性较低，甚至被认为"完全缺乏弹性"，而自愿保险的费率弹性相对较强。

保险需求的收入弹性表示保险需求量对消费者收入变动的敏感程度。一般情况下，收入和保险需求量呈同方向变动关系，收入越高，保险需求越大。随着人们收入水平的变化，保险需求呈现明显的阶段性，越是发达的国家和地区，保险需求也越大。

保险需求的交叉弹性表示保险需求相对于其他相关产品价格变化的敏感程度，这里，其他相关产品主要指的是互补品或替代品。一般情况下，保险需求与互补品的价格变动呈反向变动关系，交叉价格弹性为负值；保险需求与其替代品的价格变动呈同向变动关系，交叉价格弹性为正值。

9.3.2 保险市场的供给

保险市场的供给简称保险供给，是指在一定的社会经济条件下，保险市场上各家保险企业愿意并且能够提供的保险商品的总量。如果用保险市场上的承保能力来表示，保险供给就是各个保险企业的承保能力的总和。保险供给的形式体现为有形与无形两种，前者是指保险人对遭受损失或损害的被保险人，按照保险合同规定的责任范围给予一定金额的经济补偿或给付，体现在物质方面；后者是指保险人对全体被保险人提供的心理上的安全感，体现在精神方面。

1.保险供给的影响因素

保险供给是以保险需求为前提的，保险需求是制约保险供给的基本因素。在保险需求既定的前提下，保险供给受到以下因素的制约：

（1）保险资本总量。保险供给是由全社会的保险公司和其他保险组织所提供的，而保险公司经营保险业务必须有一定数量的经营资本。在一定时期内，社会总资本的量是一定的，因而能用于经营保险的资本量在客观上也是一定的。因此，这个有限的资本量在客观上制约着保险供给的总规模。在一般情况下，可用于经营保险业的资本量与保险经营供给呈正相关。

（2）保险费率。在市场经济条件下，决定保险供给的因素主要是保险费率，保险供给与保险费率呈正相关关系，保险费率上升，会刺激保险供给增加；反之，保险供给则会减少。

（3）保险供给者的数量和素质。保险供给者的数量越多，保险供给量越大。在现代社会中，保险供给不但讲求数量，还讲求质量，而质量的高低主要取决于保险供给者的素质。保险供给者素质越高，则其经营管理水平越高。而保险经营管理中的险种开发、条款设计、费率厘定、业务选择、风险管理、准备金提存、再保险、理赔、投资等，每一项业务水平的高低都会影响保险市场的供给。因此，保险供给者的经营管理水平与保险供给呈正相关。

（4）保险成本。保险成本是保险人的实际赔付额和经营管理费用。保险成本高，保险费率就高，对投保人来说，就会影响其投保要求；对于保险人来说，成本高，所获利润就少，会影响其扩大保险供给量。所以，保险成本的高低与保险供给有直接关系。一般情况下，保险成本越高，保险供给越小；反之，保险供给越大。

（5）保险业利润率因素。在市场经济条件下，平均利润率规律支配着一切经济活动，保险资本也受平均利润率规律的支配。如果保险业平均利润率高，就会吸引一部分社会资本投入保险业，从而扩大保险供给；反之，会导致保险人退出保险业，这样就缩减了保险供给。

（6）保险市场竞争。保险市场竞争对保险供给的影响是多方面的，保险市场竞争的结果，会引起保险供给者数量的增加或减少。如果保险市场上供给者数量增加，在总量上就扩大了保险供给。如果供给者数量减少，则分为几种不同的情况：若是由于合并引起的数量减少，则并不减少保险的供给总量；若是由于破产或退出市场引起的数量减少，则会减少保险的供给总量。同时，一个竞争无序的市场会抑制保险需求，从而减少保险供给；竞争有序，行为规范，则会使保险市场信誉提高，从而刺激保险需求，扩大保险供给。

（7）国家政策。国家对保险业发展所实施的宏观政策直接影响着保险供给。如果国家采取积极的、宽松的宏观保险政策（如政府对保险供给者实施较优惠的税率），保险市场的供给总量就会增大；相反，如果国家采取限制发展的宏观保险政策，保险市场的供给总量就会减小。

2.保险供给弹性

保险供给弹性是指保险供给对其影响因素变动的反应程度，用公式表示为：

$$Es = \frac{\Delta Qs/Qs}{\Delta F/F}$$

式中：Es表示保险供给弹性，Δ表示相应变量的绝对变动，Qs表示保险供给量，F表示某个影响保险供给的因素变量，如资本量、利润、价格等。

常见的保险供给弹性有三种：保险供给的价格弹性、保险供给的资本弹性和保险供给的利润弹性。

保险供给的价格弹性表示保险供给量对保险费率变化的敏感程度，即保险费率每变动1%所引起的保险供给量的变化比率，一般为正值，即费率的变化和保险供给量变动呈正相关。

保险供给的资本弹性表示保险资本量每变动1%所引起的保险供给量变动的百分比，一般为正值，即保险资本的增量会引起保险供给量的增加，两者呈正相关。

保险供给的利润弹性表示保险利润每变动1%所引起的保险供给量变动的百分比，一般为正值，即保险利润增加会促进保险供给量的增加。

9.3.3 保险市场的供求平衡

保险市场的供求平衡，是指在一定费率水平下，保险供给恰好等于保险需求的状态，这时保险市场达到均衡，如图9-1所示的E点。

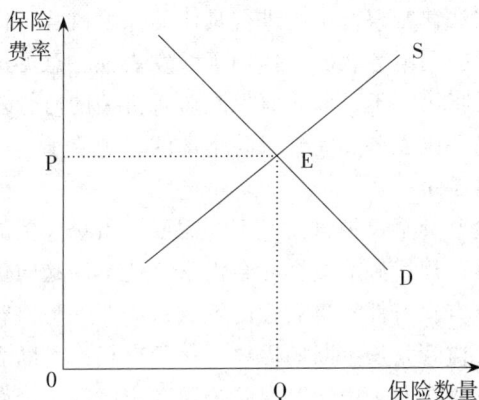

图9-1 保险市场供求平衡示意图

保险市场达到均衡时的费率称为均衡费率，需求量称为均衡需求量。在保险市场达到均衡状态后，如果外在因素导致市场费率高于均衡费率，保险需求就会缩小，迫使供给缩小以维持市场均衡；反之，如果市场费率低于均衡费率，则保险需求扩大，保险供给相应也会扩大以实现新的市场平衡。

保险市场供求平衡包括总量平衡和结构平衡两个方面。总量平衡是指供给和需求的总规模平衡；结构平衡是指供给的结构和需求的结构匹配，具体表现为市场提供险种与消费者需求险种相适应、费率与消费者承受能力相适应以及保险产业与国民经济产业结构相适应等。

9.4 保险市场的监管

9.4.1 保险监管概述

1.保险监管的含义

保险监管（insurance regulation）是指政府对本国保险业的监督和管理。从各国的实践看，广义的保险监管体系一般由四部分构成：一是立法机关，负责制定保险业的法律法规；二是司法机关，负责裁决保险争议，并按照法律规定对保险市场的参与者采取各种司法行动；三是政府监管部门，在法律授权范围内进行具体的保险监督工作；四是社会中介机构，对保险公司财务状况、信用等级发表独立意见。其中经常被论述的保险监管是指第三类，即政府保险监管机关的监管。

保险监管是一国发展和完善保险市场的客观要求。

2.监管的必要性

第一，保险监管是保护自由竞争的需要。市场经济的核心是自由竞争，在竞争中价值规律调节整个社会供求，使资源趋向优化配置，但竞争的自我调节具有盲目性和事后性的特点，需要保险监管的外在控制。

第二，保险监管是反垄断的需要。保险市场的垄断表现为保险公司的独家垄断或寡头垄断。由于各保险公司入市时间、经营管理水平和经营效益各不相同，如果实力较强的保险公司在竞争中通过降低保险费率排挤其他保险公司，取得垄断地位后又抬高保险费率，则会损害保险人的利益。

第三，保险监管是避免过度竞争的需要。保险市场的过度竞争产生于市场进入过度而又没有正常的退出机制，众多小公司达不到合理规模，反而因竞争的需要降低保险费率，结果削弱了保险人的偿付能力，损害了被保险人的利益。

3.保险监管的目标

保护被保险人和社会公众的利益，保证保险人的偿付能力，确保一国保险业稳定健康地发展是世界各国保险监管的共同目标。

第一，保护被保险人和社会公众的利益。维护消费者利益是保险监管的最根本出发点。监管部门有责任确保财务实力良好的保险公司以公平的价格提供保险合同，为公众分散风险，提供保障，提高社会福利水平。

第二，保证保险人的偿付能力。保险监管对于保证保险人的偿付能力是非常必要的。偿付能力是指保险人对被保险人负债的偿还能力，是一国保险业稳定健康发展的关键，为保证在保单有效期间赔款得到支付，必须对保险人的财务能力加强监管。

第三，确保保险业稳定健康发展。对保险市场实施监管的另一个目标在于保持市场的适度竞争，限制、避免垄断行为或恶性竞争行为，从而有助于效率目标的实现。因此，需要建立完善的市场准入与退出机制，并对保险机构的兼并、破产等行为实施监管，防止一家保险企业因经营不善导致偿付危机的扩散，维护保险业整体的稳定发展。

因此，从长期来看，监管有助于实现社会福利的增加，且不违背保护消费者利益的最终目标。

4.保险监管的模式

世界各国的保险监管，其采取的方式不外乎通过立法监管、司法监管，或者行政监管或它们的组合。监管方式根据监督管理行为的宽严不同分为三种：公示方式、准则方式、实体方式。一个国家采用何种方式对保险业实施监管，国际上没有形成固定的标准，不同的国家根据其不同的经济和法律环境选择不同的方式，但是适当的监管方式是保证保险监督管理有效性的基础。

9.4.2 保险监管的原则

保险监管的原则是维护保险市场秩序，防范和化解保险风险，保护被保险人和投保人的权益，正确处理保险监管工作各种关系的依据。一般来讲，在履行监管职责时，保险监管机构遵循以下原则：

1.规范市场秩序原则

规范保险市场秩序是保险监管的一个重要原则，也就是要防止投保人、保险人或保险中介人利用信息优势从事各种保险欺诈活动，以促进保险市场的健康发展。因此，保险监管部门应当从保护保险关系各方当事人合法权益的角度出发，建立各种有效的、公正的反欺诈制度，提高保险市场的运作效率，规范市场秩序，使其充分发挥保障经济的功能。

2.提升市场效率原则

由于市场存在缺陷，所以仅仅依靠保险市场机制不可能达到资源的最优配置。作为社会公共利益代表的政府，需要通过建立保险监管体制对保险市场的运作进行不同程度的干预。然而，保险市场的监管是有成本的。一是不合理的监管行为，或监管不足或监管过度或监管权力滥用，都会对保险市场的发展造成重大的损害；二是政府监管本身要耗费大量的人力、物力和财力。这两方面的成本就构成监管所产生的运行成本。保险监管机构通过对保险市场的监管所产生的保险市场运行效率和秩序，相对于自由放任的保险市场的增量，就是保险市场的监管机制的收益。当监管收益大于监管成本时，这种保险监管机制是有效率的和合理的。否则，就是无效率的和不合理的，必须对监管机制进行改革，创新监管制度，以增加其效能。

3.持续系统监管原则

保险监管必须经常、持续和系统地进行。经常性就是指保险监管活动每年每月都在进行；持续性是指从审查批准保险机构准入时起到其退出为止，对整个经营过程进行持续监管，及时发现问题、解决问题；系统性是指把保险监管对象和内容作为有机整体，依靠保险监管体系，综合配套地运用各种手段，对保险企业风险管理进行识别、计量、监测和控制。

4.公平、公正、公开原则

保险监管要依法进行，保证监管的公平、公正和公开。公平原则是指保险市场是市场经济的一部分，它所需要的公平理念，包括程度的公平、主体地位的平等和交换的公平。公正原则是指在保险市场上，按照法律法规对保险公司和从业人员进行约束。政府以法律的框架寻求保险人、被保险人和投保人之间的平衡，公正地执行法律，解决它们之间的利益冲突和摩擦，维护保险市场的秩序。公开原则主要表现在法律与政策的公开，市场管理与司法活动的公开，从而成为保险人的行为准则。反映在保险法律法规上，主要是费率公开、手续费和佣金公开、监督过程公开、监督结果公开。只有这样，才有利于监管活动顺利、健康地运行，有利于提高保险公司从业人员和社会公众的认识，大大提高监管效力。

9.4.3 保险监管的内容

尽管各国保险监管的方式有别，程度不同，但内容基本一致，凡是实施实体监管方式的国家，其内容大都包括以下几个方面。

1.组织监管

保险组织监管是指对保险市场上各市场供给主体准入与退出保险市场的监管，监管实施的范围不仅针对保险市场内现有机构的设立、变更、解散、破产和清算，而且针对保险市场外违规经营保险业务的机构的管理，严禁其擅自经营保险业务。

（1）保险机构设立的监管。保险机构设立的监管包括：

第一，保险公司的设立条件。从组织形式上来看，国外一般将股份保险公司、相互保险公司等列为法定的保险组织形式；对资本金的要求、人员素质的要求和硬件设施的要求是一家保险公司申请成立的最基本的条件。凡符合法律规定要求的申请人即具备了申请资格，但保险监管部门在审查设立申请时，还要考虑到保险发展和公平竞争的需要，对申请人有所选择。一旦获得经营保险业务的许可，就可以办理工商登记，并在批准的业务范围内经营保险业务。

第二，保险分支机构的设立条件。由于保险业务发展的需要，总公司可以申请设立分支机构，包括分公司、支公司、营业部，这些分支机构可以独立开展保险业务，但不具有独立的法人资格，其民事责任由总公司承担。在我国，保险监管当局一般根据市场发展需要并结合公司保费收入规模、偿付能力、经营效益、经营管理水平、内控制度建设、已有分支机构的分布和数量等情况对保险公司申请设立分支机构予以审批。

（2）从业人员资格认定。保险从业人员通常指保险企业的高层管理领导人员和保险专业经营人员。各国保险法大都规定保险企业具有经营决策权的领导成员必须具备一定的条件，不符合国家规定条件者，不能担任保险企业领导职务；没有达到法定数量的合格领导人数者不允许开业。保险专业经营人员资格有的要通过保险监管部门组织的资格考试才能获得。

（3）保险公司兼并的监管。保险企业通过兼并形成较大的保险集团，面对广泛的客户提供更多的产品，使有限的保险资源得到更合理的配置和使用，减少经营费用、降低产品的平均成本，这就是所谓的规模经济效应。保险兼并在一定程度上是受到鼓励的，从国外立法看，原则上兼并是自由的，但是完全的自由往往会破坏公平原则，因此有必要制定适当的法律、法规对兼并行为加以规范、限制。一般来说，各方面的约束主要包括：反垄断法的限制；公司组织形式上的限制；股东利益上的限制。

（4）保险公司停业解散的监管。政府对保险企业进行监管的根本目的，是避免保险公司破产，以保障被保险人的合法权益。对经营不当、财务发生危机的保险企业，政府一般采取扶植政策，利用各种措施帮助其渡过难关，继续正常营业。但是，保险企业若违法经营或有重大失误，以至于不得不破产时，政府便会以监管者身份令其停业或发布解散令，选派清算员，直接介入清算程序。其具体监管措施包括整顿、接管、解散与清算等。

（5）外资保险企业的监管。外资保险企业是指外国保险公司在本国设立的分公司或合资设立的保险公司。对外资保险企业的监管，是以本国保险市场对外开放为前提的，然而本国保险市场是否对外开放，又取决于各国社会制度、经济发展水平和民族保险业发展程度等因素。世界各国对外资保险企业的设立条件都有相应规定，而对经营内容和范围，则不加干涉，按国民待遇原则对待。我国有关法律对外国保险机构在我国设立营业性机构必须满足如下条件：经营保险业务 30 年以上；提出申请前一年年末的资产总额在 50 亿美元以上；在中国设立代表处 3 年以上。

2.业务监管

保险业务监管也被称为保险经营监管，监管的内容大致包括业务范围监管、保险条款和费率监管、保险投资的监管等方面。

（1）业务范围监管。业务范围监管，是指政府通过法律或行政命令，规定保险企业所能经营的业务种类和范围，其内容包括两个方面：一是兼业问题，即保险人可否兼营保险业以外的其他业务，非保险人可否兼营保险或类似保险的业务；二是兼营问题，即同一保险企业可否经营性质不同的数种保险业务。

（2）保险条款和费率监管。其具体包括：

第一，保险条款监管。保险条款是保险人与投保人关于保险权利与义务的约定，是保险合同的核心内容。由于保险合同是一种附和合同，在保险人和投保人协商之前保险条款就已确定，投保人只能通过接受或不接受表示其意愿，而不像一般的商业合同，签约双方能进行充分的意见表达与协商。可见，在保险合同中，投保人处于相对被动的地位，因此，各国保险监管部门为维护投保人的合法权益，都不同程度地对保险条款进行监管。通常保险法律规定，由保险监管部门对保险公司新使用和修订的保险条款进行审批。根据不同情况，保险监管部门可以使用以下一种或几种审批制度：法定格式，规定保险公司必须使用的保单格式和保险条款；预先核准，即保险公司必须将保单格式和保险条款报请保险监管部门批准后方可使用；备案并使用，即保险公司将准备使用的保单格式和保险条款提前到保险监管部门备案，在规定时间内未被拒绝批准，就可以使用；无须备案，即对于某些险种的保单格式和保险条款无须审批，保险公司可以根据需要自由使用。

第二，保险费率监管。保险费率是各险种中每个危险单位的保险价格。由于费率的确定、保险费的缴纳先于实际损失的发生，因而对保险公司来说，确定合理的费率水平至关重要。它不仅要求保险公司考虑预期经营成本和预期损失等因素，还是保险公司参与保险市场竞争的重要工具。在我国，保险监管部门对保险费率的管理主要是通过费率审批制度进行的。在美国，费率审批的方式主要有：预先核准，即保险费率及其厘定法则在使用前必须经保险监管部门批准，非经批准，不得使用；备案并使用，即保险公司在实施费率和费率厘定法则前一段时间，必须向保险监管部门备案，在此期间内保险监管部门发现有一些违法、违规行为的，可予以制止或者要求保险公司修正；公开竞争，即保险公司在执行费率前无须上报监管部门同意，但保险公司通常要向监管部门提供费率计划和支持数据；弹性费率，即费率的增加或减少在超过一个具体的预先规定区间时，费率的预先核准才被要求，否则由保险公司自由调整。

（3）保险投资监管。对保险公司的投资进行监管的主要目的是保证保险公司具有良好的财务状况，防止保险公司可能出现的破产。监管内容主要包括：

第一，对保险投资种类的限制。各国对保险公司所使用的投资工具有明确的规定，通常对投资于政府债券不作任何限制；对投资于私营企业的债券则限于资信较好的公司长期债券；对投资于公司股票则有较为严格的限制，甚至被禁止。

第二，对保险投资数量的限制。保险监管部门通常还对投资于不同投资工具的投资数量或投资比例做出具体规定。

第三，对保险投资质量的限制。如果投资于抵押贷款，一般要求符合一定的贷款价值比例，即抵押贷款的数额不得超过抵押物价值的一定比例。

第四，对保险投资控股比例的限制。保险监管部门可以限制保险公司在投资于其他公司股票时不得超过该公司全部股份的一定比例，这一方面可以限制保险公司的控股权利，另一方面也避免投资风险的过分集中。

我国《保险法》第一百零六条规定："保险公司的资金运用必须稳健，遵循安全性原则。保险公司的资金运用限于下列形式：（1）银行存款；（2）买卖债券、股票、证券投资基金份额等有价证券；（3）投资不动产；（4）国务院规定的其他资金运用形式。保险公司资金运用的具体管理办法，由国务院保险监督管理机构依照前两款的规定制定。"

3.财务监管

保险财务监管的具体内容包括资本金监管、准备金监管、财务检查和财务报表分析。

（1）资本金监管。保险企业申请开业必须有一定数量的开业资本金，达不到法定最低资本金限额的，不得开业。对资本金进行严格监管的目的在于：增加保险公司承保、再保及投资能力，避免偿付能力不足的情况发生；增加承保及投资预期与非预期损失的弥补能力；维护被保险人的权益，促进保险公司社会责任的履行。

《保险法》第六十九条规定，设立保险公司，其注册资本的最低限额为人民币二亿元。

（2）准备金监管。保险准备金是指保险人根据政府有关法律规定或业务特定需要，从保费盈余中提存一定数量的资金。准备金是保险企业的一种负债。各国政府之所以对保险企业的准备金提存做出限制性规定，其目的是充实保险公司营运资金，增强投资能力，促进保险业的健康发展；维持保险公司适当的清偿能力，保障被保险人的权益；确立适当的准备金提存标准及评估制度，稳定保险公司财务；加强保险业的社会责任感，促进社会生活的安定。政府对准备金的监管主要体现在提存准备金的种类和数额上，其内容因险种而异。一般来讲，财产保险提存的准备金主要有未到期责任准备金、未决赔款准备金和特别准备金；人身保险提存的准备金主要有责任准备金、未到期保费准备金和特别准备金等。

我国《保险法》和《保险管理暂行规定》明确指出：除人寿保险业务外，经营其他保险业务，应当从当年的自留保费中提取未到期责任准备金；提取和结转的数额应当相当于当年自留保费的50%；经营人寿保险业务的保险公司应当按照已经提出的保险赔偿或者给付金额，以及已经发生保险事故但尚未提出的保险赔款或者给付金额，提取未决赔款准备金。此外，为保证保险企业的财务稳定性，保险公司应按有关法律、行政法规和会计制度准则提取公积金和保险保障基金；保险公司从税后利润中提取法定公积金，用于弥补公司的亏损，扩大公司业务规模或者转为增加公司资本金；保险公司按当年保险费收入的1%提取保险保障基金，专户存储于中国人民银行或者其指定的商业银行。

（3）财务检查。财务检查是根据有关财经政策，对保险公司的财务收支和财经纪律情况进行检查，其重点一般为是否有下列行为：偷漏各项税款和能源交通重点建设基金；隐瞒收入，截留国家利润；虚盈实亏，虚增利润，多提自有资金；擅自扩大成本费用标准和范围，挤占成本费用；私设各种形式的小金库；擅自提高费率违反物价规定；资金来源和运用是否符合规定；是否按计划和预算办事；费用开支是否合理，有无挥霍浪费和超支现象；账账、账款、账实是否相符以及其他违纪问题。财务检查可分为自查（保险公司系统内部组织的检查，包括本公司的检查和上级公司的联合检查及重点抽查）和他查（有关国家部门组织的检查，不仅包括保险监管部门的检查，还有财政、税收、物价、审计等部门的检查）两种形式。

（4）财务报表分析。保险监管部门为了实现对保险公司财务的监管，规定保险公司应当定期向主管财政的机关等政府部门以及其他与公司有关的报表使用者提供财务报告，包括财务报表和财务状况说明书。其中，财务报表又包括资产负债表、利润表、现金流量表及其他附表。企业应当按季、年编报资产负债表、利润表和现金流量表等财务报表。从政府监管部门的角度看，对保险公司进行财务分析主要是为了确保公司偿付能力，了解公司的纳税情况、遵守法规的情况等。

4.中介监管

保险中介人是保险公司和保险消费者之间的媒介，它主要包括保险经纪人、保险代理人和保险公估人等。发达的保险中介市场对促进保险业的蓬勃发展具有重要意义。因此，各国保险监管机构对保险中介往往采取严格程度不一的管理，以规范竞争秩序，充分发挥它对保险业发展的推动作用。保险中介监管的内容包括资格监管、业务监管和报表账簿监管。

保险中介监管的目标为：维护被保险人的合法权益，维护公平竞争的市场秩序，维护保险体系的安全与稳定。这是相辅相成的一个整体，其中维护被保险人的合法权益是核心和前提。监管者应当紧紧围绕监管目标研究制定相应的监管法规和监管规章，认真依法履行监管职责，一是市场准入监管，不允许先天不足的机构进入市场，防止潜在风险；二是业务营运监管，督促已获准入的机构依法稳健经营，维护市场秩序，防范经营风险；三是市场退出监管，监督经营不善或严重违规经营的机构依法按程序尽快退出市场，最大限度地减少市场波动，降低损失，维护被保险人利益和整个保险体系的安全稳定。

专栏 9-1

银保监会组建

2018年3月，根据国务院机构改革方案，决定组建中国银行保险监督管理委员会，不再保留银监会、保监会。

根据方案的描述，新组建的中国银行保险监督管理委员会主要职责是，依照法律法规统一监督管理银行业和保险业，维护银行业和保险业合法、稳健运行，防范和化解金融风险、保护金融消费者合法权益，维护金融稳定。原银监会、保监会拟定银行业、保险业重要性法律法规草案和审慎监管基本制度的职责均被划入中国人民银行。

3月13日，十三届全国人大一次会议在北京人民大会堂举行第四次全体会议。受国务院委托，国务委员王勇作关于国务院机构改革方案的说明。他表示，金融是现代经济的核心，必须高度重视防控金融风险、保障金融安全。

王勇称，为深化金融监管体制改革，解决现行体制存在的监管职责不清晰、交叉监管和监管空白等问题，强化综合监管，优化监管资源配置，更好统筹系统重要性金融机构监管，逐步建立符合现代金融特点、统筹协调监管、有力有效的现代金融监管框架，守住不发生系统性金融风险的底线，方案提出，将中国银行业监督管理委员会和中国保险监督管理委员会的职责整合，组建中国银行保险监督管理委员会，作为国务院直属事业单位。

9.5 世界主要保险市场概况

9.5.1 中国的保险市场

改革开放以来，我国保险业迅速发展，服务领域不断扩大，市场体系日益完善，整体实力明显增强，充分发挥了分散风险与经济补偿职能，为改革开放和国民经济的发展做出了重要贡献。

表9-1列示了2004—2017年我国保费收入与赔付支出的总额及增长情况。

从表9-1可以看出，除2011年以外，2004—2017年，我国保险费收入逐年增长，实现10年间保持两位数的增长速度，2008年保费增长率甚至高达39.06%。2017年年末，我国实现保费收入31 290.23亿元，同比增长19.58%，这也是我国保险行业年度保费收入首次突破3万亿元大关。

原保险赔款和给付支出在十年间逐年增加，2017年财产险与人身险的赔付支出均大幅增加，为2004年的9倍左右，反映了保险在风险分散和损失补偿方面的作用更加突出。

表9-1

2004—2017年我国保费收入与赔付支出

指标\年份	原保费收入（亿元）			保费年增长率（%）	原保险赔付支出（亿元）			赔付年增长率（%）
	总保费收入	财产险保费收入	人身险保费收入		总赔付支出	财产险赔付支出	人身险赔付支出	
2004	4 318.14	1 089.89	3 228.25	—	1 004.44	567.52	436.92	—
2005	4 927.33	1 229.85	3 697.48	14.11	1 129.67	671.75	457.92	12.47
2006	5 641.44	1 509.43	4 132.01	14.49	1 438.46	796.29	642.17	27.33
2007	7 035.76	1 997.74	5 038.02	24.72	2 265.21	1 020.47	1 244.74	57.47
2008	9 784.10	2 336.71	7 447.39	39.06	2 971.16	1 418.33	1 552.83	31.16
2009	11 137.30	2 875.83	8 261.47	13.83	3 125.48	1 575.78	1 549.70	5.19
2010	14 527.97	3 895.64	10 632.33	30.44	3 200.43	1 756.03	1 444.40	2.40
2011	14 339.25	4 617.82	9 721.43	−1.30	3 929.37	2 186.93	1 742.44	22.78
2012	15 487.93	5 330.93	10 157.00	8.01	4 716.32	2 816.33	1 899.99	20.03
2013	17 222.24	6 212.26	11 009.98	11.20	6 212.90	3 439.13	2 773.77	31.73
2014	18 105.07	7 203.38	10 901.69	5.13	6 516.64	3 788.21	2 728.43	4.89
2015	21 236.49	7 994.97	13 241.52	17.29	7 759.34	4 194.17	3 565.17	19.07
2016	26 166.72	8 724.50	17 442.22	23.22	9 329.33	4 726.36	4 602.97	20.23
2017	31 290.23	9 834.66	21 455.57	19.58	9 662.34	5 087.45	45 74.89	3.57%

资料来源：根据原中国保监会网站"统计数据"栏目整理。

截至 2017 年年末，我国共有保险集团控股公司 10 家，人身保险公司 76 家，财产保险公司 63 家，保险资产管理公司 18 家，再保险公司 8 家，外资保险公司中国代表处 177 家，如图 9-2 所示。我国保险公司经历快速发展之后，具有如下特点：第一，在保险公司股份制改革后，国有独资保险控股公司不复存在，取而代之的是保险集团控股公司。这 10 家保险集团公司从原先的国有独资保险公司改制而来，资本雄厚，是我国保险市场上的中流砥柱。第二，从保险公司资本结构属性看，外资保险公司以及外资保险公司在中国代表处的数量增加，这与改革开放以来我国保险业的发展对外持开放态度是密不可分的，有利于保险业的竞争和发展。第三，从财产险公司与人身险公司的数量来看，两者大体相当，人身险公司略多于财产险公司。可见，我国保险业在发展中较好地取得了财产险业务与人身险业务的平衡。第四，我国现有的 8 家再保险公司中，仅 3 家是中资再保险公司，其余 5 家均为世界排名靠前的外资再保险公司。中国再保险市场已经从当年的中国再保险公司的一枝独秀，转变为中国再保险（集团）股份有限公司、慕尼黑再保险公司北京分公司、瑞士再保险公司北京分公司、科隆再保险公司上海分公司、劳合社再保险（中国）有限公司（2010 年 10 月，公司正式更名为"劳合社保险（中国）有限公司"）、法国再保险公司北京分公司、汉诺威再保险公司上海分公司等群雄割据的局面。

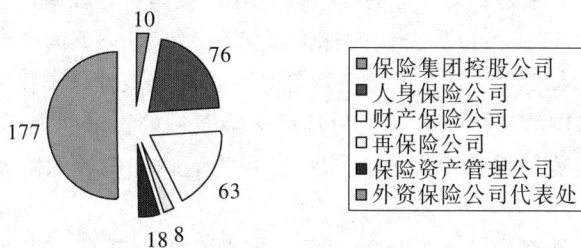

图9-2 2017年我国保险机构构成情况

资料来源：根据原中国保监会网站"统计数据"栏目整理。

表 9-2 列示了 2004—2017 年我国保险密度与保险深度情况。根据表中数据可知，2017 年，我国保险费收入达到 31 290 亿元，自 2004 年以来的年均增幅为 16.46%，而同期 GDP 年均增速为 14.83%，保险业发展速度快于经济增长速度。我国保险密度基本上逐年增加，反映了我国

人均保费在逐年上涨，2017年的人均保费接近2004年人均保费的5倍，一定程度上说明保险业在我国越来越得到公众的认可。保险深度（保险费占国内生产总值之比）在这期间基本在2.5%到3.3%之间变动，2016年和2017年突破了4%，总体呈上升趋势。

表9-2　　　　　2004—2017年我国保险密度与保险深度情况

年份	2004	2005	2006	2007	2008	2009	2010	2011	2012	2013	2014	2015	2016	2017
保费收入（亿元）	4 318	4 927	5 641	7 035	9 784	11 137	14 528	14 339	15 488	17 222	18 105	21 236	26 166	31 290
保险密度（元）	332	376	430	533	735	837	1 060	1 046	1 143	1 265	1 518	1 766	2 239	2 646
保险深度（%）	2.70	2.66	2.61	2.65	3.12	3.27	3.62	3.03	2.98	3.03	3.18	3.52	4.16	4.42

资料来源：根据国家统计局网站数据整理。

9.5.2　英国保险市场

英国是世界上第一个实现工业化的国家，也是保险历史悠久、承保技术高超的保险强国。保险业在英国国民收入中占有非常重要的地位。2002年，英国保险费总收入占全球保险市场总收入的9.1%。

英国是近代海上保险、火灾保险、人身保险、农业保险、保证及责任保险诞生并走向成熟的先行者。英国保险业发展的经验对世界保险业的发展产生了深刻而又久远的影响。至今，英国劳合社缮制船货保险单（s.g. policy）已成为世界公认的标准保险单和范本；英国的海上保险法律和承保技术经验，乃至保险条款都具有国际权威性，不仅为世界保险业提供了相应的法律规范，也为日后保险案例的正确处理奠定了基础；与此同时，英国保险协会的A、B、C货物运输和船舶保险条款成为世界各国典范。

英国也是现代发达的保险大国。20世纪初，英国首开世界航空保险之先河。目前，英国保险市场为国际航空提供的保险业务量占世界航空市场的28%。英国劳合社最早承担起"国际卫星通信组织"所有卫星的发射保险。此举表明，英国又是最先涉足太空保险的国家，并且至今在高技术保险方面仍保持着世界领先地位。

英国保险市场上的保险机构主要由劳合社、保险公司和保赔协会三大类型的体系组成，并以平行存在、共同发展为特点。英国的劳合社市场历史悠久，声誉卓著，既接纳各种原保险业务，又积极开拓再保险业务，成为世界著名的再保险中心。劳合社吸引了来自70多个国家的代表云集社团内，其业务范围遍及全球，而且劳合社的长期创新，成为世界保险业公认的险种开发和条款设计的先驱。劳合社业务比重最大的是再保险，再保险费收入约占其全部保费收入的35%～45%，劳合社再保险业务占世界市场的份额为8%。劳合社市场业务比重居第二位的是国际性大型企业财产保险的直接承保，约占劳合社全部保费收入的30%～35%，在全球市场的占有率为2%。此外，比重较大的险种还有海上保险、航空保险和运输保险，约占其全部保费收入的16%～18%。另一市场体系是保险公司。据统计，2012年英国共有839家保险公司，其中450家保险公司为英国保险家协会注册会员，其中不乏世界著名的大公司，被载入世界最大50家保险公司排名榜的就有6家。长期以来，英国的保险经纪人一直是推销保险产品的主力军，英国保险市场现有3 000多家保险经纪公司，充当着保险供需双方的媒介，同时也使英国与世界各地保险市场保持着广泛的联系。英国的保赔协会（Protection and Indemnity Clubs）著称于世。英国有40多家保赔协会，主要承担船东责任风险。这些保赔协会处理国际海事案件以及诉讼抗辩能力为国际航运界和保险界所关注。

2012年，英国的保险经纪公司、劳合社和伦敦公司市场的海外保费收入已达695亿英镑。因而，英国仍是世界最大的航空保险、海上保险、运输保险、出口信用保险和再保险的国际中心，"保险王国"的称号当之无愧。

9.5.3 美国保险市场

美国的保险业是由英国人在北美开发时传入的，然而，在第二次世界大战后美国的保险业依托其发达的社会经济基础，迅速跃居世界之首，成为世界第一保险强国。1991—2012年，美国全部保险业务的保险费收入均为世界第一。2012年美国的保险费收入为1.35万亿美元，占全球保费收入的26.22%。

美国是世界上最大的保险市场，无论是公司数量、业务种类，还是业务量以及经营形式的多样化，在世界上都首屈一指。截至2012年年底，美国有 6 296 家保险公司，保险业从业人员 280 万。庞大的保险体系，众多的保险人，通过保险服务对美国经济发展起了极大的推动作用。

美国拥有不少闻名于世、资本雄厚的大型保险公司，在 2012 年世界最大的 50 家保险公司排名榜上，美国占 26 家，属于所占比例最高的国家。

美国保险市场竞争十分激烈，激烈的竞争使从业者努力通过信息技术的应用、降低成本、提供特色服务等手段来保持市场份额。

美国保险业创新不断。近年来美国保险市场推出的新险种可谓五花八门，从"婚礼意外保险""收养失败保险""勒索及绑架保险""解聘下属职工报复保险"到"宠物医疗保险"，凡是消费者需要的，多数保险公司都乐意推出适合的保险。

未来美国保险业的增长将主要来自海外市场。美国的保险公司不断增加对保险市场增长较快的国家和地区的投资。国际保险市场的不断开放，为美国的保险公司提供了本国高度成熟市场不能提供的发展机遇。同样，欧洲等地的保险公司通过兼并等手段进入美国保险市场，与美国的从业者展开竞争。

9.5.4 日本保险市场

日本是保险业最发达的国家之一，保险业为日本战后经济的高速发展立下了汗马功劳，成为支撑日本国民经济的主要支柱之一。日本保险业的发展在 20 世纪 90 年代出现了大飞跃，其发展规模在 90 年代一直位居世界前两位。

日本也是世界上保险监管最严格的国家之一，其显著特征是保险人数量较少。这主要是因为保险业主管机构大藏省对保险公司开业实行认可制，通过控制保险人数量来达到限制竞争的目的。日本的保险公司实力非常雄厚，在 2012 年世界最大 50 家保险公司排行榜上，日本有 10 家，占 20%，而且排名前十位的有 3 家。

日本寿险业在世界上堪称一流，从展业、理赔、险种设计、经营管理到计算机普及应用等方面都已形成独特的体系。日本保险公司展业主要有两种途径：一种是保险公司职员进行的直接展业；另一种是通过代理店进行的间接展业。

本章小结

保险，是指投保人根据合同约定，向保险人支付保险费，保险人对于合同约定的可能发生的事故因其发生所造成的财产损失承担赔偿保险金责任，或者当被保险人死亡、伤残、疾病或者达到合同约定的年龄、期限等条件时承担给付保险金责任的商业行为。现代商业保险的要素主要包括五个方面的内容：可保风险的存在；大量同质风险的集合与分散；保险费率的厘定；保险准备金的建立；保险合同的订立。

保险市场是现代金融市场体系的一个组成部分，是商品经济发展的产物，有广义与狭义之分。保险市场是抽象的无形市场，是直接的风险市场，是非即时清结市场。保险市场可以按不同的标准进行分类。

保险市场的构成要素包括保险市场的主体、客体和保险商品的交易价格。保险市场的主体是指保险商品的供给者、保险商品的需求者以及保险中介；保险市场的客体是指保险交易的对象，即保险商品；保险商品的交易价格亦即保险费率。

保险需求是指在一定时期和一定费率水平上，投保人在保险市场上愿意而且能够购买的保险商品的数量，包括保险商品的总量需求和结构需求。保险市场供给是指在一定的社会经济条件下，保险市场上各家保险企业愿意并且能够提供的保险商品的总量。保险市场的供求平衡，是指在一定费率水平下，保险供给恰好等于保险需求的状态，这时保险市场达到均衡。

关键概念

保险　保险市场　保险市场主体　保险市场客体　保险需求　保险市场供给　保险人　再保险　人身保险　财产保险

综合训练

9.1　单项选择题

1.保险合同的关系人是指（　　）。

A.投保人和保险人　　　　　　B.投保人和被保险人

C.被保险人和受益人　　　　　D.投保人和受益人

2. (　　) 是保险商品的价值。

A. 保费   B. 保险价值

C. 现金价值   D. 保险费率

3. 再保险合同直接保障的对象是 (　　)。

A. 原保险合同的被保险人   B. 原保险合同的保险人

C. 再保险合同的保险人   D. 原保险合同的保险标的

4. 按保险交易的主体分类，保险市场分为 (　　)。

A. 财产保险市场与人身保险市场

B. 原保险市场与再保险市场

C. 国内保险市场与国际保险市场

D. 狭义保险市场与广义保险市场

5. 下面各方中，(　　) 有资格直接指定受益人。

A. 投保人   B. 保险人

C. 被保险人   D. 受益人自己

6. (　　) 是指保险费收入占国内生产总值之比。

A. 保费收入   B. 保险费率

C. 保险密度   D. 保险深度

9.2　多项选择题

1. 按照保险标的的不同，保险可分为 (　　)。

A. 财产保险   B. 商业保险

C. 人身保险   D. 社会保险

2. 一国或一个地区保险市场的发展程度一般用 (　　) 来统计衡量。

A. 保险费收入   B. 保险密度

C. 保险广度   D. 保险深度

3. 保险市场的构成要素包括 (　　)。

A. 保险市场的主体   B. 保险市场的客体

C. 保险市场的媒介   D. 保险商品的交易价格

4. 下列说法中不正确的是 (　　)。

A. 保险市场具有防范风险和储蓄投资的功能，但不提供信贷

B. 保险经纪人是受投保人委托，为投保人购买保险提供中介服务的

中间人，所以其佣金由投保人支付

C.保险费率的确定主要取决于保险金额的大小

D.在我国，一家保险公司通常同时经营财产保险业务和人身保险业务

5.下列属于保险中介人的是（　　）。

A.保险经理人　　　　　　　　B.保险代理人

C.保险公估人　　　　　　　　D.保险经纪人

6.保险市场的供求是保险市场的核心内容，保险市场供给是指（　　）。

A.保险人的数量　　　　　　　B.保单的数量

C.保险险种的数量　　　　　　D.保险金额的数量

7.保险的基本职能是（　　）。

A.分散危险　　　　　　　　　B.补偿损失

C.防灾防损　　　　　　　　　D.投资

9.3　问答题

1.简述保险市场的特征。

2.简述按保险市场的模式对保险市场定位分类。

3.简述保险市场的衡量指标。

4.保险市场的主体有哪些？

5.简述保险市场需求的影响因素。

6.简述保险市场供给的影响因素。

7.简述各个国家保险市场的发展情况。

第 10 章

风险投资市场

引例

阿里巴巴上市

2014 年 9 月 20 日，阿里巴巴在美国纽约证券交易所挂牌上市，代码 "BABA"，首日报收于 93.89 美元，较发行价上涨 38.07%，以收盘价计算，其市值突破 2 300 亿美元。阿里巴巴上市，谁成为了最大赢家，是马云吗？不是！是软银！

1999 年年初，马云在杭州成立阿里巴巴，1999 年 10 月，马云私募到手第一笔天使投资 500 万美元，由高盛公司牵头，联合美国、亚洲、欧洲一流的基金公司。2000 年，马云为阿里巴巴引进第二笔融资，2 500 万美元的投资来自软银、富达、汇亚资金、TDF、瑞典投资等风险投资商，其中软银为 2 000 万美元。2004 年 2 月，阿里巴巴第三次融资，再从软银等风险投资商手中募集到 8 200 万美元，其中软银出资 6 000 万美元。2005 年 8 月，雅虎、软银再向阿里巴巴投资数亿美元。截至 2014 年 IPO 之前，阿里巴巴的股权结构为：马云 8.8%、雅虎 22.4%、软银 34.1%、蔡崇信 3.6%。招股说明书显示，软银是阿里巴巴的最大股东，持有 7.98 亿股。IPO 后，软银依旧持有

7.98亿股,按照93.89美元IPO首日收盘价,软银的持股部分市值达到750亿美元,成为阿里巴巴上市的最大赢家。

阿里巴巴上市,为什么富了软银?软银扮演的风险投资商角色在阿里成长史上起到了什么作用?什么是风险投资?这些都将在本章进行分析。

10.1 风险投资市场概述

10.1.1 风险投资的定义

风险投资(venture capital),简称风投或VC,严格来讲,应该叫风险资本。风险投资是由专门的投资机构向具有巨大发展潜力和高风险的中小高科技企业或高成长企业提供权益性资本,并辅之以管理,追求最大限度资本增值利得的投资行为。在我国,它是一个约定俗成的具有特定内涵的概念,其实把它翻译成创业投资更为妥当。广义的风险投资泛指一切具有高风险、高潜在收益的投资;狭义的风险投资是指以高新技术为基础,生产与经营技术密集型产品的投资。根据美国全美风险投资协会的定义,风险投资是由职业金融家投入到新兴的、迅速发展的、具有巨大竞争潜力的企业中的一种权益资本。从投资行为的角度来讲,风险投资是把资本投向蕴藏着失败风险的高新技术及其产品的研究开发领域,旨在促使高新技术成果尽快商品化、产业化,以取得高资本收益的一种投资过程。从运作方式来看,是指由专业化人才管理下的投资中介向特别具有潜能的高新技术企业投入风险资本的过程,也是协调风险投资家、技术专家、投资者的关系,利益共享,风险共担的一种投资方式。

10.1.2 与风险投资相关的概念

1.风险

"风险"一词用来描述"其损益结局具有不确定性的活动"。在英语资料中常见的用语是venture或risk。但risk常指生活中的"危险",与损失、伤害紧密相关,未必有什么利益可言,而venture则常用来描述

"商业冒险"或投机活动，具有不确定的损益结局。风险活动若成功则会获得高利益，若失败则会遭到重大损失，但预先难以断定它会成功还是会失败。人们对风险的估计，通常包括：

（1）风险发生的概率即风险活动失败的概率。

（2）失败后所造成的损失。

（3）成功后会获得的利益。

（4）失败或成功的环境与条件。

2.冒险投资与风险投资

冒险投资（risk investment）是指对"其损益结局具有不确定性的活动"进行投资。例如，对不成熟的高新技术产业进行投资、炒股票、炒外汇、炒房地产、赌博等都属于冒险投资。

风险投资（venture invest），也称创业投资，经济合作与发展组织（OECD）认为凡是以高科技与知识为基础，生产与经营技术密集的创新产品或服务的投资，都可视为风险投资。通常，风险投资是由专业投资机构在自担风险的前提下，通过科学评估和严格筛选，向有潜在发展前景的新创或市值被低估的公司、项目、产品注入资本，并运用科学管理方式增加风险资本的附加值。风险投资家以获得红利或出售股权获取利益为目的，其特色在于甘冒风险来追求较大的投资报酬，并将回收资金循环投入类似高风险事业。风险投资家筹组风险投资公司、招募专业经理人，从事投资机会评估并协助被投资事业的经营与管理，促使投资收益早日实现，降低整体投资风险。风险投资家不仅投入资金，而且还用他们长期积累的经验、知识和信息网络帮助企业管理人员更好地经营企业。因为这是一种主动的投资方式，因而由风险资本支持而发展起来的公司成长速度远高于普通同类公司。通过将增值后的企业以上市、并购等形式出售，风险投资家得到高额的投资回报。它是一种高风险与高收益机会并存的投资。风险投资的对象主要是那些力图开辟新的技术领域以获取超高额利润但又缺乏大量资金的企业。

由此可见，冒险投资与风险投资是不一样的。

3.风险决策

风险决策（venture decision）是在多种不定因素作用下，对两个以上的行动方案进行选择，由于有不定因素存在，则行动方案的实施结果其损益值是不能预先确定的。"多种不定因素"在学术名词上常称为"自然状态"（state of nature）。风险决策可分为两类：若自然状态的统计特性（主要指概率分布）是可知的，则称为概率型决策；若自然状态的统计特性不知道，则称为不定型决策。对不成熟的高新技术产业所进行的风险投资决策，有些属于不定型决策，而有些则属于概率型决策。

4.风险企业（venture firm）与风险资本家（venture capitalist）

接受风险资本的企业为风险企业。风险企业是指正在研究开发不成熟的高新技术产品的企业，其成功与否尚未明确，前途还在风雨飘摇之中。而有组织地进行募集、管理风险资本，寻求、挑选投资项目，投资并监督、扶助风险企业的人则被称作风险资本家。

5.风险资本与风险资本市场

风险资本（venture capital）是指由投资专家管理，投向年轻但拥有广阔发展前景，并处于快速成长中的企业的资本。风险资本是准备用于进行风险投资的资金。在不同国家或不同地区或在同一地区的不同发展阶段，风险资本的来源不同，有的来自政府，有的来自银行，有的来自大公司，有的来自私人资本。

6.风险技术

风险技术（venture technique）多指在世界上尚未成熟的高新技术。但在许多发展中国家，由于技术相对落后，许多在发达国家已成熟的技术在它那里还是空白，而发达国家又对之高度保密，在此情况下，发展中国家常把"别人已掌握但自己尚未掌握的技术"也看成尚未成熟的高新技术。因此，"风险技术"的含义在发展程度不同的国家里稍有不同。例如，生产手机芯片的技术，在美国已是成熟的技术，而在中国却还属于不成熟的高新技术。

7.风险投资支持系统

风险投资支持系统（support system of venture investment）是支持风险投资活动使之能发挥良好作用的，若干主要因素（要素）及它们之间的协同作用所构成的有机整体。这些要素及它们的协同作用如下：

风险投资公司（或基金会、担保公司、银行风险融资部等），以某种方式集资并将其投向风险企业。

风险企业（包括正在研究开发高新技术产品的研究机构等），获得资金支持之后，必须在技术、生产工艺、市场开拓方面做出成果。

风险资本市场，这是风险资本集聚、流通和产权交易的场所，它能使风险资本不断循环增值，既能使投资者获得回报，又能使新的风险企业获得资金支持。若不能形成流通市场，则风险资本只能进入而不能退出，就发挥不了"1+1＞2"的作用。

政策法规和其他政治因素，风险投资除需要政策法规的支持外，其他政治因素也是重要的，风险投资是由职业金融家投入到新兴的、迅速发展的、有巨大活力的中小型企业中的一种权益资本。它不同于传统的银行业务，传统的银行业务是通过提供服务来赚取服务费。而风险投资是通过购买企业资产，并参与管理使资产增值，最后通过出售所持有的资产（如股票）来赚取利润。

10.1.3 风险投资的特征

1.风险投资是一种权益资本

风险投资为风险企业投入的权益资本（equity），而不是借贷资本（debt），一般占该企业资本总额的30%以上。风险投资的投资对象一般为处于创业期（start-up）的中小型企业，而且多为高新技术企业。对于高科技创新企业来说，风险投资是一种昂贵的资金来源，但是它也许是唯一可行的资金来源。银行贷款虽然说相对比较便宜，但是其本性回避风险，高科技创新企业很难获得。

2.风险投资机制与银行贷款完全不同

其差别在于：第一，银行贷款讲求安全性，回避风险，而风险投资却偏好高风险项目，追逐高风险后隐藏的高收益，意在管理风险，驾驭风险。第二，银行贷款以流动性为本，而风险投资却以不流动性为特点，在相对不流动中寻求增长。第三，银行贷款关注企业的现状、企业目前的资金周转和偿还能力，而风险投资放眼未来的收益和高成长性。第四，银行贷款考核的是实物指标，而风险投资考核的是被投资企业的管理队伍是否具有管理水平和创业精神，考核的是高科技的未来市场。第五，银行贷款需要抵押、担保，它一般投向成长和成熟阶段的企业，而风险投资往往不需要抵押和担保，它投资到新兴的、有高速成长性的企业和项目。

3.风险投资是一种长期的流动性差的权益资本

风险投资的期限至少5年,投资方式一般为股权投资,通常占被投资企业30%左右股权,而不要求控股权,也不需要任何担保或抵押。一般情况下,风险投资家不会将风险资本一次全部投入风险企业,而是随着企业的成长不断地分期分批注入资金。

4.风险投资家既是投资者又是经营者

风险投资家与银行家不同,他们不仅是金融家,而且是企业家,他们既是投资者,又是管理者。风险投资家在向风险企业投资后,即可参与企业的经营管理。也就是说,风险投资家为风险企业提供的不仅仅是资金,更重要的是专业特长和管理经验。

风险投资家在风险企业持有约30%的股份,他们的利益与风险企业的利益紧密相连。风险投资家不仅参与企业的长期或短期的发展规划、企业生产目标的测定、企业营销方案的建立,还要参与企业的资本运营过程,为企业追加投资或创造资金渠道,甚至参与企业重要人员的雇用、解聘。

综合来看,风险投资人积极参与被投资企业的经营管理,提供增值服务,除了种子期融资外,风险投资人一般也对被投资企业以后各发展阶段的融资需求予以满足。

5.投资决策建立在高度专业化和程序化的基础之上

风险投资是金融领域非常专业化的一种投资,要求具备深厚的理论基础和娴熟的市场操作经验。

6.风险投资最终将退出风险企业

风险投资虽然投入的是权益资本,但其目的不是获得企业所有权,而是盈利,是得到丰厚利润后从所投企业中退出。

以何种方式退出,在一定程度上是风险投资成功与否的标志。在做出投资决策之前,风险投资家就制定了具体的退出策略。退出决策就是利润分配决策,以什么方式和什么时间退出可以使风险投资收益最大化为最佳退出决策。

10.1.4 风险投资的功能

1.科技事业发展的"推进器"

在实践中,风险投资主要投资于含有一定高新技术含量的行业、企业或项目。因此风险投资活动促进了科技成果转化，支持了科技事业发展。

2.未来经济增长点的"培育器"

风险投资主要集中于极具发展潜力、前瞻性的高新技术行业，风险投资家们凭其过人的洞察力和预见性寻找出未来的经济热点，并通过风险投资活动使这些行业中的一些新领域得以不断进步和实现产业化，进而发展成为一国经济新的增长点。

3.政府资金投入的"放大器"

对某些具有特殊意义的领域，政府必要的资金投入具有很强的政策示范效应。政府利用风险投资机构向高新技术产业投入资金，经过风险投资家的有效运作，会吸引更多的非政府部门投资者提供资金，使实际投入的资金放大。

4.投资风险的"调节器"

风险资本来源是多元化或分散化的，这使得风险投资的高风险分散到了许多投资主体身上；风险资本以组合方式投资，从而能够分散和降低风险投资公司的整体投资风险，进而各投资主体所承担的风险也被有效降低；通过风险投资家的有效运作，还能够降低风险投资经营管理的风险，并使承担了高风险的投资主体具有较高收益的回报。

5.新企业的"孵化器"

企业初创阶段，往往技术和产品仅初具雏形，甚至一切还仅是一个观念上的"产品"，因此投资风险极高，很难从银行及其他金融机构获得资金支持。而有了风险资本对新建企业的扶持，才使新企业得以"孵化"，踏上创业之路。而且，也正是因为有了风险投资家参与风险企业的经营管理，才使得这些企业更有可能获得成功。

10.2　风险投资运作方式

10.2.1　风险投资结构

风险投资的运作要素包括：投资主体、风险投资家、风险企业家、中介机构、股权购买者。

1.投资主体

投资主体即风险投资者。风险投资者的状况直接关系到风险资本的来源、结构、规模，它是风险投资运作中的首要问题，即筹集风险资本所涉及的对象。实践中，各国风险投资的投资主体主要包括政府、各类机构投资者、企业、家庭、海外投资者，其中机构投资者主要包括独立基金、银行、保险公司等。在这些投资者提供的风险资本当中，占较大比重的是商业性质的资金，而政府提供一定的资金作为风险资本使用，其目的并不单纯是获利，而是在所有资金中起引导作用。政府向风险投资投入的资金在全社会风险资本中所占的比重并不大，但它对风险投资正常运作和不断发展的作用却是不可替代的。

2.风险投资家

风险投资家是风险投资运作中的灵魂人物，其素质、经验、能力状况是决定风险投资项目成败的关键因素之一。一个合格的风险投资家不仅具有一定的科技背景，还要有丰富的企业管理知识和经验，更要熟悉金融市场的运作；既要具有大胆创新的精神，又要有谨慎小心的性格。自身的人力资本便是风险投资家的最大财富。

3.风险企业家

风险企业是风险投资的投资对象，而风险投资选定投资对象时所注重的并不单纯是技术的先进程度，从风险投资行业的一句行话就可以看出这一点——宁可投资于二流技术、一流管理的公司，而不投资于一流技术、二流管理的公司。但是，风险企业大多在生产上不成规模，管理上不成系统，因而风险投资考察风险企业时，实际上常常并不是看技术，而主要是看创业者即风险企业家的素质。大胆创新和远见卓识是风险企业家取得成功应具备的素质，而风险企业家与风险投资家的密切配合则是一项风险投资运作获得成功的关键环节。

4.中介机构

风险投资的中介机构大致分为两类，即一般中介机构和特殊中介机构。其中，前者主要包括会计师事务所、律师事务所、资产评估事务所、项目评估机构、信用评级机构等，后者是针对其特殊性和专门需要所设立的服务、监管机构，主要包括标准认证机构、知识产权估值机构、专业性融资担保机构、新企业孵化器、行业协会等。中介机构也是风险投资运作中不可或缺、不可替代的链条，中介机构的缺位将导致风险投资低效率乃至无效率运作，并将加大风险投资运作的风险。

5.股权购买者

在风险投资运作的退出阶段，风险投资家通过在主板市场、二板市场或场外交易市场的股票交易，或者通过产权交易、兼并收购、清算等方式，寻找并将其有风险企业的股权出售给股权购买者，从而实现风险资本的退出。

10.2.2　风险投资的组织形式

风险投资公司可以根据所有权归属和隶属关系进行如下分类：

1.上市公司

在各类股票市场上公开交易的上市风险投资公司的数量不多，其风险基金的来源具有多样性，有的是借贷资金，有的是权益资金，这类公司投资范围很广，投资的资金数量高于平均水平。假如客户需要的资金量很大，就有必要与这类公司联系，名声显赫的上市风险投资公司很容易查找。

2.私有制公司

风险投资公司中绝大多数属于私有制公司，其中有些公司的规模较大。大多数私有制风险投资公司是由少数几个投资者组建的有限合伙制公司，这些投资者包括私人投资基金和保险公司。这类公司可以进行"杠杆式"风险投资，如果其投资基金总量超过1 000万美元，则通常会进行"权益式"风险投资。在美国，有些较小规模的私人基金逐步发展成为小企业投资公司，其中多数偏向于借贷，许多小企业投资公司只从事高息信贷业务。

获取私人风险投资公司资料的难度很大，很难获取其风险基金的规模和建立时间，因为这些公司的管理者很少向外界透露公司的内部情况。规模较大的私人风险投资公司和老牌的私人风险投资公司知名度较高，其联系渠道也较明确。

3.银行附属公司

在国外，许多银行设立了风险投资公司，利用这种方式，银行可以避开银行法规的限制，保护其所拥有的小企业股权。一般来说，规模较大的银行拥有较大的附属风险投资机构。银行信贷部门的工作与银行风险投资部门的工作紧密相关，在大多数银行里，这两项业务根本未设置单独的承办机构，只是同一部门的两种业务而已。如果一个企业家既需要银行贷款，又需要风险投资，那么不必单独找风险投资公司，直接找银行就行。当然，这两种业务不是所有的银行都结合在一起办理的。银行风险投资部门由于其具有金融机构的优势，可以进行组合式的风险投资，如将项目融资、贸易融资、银团贷款、长期商业信贷与风险投资组合在一起向投资目标进行投资，往往组合式风险投资的投资额都会超过风险投资领域的平均水平，可以高达数亿美元。银行组合式风险投资是近年来风险投资发展的主流方式之一，遗憾的是其未计入风险投资的投资额中，我们预计未来几年世界商业银行发展的主要方向之一就是组合式风险投资。目前，国内商业银行根本没有风险投资业务，是否能在近几年内开设该业务，必须看我国金融体制改革的步伐是否顺利。

4.风险投资股份公司

在美国，风险投资股份公司的规模都很大，一些主要的股份公司已经建立了自己的分支机构，或在一个或几个风险投资财团中投资。一般来说，独立投资的风险投资公司的数量正在逐年减少，大型股份制风险投资公司通过投资于有限合伙制风险投资公司，股份公司与其他管理风险基金的专业人士一样属于有限合伙人，再由有限合伙制公司进行风险投资，股份公司分享其投资报酬的现象越来越普遍。大型风险投资公司投资于小企业，会使一些企业家激动不已，而有些成功的企业家则可能会认为，大型风险投资公司提出投资动议时并不是其出售企业权益的最佳时机。

企业家需要花一定的时间与风险投资公司讨论投资形式，风险投资公司对投资形式的选择非常慎重，就像其选择所投资的公司一样。在决定接受资金前，企业家还应该分析一下风险投资家的信誉。

5.辛迪加组织（企业联合组织）

经常会出现这样的情况：风险投资家通知您，他有意投资您的公司，但只能满足您的部分要求，同时希望形成一个辛迪加组织。他的意思是说，他将与其他风险投资机构联合向您的公司投资。在这种情况下，企业应该提出的第一个问题是："您是投资牵头人吗？"需要确认该公司在投资集团中是否居领袖地位，并负责说服其他公司参与对您公司的投资。辛迪加组织在风险投资领域中是相当普遍的，许多风险投资公司都在按常规的辛迪加方式与其他风险投资公司联合。在投资之初，确定由谁来说服其他风险投资公司加入辛迪加组织，对企业家来说是十分重要的。在某些情况下，牵头的风险投资公司将主动为企业家和其他风险投资公司牵线搭桥，以"推销"企业家的项目。在另一些情况下，牵头的风险投资公司可能是共同基金的第一个投资者，其余投资者会陆续分别投资，这意味着，企业家自己不得不做辛迪加组织的领袖，而且必须找到其他风险投资公司加入。通常，辛迪加组织的牵头者要收取一些费用，投资银行作为辛迪加的牵头者会向小企业收取相当于总投资额5%~10%的费用。如果由风险投资公司担任辛迪加的牵头者，费用会少收一些，大约是总投资额的2%~3%，有时，牵头者还会将这一费用的一部分分给其他投资伙伴。

综上所述，辛迪加组织在风险投资领域十分普遍，但也确实存在很多问题。其原因是每一个风险投资公司都有自己的分析和评估计划投资对象的方式，都有自己的律师和自己的投资业务规范。因此，企业家只有采用一些巧妙的方法，才能将辛迪加组织起来，共同向公司投资。虽然辛迪加组织可以组成，并且可以非常广泛地组成，但是，其涉及的问题毕竟太复杂，只能随时间的推移逐步完善。

10.3　风险投资运作流程

任何一个风险投资项目的运作应该包括三个阶段或程序。第一，风险投资人选择风险投资企业或项目；第二，风险投资人参与运作管理企业；第三，风险投资人退出风险投资企业。这三个步骤缺一不可，紧密相连。

10.3.1　选择公司

通常，一个风险投资公司一年会收到许多项目建议书，有些大公司每年能接到两三千份项目建议书。一般而言，公司会初审筛选出二三百家后，经过严格审查，最终挑出二三十个项目进行投资。这些项目最终每10个平均会有5个以失败告终，3个不赔不赚，2个能够成功。成功的项目为风险资本家赚取年均不低于35%的回报。换句话说，这家风险投资公司接到的每一个项目，只有1%的可能性得到认可，最终成功机会只有0.2%。

风险投资家寻找能使他们获得高额回报（35%以上的年收益率）的公司或机会。有时，要在尽可能短的时间内实现这一目标，通常是3~5年。成功的风险投资家有许多宝贵的经验，包括选择投资对象，落实投资，对该公司进行监督，带领公司成长，驾驭公司顺利渡过难关，促使公司快速发展等。

1.初审

风险投资家前期的工作包括：筹资、管理资金、寻找最佳投资对象、谈判并投资，对投资进行管理以实现其目标，并力争使投资者满意。以前风险投资家用60%左右的时间去寻找投资机会，如今这一比例已降低到了40%，其他大部分时间用来管理和监控已投资的资金。因此，风险投资家在拿到经营计划和摘要后，往往只用很短的时间走马观花地浏览一遍，以决定在这件事情上花时间是否值得。必须有吸引他的东西才能使之花时间仔细研究，因此第一感觉特别重要。

2.风险投资家之间的磋商

在大的风险投资公司，相关的人员会定期聚在一起，对通过初审的项目建议书进行讨论，决定是否需要进行面谈，或者回绝。

3.面谈

如果风险投资家对企业家提出的项目感兴趣，他会与企业家接触，直接了解其背景、管理队伍和企业，这是整个过程中最重要的一次会面。如果进行得不好，交易便告失败。如果面谈成功，风险投资家会希望进一步了解更多的有关企业和市场的情况，或许他还会动员可能对这一项目感兴趣的其他风险投资家。

4.责任审查

如果初次面谈较为成功，风险投资家接下来便开始对企业家的经营情况进行考察以及尽可能多地对项目进行了解。他们通过审查程序对意向企业的技术、市场潜力和规模以及管理队伍进行仔细的评估，这一程序包括与潜在的客户接触，向技术专家咨询并与管理队伍举行几轮会谈。它通常包括参观公司、与关键人员面谈、对仪器设备和供销渠道进行估价。它还可能包括与企业债权人、客户、相关人员以前的雇主进行交谈。这些人会帮助风险投资家做出关于企业家个人风险的结论。

风险投资对项目的评估是理性与灵感的结合。其理性分析与一般的商业分析大同小异，如市场分析、成本核算的方法以及经营计划的内容等与一般企业基本相同。所不同的是灵感在风险投资中占有一定比重，如对技术的把握和对人的评价。

5.条款清单

审查阶段完成之后，如果风险投资家看好所申请项目的前景，便开始进行投资形式和估价的谈判。通常企业家会得到一个条款清单，概括出涉及的内容：这个过程可能要持续几个月。因为企业家可能并不了解谈判的内容：他将付出多少，风险投资家希望获得多少股份，还有谁参与项目，对他以及现在的管理队伍会发生什么。对于企业家来讲，要花时间研究这些内容，尽可能将条款减少。

6.签订合同

风险投资家力图使他们的投资回报与所承担的风险相适应。根据切实可行的计划，风险投资家对未来3~5年的投资价值进行分析，首先计算其现金流或收入预测，而后根据对技术、管理层、技能、经验、经营计划、知识产权及工作进展的评估，决定风险大小，选取适当的折现率，计算出其所认为的风险企业的净现值。基于各自对企业价值的评估，投资双方通过谈判达成最终成交价值。影响最终成交价值的因素包括：

（1）风险资金的市场规模。风险资本市场上的资金越多，对风险企业的需求越迫切，会导致风险企业价值向上攀升。在这种情况下，风险企业家能以较小的代价换取风险投资家的资本。

（2）退出战略。市场对上市、并购的反应直接影响风险企业的价值。研究表明，上市与并购均为可能的撤出方式，这比单纯的以并购撤出的方式更有利于提高风险企业的价值。

（3）风险大小。通过减少在技术、市场战略和财务上的风险与不确定性，可以提高风险企业的价值。

（4）资本市场时机。一般情况下，股市走势看好时，风险企业的价值也被看好。通过讨价还价，双方进入签订协议的阶段，签订代表企业家和风险投资家双方愿望和义务的合同。关于合同内容的备忘录，美国东海岸、西海岸以及其他国家不尽相同，在美国西海岸，内容清单是一个较为完整的文件，而在东海岸还要进行更为正规的合同签订程序。一旦最后协议签订完成，企业家便可以得到资金，以继续实现其经营计划中拟定的目标。在多数协议中，还包括退出计划，即简单概括出风险投资家如何撤出其资金以及当遇到预算、重大事件和其他目标没有实现的情况时将如何处理。

10.3.2　投资监管公司

投资生效后，风险投资家便拥有了风险企业的股份，并在其董事会中占有席位。多数风险投资家在董事会中扮演着咨询者的角色，他们通常同时介入好几家企业，所以没有时间扮演其他角色。作为咨询者，他们主要就改善经营状况以获取更多利润提出建议，帮助企业物色新的管理人员（经理），定期与企业家接触以跟踪了解经营的进展情况，定期审查会计师事务所提交的财务分析报告。由于风险投资家对其所投资的业务领域了如指掌，所以其建议会很有参考价值。为了加强对企业的控制，在合同中通常加有可以更换管理人员和接受合并、并购的条款。

在投资公司期间，风险投资一般会对项目公司从公司治理结构、财务制度等各方面给予关注并提出整改建议。同时，风险投资还会为项目公司引入先进的市场运作经验和销售体系方案。另外，风险投资会针对退出问题向项目公司提出合适的操作方案。

10.3.3　退出公司

风险投资的退出是风险投资运作最后的步骤，也是最重要的盈利点。风险投资的退出方式主要有公开上市（包括主板市场、中小企业板市场、创业板市场）、买壳上市、偿付协议、出售、破产清算等几种方式。

1.公开上市

公开上市（IPO，即首次公开发行股票）这种方式是风险投资退出的最佳渠道。风险投资者在投资后，获得的高额回报便是风险企业成功后，其股票公开上市或企业卖出时的资本收益，它可分为主板市场交易、创业板市场交易两种。主板市场的主要功能是为那些在创业板市场和场外交易中经过一段时间培育，并已显示出良好发展前景的高科技企业提供进一步扩展的空间。在创业板市场未建立前，它还是高科技企业的主要上市渠道。但是，主板市场尚不具备为风险资本提供充分撤出渠道的功能。它只能作为一种过渡安排，即作为某些现已具备相当规模的高科技企业的筹融资渠道。创业板市场是专门为高新技术企业建立的股票市场。以著名的美国NASDAQ市场为例，创业板市场的发行标准低于主板市场，而且没有规模限制，企业只要符合管理当局公开宣布的标准，就能够上市发行。创业板市场的主要功能是帮助风险资本的形成和风险企业的成长，为风险投资增值、顺利退出提供了"出口"。

2.买壳上市

买壳上市是指风险企业通过先收购某一上市公司一定数量的股权，取得对其实质意义上的控制权后，再将自己资产通过反向收购的方式注入上市公司内，实现非上市的控股公司间接上市的目的，然后风险投资再通过市场逐步退出的方式。收购公司为非上市公司，被并购企业为上市壳公司。壳公司被收购后并不消失，而是继续存在（名字可以更改），只是将大部分或相对多数股权交由收购公司所有，收购公司通过资产置换等方式将自己的资产和业务并入上市壳公司。因此，买壳上市又被称作"反向收购"。

3.偿付协议

偿付协议是一种用以帮助投资人把他对风险企业的投资变现的一项合约保证。偿付协议在企业家和投资人签订的风险投资协议中通常表现为某些条款。使用偿付协议在风险投资中是很普遍的事情，由于事实上很多风险投资并不像创业企业家在其业务计划书中所预计的那么成功，因此，对风险投资人而言，签订和执行偿付协议就变得非常重要了。

偿付协议一般包括以下内容：回购条款，按照该条款风险投资人可以强迫被投资企业按议定的价格回购投资人手中的股份；买卖契约，风险投资人可以强迫被投资企业管理层或者回购投资人股份或者将其股份卖给投资人。

4.出售

出售是企业产权交易的一种主要形式，也是风险投资家最常用的退出方法之一。按照出售对象的不同，它又可分为两种方式：一种是对公司之间的"一般收购"；另一种是由另一家风险投资公司接受的"第二期收购"。后者通常发生在前期风险投资基金存续期结束或由于某种原因需要收益实现的时候。另外，在企业管理层与风险投资者关系破裂时，"第二期收购"也不失为一种选择。相对于IPO方式而言，出售有其自身的优势。

5.破产清算

风险投资是一种高收益、高风险的投资方式，部分或完全的失败在风险投资业是很普遍的。当风险投资者意识到所投资企业已无发展前途或无法达到预期收益时，唯一能够做的就是果断地抽身而退，即破产清算。否则，让一个无前途的项目占用风险投资者的大量资金是很不划算的，还不如让退出的资金进入下一个投资循环，以牟取高回报。以清算方式退出虽然是痛苦的，但这却是避免更大损失的非常举措。因此，及时清理失败项目也是风险资本退出的重要方式。

10.4　国内外风险投资市场

10.4.1　国外风险投资市场

1.美国

美国风险投资市场是全世界最发达的，不仅风险投资规模大，风险投资主体多，而且运作成功的风险投资项目也多，孵化了全球最成功的高科技企业群。

从投资于企业不同发展阶段的风险资本比例来看，风险资本投资于企业早期的比例很小，尽管这个比例在逐步提高。事实上，美国风险投资业每年投资于企业早期的资本大约只有10亿美元，与创业者和其他私人投资的300亿美元相比，这是一个极小的数额。这种状况是风险资本家追求在一定风险下利润最大化的结果。从不同阶段风险投资的预期收入和风险（预期收入的标准差）的相互关系中可看出，种子期的风险投资具有最高的年收益率（超过30%）和最大的风险（标准差接近0.35），而后期投资的收益和风险都最小。早期成长阶段和加速成长阶段的投资收益和风险则介于中间。总的说来，风险投资具有比其他类型投资更高的收益率和风险。

美国风险投资的发展与股票市场是密切相关的。企业上市是风险资本退出的主要途径，股票二级市场的活跃程度对于一级市场企业股票发行价格和发行难易程度有重大影响。企业股票发行价位高，资本增值幅度大，风险资本管理者和投资者都能获得较丰厚的利润，这就会刺激风险资本市场的发展，有更多的增值资本回流到风险投资领域。反之，风险资本市场就会萎缩，投资者会寻求其他机会。

2.欧洲

与美国相比，欧洲风险资本市场的发展要滞后很多。风险投资在欧洲的兴起是从20世纪80年代开始的，但在以后的十多年时间里取得了较大的发展。风险资本已为数千家企业提供了发展资金。很多成功的欧洲企业是在风险资本的帮助下建立起来的。到了20世纪90年代中期，欧洲风险资本的年度投资已超过50亿欧元，需要说明的是，由于欧洲把内部管理层收购（MBO）和外部管理层收购（MBI）计算在内，该数据与美国的数据不具有可比性。投资的项目5 000~7 000个，其中2/3的项目是少于100人的小企业，90%的项目是少于500人的中小企业。

欧洲风险投资主要集中在企业扩张和管理层收购两个方面，两项之和占风险投资总额的近90%，而种子期风险投资不足6%，这主要是因为种子期风险投资的周期长、风险大，对于一般的风险投资机构吸引力较小。另外，由于欧洲股市规模，尤其是为中小企业服务的股市规模相对较小，风险投资通过二板市场实现退出的渠道受到一定限制。

3.日本

日本风险投资也是2000年之后发展起来的。其主要特点是银行对风险投资机构的控制。有52%的风险投资公司的母公司是各类商业银行，只有25%的风险投资公司的母公司是证券公司。银行所属风险投资公司的资本总额占整个行业资本总额的75%。在管理上，风险投资公司基本上沿袭了银行的制度。

日本风险资本的周转速度较慢，原因是沉淀在股票市场上的时间过长。风险投资企业在所投资的企业上市后常继续持有该企业的股份。日本风险投资公司的收入中，有46%来自其贷款利息，22%来自股份增值，17%来自股份分红。在支出构成中，62%用来支付利息，32%作为企业的运行费用。

4.印度

印度从 20 世纪 70 年代起，为促进产业结构调整，扶植高技术产业，加快技术成果转让和高新技术产业化，开始发展风险投资。由于资金有限，印度的风险投资业与发达国家相比有许多不同的特点。

（1）国家是风险投资的主体。印度风险投资业的产生有两种途径：一是由金融机构兼营风险投资，如国家在印度工业开发银行、印度工业投资公司、印度工业信贷与投资公司等金融机构建立风险基金，通过这些金融机构进行风险投资。二是建立专门的风险投资公司，如"印度风险投资资金与技术投资公司"。这种专业风险投资公司实际上是金融机构向风险投资领域的延伸。印度风险投资资金和技术投资公司的资本金来源于印度工业投资公司的一笔 2 亿卢比的风险投资基金。另一家印度技术开发与信息公司则是由印度工业信贷与投资公司和印度联合信托基金所经营的风险投资基金发展而来。

（2）注重支持技术的国产化。印度风险投资公司的投资范围和方式鲜明地体现了国家目标、注重技术的国产化和项目本身对国家或当地经济发展的作用，即投资高新技术领域，对于利用本地原材料和有出口潜力的项目也给予支持，特别是国家技术重点项目以及对国民有重大意义的项目。

（3）风险资金规模较小。印度风险投资个人额度不超过 150 万卢比，两人合营额为 250 万卢比，两人以上合营额度则不得超过 300 万卢比。一般情况下，风险资金的投资不超过项目投资的 50%，对采用国产技术且有市场前景的项目，公司也可投入超过总投资 50% 的风险资金。

（4）投资以孵化企业为主。印度风险投资主要扶植新建企业，为其承担风险，有些风险投资的项目虽非技术型产业，也可以得到较优惠的风险投资。

（5）以独立经营为主。印度风险投资公司很少采用发达国家流行的联合投资、共担风险的投资方式，其主要原因是风险投资的项目以中小型项目为主，金额一般都不超过 5 000 万卢比。总的来说，印度建立专营风险资金和技术投资银行的实践是成功的，有效地促进了科技成果的商品化。

10.4.2 我国风险投资市场

1.我国风险投资市场发展历程

1985年，中共中央在《关于科学技术体制改革的决定》中指出："对于变化迅速、风险较大的高技术开发工作，可以设立创业投资给以支持。"这一决定使我国高技术风险投资的发展有了政策上的依据和保证。

同年9月，国务院批准成立了我国第一家风险投资公司"中国新技术创业投资公司"（简称中创），这是一家专营风险投资的全国性金融机构。它的成立被视为我国风险投资业起步的标志。继中创之后，我国又成立了中国高科技风险投资有限公司、广州技术创业公司、江苏省高新技术风险投资公司等类似的公司，使得我国出现了风险投资早期萌芽。这类公司的业务主要为投资、贷款、租赁、担保、咨询等。这一阶段我国风险投资的资金规模约为30亿元。

1991年3月6日，国务院颁布的《国家高新技术产业开发区若干政策的暂行规定》第六条中指出："有关部门可以在高新技术产业开发区建立风险投资基金，用于风险较大的高新技术产业开发。条件成熟的高新技术开发区可创办风险投资公司。"这标志着风险投资在我国已受到政府的高度重视。据资料显示，全国22个省、直辖市已创建的各类科技信托公司、科技风险投资和科技信用社已发展到80多家，具备了35亿元的投资能力。

20世纪90年代中期前后，一批海外基金和风险投资公司涌入中国，为中国风险投资业注入新的资金，并带来西方全新的管理经验与规范化的运作理念。与此同时，一些投资银行、信托投资公司等金融机构也纷纷开设风险投资部，涉足刚刚兴起的风险投资业，种种情况表明中国风险投资业开始进入试探性发展阶段。

1998年，在全国人大会议和全国政协会议期间，民建中央提交了《尽快发展我国风险投资事业》的提案。

1999年，国务院办公厅批转国家七部委联合颁布的《关于建立风险投资机制的若干意见》，推动了中国风险投资事业以前所未有的速度发展。

2000年，原国家经贸委颁布了《关于鼓励和促进中小型企业发展的若干政策意见》，其中提出："鼓励社会和民间投资，探索建立中小企业风险投资公司；探索风险投资基金的管理模式和撤出机制；充分发挥政府对风险投资的导向作用。"

2001年8月底，《关于设立外商投资创业投资企业的暂行规定》颁布，使外商参与中国的创业投资有规可循。

2005年下半年，中国风险投资业翘首以待的十部委联合制定的《创业投资企业管理暂行办法》正式颁布实施。

2006年以后，我国全面推进股权分置改革，中小企业板、创业板陆续开通。

2014年1月24日，全国股转系统在北京举行新三板全国扩容后首批企业集体挂牌仪式，共有285家企业参加。其后不久，全国股份转让系统发展迅速，2014年、2015年、2016年、2017年挂牌企业总数分别为1 572家、5 129家、10 163家、11 630家。

党的十九大报告提出，"深化金融体制改革、增强金融服务实体经济能力、提高直接融资比重，促进多层次资本市场健康发展"，这必将为中国风险投资市场的发展提供更多的政策支持。

2.中国风险投资的主要运作模式

（1）以有限责任公司方式设立，对投资项目以股权管理方式运作。该模式的管理特点是：选择符合国家产业政策及鼓励发展领域的创新科技项目的投资项目；由公司内部的"投资决策委员会"和董事会审定投资项目及投资金额；以风险资金作股权投入，派出人员进入被投资企业的董事会、监事会，参与企业的重大决策；由擅长技术与企业管理、金融财务等3~4人组成管理团队，负责投资企业的动态跟踪管理，以及筹划资本增值退出方案；通过项目股权转让或推荐项目企业上市，作为风险资本退出的主要途径，对管理团队实施投资项目资本增值、退出的奖励方案。

（2）加强外商创业投资合作。一般来说，外商机构、港资、台资公司在资金实力、资本运作能力等方面见长，而内地的风险投资机构在投资项目管理、技术及产业发展等方面有独到之处。因此，内地的风险投资机构与外资、港资、台资公司合作有很强的互补性，有广阔的发展空间，可以采取以下的合作方式：合办创业投资机构；参与科技孵化器的创业运作；以境外基金方式参与培植创新企业；参与创新企业股份制改造及策划上市；创办风险投资基金或创业投资管理公司。

3.我国主要风险投资公司

截至目前，我国主要风险投资公司有软银中国创业投资公司、IDG资本、红杉资本中国基金、上海联创投资管理有限公司、Natixis Private Equity Asia、KPCB凯鹏华盈、新天域资本、青云创投、维众创投集团、软银赛福、北极光创投、赛伯乐投资基金等。

本章小结

风险投资是由专门的投资机构向具有巨大发展潜力和高风险的中小高科技企业或高成长企业提供权益性资本，并辅之以管理，追求最大限度资本增值利得的投资行为。风险投资是一种权益资本，而不是借贷资本；风险投资机制与银行贷款完全不同；风险投资是一种长期的流动性差的权益资本；风险投资家既是投资者又是经营者；投资决策建立在高度专业化和程序化的基础之上；风险投资最终将退出风险企业。

风险投资是科技事业发展的"推进器"，是未来经济增长点的"培育器"，是政府资金投入的"放大器"，是投资风险的"调节器"，是新企业的"孵化器"。

风险投资的运作要素包括：投资主体、风险投资家、风险企业家、中介机构、股权购买者。风险投资的组织形式有上市公司、私有制公司、银行附属公司、风险投资股份公司、辛迪加组织。

风险投资项目的运作应该包括三个阶段。第一，风险投资人选择风险投资企业或项目；第二，风险投资人参与运作管理企业；第三，风险投资人退出风险投资企业。风险投资的退出方式有：公开上市、买壳上市、偿付协议、出售、破产清算。

关键概念

风险投资　冒险投资　风险决策　风险资本　公开上市

综合训练

10.1　单项选择题

1.风险投资是一种（　　）。

A.借贷资本　　　　　　　　　　B.权益资本

C.信托资本　　　　　　　　　　D.合作资本

2.下列（　　）属于风险投资的特征。

A.风险投资流动性好　　　　　　B.风险投资流动性差

C.风险投资期限短　　　　　　　D.风险投资不参与企业经营

3.下列（　　）不属于风险投资的投资主体。

A.政府　　　　　　　　　　　　B.各类机构投资者

C.中央银行　　　　　　　　　　D.企业

4.下列（　　）不属于风险投资的组织形式。

A.上市公司　　　　　　　　　　B.私有制公司

C.银行附属公司　　　　　　　　D.信托资金

5.通常，有限合伙制风险投资企业由（　　）和（　　）组成。

A.无限合伙人、普通合伙人　　　B.有限合伙人、普通合伙人

C.有限合伙人、无限合伙人　　　D.有限合伙人、自然人

10.2　多项选择题

1.下列（　　）是风险投资的特征。

A.期限短　　　　　　　　　　　B.收益高

C.风险大　　　　　　　　　　　D.流动性差

2.下列（　　）是风险投资的功能。

A.科技事业发展的"推进器"

B.未来经济增长点的"培育器"

C.政府资金投入的"放大器"

D.新企业的"孵化器"

3.风险投资的退出方式有（　　）。

A.公开上市　　　　　　　　　　B.买壳上市

C.出售　　　　　　　　　　　　D.破产清算

4.风险资本的主要来源有（　　）。

A.政府资本　　　　　　　　　　B.机构投资者的资本

C.私人资本　　　　　　　　　　D.国外资本

5.风险投资基金和证券投资基金的区别有（　　）。

A.金额大小不同　　　　　　　　B.资金来源不同

C.退出方式不同　　　　　D.投资对象不同

10.3　问答题

1.简述风险投资的特征。

2.简述风险投资的功能。

3.简述风险投资的运作程序。

4.简述风险投资的退出机制。

第11章

金融衍生交易市场

引例

2017 年中国金融衍生品市场运行情况

据中国期货业协会统计，2017 年，沪深 300 股指期货全年成交总量 410.11 万手，全年成交总额 4.51 万亿元，占全国期货总份额比例分别为 0.13% 和 2.40%；上证 50 股指期货全年成交总量 244.36 万手，全年成交总额 1.90 万亿元，占全国期货总份额比例分别为 0.08% 和 1.01%；中证 500 股指期货全年成交总量 328.09 万手，全年成交总额 4.10 万亿元，占全国期货总份额比例分别为 0.11% 和 2.18%；10 年期国债期货全年成交总量 1 195.00 万手，全年成交总额 11.33 万亿元，占全国期货总份额比例分别为 0.39% 和 6.03%；5 年期国债期货全年成交总量 282.13 万手，全年成交总额 2.75 万亿元，占全国期货总份额比例分别为 0.09% 和 1.46%。

2017 年以来，中国场外期权市场逐步发展。中国证券业协会最新数据显示，截至 2017 年 11 月，场外期权初始名义本金新增 992.97 亿元。从名义本金来看，A 股个股期权占比达 41.51%。统计数据显示，2017 年前 11 个月，证券公司统计口径下，以股指、A 股个股、黄金期现货以及部分境外标的为核心的场外期权累计新增初始名义本金 4 497.57 亿元，月均新增 408.87 亿元，同比增长 37.76%。

随着场外期权业务的发展，券商等机构获利颇丰。2017 年券商开始大规模布局场外个股期权业务，部分龙头券商累计名义本金规模超过 2 500 亿元，场外期权给为多家券商带来的创收均超过 10 亿元。

2008 年，美国爆发了严重的金融危机，进而席卷了全球，给世界各国带来了巨大的损失。"次贷危机"的发生让人们再一次审视金融创新的风险，再一次关注金融衍生品的利弊。那么，什么是金融衍生品？它包括哪些产品？股指期货为什么成了最重要的衍生产品？本章将详细分析这些衍生产品的来龙去脉。

11.1 金融衍生交易市场概述

我们生活在一个发展的时代、一个进步的时代、一个衍生化的时代、一个充满想象的时代。各种各样的金融衍生工具在科学技术和无穷想象力的支持下正以前所未有的速度发展创新着。创新，是灵魂，是支柱，是发展的原动力；全球化，又将这种行为融入了世界各国的金融市场中。

在创新的全球化的金融市场中，金融衍生思想和理念已经渗透到人们生活的方方面面，金融衍生交易所涉及的领域也越来越广。金融衍生是市场对更高的金融效率不断追求的产物，而金融衍生交易一经产生，便迅速发展成为金融市场日益重要的组成部分，并直接促进了金融效率的提高。金融衍生品交易的产生与发展受到多种因素的推动，主要是经济、金融环境的转变，经济主体内在需求的变化，金融理论的发展，技术的进步及向金融领域的渗透四方面共同作用的结果。

2008 年，美国爆发了次贷危机，并迅速波及全球金融市场，最后引发了全球性经济危机，致使各国经济陷入了衰退，直至 2014 年仍未完全走出泥潭。

金融衍生交易既丰富了金融市场交易工具、交易途径、盈利模式，又给金融市场带来了巨大无比的风险。我们既要利用好这一工具，又要有效防范其给金融市场带来的风险。

11.1.1 金融衍生工具的概念和特征

1. 金融衍生工具的概念

金融衍生工具又称"金融衍生产品"，它是与基础金融产品相对应的一个概念，是指建立在基础产品或基础变量之上，其价格决定于基础金融产品价格（或数值）变动的派生金融产品。基础产品不仅包括现货金融产品，也包括金融衍生工具。

1998 年，美国财务会计委员会发布 133 号会计准则《衍生工具与避险业务会计准则》，将金融衍生工具划分为独立衍生工具和嵌入式衍生工具两大类。

关于独立衍生工具，我国规定，衍生工具包括远期合约、期货合约、互换和期权，以及具有以上一种或一种以上特征的工具。其特征如下：第一，其价值随特定变量的变动而变动，变量为非金融变量的，该变量与合同的任一方不存在特定的关系；第二，不要求初始净投资或要求很少；第三，在未来某一日期结算。

嵌入式衍生工具，是指嵌入到非衍生工具（即主合同）中，使混合工具的全部或部分现金流随特定变量的变动而变动的衍生工具。例如，可转换公司债券就属于嵌入式金融衍生工具。

2. 金融衍生工具的特征

（1）金融衍生工具的性质复杂。这是因为基本衍生工具如期货、期权和互换的理解和运用已经不易，而当今国际金融市场的"再衍生工具"更是把期货、期权和互换进行组合，使金融衍生工具特性更为复杂。这种复杂多变的特性，一方面使得金融衍生工具更具有充分的弹性，更能够满足使用者的特定需要；另一方面也导致大量的金融衍生工具难以为一般投资者理解，更难以掌握和驾驭。

（2）金融衍生工具的交易成本较低。金融衍生工具可以用较为低廉的交易成本来达到规避风险和投机的目的，这也是金融衍生工具为保值者、投机者所喜好并迅速发展的原因之一。衍生工具的成本优势在投资于股票指数期货和利率期货时表现得尤为明显。例如，通过购买股票指数期货，而不必逐一购买单只股票，投资者即可以少量的资本投入及低廉的交易成本来实现其分散风险或投机的目的。又如，在浮动利率市场具有借款优势的借款人可与另一在固定利率市场具有借款优势的借款人进行利率互换交易，来达到双方均降低成本的目的。

（3）一般来说，金融衍生工具具有高度的财务杠杆作用，是一种高风险的投资工具。高度的财务杠杆作用在金融期货和金融期权中表现得非常明显。例如，金融期货是采用保证金的方式进入市场交易，市场参与者只需动用少量资金即可控制巨额交易合约，所以金融期货具有以小搏大的高杠杆效应。如果运用于套期保值，可在一定程度上分散和转移风险，如果运用于投机，可能带来数十倍于保证金的收益，也可能产生巨额的亏损。1995年2月，"巴林银行事件"就是因为交易员运用日经股票指数期货过度投机导致的悲剧。

（4）运用金融衍生工具容易形成所需要的资产组合。比如，一个投资者决定在甲国政府债券上做多头，在乙国政府债券上做空头，而他现时资产组合中只有乙国政府债券，为此，若按照传统金融工具交易方式，他只有先卖出乙国政府债券取得乙国货币，再卖出乙国货币买回甲国货币，并用甲国货币买进甲国政府债券。这一资产组合的完成最快也要5~7天才能真正实现，在此期间还可能出现外汇风险。若是采用政府债券期货交易，则仅用十几秒钟就可完成资产组合的调整。

3.金融衍生工具的风险

（1）价格的不确定性。

（2）交易中对方违约的信用风险。

（3）价格不利变动的市场风险。

（4）缺少交易对手不能变现的流动性风险。

（5）无法按时交割的结算风险。

（6）人为错误或系统故障的运作风险。

（7）不符合法律的法律风险。

11.1.2　金融衍生工具的分类

1.按产品形态分类

按产品形态分类，金融衍生工具分为独立衍生工具和嵌入式衍生工具。独立衍生工具有期权、期货、互换等；嵌入式衍生工具包括公司债券中的赎回条款、返售条款、转股条款、重设条款等。

2.按交易场所分类

按交易场所分类，金融衍生工具分为交易所交易的衍生工具和场外交易市场（OTC）交易的衍生工具。交易所交易的衍生工具主要有期货、期权；场外交易市场交易的衍生工具指通过各种通信方式，不通过交易所，实行分散的、一对一交易的衍生工具，近年已经超过交易所的交易额，主要有远期、互换。

3.按照基础工具分类

按照基础工具分类，金融衍生工具分为五类：

（1）股权类产品的衍生工具，是指以股票或股票指数为基础工具，包括股票期货、股票期权、股票指数期货、股票指数期权。

（2）货币衍生工具，包括远期外汇合约、货币期货、货币期权、货币互换。

（3）利率衍生工具，以利率或利率的载体为基础工具，包括远期利率协议、利率期货、利率期权、利率互换。

（4）信用衍生工具，以信用风险或违约风险为基础变量。转移或防范信用风险是 20 世纪 90 年代以来发展最迅速的，包括信用互换、信用联结票据等。

（5）其他衍生工具，在非金融变量的基础上开发，如天气期货、政治期货、巨灾衍生产品等。

4.按自身交易的方法和特点分类

（1）金融远期合约。它是指合约双方同意在未来日期按照固定价格买卖基础金融资产的合约，主要包括远期利率协议、远期外汇合约和远期股票合约。

（2）金融期货。它是指买卖双方在有组织的交易所内以公开竞价的形式达成的，在将来某一特定时间交收标准数量特定金融工具的协议，主要包括货币期货、利率期货、股票指数期货和股票期货四种。

（3）金融期权。它是指合约买方向卖方支付一定费用（期权费），在约定日期内（或约定日期）享有按事先确定的价格向合约卖方买卖某种金融工具的权利的契约，包括现货期权和期货期权两大类。大量场外交易的新型期权通常被称为"奇异型"期权。

（4）金融互换。它是指两个或两个以上的当事人按共同商定的条件，在约定的时间内定期交换现金流的金融交易，分为货币互换、利率互换、股票互换、信用违约互换等。

（5）结构化金融衍生工具。前述四种常见的金融衍生工具通常称为建构模块工具，是最简单和最基础的金融衍生工具。而利用其结构化特性，通过相互结合或者与基础金融工具相结合，能够开发设计出更多具有复杂特性的金融衍生产品，通常被称为结构化金融衍生工具，简称为结构化产品，如结构化票据、外汇结构化理财产品等。

11.1.3 金融衍生工具的产生与发展

1. 金融衍生工具产生的客观背景

金融衍生工具产生的动力，主要来自金融市场的价格风险。20 世纪 70 年代以后，金融环境发生了很大变化，利率、汇率和通货膨胀呈现极不稳定和高度易变的状况，使金融市场价格风险大增。

从汇率变动看，1973 年布雷顿森林体系崩溃后，以美元为中心的固定汇率制完全解体，西方主要国家纷纷实行浮动汇率制，加之 20 世纪 70 年代国际资本流动频繁，特别是欧洲美元和石油美元的冲击，使得外汇市场的汇率变动无常，大起大落。

从利率变动看，从 20 世纪 60 年代末开始，西方国家的利率开始上升，20 世纪 70 年代的两次石油危机更是使国际金融市场的利率水平扶摇直上，把金融市场的投资者和借贷者暴露在高利率风险中。20 世纪 60 年代西方货币学派兴起，至 20 世纪 70 年代对西方国家的领导人产生影响，西方国家普遍以货币供应量取代利率作为货币政策的中介目标，从而放松对利率的管制，利率变动频繁。

汇率、利率以及相关的股市价格的频繁变动，使企业、金融机构和个人时时刻刻生活在金融市场价格变动风险之中，迫切需要规避市场风险。由此，作为新兴风险管理手段的以期货、期权和互换为主体的金融衍生工具应运而生。进入 20 世纪 80 年代后，美、英、日等发达国家不断放松金融管制，实行金融自由化措施，创造更加宽松的金融竞争环境。这一方面使得利率、汇率等市场行情更加频繁地波动，规避风险的要求进一步扩大；另一方面为新市场的创立和新业务的开展提供了更多的机会和可能，从而促进金融衍生工具的持续发展。

2. 新技术的推动

通信技术和电子计算机信息处理技术的飞速发展及在金融业的运用大大降低了金融交易的成本，提高了金融交易的效率，并使金融交易突破了时间和空间的限制，创造了全球性金融市场。同时，在放松金融管制浪潮推动下，更多非金融部门纷纷参与金融活动。由此，银行与非银行金融机构之间，金融机构与非金融机构之间，以及本国金融机构与外国金融机构之间的竞争日趋激烈。这必然迫使各金融机构通过金融工具创新来保持自己在竞争中的优势，以保持并扩大自己的市场份额。

与此同时，高新技术的发展也为金融衍生工具的发展提供了坚实的技术基础。只有在新技术的辅助之下，具有复杂交易程序的金融衍生工具交易才能够进行。高效率的信息处理系统能提供有关汇率、利率等变量的瞬间动向，帮助交易者识别、衡量并监控包括在复杂的证券组合当中的各种风险，寻找交易机会。大型交易网络和计算机的运用，使得金融创新的供给者可以直接或间接地与原先在分散、单个市场的最终用户联系起来，加快金融创新工具供求的结合，促进了金融衍生工具的发展。而新兴的金融分析理论和新兴信息处理与技术设备的结合，为开发设计和推广金融衍生工具奠定了坚实的技术基础。

3. 金融机构的积极推动

银行及其他金融机构通过金融衍生工具的设计开发，以及担当交易中介甚至对手，极大地推动了金融衍生工具的产生和发展。银行积极参与金融衍生工具的开发与普及，主要是基于以下两方面压力：

（1）银行在面临巨大市场竞争压力下拓展新业务。20世纪70年代以来，随着世界经济不断发展，银行业务经营环境即银行赖以存在的基础和发展条件发生了很大变化。受金融自由化和证券化影响，非银行金融机构利用其新颖而富有竞争力的金融工具，与银行展开了一场争夺资金来源和信贷市场的竞争，投资人和筹资人更多地通过证券市场直接融资，使银行传统存贷业务日渐萎缩，银行在金融市场上的份额急剧下降。同时，银行自身的资产在日益加剧的利率、汇率和股市风险下，迫切需要更加有效的避险工具。为了规避自身的风险，保住原有的客户并赢得新客户，把失去的市场重新夺回来，银行积极地设计开发金融衍生工具，并担当金融衍生工具的交易中介甚至对手，成为推动金融衍生工具发展的重要角色。

（2）银行国际监管的外在压力迫使银行积极实现盈利方的转移。世界金融市场大动荡和各国金融管制放松，使银行在竞争压力下片面追求资产规模扩张，致使信贷资产质量极度恶化，信贷资产风险加大，累计坏账金额不断增加，银行危机频繁发生。为防止一国跨国银行危机引发多国银行危机乃至世界性金融危机，国际银行业加强了对银行的联合监管，对银行资本充足性提出了较高要求。银行提高资本充足率的主要途径是扩大资本，或是调整风险资产配置，减少高风险传统信贷资产，为此掀起了将表内资产表外化的浪潮。而金融衍生交易是表外业务的重要内容，它可在不增加银行资产的情况下，为银行带来丰厚的费用收入，成为银行新的盈利增长点，为增加银行资本提供资金来源，是提高资本充足率的有效措施。因此，金融衍生市场吸引了为数众多的金融机构，并迅速发展起来。

4.金融理论的推动

金融理论的创新也直接推动了衍生工具的产生和发展。1972年12月，诺贝尔经济学奖获得者米尔顿·弗里德曼发表的一篇题为《货币需要期货市场》的论文为货币期货的诞生奠定了理论基础。1972年，费雪·布莱克与默顿·斯克尔斯两位学者发表的一篇关于股票欧式看涨期权定价的论文，使得原本空泛的期权定价在理论上有了支撑，芝加哥期权交易所因而于1973年成立。随后，金融衍生工具的价格模型及模拟技巧不断更新及改善，使得参与者更能掌握及计算金融衍生工具的理论价值，加速了市场规模的扩大。

11.2　金融远期市场

11.2.1　金融远期市场概述

即期合约是就某种资产在今天进行买/卖的协定，意味着在今天"一手交钱，一手交货"。相反，远期与期货合约是在未来某特定日期就某资产进行交易的协定，所交易资产的价格今天已经决定，但现金与资产的交换则发生在未来。

远期合约是组成衍生金融工具的四种主要工具之一，也是金融工程的基础模块。

在实务上，不论是就未来利率走向进行投机，还是防范利率的风险，远期合约都可以提供极大的帮助。这一方面是因为远期合约的市场流动性相对高于个别资产，另一方面是因为远期合约仅需要少量的资本便可以建立头寸。

1. 金融远期合约概述

顾名思义，"远期"是指即期之后的未来的某个时间。"远期价格"是金融市场现在确定所要交易的某种金融产品的价格，但交易要在未来才履行。远期价格并不包含应收到的利息。

远期合约是根据合约价格在未来某个确定的日期买/卖某证券的协定。合约上所同意的未来价格即为远期价格，未来进行买/卖的确定日期即为到期日或交割日、截止日。远期合约中，远期价格并不包含应收到的利息，因此，购买证券所实际支付的款项，除了所同意的远期价格以外，还包括截止合约到期日的应收利息。相应证券或标的证券，是指合约到期日所买/卖的证券。

远期合约是一个特别简单的衍生证券，不在规范的交易所内交易，通常是在两个金融机构之间或金融机构与其公司客户之间签订。

金融远期合约是指双方约定在未来的某一确定时间，按确定的价格买卖一定数量的某种金融资产的合约。把使得远期合约价值为零的交割价格称为远期价格。它与远期价值是有区别的。

2. 金融远期市场的构成要素

（1）多头和空头。当远期合约的一方同意在将来某个确定的日期以某个确定的价格购买标的资产时，称这一方为多头。当另一方同意在同样的日期以同样的价格出售该标的资产时，称这一方为空头。

（2）交割价格。交割价格是远期合约签署时所规定的未来买卖某种资产的价格。所选择的交割价格应该使得远期合约的价值为零，即远期价格和交割价格是相同的，否则就存在套利机会。随着时间的推移，远期价格有可能改变，而交割价格始终不变。在合约开始后的任何时刻，一般来说，远期价格和交割价格并不相等，远期价格会随该合约存续期的变化而变化。例如，购买或出售 3 个月期的远期合约的价格不同于购买或出售 6 个月期的远期合约价格。

（3）到期日。远期合约在到期日交割。空头持有者交付标的资产给多头持有者，多头支付等于交割价格的现金。

3.金融远期合约的优缺点

在签署远期合约之前，双方可以就交割地点、交割时间、交割价格、合约规模、标的物的品质等细节进行谈判，以便尽量满足双方的需要。因此，金融远期合约具有较大的灵活性，这是其主要优点。

但相较于期货合约，金融远期合约也有明显的缺点：首先，由于远期合约没有固定的、集中的交易场所，不利于信息交流和传递，不利于形成统一的市场价格，市场效率较低。其次，由于每份远期合约千差万别，这就给远期合约的流通造成较大不便，因此远期合约的流动性较差。最后，远期合约的履约没有保证，当价格变动对一方有利时，对方有可能无力或无诚意履行合约，因此远期合约的违约风险较高。

4.金融远期市场的种类

金融远期市场主要有远期利率市场和远期外汇市场两种。

11.2.2　远期利率市场

1.远期利率

远期利率是指现在时刻确定的将来一定期限的利率。远期利率是由一系列即期利率决定的。

2.远期利率的计算公式

远期利率的一般公式：

$$rl \times tl = rs \times ts + rf \times tf$$

$$r_f = \frac{r_l \times t_l - r_s \times t_s}{t_f} = \frac{r_l \times t_l - r_s \times t_s}{t_l - t_s}$$

式中：t 都是以年为单位的时间，t_s、r_s 表示期限较短的时间、利率；t_l、r_l 表示期限较长的时间、利率；t_f、r_f 表示远期的时间、利率。

如果时间是以天为单位，则公式应相应变为：

$$rl \times \frac{Nl}{360} = rs \times \frac{Ns}{360} + rf \times \frac{Nf}{360}$$

$$r_f = \frac{r_l \times N_l - r_s \times N_s}{N_l - N_s}$$

式中：N 是以天为单位的时间。

3. 远期利率市场套利

利用上面的公式可以计算出理论上的远期利率，如果实际给出的远期利率与之不相符，则会形成套利机会。

【例 11-1】假设市场给出 3 个月期利率为 8%，9 个月期利率为 8.5%。若市场 FR（3×9）报价为 6%，如何利用远期合约套利？若市场 FR（3×9）报价为 10%，如何利用远期合约套利？

解：市场给出 3 个月期利率为 8%，9 个月期利率为 8.5%，则理论上的 FR（3×9）为 8.75%。

若市场 FR（3×9）报价为 6%，则 FR 被低估，可以买入远期合约套利。具体如下：

（1）0 时刻时，借 3 个月期资金 1 元，利率 8%。

（2）0 时刻时，将借入的 1 元资金进行投资，期限 9 个月，利率 8.5%。

（3）0 时刻时，买入 FR（3×9）远期合约，约定 3 个月后以 6% 的利率借款 $e^{0.08 \times \frac{3}{12}}$，借期 6 个月。

（4）3 个月时，执行远期合约，即以 6% 的利率借款 $e^{0.08 \times \frac{3}{12}}$，借期 6 个月。

（5）3 个月时，借期 3 个月的 1 元的资金到期，需支付的本利和为 $e^{0.08 \times \frac{3}{12}}$，正好用新借入的资金 $e^{0.08 \times \frac{3}{12}}$ 归还。

（6）9 个月时，远期合约到期，需支付的本利和为 $e^{0.05}$ （$e^{0.08 \times \frac{3}{12}} \times e^{0.06 \times \frac{6}{12}}$）。

（7）9 个月时，期限 9 个月的投资到期，收取的本利和为 $e^{0.06375}$ （$e^{0.085 \times \frac{9}{12}}$）。

（8）因为 0 时刻时和 3 个月时的净现金流为零，所以套利者可获无风险收益：$e^{0.06375} - e^{0.05}$。

若市场 FR（3×9）报价为 10%，则 FR 被高估，可以卖出远期合约套利。具体如下：

（1）0 时刻时，借 9 个月期资金 1 元，利率 8.5%。

（2）0 时刻时，将借入的 1 元资金进行投资，期限 3 个月，利率 8%。

（3）0 时刻时，卖出 FR（3×9）远期合约，约定 3 个月后以 10% 的利率贷出资金 $e^{0.08 \times \frac{3}{12}}$，借期 6 个月。

（4）3 个月时，投资 3 个月的 1 元的资金到期，收取的本利和为 $e^{0.08 \times \frac{3}{12}}$。

（5）3 个月时，执行远期合约，即将刚收取的 $e^{0.08 \times \frac{3}{12}}$ 资金以 10% 的利率贷出，借期 6 个月。

（6）9 个月时，期限 9 个月的借款到期，需支付的本利和为 $e^{0.06375}$（$e^{0.085 \times \frac{9}{12}}$）。

（7）9 个月时，远期合约到期，收取的本利和为 $e^{0.07}$（$e^{0.08 \times \frac{3}{12}} \times e^{0.10 \times \frac{6}{12}}$）。

（8）因为 0 时刻时和 3 个月时的净现金流为零，所以套利者可获无风险收益 $e^{0.07} - e^{0.06375}$。

4. 远期利率协议市场

（1）远期利率协议的概念。远期利率协议（forward rate agreements，简称 FRA）是买卖双方同意从未来某一商定的时期开始在某一特定时期内按协议利率借贷一笔数额确定、以具体货币表示的名义本金的协议。远期利率协议的买方是名义借款人，卖方则是名义贷款人。这里之所以称为"名义"，是因为在整个交易的过程中，并没有实际贷款发生，但其交易双方也称为"买方"和"卖方"。在远期利率协议中，上述名义上的卖方向同样是名义上的买方提供一笔名义上的贷款。与有现金流动的实际贷款相比，名义贷款也有一定的贷款金额和币种，可以在名义上于未来的某个时日提取并有一定的贷款期限。也就是说，远期利率协议的本金为形式本金，买卖双方不进行本金收付。

远期利率协议买方是指根据合同在交割日形式上收入本金的交易方，或称借款方；卖方则是指在交割日形式上支出本金的交易方，或称贷款方。协议利率为买方向卖方在未来协议期限内支付的利率。

国际市场上远期利率协议的参照利率通常为 Libor，即伦敦同业拆借利率。一般取交割日前两个营业日的 Libor 平均值，通常选取几家指定参照银行拆借利率进行计算。远期利率协议的交易金额可以从 500 万美元到 1 亿美元，通常协议名义金额为 1 000 万至 2 000 万美元。

远期利率协议所涉及的货币主要为美元，占整个远期利率协议市场合约的 90% 以上，其他货币包括英镑、瑞士法郎、欧元、日元等。以美元合约为主的原因主要在于美元利率波动较其他货币更为频繁，而且波幅较大。

世界上最主要的远期利率协议市场在伦敦，伦敦金融市场上进行的远期利率协议交易占全球交易量的 40% 左右；第二大交易场所为纽约，约占全球交易量的 25%。远期利率协议主要的交易商为美国和英国的大型商业银行。

远期利率协议为场外交易。远期利率协议交易主要由银行进行，其中半数以上交易由经纪人安排进行。

（2）重要术语。英国银行家协会（British Bankers Association，简称 BBA）已于 1985 年提供了有关 FRA 的标准术语，有了这些标准化的术语，可以使 FRA 的合约更加规范。下面列出这些术语：

合同金额——名义借贷款本金数额；

合同货币——合约金额的标价货币；

交易日——远期利率协议交易的执行日；

结算日——名义贷款或存款开始日；

确定日——参考利率确定日；

到期日——名义贷款或存款到期日；

合同期——结算日至到期日的天数；

合同利率——在 FRA 中协商确定的利率，也叫协议利率；

参照利率——确定日用来计算结算金额的市场基准利率，也叫实际利率；

结算金——在结算日根据合约与参考利率利差算出由一方支付另一方的金额。

（3）远期利率协议的期限。远期利率协议的期限通常为 3 个月期和 6 个月期。近年来，市场上也可见 1 个月期及 1 年期的远期利率协议。3 个月期远期利率协议比如 3×6、6×9、1×4、2×5、4×7、5×8、7×10、

8×11、9×12；6个月期远期利率协议比如1×7、2×8、3×9、4×10、5×11、6×12等。除此之外，市场还进行非整数月份的远期利率合约，以适应不同客户的利率风险保值需求。

（4）远期利率协议的避险功能。由于FRA只是在交割日时仅就利息差价进行收付，所以它可作为一种单纯规避未来利率波动的利率金融工具。FRA的好处在于能将浮动利率负债转换为固定利率负债，以确定未来偿还的利息支出，或将浮动利率资产转换为固定利率资产。如此一来，投资人能运用FRA将未来特定期间内的收益或支出成本固定在一个特定的水平上，使其能清楚地知道未来现金流量成本。当一公司想对其浮动利率的借款因为未来利率上涨而寻求避险时，则可买入FRA，支付固定利率。反之，如果希望对其浮动利率存款因市场利率下跌而寻求固定利率保障时，则可卖出FRA，收入固定利率。

所以，远期利率协议最重要的功能在于通过固定将来实际交付的利率而避免了利率变动风险。另外，由于远期利率协议交易的本金不用交付，利率是按差额结算的，所以资金流动量较小，这就给银行提供了一种管理利率风险而无须改变其资产负债结构的有效工具。

与金融期货、金融期权等场内交易的衍生工具相比，远期利率协议具有简便、灵活、不需支付保证金等优点。同时，由于远期利率协议是场外交易，故存在信用风险和流动性风险，但这种风险又是有限的，因为它最后实际支付的只是利差而非本金。

（5）远期利率协议的特点。通过上面的介绍，可以归纳出FRA的几个重要的特点。

第一，衍生性。这主要体现在整个交易的过程中只是涉及名义贷款，没有本金和利息的支付，交易双方名义上用一定数额的某种特定货币在未来某日进行贷款，并规定一定的贷款期限。实际上这是一种远期对远期的贷款。这样，有实际借贷行为的远期对远期贷款就是FRA的原生产品或称基础资产。

第二，归属表外业务。由于整个交易过程中不涉及本金和利息的流动，使得FRA不必计入资产负债表内，只是相当于一种或有收益或损失。由于归属于表外业务，对FRA的资本金要求相对要低很多，一般只有实际远期对远期贷款的1%左右。

第三，FRA 中的协定利率是固定利率。

11.2.3 远期外汇合约市场

远期外汇合约是指双方约定在将来某一时间按约定的远期汇率买卖一定金额的某种外汇的合约。

远期外汇合约可用来防范未来某时点汇率变动风险。跨国公司及金融机构常利用远期外汇合约防范汇率风险。当然，跨国公司还可以采用其他风险防范技术来降低汇率变动风险，如采取提前或拖后收/付策略、建立财务平衡中心等。

1. 远期汇率

远期汇率是指两种货币在未来某一日期交割的买卖价格。

远期贬值的货币对另一种相对的货币（升值的货币）叫贴水；反之，远期升值的货币叫升水。在直接标价法下，若某种货币对美元的远期汇率小于即期汇率，则该货币对美元远期升水（指本币升水）；若某种货币对美元的远期汇率大于即期汇率，则该货币对美元远期贴水。在间接标价法下，正好相反。

2. 远期外汇交易

远期外汇交易又称期汇交易，是指外汇买卖双方预先签订远期外汇买卖合同，规定买卖的币种、数额、汇率及未来交割的时间，在约定的到期日由买卖双方按约定的汇率办理交割的一种预约性外汇交易。外汇市场上的远期交易期限一般有 1 个月、2 个月、3 个月、6 个月或 1 年。这些期限的交易称为标准期限交易。除此之外的远期交易日期，则称为不规则日期。

（1）远期外汇交易的种类。远期外汇交易按外汇交割日的固定与否划分，可分为固定交割日的远期外汇交易和不固定交割日的远期外汇交易。

固定交割日的远期外汇交易，是指事先具体规定交割时间的远期交易。这类交易的外汇交割日既不能提前，也不能推后。进出口商人从订立贸易合同到收付货款，通常要经过一段时间，也就是说，他们要在将来某一时期才能获得外汇收入或支付外汇款项。为了确保这笔外汇兑换本国货币的数额不受损失，预先固定成本，他们往往选择固定交割日的外汇交易。

不固定交割日的远期外汇交易，又称为择期交易，是指买卖双方在订约时事先确定交易规模和价格，但具体的交割日期不予固定，而是规定一个期限，买卖双方可以在此期限内的任何一日进行交割。择期交易的方式有两种：一是交易双方商定某一月份作为选择交割的期限；二是把签订远期外汇合约的第三天至约定期满日内的任何一天选择作为交割日。后者比前者有更宽的可选择时间范围。

除了以上两种方式外，还有一种外汇交易方式，就是掉期交易。掉期交易是指同时买卖相同数额、相同币种，但不同交割日货币的外汇交易。

（2）远期外汇交易保证金。由于远期汇率属于场外交易，买卖双方需承担对手方信用风险。在非银行客户与银行进行远期外汇交易时，银行通常要求客户交付一定比例的保证金，以防止客户违约。保证金数额一般按交易量的一定百分比确定。

（3）远期外汇交易的报价。远期汇率的报价方法通常有直接报价法和点数表示法两种。

直接报价法，就是报出直接远期汇率（outright forward rate）。例如，假定美元兑瑞士法郎即期汇率为 USD/CHF：1.2200/1.2210，则 1 个月美元兑瑞士法郎远期汇率的直接报价可以为下述形式：1 个月远期 USD/CHF：1.2147/1.2158，该报价表明 1 个月美元兑瑞士法郎贴水，也表示 1 个月瑞士法郎兑美元升水。

点数表示法，就是报出远期差价（forward margin，又称掉期点数 swap points）。远期差价是指远期汇率与即期汇率的差额。若远期汇率大于即期汇率，那么这一差额就称为升水，反之则称为贴水，若远期汇率与即期汇率相等，那么就称为平价。

对大多数外汇而言，其美元标价法都保留四位小数，如上述的 USD/CHF：1.2200－1.2220，1 点（point）=0.0001。唯独日元为两位小数，如 USD/JPY：118.15，则此时 1 点（point）=0.01。当使用点数来表示远期汇率时不标出小数点及零位。例如，美元对瑞士法郎即期汇率为 USD/CHF：1.2200－1.2220，1 个月美元对瑞士法郎远期汇率为 53－47。

在国际金融市场上，若交易员报出远期汇率买入价点数大于卖出价点数，如 58 - 52，则表明该远期报价为贴水，远期汇率则等于即期汇率买入价及卖出价分别减去相应远期汇率买入卖出价点数。如上例中，1 个月美元对瑞士法郎远期汇率的买入价点数大于卖出价点数，则 1 个月远期美元贴水，该远期汇率报价为 USD/CHF：1.2147 - 1.2158。如果远期汇率买入价点数小于卖出价点数，则表明远期报价升水，远期汇率则等于即期汇率买入价及卖出价分别加上远期汇率的买入价及卖出价点数。例如，某日美元对瑞士法郎即期汇率为 USD/CHF：1.2200 - 1.2210，若 1 个月美元对瑞士法郎远期汇率点数为 20 - 30，则表明 1 个月美元升水，或者说 1 个月瑞士法郎贴水，1 个月美元对瑞士法郎远期汇率为 USD/CHF：1.2220 - 1.2240。

远期汇率的点数通常称为掉期率（swap rate），银行同业市场上进行的远期汇率交易通常涉及外汇掉期交易（买入即期外汇同时卖出远期外汇，或买入远期外汇同时卖出即期外汇）。外汇掉期实际上可以看作两种货币的短期融资，即借入一种货币的同时贷出等值的另一种货币。如果合约双方愿意则可以对各自所贷的货币按现行市场利率互相收取利息。掉期率即以点数表示的两种货币的利率差值，两者关系可由利率平价定理推出。

（4）远期外汇市场。许多进出口商、跨国公司及金融机构利用远期交易来防范汇率风险，银行同业间远期交易常用来抵补银行自身的远期交易的受险头寸的外汇风险。据国际清算银行对全世界 40 多个国家和地区进行的一份调查报告显示，目前全世界远期和外汇掉期交易合同名义金额约为 20 万亿美元左右，占全世界场外金融衍生工具交易额的6% 左右。这足以说明远期汇率合约在防范汇率风险中的重要性。

3. 远期外汇合约的作用

总体而言，远期汇率合约有以下作用：

（1）锁定未来特定期限上的汇率水平。

（2）便于进行掉期交易。例如，某银行可能拥有一笔日元，但日元不如美元便于投资。该银行可以先在即期外汇市场将所持日元兑换成美元，同时卖出远期美元以抵补这段期限内美元汇率可能下跌的风险。通过外汇掉期交易，该银行可安心运用这笔美元进行投资并获取投资收益。

（3）此外，利用外汇掉期交易还可以对原先所持有的外汇远期交易期限加以延长或缩短。假定一德国出口商预计 3 个月后收到一笔美元付款，为防止美元在 3 个月后汇率下跌的风险，该出口商与银行签订了卖出 3 个月远期美元合同。假定 3 个月美元远期汇率为 EUR/USD：1.2895，远期外汇合同签订后 1 个月，该出口商被告知装运期推迟两个月。由于合同款到付，交货期推迟两个月意味着收款期也将随之推迟两个月，原定的远期汇率合约不能有效防范美元汇率下跌风险。为此，该出口商决定通过外汇掉期交易来推迟原定远期汇率合约期限，具体步骤如下：该出口商可以买入两个月远期美元，同时卖出四个月远期美元。在原定远期汇率合约到期后，同一笔美元相反方向交易互相对冲，该出口商手中持有剩余期限为 2 个月的远期美元合约。通过掉期交易，该出口商将原有远期合约到期日推迟了 2 个月。

（4）便于外汇投机。在远期外汇市场也可以进行外汇投机活动。远期外汇市场的投机者获利与否与未来即期汇率变动趋势是否与预测相同并不相关，而只在于未来即期汇率与远期汇率的相对位置是否与所做判断相同。此外，利用即期外汇市场投机，在交割日要计算两种货币利息，而在远期外汇市场投机则不必计算两种货币的利率关系，在交割日即期汇率与远期汇率之差即为投机收益，而不必考虑利息成本。

4. 远期外汇市场投机策略

远期外汇市场投机策略有下列两种类型：

（1）若投机者预计未来外汇即期汇率大于外汇远期汇率，则可以买入远期外汇。在远期外汇合约到期日，交付本币，按远期汇率买入外币，同时在即期外汇市场以较高的即期汇率卖出外币。若交割日外汇即期汇率大于远期汇率，则可以获利，否则将遭受损失。

（2）若投机者预计未来即期汇率小于远期外汇汇率，则可以卖出远期外汇。若两者汇率关系果如所料，在远期合约到期日以较高汇率卖出外币得到本币，同时用本币以较低汇率在即期市场买入外币来冲抵所卖出的远期外汇，从中获利。反之，若交割日即期汇率大于远期汇率，则将遭受投机损失。

5. 远期汇率定价

远期汇率的理论价格可通过利率平价定理加以确定，其实际价格同时受市场因素（如供求因素）、突发事件等影响，从而使其围绕理论价格上下波动。

远期汇率通常用利率平价定理来进行定价，利率平价定理表述短期内外汇市场与国际货币市场的动态均衡状态，并由此确定两种货币利息差与远期外汇汇率的关系。其内容为：两个国家同种风险和期限的证券所附的利息差应等值于相应货币的远期汇率的贴水或升水。利率平价定理主要假设为不考虑交易成本及无资产控制。

利率平价定理下的远期汇率定价公式为：

$$F = S \times \frac{1 + \frac{T}{360}i}{1 + \frac{T}{360}i^*}$$

另外，由此公式演变的远期汇率定价的近似公式为：

$$F = S + S \times (i - i^*) \times \frac{T}{360}$$

从利率平价定理可以得出，远期汇率主要取决于两种货币利率差以及即期利率大小及远期汇率期限。远期外汇升水或贴水约等于两种货币利率差。在美元标价法下，若某货币利率高于美元利率，则该货币对美元远期升水，美元远期贴水。若某货币利率低于美元利率，则该货币对美元远期贴水，美元远期升水。

6.掉期交易

掉期是指同时买卖相同数额、相同币种，但不同交割日货币的外汇交易。它是由两笔期限不同的外汇买卖构成的。按照交割期限的差异，掉期可分为即期对即期或一日掉期、即期对远期掉期和远期对远期掉期。

一日掉期指两笔数额相同，交割日相差1天，方向相反的外汇交易的掉期。它有三种可能的安排：其一是今日对明日掉期；其二是明日对后日掉期；其三是即期对次日掉期。一日掉期用于银行同业的隔夜资金拆借。

即期对远期掉期是指买卖即期外汇的同时买卖同一笔远期外汇。在这种掉期中，较常见的期汇交割期限安排为1周、1个月、2个月、3个月和6个月。它主要用于避免外汇资产到期日外币即期汇率有所下降或外币负债到期时外汇即期汇率有所上升可能给人们带来的损失。

远期对远期掉期是指买进或卖出交割期限较短的远期外汇的同时卖出或买进同等数量的交割期限较长的同种远期外汇。它既可以用于避免汇率波动的风险，又可用于某一段时间的投机。

另外，根据交易对手的数量，掉期交易又可分为纯粹掉期和制造掉期。

纯粹掉期是指某交易者与另一交易对手同时进行两笔方向相反、数量相同、交割日不同的外汇交易。制造掉期（engineered swap）是指一个交易者同时与一个以上的交易对手进行不同交割日的同一笔外汇买进和卖出。

7.综合的远期外汇协议

综合的远期外汇协议交易是基于远期对远期掉期交易的。和 FRA 一样，其实际上也是远期外汇合约的标准化，是在相关交易场所交易的标准化的以远期汇率为标的的金融合约。

综合的远期外汇协议的英文全称是 synthetic agreement for forward exchange，简写作 SAFE，是指具有表外性质的远期对远期掉期交易，是根据对未来利率差变动或外汇升贴水变动进行保值或投机的一种远期协议。它是两个希望对未来某日之后的一段时期内利差或汇差进行套期保值或投机的当事人之间达成的一种协议。根据协议，买卖双方同意进行两种货币之间在名义上的远期对远期互换。SAFE 交易中使用两种货币，我们把其中的一种货币称为基准货币，另一种称为次级货币。SAFE 合约的买者，名义上在结算日购买基准货币，在到期日卖出基准货币；SAFE 交易的卖者，正好相反。由于交易只涉及名义上的资金流动，与 FRA 一样整个交易实际上并不涉及本金，所以，交易双方在结算日要做的只是根据合约规定的汇率与当时市场上汇率的差异计算出交割金额，并由一方支付给另一方。

在 SAFE 交易中，也有交易日、即期日、参考利率确定日、结算日和到期日，且它们与 FRA 中的定义相同。

SAFE 产生于 20 世纪 80 年代末，但是 SAFE 没有 FRA 普遍，只有少数银行提供，所以其市场的流动性稍差一些。

SAFE 交易的原理是利差扩大，外汇升贴水幅度必增加，所以卖短买长必有差价收入可图；相反，若判断利差缩小，则买短卖长，必有差价收益。其基本原理是期货的基差原理。

SAFE 交易实际上包括一组综合外汇协议，其中最普遍的是汇率协议（exchange rate agreement，简称 ERA）与远期外汇协议（forward exchange agreement，简称 FXA）。ERA 只考虑协议的结算日协议远期汇差与结算日参考远期汇差之间的差额，其结算金额只取决于结算日与到期日间汇差的变动，计算公式与 FRA 极为相似。而 FXA 不仅考虑合约期的汇差的变化，而且考虑汇率绝对水平的变化，即协议结算日远期汇率与结算日即期汇率之间的差额。相关公式如下：

$$ERA \text{ 交割数额} = A_M \times \left(\frac{W_R - W_C}{1 + (i \times \frac{D}{B})} \right)$$

$$FXA \text{ 交割数额} = A_M \times \left[\frac{F_{MR} - F_{MC}}{1 + (i \times \frac{D}{B})} \right] - A_S \times (F_{SR} - F_{SC})$$

式中，各符号含义如下：

W_C——协议约定的掉期点数或升（贴）水点数；

W_R——交割日参照的掉期点数或升（贴）水点数；

F_{MC}——成交日协议的到期的远期汇率；

F_{MR}——确定日参照的到期的远期汇率；

F_{SC}——成交日协议的交割日的远期汇率；

F_{SR}——确定日参照的结算日即期汇率；

A_M——到期日交换的初级货币合同金额；

A_S——结算日交换的初级货币合同金额；

i——次级货币利率；

D——协议期限的天数；

B——次级货币的年天数。

ERA 交易原理：预测利差扩大，买入 ERA 协议，即做多升水数（绝对数），待升水增加后平仓。公式得正数为盈利，得负数为亏损。反之，预测利差缩小，卖出 ERA 协议，即做空升水数，待升水减少后平仓。公式得负数为盈利，得正数为亏损。

FXA 交易原理：FXA 交易实际上相当于前文所讲的远期对远期掉

期交易，所以其交易原理与远期对远期掉期交易一样。预测利差扩大，买入 FXA 协议，即卖出较近的远期，买入较长的远期，等待升水增加后平仓。公式得正数为盈利，得负数为亏损。反之，预测利差缩小，卖出 FXA 协议，即买进较近的远期，卖出较长的远期，等待升水减少后平仓。公式得负数为盈利，得正数为亏损。

11.3　金融期货市场

11.3.1　金融期货市场概述

金融期货自 20 世纪 70 年代在全球范围内逐渐推出之后，随着金融管制的放松以及随之而来的经济全球化浪潮，已成为各类金融机构用来防范风险的重要工具。由于杠杆效应，金融期货可能给投机者带来潜在的巨大损失，如英国巴林银行日经指数期货的巨额亏损事件。当然，一些国际投机家也常常利用这种杠杆效应来投机获利，如 1997 年国际对冲基金曾利用恒生指数期货对香港股市进行投机活动。

1. 金融期货的定义和种类

金融期货就是以包括汇率、利率及股票等金融资产或工具为标的而进行的期货交易。

金融期货一般分为货币期货、利率期货和股票价格指数期货。利用这几种期货合约可以分别防范汇率、利率及股票价格变动风险，或者可以进行投机活动。

利用金融期货合约进行保值，可以达到锁定未来某时点上金融资产价格的目的。其原理在于将资产的价格风险转化为基差风险。此外，由于期货合约相关资产与所保值的金融资产可能不完全对等（如利率类及股市指数类合约），将影响保值效果，即存在交叉保值问题。

2. 金融期货的产生与发展

金融期货是指期货的标的物为金融商品的期货合约。在商品期货发展的基础上，随着各种金融产品价格的放开，逐步产生了金融期货。

第二次世界大战结束后，1944 年 7 月，在美国的主导下创建了国际货币基金组织，达成了布雷顿森林协议。根据这个协议建立起来的国际货币体系被称为布雷顿森林体系。1971 年 8 月 15 日起，美元和黄金脱钩，西方国家的货币汇率也不再钉住美元，开始实行浮动汇率制度。以美元为中心的固定汇率制度，也就是布雷顿森林体系，在 20 世纪 70 年代初终于崩溃了。

浮动汇率制度给各国经济带来了一系列的问题。在汇率实行自由浮动以后，各国政府纷纷以调整本国利率的方式来稳定汇率，于是利率的波动幅度和范围进一步扩大，企业和个人的投资风险也随之增加，在这种情况下，金融期货应运而生。

国际货币体系进入了浮动汇率制，这为金融期货（外币期货）的诞生提供了最初的动力。因为在浮动汇率制下，汇率经常出现剧烈波动，外汇风险已成为影响经济运行的一种突出现象。同时，受两次石油危机的冲击和其他因素的影响，西方各国在经济停滞不前、失业率居高不下的同时，所承受的通货膨胀压力也在不断加大。这些国家的政府及货币当局为摆脱"滞胀"困境，时而放松银根，时而紧缩信贷，结果造成利率暴涨暴跌，股市前景也变得更加令人捉摸不透。石油价格风险、利率风险和股价风险猛增。在这种情况下，进出口企业、跨国公司、证券投资者及其他经济主体迫切希望采取更有效的保值措施来规避金融风险。另外，在这一时期，西方各国纷纷放松或解除了金融管制措施，金融市场上的交易日趋自由化，牟取风险利润的投机活动也异常活跃。

为适应保值和投机的需要，西方发达国家开始将商品期货交易中所获得的成功经验运用于金融领域，许多金融性质的交易标的陆续进入期货市场。这使得从事国际贸易、国际信贷和国际投资活动的进出口商人、银行家及投资者能更有效地获得套期保值的保障，以达到防范汇率风险和利率风险的目的。

1972 年 5 月 16 日，CME 下属的国际货币市场（IMM）推出了美元对英镑、加拿大元、德国马克、日元、瑞士法郎、意大利里拉和墨西哥比索等 7 种货币的期货交易。这是金融衍生品发展的一个划时代事件，它标志着金融期货的诞生。

外汇期货的推出刺激了其他金融期货合约的诞生。1974 年 12 月 31 起，IMM 又开始做黄金期货。1975 年 10 月 20 日，CBOT 推出国民按揭协会的抵押存款凭证的期货交易，但是这类合约的交易不太成功，现在已停止交易，不过它还是有史以来第一份利率期货合约。

1976 年 1 月 6 日，IMM 推出了美国财政部发行的 30 天期短期国库券的期货交易。1977 年 8 月 22 日，CBOT 也开始推出了第一份美国政府长期国债的期货合约，并大获成功，该品种目前已成为世界上交易最活跃的期货合约之一。1981 年 12 月，欧洲美元的期货交易在 IMM 诞生。美国政府发行的 10 年期的中期国债的期货交易则是由 CBOT 于 1982 年开发的，在随后的 10 年里年交易量增长了 10 倍之多。5 年期和 2 年期的中期国债期货交易分别是在 1988 年 5 月和 1990 年 6 月引入的。此外，CBOT 还推出了 90 天期的商业票据的期货交易。1984 年，在美国的金融期货市场上出现了 30 天期存款凭证期货。所有这些期货合约都是管理利率风险的重要工具。

股票价格指数期货合约的开发也是金融衍生产品发展史上的一个重要事件。1982 年 2 月，美国的堪萨斯期货交易所首次推出了价值线平均综合指数的期货合约。两个月以后，CME 也开始交易标准普尔 500 股指期货，而纽约股票交易所下属的纽约期货交易所则于 1982 年 5 月起开始买卖纽约股票交易所综合指数期货。芝加哥商品交易所于 1984 年 7 月起开办主要市场指数的期货交易。除了股价指数期货之外，1985 年 6 月 CBOT 还推出了市政债券指数的期货合约，由此创造了一种对市政债券现货或现金市场上的风险进行套期保值管理的工具。目前在纽约农产品交易所挂牌交易的还有美元指数期货，这个指数实际上是以美国对 10 个国家的贸易额为权数来进行加权平均的美元对欧元、日元、英镑、加拿大元、瑞典克朗及瑞士法郎的有效汇率。

在美国以外的其他国家，金融期货的发展也很迅速。1982 年 9 月底，伦敦国际金融期货交易所（LIFFE）宣告成立并正式开始营业。该交易所经营的期货合约范围很广，有英镑长期金边债券、3 月期英镑定期存款和欧洲美元存款、美国财政部库券等金融凭证的利率期货，有美元对英镑、瑞士法郎、德国马克、日元等 4 种货币汇率的外币期货，还有 PT-SE100 股票价格指数期货。这里面，有的是以英镑为定值货币的基础资产，有的则是以美元为定值货币的基础资产。

LIFFE 自其诞生日起便成为仅次于 CME 和 CBOT 的世界上第三大

期货交易所。1992 年 9 月，欧洲货币体系的稳定汇率机制爆发危机，结果导致英镑和意大利里拉不得不退出该机制。在被称为"黑色星期三"的 9 月 16 日，LIFFE 交易的期货合约数量甚至超过了上述两家芝加哥的期货交易所而成为世界第一。

1986 年，法国金融期货交易所（MATIF）在巴黎开始进行期货交易。此后，几乎每一年都有新的期货交易所在世界各地开张，如瑞士的 SOF-FEX（1988 年）、都柏林的 IFOX（1989 年）、德国的 TDB（1990 年）、奥地利的 OTB（1991 年）、意大利的 MIF（1992 年）。此外，加拿大的多伦多期货交易所（TFE）、澳大利亚的悉尼期货交易所（SFE）、新西兰期货交易所（NFE）、日本的东京国际金融期货交易所（TIFFE）、新加坡国际货币交易所（SIMEX）以及中国香港期货交易所（HKFE）等也相继开始从事各种类型的金融期货交易。

无论是从交易所的数量来看，还是从买卖的合约数或成交的名义金额来看，金融期货交易都获得了飞速发展。截至 1999 年，全世界共有 8 个国家的 12 家交易所在从事货币期货交易，而利率期货交易更是涉及 24 个国家的 29 家交易所。此外，还有不少交易所在做股票价格指数期货、商品价格指数期货和汇率指数期货。

现在，金融期货交易的范围在不断扩大，成交日趋活跃，甚至在许多重要的市场上，其交易量超过了这些合约所代表的基础资产的市场交易量。例如，在 CME 交易的标准普尔 500 股票指数期货所代表的股票价值超过了在纽约股票交易所实际成交的股票交易量。

3. 金融期货的交易规则与特征

金融期货的交易一般可分为以下三类：外汇期货、利率期货、股票价格指数期货。但这些不同种类的期货合约的市场结构、交易程序、交易规则和特征基本相同。

（1）金融期货合约的标准化。期货合约是一种在交易所里成交的标准化的远期合约，每一份期货合约一般都规定了以下几个主要的标准化交易条件。

第一，期货合约的面值。它是由各个交易所自行规定的，不同交易所的合约规模是不一样的。在费城股票交易所交易的外汇期货的合约面值仅为 IMM 合约的一半；在 CBOT 和 LIFFE 交易的期限为 90 天的欧洲美元期货合约都是以 100 万美元为交易单位，而在 CBOT 交易的中长期国债的期货合约则都以 10 万美元为交易单位。

确定合约面值对于交易所来说非常重要。合约面值太大，许多想对较小风险进行抵补的套期保值者就不会进入交易所进行期货买卖；反之，交易所规定的合约规模太小，交易成本就会相应增大。所以，从根本上来讲，合约的适当规模应取决于最经常使用这类合约的客户的潜在需要。

第二，基础资产的质量。金融期货在一般情况下不分质量等级，但对于某些金融期货，交易所也有一些特别的规定。例如，在 CBOT 交易的长期国债期货，其基础资产特指由美国财政部发行的期限为 20 年、息票利率为 8% 的长期公债；而中期国债期货合约的期限则有不能短于 6.5 年和不超过 10 年的规定。一般情况下，交易所制定有专门的转换系数来计算或调整这些期货合约的开票数额，以适应交割时出现的息票利率高低和债券期限长短的特殊情况。

第三，交割时间和交割地点。交割时间具体由交易所规定，不同交易所的规定一般是有差异的。例如，IMM 所进行的外汇期货交易的交割月份只有 4 个——3 月、6 月、9 月和 12 月，所以，在任何一个交易日，除了最近的交割月份之外，通常还有若干个交割月份的期货合约可供选择。对于金融期货来说，交割地点的规定不是很重要。

第四，报价方式与最小变动价位。不同的期货合约有不同的报价方式。例如，纽约商业交易所的石油期货价格以每桶多少美元、多少美分的形式报出，即以美元为报价单位，保留两位小数。CBOT 交易的中长期国债期货则报出其每 100 美元债券面值的价格，且以 1/32 美元为最小报价单位。实际上，报价方式与价格的最小变动幅度是有联系的。在上述例子中，石油期货价格变动的最低幅度为 1 美分，而中长期国债期货的价格变动幅度最起码是 1/32 美元。

第五，每日价格波动幅度限制。期货交易是由买卖双方通过竞价成交的，为了防止期货价格出现过分剧烈波动而引起市场混乱，各交易所对某些期货合约的日波动最大幅度会做出某种限制。在通常的情况下，一旦价格变动至"日涨跌停板"，当日的这类期货交易就停止进行。当然，这并不排除有时交易所会插手干预或改变涨跌的上下限。

设立涨跌停板制度的初衷是为了防止过度投机导致期货价格的急剧波动，但它是否能始终起到这个作用，实践中是有争议的。有人认为，在某些情况下，期货商品的实际价格虽然发生了大幅度变动，但它却反映了市场的基本因素，而涨跌限制无异于中断市场调节机制发挥作用，是人为地阻碍市场调节机制的运行。

第六，头寸限制。有的交易所还规定投机者持有头寸的最高限度。设定头寸限制的目的是防止投机者操纵市场，而对于套期保值交易来说一般不受什么限制。

第七，最后交易日。最后交易日是各交易所规定的各种期货合约在交投月份最后进行交易的日期。例如，IMM 的外汇期货合约的交割日是交割月份的第三个星期三，这一天往前移两个营业日便是最后交易日，这种期限的期货交易在该天结束。

第八，现金结算。有些金融期货的标的物进行实际交割的成本太高，或者根本就不可能交割。例如，在 CME 交易的商品指数期货、在 NYBOT 挂牌的美元指数期货、在 CBOT 买卖的标准普尔 500 股指期货以及欧洲美元期货等就属于这一类。所以，这类期货合约没有关于实际交割的规定，而是以现金结算取代了基础资产的实际转移。采用现金结算的金融期货，在最后交易日的盯市完成后，其头寸即告平仓。在绝大多数情况下，最后交易日的结算价格等于或已非常接近基础资产的现货价格。若两者之间存在一些差额，考虑到交易费用和运输成本等因素，要想赚取套购利润也已经不可能。

（2）金融期货交易的保证金制度。每个交易所负责为其交易的不同期货合约制定保证金要求，不同的交易所要求其会员存入的保证金数量是不同的。会员经纪人在交易所清算机构开立的保证金账户称为"清算保证金"，它没有初始保证金和维持保证金之分。在此基础上，各期货经纪人或佣金商再制定其客户所要求的保证金数量。通常情况下，它要比交易所规定的水平高一些。

期货经纪人将客户的保证金分成两类，即初始保证金和维持保证金。前者是指开立期货账户买进或卖出合约时必须在经纪人公司或清算机构存入一定数量的货币金额，它通常高于期货合约在一个营业日里可能发生的最大价值变动所造成的亏损，这样，一天的价格不利变动并不一定导致客户马上需要追加保证金；后者是期货合约开仓后因价格的不利变动而发生损失时允许保证金所能降至的最低水平，它一般为初始保证金的75%。保证金账户余额若低于这个水平，追加保证金通知书就会发出，客户接此通知后必须立即再存入现金以使账户余额恢复到最初的保证金水平，否则他就不能再进行交易，即交易所会对其实施强制平仓。这种追加的补亏资金称为变动保证金。反之，若期货价格出现有利变动，投资者可立即从其账户中将盈余部分提出。

期货经纪公司向客户收取的保证金数额是可协商的，其最低限额为清算会员按规定存入清算机构的保证金水平。至于保证金究竟可定得多高，并不存在任何限制，一般根据各经纪人公司之间的竞争状况来决定。客户的保证金余额一直要保持到其在同一期货市场上通过安排一项反向交易来抵消原来的期货头寸，或者在交割日按合约规定完成实物资产或金融凭证的实际交割时为止。

影响保证金数量的因素主要包括：

第一，期货交易所处的时间。一般情况下，期货合约的价格临近交割时会变动得很剧烈，这时对客户的保证金要求一般也比较高。也就是说，进入交割期的期货头寸所支付的保证金要比远离交割日的期货头寸高。

第二，标的资产的性质。一般情况下，标的资产价格波动性越大，保证金水平就越高。

第三，期货交易的目的。一般情况下，对套期保值者要求的保证金比对投机者的要低，因为前者有实物商品或基础资产的供求作保障，发生违约的可能性较小；而后者则涉及较大的信用风险。

对于一个交易所来说，保证金水平多高才合适呢？这是个非常复杂的问题。如果保证金处于比较高的水平，自然能降低违约的风险，从而有效保护交易所的利益，但与此同时，它也会加大套期保值的成本，降低市场的流动性。况且，提高保证金是否真的能降低市场的波动性或易变性，这也是一个问题。

（3）金融期货交易的逐日盯市制度。期货交易最大的特征是逐日盯市，有时也叫"每日结算制"，指的是每个营业日的交易停止以后，成交的经纪人之间不直接进行现金结算，而是将所有结算事务都交由清算机构办理。办理清算的依据是清算价。清算机构在每个交易日为其会员公司的账户计算盈亏。假如某日收盘后某会员的账户余额降至维持保证金水平以下，他必须立即追加保证金；反之，在盈利的情况下会员公司则可随时提取超额部分。实际上，除了交易所清算机构与会员经纪人之间在每个营业日结束进行上述结算之外，一般客户在期货经纪人开立的保证金账户也按此办理逐日盯市。逐日盯市的影响在于期货合约每天进行结算，而不像远期交易那样一直要等到到期日才对整个合约存续期间发生的盈亏进行收付。这项制度性安排使得期货合约的价值在每个营业日结束回归到零。所以，从逐日实现损益的角度讲，期货合约类似于由一系列的期限为 1 天的远期合约所构成，即头寸每天被平仓，对盈亏进行支付结算后，在新的价位上重新开仓。

逐日盯市是为了避免因发生违约而导致另一方当事人蒙受巨大损失而设计的，它对于保证期货合约的履行是至关重要的。从实践情况来看，这个制度运行得非常成功，即在期货交易中违约的现象极为少见。

11.3.2 利率期货市场

1. 利率期货概述

利率期货就是以利率或附息债券为标的的金融期货，是为规避利率风险而使用的一种期货，它的标的一般是国债或欧洲美元债券。

（1）利率期货的产生与发展。利率期货是第二次世界大战后世界经济格局发展变化的产物。布雷顿森林体系瓦解后，西方国家的货币汇率不再钉住美元，开始实行浮动汇率制度。浮动汇率制度给各国经济带来了一系列的问题。在汇率实行自由浮动以后，各国政府纷纷以调整本国利率的方式来稳定汇率，于是利率的波动幅度和范围进一步扩大，企业和个人的投资风险也随之增加，在这种情况下，金融期货应运而生。20世纪 70 年代美国联邦抵押贷款协会所主导的抵押贷款市场迅速成长。由于当时美国利率升高及通货膨胀，造成对房地产的需求减少，从而使作为国民经济支柱产业之一的房地产市场由盛转衰，造成了大量失业。因此，当美国经济刚从 1974 年的衰退中复苏时，芝加哥期货交易所（CBOT）便首先推出了利率期货交易，这是第一张以 GNMA 抵押贷款为标的物的利率期货合约。GNMA 抵押贷款期货合约一经推出，便受到市场的热烈欢迎，成交量不断攀升，市场影响不断扩大。1977 年，

CBOT 又推出了美国长期公债（T-Bond）期货合约，目前利率期货已经成为世界上成交最活跃的期货品种，其中美国利率期货的成交量占美国期货市场总成交量的 30% 左右。

在利率期货产生后的几年时间里，西方国家对金融市场的管制仍然是十分严格的。从 20 世纪 70 年代末到 80 年代初，西方发达国家纷纷开始推行金融自由化，放松对金融机构和金融业务的种种限制。从1980 年起，西方国家开始逐步取消对金融机构存贷款的最高利率限制，这方面具有代表性的是美国国会在 1980 年通过的《对存款机构放松管制和货币控制法》，该法又被称为《1980 年新银行法》。根据该项法律，美国各地所有存款机构从 1980 年起均可开办可转让支付单账户，并且银行的储蓄和定期存款的利率上限将分六年逐步取消。从 1980 年起，美国的储蓄机构可办理商业和消费信贷、信用卡及信托业务。该项法律还决定成立一个"存款机构放松管制委员会"，专门负责研究和监督放松金融管制方面的问题。

（2）利率期货的作用。利率期货是利率市场化和债券市场特别是中短期国债市场膨胀的产物。根据多年的市场实践，我们看出，利率期货在市场经济的运行中发挥着非常重要的作用。

第一，反映未来市场利率水平及走向。利率，是货币资金的价格，是中央银行实现其货币政策的重要手段，也是政府调节国民经济运行的主要经济杠杆之一。利率体系是一个国家在一定时期内按照一定规则所构成的一个复杂系统，利率体系根据不同的标准有着不同的分类方法。根据借贷主体的不同，利率体系可以分为银行利率、非银行金融机构利率、债券利率和民间借贷市场利率。银行利率可以分为中央银行利率和商业银行利率；非银行金融机构利率可以分为信托投资公司利率、财务公司利率、信用合作社利率和融资公司利率等；债券利率可以分为国债利率、金融债券利率和企业债券利率等。其中，国债利率在一国利率体系中占有非常重要的地位。在西方发达国家，通常都有发达的国债市场，国债市场成交量巨大，具有非常好的流动性，变现能力极强，广大投资者进出国债市场十分方便，与其他一些利率工具相比，国债的市场参与者范围最广泛。此外，国债的发行主体是国家，基本上剔除了信用风险，因此国债市场的收益率水平最能够反映市场上资金的供求状况，最能代表当时的市场利率水平，是确定其他利率的重要参考指标，是其他金融工具定价的基准。认识到这一点，对理解为什么利率期货能够起到价格发现作用是非常重要的。

第二，规避因市场利率变动而产生的潜在风险。伴随着布雷顿森林体系的崩溃，在世界范围内固定汇率和相对稳定的利率已经成为历史，利率波动的频率和幅度不断扩大。在如今变化不定的全球经济中，持有固定收益证券等于同未来变化不定的利率走向进行赌博，利率期货特有的对冲功能使它成为人们用以规避利率风险的最基本也是最重要的工具。在利率期货市场上，有许多不同期限的利率期货合约，合约期限从几个星期到30年不等，基本上能够满足人们各种期限的利率风险管理的需要。同时，期货市场是一个集中的、统一的交易场所，巨大的市场流动性使保值者能够很方便地进出市场，避免了其他保值方式因流动性不足而带来的潜在风险，同时也降低了保值交易的成本。

通过在利率期货市场上建立适当的多头或者空头部位，投资者可以有效地规避未来市场利率变动给自己带来的潜在风险。例如，如果投资者计划在将来某一时间购买一定数量的固定收益证券，但是他担心未来收益率下降引起债券的价格上涨，增加自己的购买成本，那么他就可以通过事先在利率期货市场上建立一个多头部位，将他的购买价格锁定。在另外一种情况下，假如该投资者打算将来抛售一批债券，为了防止将来债券价格下跌而给自己造成损失，他可以通过事先卖出一定数量的利率期货合约，将未来的债券出售价格锁定，从而保障自己的预期收益。

第三，推动债券二级市场的发展，促进国债的发行。由于利率期货为投资者提供了一种对冲利率风险的手段，使得债券二级市场的参与者可以更加有效地管理自己的资产，提高了参与债券二级市场的积极性，这在客观上促进了债券二级市场的发展，提高了债券二级市场的流动性。例如，在1977年芝加哥期货交易所的长期国债期货刚刚开始上市时，美国长期国债现货市场上买价和卖价之间的差额是1/4点，即250美元。但在国债期货交易开始两三年以后，这一差额降低到1/32点，也就是31.25美元，这正好是芝加哥期货交易所国债期货交易的最小价格变动单位。现货市场价格波动幅度的减小说明了国债市场流动性的提高，而活跃的国债二级市场又能够促进国债一级市场的发展，扩大国债的发行空间。1985 年日本推出国债期货的重要目的之一，就是活跃当时的日本国债交易市场，促进日本国债的发行。

2. 利率期货合约

利率期货合约是由交易双方在交易中达成的，规定在未来交割月份交割一定数量带利息金融凭证的标准化契约。由于附息证券的价格随利率变动而变动，利率期货合约可以用来防范未来某段期限上的利率风险，达到锁定利率水平的目的。

目前交易量较大的利率期货合约都是政府债券的期货合约，如美国政府短期国库券、中期债券和长期债券的期货合约。另外一些金融机构发行的计息金融凭证，如欧洲美元存款单等，由于其具有庞大规模的现货市场，因此期货交易也很活跃。

利率期货合约买卖双方需交纳一定数量的保证金，合约价值由交易所逐日清算，以确定是否需要追加保证金。

通常，我们将利率期货合约按其所代表的金融凭证的期限长短划分为短期利率期货合约和中长期利率期货合约。在本节中，我们将主要介绍美国期货市场中比较活跃的利率期货品种。

利率期货合约的种类广泛分布于收益率曲线上的许多期限的利率和许多不同种类的利率。美国长期国债期货合约于 1975 年由芝加哥交易所推出，是目前世界上最成功的期货合约之一，其日交易量通常超过 50 万份，总价值为 5 000 万美元左右，其中有 4%~5% 的合约进行现货交割。

最著名的短期利率合约是欧洲美元期货合约。欧洲美元是指存放在美国银行以外的美元。其他的短期利率合约包括美国短期国库券、联邦基金和 LIBOR 合约。联邦基金利率期货合约在芝加哥期货交易所进行交易，其中 2 年期、5 年期、10 年期及 30 年期的国库券合约几乎可以涵盖国库券收益率曲线上所有成交最活跃的期限的利率。

全球还有许多其他短期利率合约。例如，CME 有欧洲日元利率期货合约，在英国 LIFFE 有短期英镑、欧洲瑞士法郎和欧元利率期货合约，在法国 MATIF 有 3 个月的 EURIBOR 利率合约（EURIBOR 是指欧元同业拆放利率）。

10 年期的美国国债期货合约是中期利率期货合约的主力品种，而30 年期国债期货合约则在长期国债期货合约中居于主导地位。

3. 利率期货的套利

期货交易的参与者可以分为套期保值者、投机者、套利者三种类型。

套利交易是指买入一个期货合约的同时卖出另一个相关的期货合约，从这两个期货合约未来价格关系的变动中赚取差价。套利交易通常有跨期套利、跨品种套利。

套利交易的关键在于两个相关期货合约的价格变动关系是否足以使这两个合约在平仓后产生利润。投资者在进行套利交易时所关心的不是期货价格的上涨或下跌，而是两个相关期货合约之间价差的变化。

套利交易是在相关的两个期货合约之间同时建立多头部位与空头部位，因此与单纯建立多头或空头部位相比，套利交易的风险相对较小。由于风险较小，套利交易的保证金水平也比较低，例如芝加哥期货交易所的 10 年国债期货/长期国债期货套利交易的保证金水平是 500 美元，比长期国债期货每手 2 000 美元的保证金水平低得多。套利交易这种交易方式，因为其风险较小及成本较低，所以深受投资者的欢迎。

在利率期货交易中，由于不同期限及不同品种利率期货合约的价格变化对收益率变动的敏感程度不同，因此在市场上存在着大量的套利机会。从操作手法来看，利率期货的套利交易与商品期货并没有什么区别，但由于利率期货的定价机制比通常的商品期货复杂得多，因此利率期货套利交易的技巧性和复杂程度要高于商品期货，对交易者综合素质的要求也相对比较高。以下对利率期货的套利交易进行介绍。

（1）跨期套利交易。对于利率期货合约，跨期套利是基于对可储存的金融工具的持仓成本或者收益曲线的变化预测而进行的套利行为。可储存的利率期货包括长期债券期货合约、中期债券期货合约等。由于长期债券期货合约是期货市场上交易量最大的可储存金融工具的期货合约，下面介绍的长期债券期货的跨月份套利交易的做法和分析同样适用于其他的可储存的金融期货合约。

第一，熊市套利。在利率期货交易中，熊市套利是指交易者卖出近期货的同时，买入远期货，寄希望于在看涨的市场中，远期货合约价格上涨的幅度大于近期货合约价格上涨的幅度；如果市场看跌，则希望远期货合约价格下跌的幅度会小于近期货合约价格下跌的幅度。

在熊市套利的实际操作中，交易者是通过预测收益曲线的变化来发现熊市套利机会的，现举例说明。

当收益曲线为正向时，也就是正向持仓市场长期利率高于短期利率，在期货市场上反映的期货价格为远期货比近期货价格低。现假设，收益曲线上短期利率为10%，长期利率为20%，如果现货债券价格为100，则根据持仓成本模型，3个月后的期货价格就为97.5，6个月后的期货价格就为95（如图11-1所示）。

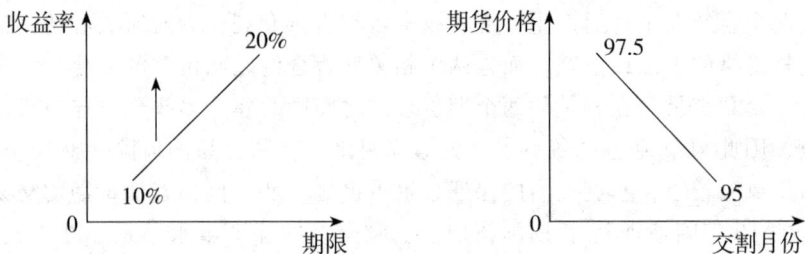

图 11-1　收益曲线为正向时的期货价格

如果预计持仓成本会发生变化，那么，所有的期货价格必然会逐渐地调整到反映这种持仓成本变化的水平。例如，交易者估计收益率曲线会发生变化，如短期收益率从10%上升到15%（收益曲线会变得平坦），那么3个月和6个月的期货合约的价格就会调整到能反映15%的短期借贷成本与20%的长期票息率之间的关系。由于短期借款成本的提高，长期债券的持有者的收益相对减少，期货对现货的贴水也会变小。

如果短期利率从10%上升到15%，那么3个月的期货均衡价格也会从97.5向上调整到98.75。其计算步骤是：

P=100+（0.15－0.20）×0.25×100=98.75

6月份的期货价格会从95上升到97.5，即：

P=100+（0.15－0.20）×0.50×100=97.5

如果交易者预计价格会发生上述变化，即现货市场的利率会上升，那么在正向持仓市场条件下，他就可以进行熊市套利，即卖出近期货，同时买入远期货，从而在市场发生预料的变化时再分别平仓。

当收益曲线为负向时，期货市场为负向持仓市场，长期利率收益要小于短期利率收益，在期货市场上反映的期货价格就为远期货比近期货价格高。现假设，收益曲线上短期利率为10%，长期利率为5%。如果现货债券的价格为100，那么根据持仓成本模型，3个月后的期货价格就应为101.25，6个月后的期货价格就应为102.50（如图11-2所示）。

图11-2　收益曲线为负向时的期货价格

假如预计短期利率相对长期利率会上涨，如从10%上升到15%，这就意味着短期的借款成本增加（相对于远期票息收入的5%）。这样近期与远期价格之间的差额就要反映出这种借款成本的增加。3月份的期货合约的价格就会从101.25上升到102.50，即：

P=100 +（0.15 - 0.05）×0.25×100=102.50

6月份的期货价格会从102.50上升到105，即：

P=100 +（0.15 - 0.05）×0.5×100=105

如果交易者预计价格会发生上述变化，即短期利率对长期利率大幅度上升，那么在负向持仓市场的条件下，他可以进行熊市套利，即卖出近期货的同时，买入远期货，从而在市场发生预料变化时再分别平仓，套取一定的利润。

第二，牛市套利。在利率期货交易中，牛市套利是指交易者买入近期货的同时，卖出远期货，寄希望于在看涨的市场中，近期货价格的上涨幅度会大于远期货价格的上涨幅度；在看跌的市场中，近期货价格的下跌幅度会小于远期货价格的下跌幅度。

在牛市套利的实际操作中，交易者是通过预测收益曲线的变化来发现牛市套利机会的，现举例说明如下。

假如，收益曲线为正向，长期利率高于短期利率，期货市场远期货价格低于近期货价格，例如短期利率为10%，长期利率为20%，那么根据持仓成本模型，在现货债券价格为 100 的情况下，3 个月后的期货价格为 97.5，6 个月后的期货价格就为 95（如图 11-3 所示）。

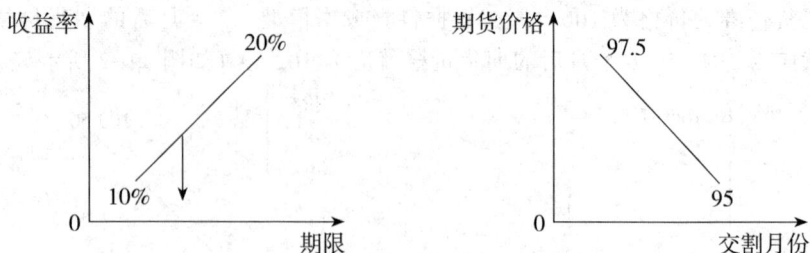

图 11-3　牛市套利

交易者预计短期利率会从 10% 下调到 5%，这样，对于持有长期债券者，净收益会增加，因为投资于债券的短期成本减少了，因此，期货市场价格就要反映这种长期债券投资收益增加的情况，期货价格会发生如下变化：

由于短期利率从 10% 降到 5%，那么 3 个月的期货价格就应调整到：

P=100 +（5% − 20%）×0.25×100=96.25

6 个月的期货价格会调整到：

P=100 +（5% − 20%）×0.5×100=92.5

基于上述预测，交易者就可以进行牛市套利。

上述例子是在收益曲线为正向时的牛市套利，如果收益曲线为负向时，即预计出现负向持仓市场的短期利率下降时，交易者同样可以做牛市套利，这里不再赘述。

（2）跨品种套利交易。跨品种套利交易是指购买或出售一个利率工具的期货合约，同时出售或购买另外一个与该工具不同但相关的利率工具的期货合约，在合约到期前的某个日期将两个合约同时平仓，从两个期货合约价格差异的变化中获利。跨品种套利交易中所涉及的两个利率工具必须具有真实的内在关系，否则只是同时进行的两笔不相关的买进与卖出交易。

相关的固定收益证券之间存在着特定的价差关系，随着市场条件的变动，这些证券所对应的期货合约的价格走势是可以预测的，因此在这些不同利率工具的期货合约之间存在着套利的空间。在芝加哥期货交易所，利率期货的跨品种套利交易是一种非常受欢迎的交易方式，主要品种有 10 年期/长期国债期货套利交易、5 年期/长期国债期货套利交易以及 5 年期/10 年期国债期货套利交易，其中 10 年期/长期国债期货套利交易最为活跃。

跨品种套利交易的报价方式与跨期套利交易相同，为两个不同品种期货合约间的价差，以 1/32 点来表示。例如，若 2000 年 9 月份交割的美国 10 年期国债期货的价格为 98-28，同一交割月份的长期国债期货的价格为 98-14，则 9 月份交割的 10 年期/长期国债期货套利交易的报价为 0-14。买入 10 年期/长期国债期货套利交易指的是买入该套利交易的第一个合约即 10 年期国债期货合约，同时卖出第二个合约即长期国债期货合约；卖出 10 年期/长期国债期货套利交易指的是卖出该套利交易的第一个合约即 10 年期国债期货合约，同时买入第二个合约即长期国债期货合约。

在信用等级相近的现货债券中，价格对收益率变化的敏感性取决于多种因素，例如票面利率和市场收益率水平等，但影响价格敏感性的最重要的因素是债券的剩余期限，在其他条件不变的情况下，剩余期限越长，收益率变动对债券价格变化的影响越大。因此，当市场收益率发生变化时，长期债券的价格变动幅度要大于短期债券。

利率期货的跨品种套利交易，就是利用不同到期期限的债券价格对收益率变动的敏感性不同来进行的。在收益率同步变动的情况下，由于长期债券的价格敏感性高于短期债券，因此投资者在预期收益率将上升时，可以买入套利交易，即买入期限较短债券的期货合约、卖出期限较长债券的期货合约。如果收益率的变化果然如投资者的预期，则两个期货合约的价格将会同时下跌，但是跌幅的大小有所不同，期限较长债券所对应的期货合约的价格下跌幅度要大于期限较短债券所对应的期货合约的价格下跌幅度，二者的价差扩大，这时买入套利交易就会产生盈利。反之，当投资者预期收益率将要下跌时，应该进行卖出套利交易。因为在这种情况下，期限较长债券所对应的期货合约的价格上涨幅度要大于期限较短债券所对应的期货合约的价格上涨幅度，二者的价差缩小，在这种情况下卖出套利交易将会产生盈利。

一般情况下，当进行利率期货的跨品种套利交易时，一定要考虑收益率曲线形状变化所可能产生的影响。如果投资者的目的是想从收益率曲线的形状改变中获利，那么在进行套利交易时，就应该使两种债券间的相对价格敏感性保持不变，这可以通过设定一定的套利系数来实现。套利系数可以由两种期货合约各自所对应的最便宜可交割债券（CTD）的基点价值（BPV）和其转换因子（CF）计算出来。

4. 利率期货的套期保值

利率期货的套期保值是以金融资产作为保值对象，金融资产指的是货币以及代表一定量货币的金融工具，如存单，短期、中期和长期政府债券，公司债券，票据等。在具体交易中金融资产反映的是一种借贷关系。

金融资产的借贷，实际上就是金融资产的买卖，它同实际商品的买卖一样都具有一定的市场价格，而且价格是不断波动的。然而，在金融资产的借贷中有一个非常重要的特点，那就是金融资产的借贷价格与市场利率水平存在着反比例的关系，即市场利率上升，金融资产的借贷价格就下降；市场利率下降，金融资产的借贷价格就上升。这一点可以从金融资产的借贷价格的确定中得到证明：一笔借贷的价格是由贷款者在持有借贷凭证期间取得预期现金流动按一定的利率水平进行折现后的价值。例如，长期政府债券预计的现金流动就是持有者在债券期限内不同阶段取得的票息收入再加上债券到期时所偿还的本金，该现金流动按一定利率水平折现后即该债券的价格；短期政府债券由于只在到期时按票面额发生现金流动，所以其价格就是票面额按一定的利率水平折现后的价值。

因此，任何金融资产的借贷者在借贷过程中都要面临利率波动的风险。

利率期货交易是以代表一定数量的利率资产的标准化期货合约作为交易对象。而在金融资产中，交易量最大、信誉最稳定、最典型的利率资产就是短期、中期和长期政府债券。它们在现货交易中具有比较大的市场，具备了期货商品的各项条件，因此，短期、中期和长期政府债券等利率期货合约一上市便受到了广大交易者的欢迎。特别是许多企业和金融机构，如银行、保险公司、共同基金、证券承销商、各种抵押贷款机构纷纷利用利率期货市场对其金融资产的借贷进行套期保值。

利率期货交易之所以能够对金融资产提供保值手段，是因为利率期货合约的价格同金融资产的价格都受同一个利率因素的影响，从而使得两者的价格波动具有较强的相关性。现货市场中金融资产的借贷者为了避免利率波动所带来损失，可以用利率期货交易来临时替代已经发生的或将要发生的借贷活动。例如，某个企业打算在半年以后筹措一笔贷款用于扩大再生产，但是担心半年以后在签订贷款协议时市场利率上涨，增加借款成本，为了固定贷款利率，该企业可以事先在期货市场上出售利率期货合约。一旦市场利率上涨，交易者在期货市场平仓所取得的收益可以用来弥补现货市场中贷款利率上涨所带来的损失。

绝大多数的利率期货套期保值为替代保值。由于利率期货合约和金融资产的价格都受同一个利率因素的影响和决定，所以利率期货合约价格和金融资产价格的波动方向是一致的，利率期货就成为对金融资产进行保值的重要手段。

但是，利率期货合约所代表的利率资产，如政府债券、美元存单等都是有一定具体规格的，例如 CME 短期利率期货合约有两种，一种是代表 100 万美元的 91 天到期的短期国库券；另一种是代表 100 万美元的 3 个月期的欧洲美元存单；芝加哥商品交易所的长期利率期货合约代表的是 8% 票息的 20 年期的长期政府债券。利率期货合约的价格波动反映的是市场利率对特定规格的利率资产价格产生的影响。而在现货市场的借贷交易中，各种金融资产（包括各种政府债券）的规格和特征与期货合约所代表的金融资产的规格和特征存在一定的差异。这种差异使利率波动对各种不同规格的金融资产价格产生的影响也有所不同。

5. 中国利率期货市场

在中国，利率期货只有国债货一类品种，中国国债期货市场发展经历了两个阶段。

1992 年 12 月 2 日，上海证券交易所首次尝试国债期货交易，设计并推出了 12 个品种的期货合约，标志着上海国债期货市场进入了试行期。第一批获准参加交易的会员机构有 20 家，但是没有对个人投资者开放，再加上投资者数量不多且信心和操作经验都不充分，因此，国债期货市场初期交易十分冷清。从 1992 年 12 月至 1993 年 10 月，国债期货总成交金额只有 5 000 万元左右。1993 年 7 月 10 日，财政部决定对国债实施保值补贴，同年 10 月 25 日，上海证券交易所在重新设计了国债期货交易品种、交易机制的基础上，正式向社会投资者开放，并进行了广泛的推介，疲软的国债期货市场开始活跃。1993 年 12 月 15 日，北京商品交易所开始创办国债期货，共推出四个国债品种，成为我国第一家开展国债期货交易的商品期货交易所。接着，全国其他交易所纷纷开办国债期货业务，国债期货交易蓬勃发展初现端倪。这一时期是我国国债期货市场的萌芽和发育阶段。

1994 年是国债期货市场最为繁荣的一年。全国开办国债期货交易的场所达到 14 家。1994 年下半年，国债期货更是飞速发展，成交量成倍放大，机构和个人投资者纷纷入市。1994 年全国国债期货市场总成交量达 2.8 万亿元，是 445 亿元的现货市场成交量的六七十倍。国债期货市场的繁荣带动了相关国债现货市场的活跃。1994 年国债现货市场总成交量比 1993 年翻了十多倍，现货流动性大为增强，一级市场发行再次畅销，国债终于恢复了其"金边债券"的美誉。这一时期是我国国债期货繁荣发展阶段。

然而，繁荣背后孕育着危机。1994 年 10 月上海证券交易所出现了"314"风波。"314"国债期货合约在数家机构联手做多的操纵下，出现了日价位波幅达 3 元的异常行情，在离最后交收日仅两个交易日时，持仓量仍高达 78.87 万张，远远超过了对应现券的发行量。上交所为了维护市场正常秩序，只能采取强制平仓的措施才使该事件平息。这一事件给整个国债期货市场留下了隐患，使得国债期货市场逐步演变成超级机构运用巨资互相抗衡以获取巨大投机利润的沃土。

进入 1995 年，国债期货市场交易更加火爆，持仓量不断增加，市场风险也不断累积。1995 年 2 月，沪市发生了著名的"327"逼仓事件。"327"品种是对 1992 年发行的 3 年期国债期货合约的代称。市场在 1994 年底就有传言说"327"等低于同期银行利率的国库券可能加息，而另一些人则认为不可能，因为一旦加息国家需要多支出约 16 亿元来补贴。于是期货市场形成了"327"品种的多方与空方。1995 年 2 月 23 日，提高"327"国债利率的传言得到证实，这一消息对空方造成致命的打击。万国在走投无路的情况下铤而走险，在没有相应保证金的情况下，违规大量透支交易，于收盘还有 7 分钟的时候，疯狂地抛出

1 056 万张卖单，面值达 2 112 亿元，将 "327" 合约价格从 151.30 硬砸到 147.50 元，使得当日开仓的多头全线爆仓。24 日，上海国债期市停市，上交所发出《关于加强国债期货交易监管工作的紧急通知》。1995 年 5 月 17 日，中国证监会发出《暂停国债期货交易试点的紧急通知》，宣布我国尚不具备开展国债期货交易的基本条件，暂停国债期货交易试点。

2012 年 2 月 13 日，中国国债期货仿真交易重启。2013 年 9 月 2 日，中国金融期货交易所宣布，国债期货上市前的各项准备工作已经就绪。2013 年 9 月 6 日，国债期货在中国金融期货交易所恢复上市交易。

现阶段，在中国金融期货交易所交易的国债期货品种为 5 年期国债期货合约。详细的合约规格见表 11-1。

表 11-1   **5 年期国债期货合约规格**

合约标的	面值为 100 万元人民币、票面利率为 3% 的名义中期国债
可交割国债	合约到期月首日剩余期限为 4~7 年的记账式附息国债
报价方式	百元净价报价
最小变动价位	0.002 元
合约月份	最近的三个季月（3 月、6 月、9 月、12 月中的最近三个月循环）
交易时间	09：15—11：30，13：00—15：15
最后交易日交易时间	09：15—11：30
每日价格最大波动限制	上一交易日结算价的 ±1.5%
最低交易保证金	合约价值的 1.5%
最后交易日	合约到期月份的第二个星期五
最后交割日	最后交易日后的第三个交易日
交割方式	实物交割
交易代码	TF
上市交易所	中国金融期货交易所

11.3.3 外汇期货市场

1.外汇期货概述

外汇期货随固定汇率制崩溃、浮动汇率制兴起而产生，世界各国政治、经济形势的不断变化使得外汇市场上汇率变动较为频繁，外汇期货也成为国际外汇市场上比较重要的一种保值和投机工具。

简单地说，外汇期货就是将两个国家之间的货币及货币的兑换作为期货标的的合约，也叫货币期货。外汇期货合约是货币远期兑换的标准化合约，是在交易所交易的期货合约。

外汇期货合约是在美国交易所最早上市交易的金融期货，1972年诞生于芝加哥商品交易所，当时正值世界各主要货币之间开始进行自由浮动。在这之前，美元的价格是钉住黄金的，而世界大多数国家的货币与美元挂钩。一旦美国放弃金本位，而且美元汇率也不再受政府的管制而随市场力量波动，这样国际金融家们就会面临一种新的风险。正如芝加哥人喜欢说的那样："风险创造需求，需求创造交易商，剩下的就只是实践了。"外汇期货很快就被认为是处理风险的一种有效方法。

2. 外汇期货合约

世界上发起最早、规模最大的外汇期货交易所当数美国芝加哥商品交易所（CME）的国际货币市场分部（IMM），该机构成立于1972年，是在固定汇率制转向浮动汇率制时应运而生的，并由此成为当时世界上最大的外汇期货交易所。其他的外汇期货交易所包括伦敦的国际金融期货交易所（LIFFE）、纽约期货交易所、新加坡的国际金融交易所等。

在此，我们着重对美国芝加哥商品交易所的国际货币市场分部的一些合约进行介绍。

CME的国际货币市场分部可交易的外汇期货合约的相关货币包括英镑、加拿大元、澳大利亚元、日元、瑞士法郎、欧元等。其中，每手澳元期货合约规格为12.5万澳元，每手日元期货合约为1 250万日元，每手瑞士法郎期货合约为12万5千瑞士法郎，每手英镑合约为62 500英镑，每手加拿大元期货合约为10万加元、每手欧元期货合约为12.5万欧元。

CME的国际货币市场分部的外汇期货交易采用美国的直接标价法，即以一单位外币所兑换的美元数来标价。

CME的国际货币市场分部的外汇期货合约的标准到期日为1、3、4、6、7、9、10、12月的第三个星期三。此外。还可进行即期月合约交易，该即期月合约是以下一个标准到期日为到期日的期限较短的期货合约。期货交易的最后交易日为到期日之前的第二个工作日，即通常为到期日之前的星期一。

为防范买方或卖方的违约风险，买卖双方须向交易所交纳一定数额的保证金，称为初始保证金。此外，由于期货交易采取逐日清算制度，还设有一定数额的维持保证金。交易所根据市场情况还可以相应提高保证金比例，以保证期货交易的正常进行。

CME 的国际货币市场分部进行的大多数外汇期货合约交易均以反向交易来抵销原有期货头寸，只有很少一部分期货合约进行实物交割。

外汇期货合约是以外汇作为交割内容的标准化期货合约。与现汇远期合约相比，外汇期货合约在交易单位、价格、交割期等方面均有许多不同之处。我们仍然以美国芝加哥商品交易所的国际货币市场分部的外汇期货合约为基础进行介绍。

每一份外汇期货合约都由交易所规定标准交易单位。目前，国际货币市场经营七种外币期货，这七种外币的期货合约中对交易单位的规定不完全相同。例如，欧元期货合约的交易单位是每份合约 125 000 欧元。几种外币的交易单位规定见表 11-2。

表 11-2　　　　　　　**外汇期货合约的交易单位**

欧元期货合约	125 000 欧元
加拿大元期货合约	100 000 加元
日元期货合约	12 500 000 日元
瑞士法郎期货合约	125 000 瑞士法郎
澳大利亚元	125 000 澳大利亚元
墨西哥比索期货合约	1 000 000 墨西哥比索
英镑期货合约	62 500 英镑

3.外汇期货与远期外汇交易的比较

实际上，在外汇期货交易产生之前，远期外汇的交易市场就已经相当发达和完善。外汇期货交易的产生使远期外汇交易的目的也可以在期货交易所内实现，因为每份期货合约都规定在交割月份可以进行外汇的实际交割，而远期外汇交易也可以通过对冲来实现盈亏结算。这样，外汇期货交易与远期外汇交易就具有了某些相似之处。然而，这两个市场却并行不悖，既相互竞争，又相互补充。外汇期货交易与远期外汇交易的区别主要体现在以下几个方面：

（1）外汇期货交易是在期货交易所内通过公开竞价，就标准化合约进行交易；远期外汇交易多数是在银行同业市场中通过电话、电传等通信工具，由交易双方协商成交价和成交金额。

（2）期货交易的参加者比较广泛，有银行、公司、财务机构，以及个人；而远期外汇交易主要是在银行间进行，或者大公司委托银行进行买卖，个人或小公司参与买卖的机会很少。

（3）外汇期货价格由买卖双方在交易所竞价成交，由交易所对外公布；远期外汇的买卖价由银行自己报出。

（4）凡参加期货交易的人均按规定交足保证金；而在远期外汇买卖中，除偶然对小客户收一点保证金之外，绝大多数交易都不用交保证金。

（5）期货交易由清算所按清算价格每日结算盈亏；而远期外汇交易的盈亏在规定的清算日结算。

（6）外汇期货交易金额越少，成本越低，金额越大，成本越高；而远期外汇交易金额越少，成本相对高，金额越大，成本相对低。

（7）外汇期货交易者对任何人的报价都是一样的；而在远期外汇交易中，银行对大公司的报价往往比对小公司的报价优惠，其原因主要是远期外汇交易比外汇期货交易的风险大。

（8）外汇期货交易中，买卖双方的责任关系是通过清算所作为媒介来实现的；而远期外汇交易双方则具有直接的责任关系。

通过比较，可以看出，期货交易与远期外汇交易各有利弊。

外汇期货交易的优点是，期货汇率是在公开集中的市场上通过竞争形成的，因此比较合理。另外，外汇期货合约在交割前可以方便地进行对冲，加上外汇期货交易的金额可大可小，因此，它既为套期保值者提供减小或消除汇率波动风险的工具，也使那些无力问津远期外汇交易的公司或个人能加入外汇买卖的行列。远期外汇交易也有其优点，如交易时间不受限制、交易金额可以灵活掌握、银行在买卖远期外汇时还可向客户提供咨询服务等。

那么，在面临着外汇期货交易与远期外汇交易两种选择时，我们究竟选用哪一种呢？

第一，这种选择应取决于交易者的目的，期货交易主要是回避风险和投机，实际交割的情况很少，故需实际交割者应选择远期外汇买卖。

第二，交易成本和价格也是一个要考虑的重要因素。当期货交易价格和成本优于远期交易价格和成本时，通常采用期货交易，反之亦然。

由此可见，银行间的远期外汇交易与期货交易既相互竞争，又相互补充。而且，巨大的、发展十分完善的远期外汇市场为标准化的汇率期货市场提供了发展的基础。

4.外汇期货的套期保值

货币期货与一般商品期货一样，都可以作为套期保值工具来防范未来的价格不利波动的可能性。由于为标准化合约，当所保值的货币数额不是相应期货合约大小的整数倍时，利用货币期货合约不能进行完全保值，或者确切地说有一部分货币将成为受险头寸。此外，一般交易所进行的货币期货交易不一定包括所有货币。

货币期货合约买卖双方风险分布为对称型，即买方或卖方同等程度地承受汇率变动风险，这一点有别于期权类合约买卖双方不对称的风险分布。

由于国际贸易通常为远期支付，即买卖合约签订日期与支付日期有一定的时间间隔，国际贸易的参与方将承受汇率变动风险。为锁定未来某一时点上（即支付日）的汇率，可以利用货币期货合约进行保值，与远期合约一样，货币期货合约的套期保值者可以达到锁定未来某一时点汇率的目的，可以回避未来某一时点上汇率的不利变动，但无法利用汇率的有利变动获得额外的好处。当然，对于保值合约的使用者而言，他们关注的仅仅为价格的锁定功能，而非价格的变动是否有利。利用价格的有利变动而获利是投机者的行为方式。由于投机者承担了价格变动风险，使交易的流动性得以增强。

外汇期货的套期保值就是运用外汇期货交易来临时替代现货市场上的外汇交易，以此来达到转移外汇汇率波动风险的目的。

在这里，我们将根据不同保值者的情况，介绍一下不同的外汇期货保值策略。

（1）出口商的保值策略。出口贸易合同一般是远期交货合同，从签约到收回货款有一个过程。在多数情况下，货款是以外币来计价和支付的，出口商必须将外汇折成本币，因此，任何汇率的波动都会对出口商的实际收入产生影响，特别是在远期付款的条件下，如果计价货币对本币贬值，那么他会受到很大的损失，使出口利润下降，甚至发生亏损。对此，出口商可以利用外汇期货采取卖期保值的方法来避免损失。

（2）进口商的保值策略。进口商在贸易中要承担受领货物和支付货款的义务。如果一笔货款是以外汇支付的，那么他就必须将本币兑换成外汇来支付。万一计价货币升值，他就要用更多的本币来兑换用以支付的外汇，这样就不可避免地增加了进口成本。为了减少汇率波动风险，进口商可以利用外汇期货进行套期保值。其方法就是，一旦确定了对外支付的时间，就立即在期货市场上预先购买所需外汇，用以临时替代预计会发生的现货外汇交易。等到对外实际支付外汇时再在期货市场上平仓。一旦支付货币升值，期货交易所取得的盈利就会弥补汇率波动所造成的损失。这就是所谓的买期保值的方法。

（3）借款者的套期保值策略。一般借款者不会遇到汇率波动的风险。但是，如果该借款者筹措的是外汇资金，那么就有可能遭到汇率波动带来的损失。为了防止汇率上浮给他带来损失，他就可以通过外汇期货交易进行套期保值。

（4）投资者的保值策略。在国际市场上，投资者总是将资金投放到投资回报率较高的市场上，然而，在境外投资常常会碰到汇率波动的风险。虽然在境外市场上可能取得较高的投资回报率，但将投资所得折成本币时，就可能由于汇率波动而使本币的投资收益率下降，因此，国际投资者需要利用外汇期货交易来达到保值的目的。

（5）外汇期货的替代保值。外汇期货的替代保值是指运用外汇期货合约对不存在期货交易的外汇汇率波动进行保值。有些货币，如荷兰盾，本身还不存在期货市场，但是由于它对美元的汇率波动与瑞士法郎有极强的相关性，因此，我们就可以用瑞士法郎期货合约为荷兰盾对美元的汇率波动提供保值手段。这里要指出的是欧洲许多货币对美元汇率的波动具有很强的相关性。

5. 外汇期货的套利交易

外汇期货套利交易是指套利者同时买入和卖出两种相关外汇期货合约，过一段时间再将手中的合约同时平仓，从两种合约的相对价格变动中获利。套利活动可分为三种类型：跨市场套利、跨币种套利、跨时期套利。

（1）跨市场套利。跨市场套利是在一个交易所买入一种外汇期货合约的同时，在另外一个交易所出售同种外汇期货合约，以期从中获利。

例如，某年 4 月 1 日，某套利者在国际货币市场以 1 英镑=1.8000 美元的价格买入 4 份 6 月期英镑期货合约，同时在伦敦国际金融期货交易所以 1 英镑=1.8100 美元的价格出售 10 份 6 月期英镑期货合约，这里卖出份数和买入份数相差 1.5 倍，是因为伦敦国际金融期货交易所每份英镑期货合约为 25 000 英镑，而国际货币市场每份英镑期货合约为 62 500 英镑。为保证实际金额一致，期货合约的折合份数也应该一样。

到这两个合约快到期时，比如 5 月 20 号，以 1 英镑=1.8200 美元的价格分别在两个市场平仓。那么，就有：

在国际货币市场的盈亏为：

62 500×4×（1.8200 - 1.8000）=5 000（美元）

在伦敦国家金融期货交易所的盈亏为：

2 500×10×（1.8100 - 1.8200）=-2 500（美元）

总的盈亏为：

5 000-2 500=2 500（美元）

（2）跨币种套利。跨币种套利是指套利者买入一种币种的期货，同时卖出另一种货币的期货合约，以此来进行套利。

（3）跨时期套利。跨时期套利是指套利者对同一币种不同交割月份的期货合约进行交易，在买入某一月份合约的同时卖出另一月份的合约，以此进行套利。

11.3.4 股指期货市场

1. 股指期货概述

股票指数期货，简称股指期货，它是以股票市场的股价指数为交易标的物的期货，是由交易双方订立的、约定在未来某一特定时间按成交时约定好的价格进行交易的一种标准化合约。股指期货可以用来防范股票市场的价格变动风险，回避股市的系统性风险。

股票投资者在股票市场上面临的风险可分为两种：一种是股市的整体风险，又称为系统性风险，即所有或大多数股票的价格一起波动的风险；另一种是个股风险，又称为非系统性风险，即持有单个股票所面临的市场价格波动风险。通过投资组合，即同时购买多种风险不同的股票，可以较好地规避非系统风险，但不能有效地规避整个股市下跌所带来的系统风险。20世纪70年代以后，西方国家股票市场波动日益加剧，投资者规避股市系统风险的要求也越来越迫切。由于股票指数基本上能代表整个市场股票价格变动的趋势和幅度，人们开始尝试着将股票指数改造成一种可交易的期货合约并利用它对所有股票进行套期保值，规避系统风险，于是股指期货应运而生。

利用股指期货进行套期保值的原理是：根据股票指数和股票价格变动的同方向趋势，在股票的现货市场和股票指数的期货市场上做相反的操作来抵销股价变动的风险。股指期货合约的价格等于某种股票指数的点数乘以规定的每点价格。各种股指期货合约每点的价格不尽相同。

比如，某投资者在香港股市持有总市值为200万港元的8种上市股票。该投资者预计东南亚金融危机可能会引发香港股市的整体下跌，为规避风险，进行套期保值，在13 000点的价位上卖出3份3个月到期的恒生指数期货。随后的两个月，股市果然大幅下跌，该投资者持有股票的市值由200万港元贬值为155万港元，股票现货市场损失45万港元，这时恒生指数期货亦下跌至10 000点，于是该投资者在期货市场上以平仓方式买进原有的3份合约，实现期货市场的平仓盈利45万港元［（13 000-10 000）×50×3］，期货市场的盈利恰好抵销了现货市场的亏损，较好地实现了套期保值。同样，股指期货也像其他期货品种一样，可以利用买进卖出的差价进行投机交易。

股指期货除具有金融期货的一般特点外，还具有一些自身的特点。股指期货合约的交易对象既不是具体的实物商品，也不是具体的金融工具，而是衡量各种股票平均价格变动水平的无形的指数。一般商品和其他金融期货合约的价格是以合约自身价值为基础形成的，而股指期货合约的价格是股指点数乘以人为规定的每点价格形成的。股指期货合约到期后，合约持有人只需交付或收取到期日股票指数与合约成交指数差额所对应的现金，即可了结交易。

2.股指期货的产生

前面已经讲了利率期货和货币期货，同这些期货交易品种一样，股指期货也是适应市场规避价格风险的需求而产生的。

从 20 世纪 40 年代开始，西方发达国家的股票市场取得了飞速发展，上市股票数量不断增加，股票市值迅速膨胀。比如纽约证券交易所，2000 年其上市公司总数量为 2 798 家，总股本为 3 412 亿股，股票市值达到 17 万亿美元，相比 1940 年的 931 家、16.8 亿股、573 亿美元，各增长了 2 倍、202 倍、295 倍。股票市场迅速膨胀的过程，同时也是股票市场的结构不断发生变化的过程。第二次世界大战以后，以信托投资基金、养老基金、共同基金为代表的机构投资者取得快速发展，在股票市场中占有越来越大的比例，并逐步居于主导地位。机构投资者通过分散的投资组合降低风险，然而进行组合投资的风险管理只能降低和消除股票价格的非系统性风险，而不能消除系统性风险。随着机构投资者持有股票的不断增多，其规避系统性价格风险的要求也越来越强烈。

另外，随着科学技术的发展，股票市场的交易方式也在不断地发展进步。比如美国，最初的股票交易是以单种股票为对象的。1976 年，为了方便散户的交易，纽约股票交易所推出了指定交易循环系统（简称 DOT），该系统直接把交易所会员单位的下单房同交易池联系了起来。此后该系统又发展为超级指定交易循环系统（简称 SDOT）系统，对于低于 2 099 股的小额交易指令，该系统保证在三分钟之内成交并把结果反馈给客户，对于大额交易指令，该系统虽然没有保证在三分钟内完成交易，但毫无疑问，其在交易上是享有一定的优惠和优势的。与指定交易循环系统几乎同时出现的是，股票交易也不再是只能对单个股票进行交易，而是可以对多种股票进行"打包"，用一个交易指令同时进行多种股票的买卖，即进行程序交易（program trading，也译为程式交易）。对于程序交易的概念，历来有不同的说法。纽约股票交易所从实际操作的角度出发，认为超过 15 种股票的交易指令就可称为程序交易；而一般公认的说法则是，作为一种交易技巧，程序交易是高度分散化的一篮子股票的买卖，其买卖信号的产生、买卖数量的决定，以及交易的完成都是在计算机技术的支撑下完成的，它常与衍生品市场上的套利交易活动、组合投资保险以及改变投资组合中股票投资的比例等相联系。伴随着程序交易的发展，股票管理者很快就开始了"指数化投资组合"交易和管理的尝试，"指数化投资组合"的特点就是股票的组成与比例都与股票指数完全相同，因而其价格的变化与股票指数的变化完全一致，所以其价格风险就是纯粹的系统性风险。在"指数化投资组合"交易的实践基础上，同时为适应规避股票价格系统性风险的需要，市场开发了股票指数期货合约。

基于这些市场的需求，堪萨斯期货交易所在经过深入的研究分析之后，在1977年10月向美国商品期货交易委员会提交了开展股票指数期货交易的报告。但由于商品期货交易委员会与证券交易委员会关于股票指数期货交易管辖权存在争执，另外交易所也未能就使用道·琼斯股票指数达成协议，该报告迟迟未获通过。直到1981年，新任商品期货交易委员会主席和新任证券交易委员会主席声明，明确规定股指期货合约的管辖权属于商品期货交易委员会，才为股指期货的上市扫清了障碍。1982年2月16日，堪萨斯期货交易所开展股指期货的报告终于获准通过，该交易所随即推出了道琼斯综合指数期货合约的交易。交易一开市就很活跃，当天成交近1 800张合约。此后，芝加哥商业交易所推出了标准普尔500股指期货交易，当天交易量就达到3 963张。随后，其他国家和地区也先后开始了股票指数的期货交易。

3.股指期货的特征

由于资本市场发展所带来的避险需要和商品期货交易积累的大量经验，股指期货应运而生。股票指数期货交易的实质，是投资者将其对整个股票市场价格指数的预期风险转移至期货市场的过程，通过对股票趋势持不同判断的投资者的买卖，来冲抵股票市场的风险。正是由于股指期货的推出和成功，传统期货的实物交割制度才衍化为现金交割制度。

（1）提供较方便的卖空交易。卖空交易的一个先决条件是必须首先从他人手中借到一定数量的股票。国外对于卖空交易的进行没有较严格的条件，这就使得在金融市场上，并非所有的投资者都能很方便地完成卖空交易。例如，在英国只有证券做市商才有可能借到英国股票；而美国证券交易委员会规则10A-1规定，投资者借股票必须通过证券经纪人来进行，还得交纳一定数量的相关费用。因此，卖空交易也并非人人可做。然而，进行指数期货交易则不然，实际上有半数以上的指数期货交易中都包括拥有卖空的交易头寸。

（2）交易成本较低。相对现货交易，指数期货交易的成本是相当低的。指数期货交易的成本包括交易佣金、买卖价差、用于支付保证金的机会成本和可能的税项。例如，在英国，期货合约是不用支付印花税的，并且购买指数期货只进行一笔交易，而想购买多种（如 100 种或者 500 种）股票则需要进行多笔、大量的交易，交易成本很高。而美国一笔期货交易（包括建仓并平仓的完整交易）收取的费用只有 30 美元左右。有人认为指数期货交易成本仅为股票交易成本的十分之一。

（3）较高的杠杆比率。在英国，对于一个初始保证金只有 2 500 英镑的期货交易账户来说，它可以进行的金融时报 100 种指数期货的交易量可达 70 000 英镑，杠杆比率为 28 : 1。由于保证金交纳的数量是根据所交易的指数期货的市场价值来确定的，交易所会根据市场的价格变化情况，决定是否追加保证金或是否可以提取超额部分。

（4）较高的市场流动性。研究表明，指数期货市场的流动性明显高于现货股票市场。从国外股票指数期货市场发展的情况来看，使用股票指数期货最多的投资人当属各类基金（如各类共同基金、养老基金、保险基金）的投资经理，另外还有承销商、做市商、股票发行公司等市场参与者。总之，股票指数期货的高流动性与广泛的市场参与基础和较低的市场交易成本息息相关。

4. 股指期货交易的主要功能

一般来说，期货交易的功能有两个：一是价格发现功能，二是套期保值功能。作为金融期货的一种，指数期货也具有这两个功能。

所谓价格发现功能，是指利用期货市场公开竞价交易等交易制度，形成一个反映市场供求关系的市场价格。具体来说，指数期货市场的价格能够对股票市场未来走势做出预期反应，同现货市场上的股票指数一起，共同对国家的宏观经济和具体上市公司的经营状况做出预期。从这个意义上讲，股指期货对经济资源的配置和流向发挥着信号灯的作用，可以提高资源的配置效率。

套期保值功能是指投资者买进或卖出与现货数量相等但交易方向相反的期货合约，以期在未来某一时间通过卖出或买进期货合约，从而补偿因现货市场价格变动所带来的实际损失。股指期货的这种套期保值功能，会丰富股票市场参与者的投资工具，带动或促进股票现货市场交易的活跃，并减轻集中性抛售对股票市场造成的恐慌性影响，对平均股价水平的剧烈波动起到缓冲作用。

5.股指期货的交易规则

以股票指数为基础交易物的期货合约称为股票指数期货。由于它的标的物的独特性质，决定了其独特的交易规则。

（1）交易单位。在股指期货交易中，合约的交易单位系以一定的货币金额与标的指数的乘积来表示。因此，期货市场只以该合约的标的指数的点数来报出它的价格。例如，在 CBOT 上市的主要市场指数期货合约规定，交易单位为 250 美元与主要市场指数的乘积，因而若期货市场报出主要市场指数为 410 点，则表示一张合约的价值为 102 500 美元，而若主要市场指数上涨了 20 点，则表示一张合约的价值增加了 5 000美元。

（2）最小变动价位。股票指数期货的最小变动价位（即一个刻度）通常也以一定的指数点来表示。例如，S&P500 指数期货的最小变动价位是 0.05 个指数点，由于每个指数点的价值为 500 美元，因此就每个合约而言，其最小变动价位是 25 美元，它表示交易中价格每变动一次的最低金额为每合约 25 美元。

（3）每日价格波动限制。自 1987 年 10 月股灾以后，绝大多数交易所均对其上市的股票指数期货合约规定了每日价格波动限制，但各交易所的规定有所不同。这种不同既体现在限制的幅度上，也体现在限制的方式上。同时，各交易所还经常根据具体情况对每日价格波动进行限制。

（4）结算方式。以现金结算是股票指数期货交易不同于其他期货交易的一个重大特色。在现金结算方式下，每一个未平仓合约将于到期日得到自动冲销。也就是说，交易者比较成交及结算时合约价值的大小来计算盈亏，进行现金交收。

6.股指期货的投机、套利和套期保值

（1）投机交易。股指期货的投机交易是指投资者根据自己对股指期货价格变动趋势的预测，通过看涨时买进、看跌时卖出而获得利润的交易行为。股票指数期货的投机交易分为多头投机和空头投机。

股指期货的多头投机是指当投机者预测股市将上涨时，买入股票指数期货合约，等到行情上涨到一定高度的时候再卖出月份相同、数量相等、方向相反的股票指数期货合约以对冲平仓，获利了结的一种交易策略。

股指期货的空头投机是指当投机者预测股市将下跌时，卖出股票指数期货合约，等到行情下跌到一定价位的时候再买入月份相同、数量相等、方向相反的股票指数期货合约以对冲平仓，获利了结的一种交易策略。

当投资者预测股市将上涨时，可买入股票现货增加持仓，也可以买入股票指数期货合约。这两种方式在预测准确时都可盈利。相比之下，买卖股票指数期货的交易手续费比较便宜。当投资者预测股市将下跌时，可卖出已有的股票现货，也可卖出股指期货合约。卖出现货是将以前的账面盈利变成实际盈利，是平仓行为，当股市真的下跌时，不能再盈利。而卖出股指期货合约，是从对将来的正确预测中获利，是开仓行为。由于有了卖空机制，当股市下跌时，即使手中没有股票，也能通过卖出股指期货合约获得盈利。

（2）套利交易。股指期货的套利交易是指投资者同时交易股指期货合约和相对应的一揽子股票的交易策略，以谋求从期货、现货市场同一组股票存在的价格差异中获利。当期货实际价格大于理论价格时，卖出股票指数期货，买入指数中的成分股组合，以此可获得无风险套利收益；当期货实际价格低于理论价格时，买入股票指数期货，卖出指数中的成分股组合，以此获得无风险套利收益。套利交易主要分为跨市套利和跨期套利两种。

（3）套期保值交易。在现代投资理论中，股票市场的风险被划分为系统风险和非系统风险。股票市场的非系统风险可以通过认股的多样化来避免。一般认为，只要认购15至20种不同的股票，就可以几乎完全避免非系统的风险，剩下的只有系统风险了。对于系统风险，股票资产的持有者只能通过股票指数期货的套期保值将其降到最低程度。

股票指数期货的套期保值也分为卖期保值和买期保值两种做法。做卖期保值者多为临时或长期持有股票者，如股票投资者、承购股票后的股票承销商、持有众多股票资产的基金经理等。股票指数期货的卖期保值比较容易理解。在市场上还有许多做买期保值的人，如准备进行股票投资的人等。

传统的套期保值是指生产经营者同时在期货市场和现货市场进行交易方向相反的交易，用一个市场的盈利弥补另一个市场的亏损，从而在两个市场间建立起对冲机制，以规避现货市场的价格波动所带来的风险。在股票指数期货的套期保值交易中，现货市场就是股票市场，那么股票指数期货的套期保值交易就是在股票指数期货市场和股票市场中进行交易方向相反的交易，通过互补盈亏来达到消除股票市场价格波动所带来的风险的目的。

　　套期保值之所以能够实现规避价格风险的功能，是因为期货市场中存在着两条基本原理：

　　同种商品的期货价格走势与现货价格走势一致；现货市场价格与期货市场价格随着期货合约到期日的临近，两者趋向一致。

　　在套期保值的操作中应遵守以下原则，否则所做的交易就有可能达不到原有的规避风险的目的：交易方向相反原则；交易种类相同原则；交易数量相等原则；交易月份相同或相近原则。

　　传统的套期保值有两种基本类型，即买入套期保值和卖出套期保值。

　　买入套期保值是指交易者先在期货市场买入期货，以便将来在现货市场买进现货时不至于因价格上涨而给自己造成经济损失的一种套期保值方式。这种用期货上的盈利对冲现货市场亏损的做法，可以将远期价格固定在预计的水平上。

　　投资者如果对大盘看涨但由于种种原因不能或不愿买入股票，则利用做多股票指数期货就能达到套期保值甚至获利的目的。

　　卖出套期保值是指交易者先在期货市场上卖出期货，当现货价格下跌时以期货市场的盈利来弥补现货市场的损失，从而达到保值目的的一种套期保值方式。

　　由于股票市场是通过股票上涨来获得利润的，出于防止因股票价格下跌而出现的亏损，在股票指数期货套期保值交易中主要运用的是卖出套期保值。股票指数期货卖出套期保值交易主要是已经拥有股票的投资者或者是准备要持有股票的投资者，预计股市将要下跌或对于未来股市的走势不确定，出于预防风险的考虑，在期货市场卖出股票指数期货合约，以规避市场风险。

股票指数期货合约和股票的价格是不相同的，这一点和传统商品的套期保值在决定套保数量的时候就完全不同，因此，股票指数期货套期保值的成功与否的关键条件取决于计算正确的对冲比率，并由此计算出合适的套保数量，以使现货的风险能被期货抵销。

7. 中国的股指期货市场

2006 年 9 月 8 日，由上海期货交易所、郑州商品交易所、大连商品交易所、上海证券交易所和深圳证券交易所共同发起设立的中国金融期货交易所在上海挂牌成立。这对投资者开辟更多的投资渠道具有重要意义，也为推出金融期货品种提供了基础条件。

2010 年 4 月 16 日，国内第一个股指期货品种——沪深 300 指数期货在中国金融期货交易所上市，我国期货市场乃至整个资本市场步入了一个新的发展阶段。

沪深 300 指数期货合约规格详见表 11-3。

表 11-3　　　　　　　　沪深 300 指数期货合约规格

合约标的	沪深 300 指数
合约乘数	每点 300 元
报价单位	指数点
最小变动价位	0.2 点
合约月份	当月、下月及随后两个季月
交易时间	上午：9：15—11：30，下午：13：00—15：15
最后交易日交易时间	上午：9：15—11：30，下午：13：00—15：00
每日价格最大波动限制	上一个交易日结算价的±10%
最低交易保证金	合约价值的 12%
最后交易日	合约到期月份的第三个周五，遇国家法定假日顺延
交割日期	同最后交易日
交割方式	现金交割
交易代码	IF
上市交易所	中国金融期货交易所

11.4　金融期权市场

期权是金融工程中非常重要的工具，各领域应用非常广泛。期权合约可涉及多种商品及金融资产。目前，期权市场已涵盖商品、货币、债务工具、股票及股票指数、金融期货、互换合约等。可以这样说，期权合约是衍生工具中最具活力的品种之一。

实际上，许多金融工具可以与期权结合或者附带上期权特征，如互换合约与期权合成为互换期权，债券与股票期权结合成为可转换债券等。许多金融期货合约可以合成为期货期权，如货币期货期权及欧洲美元期货期权等。此外，还可形成期权的期权合约，或称复合期权合约。

11.4.1　期权概述

1. 期权的概念

期权（options）是一种选择权，期权的买方向卖方支付一定数额的期权费后，就获得这种权利，即拥有在一定时间内以一定的价格（执行价格）出售或购买一定数量的标的物（实物商品、证券或期货合约）的权利。期权的买方行使权利时，卖方必须按期权合约规定的内容履行义务。相反，买方可以放弃行使权利，此时买方只是损失期权费，同时，卖方则赚取期权费。总之，期权的买方拥有执行期权的权利，无执行的义务；而期权的卖方只有履行期权的义务。

2. 期权的特点

期权是一种特殊的金融衍生品，它有如下一些特点：

（1）期权是一种权利的买卖。

（2）期权买方要获得这种权利就必须向卖方支付一定数额的费用（即期权费）。

（3）期权买方取得的权利是未来的。

（4）期权买方在未来买卖的标的资产是特定的。

（5）期权买方在未来买卖标的资产的价格是事先确定的（即执行价格）。

（6）期权买方根据自己买进的合约可以买进标的资产（看涨期权）

或卖出标的资产（看跌期权）。

3.期权的构成要素

构成一个期权有很多要素，主要包括期权交易双方、执行价格、期权费、履约保证金、期权的数量、期权的基础金融资产等。

（1）期权交易双方。期权买方是指买进期权合约的一方，是支付一定数额的期权费而持有期权合约者，故期权买方也称期权持有者。买进期权即为期权的多头。不过，期权买方只是买进期权合约的一方，而不一定就是买进标的资产的一方。执行看涨期权，期权买方就会买进相应数量的标的资产；而执行看跌期权，期权买方就是卖出一定数量的标的资产。

当投资者支付期权费买进期权建立多头头寸后，就享有了买进或卖出标的资产的权利。因为他并不负有义务，所以他仅以其投入的期权费承担有限的风险，还掌握了巨大的获利潜力。

期权的卖方，与期权的买方正好是对立的一方，期权卖方是指卖出期权合约的一方，从期权买方那里收取期权费，在买方执行期权时承担履约的义务。期权卖方也称期权出售者。卖出期权即为期权的空头。同样，期权卖方只是卖出期权合约的一方，而不一定就是卖出标的资产的一方。执行看涨期权，期权卖方就必须卖出相应数量的标的资产；而执行看跌期权，期权卖方就必须买进一定数量的标的资产。

如果期权买方在事先约定好的期限内没有执行它的权利，那么该期权就会自动失效，卖方不必承担任何责任。对于现货期权，执行期权就是买卖相应的金融产品；而对于期货期权来说，执行合约时就是按相应的执行价格买入或卖出相应期货合约。

（2）执行价格。执行价格，又称协定价格、行权价格、履约价格、敲定价格，是期权合约中事先确定的买卖标的资产的价格，即期权买方在执行期权时，进行标的资产买卖所依据的价格。

（3）期权费。期权费即期权的价格，是期权买方为了获取期权权利而必须向期权卖方支付的费用，是期权卖方承担相应义务的报酬。

期权费的重要意义在于：对于期权的买方来说，可以把可能会遭受的损失控制在期权费金额的限度内；对于卖方来说，卖出一份期权立即可以获得一笔期权费收入，而并不需要马上进行标的物的买卖，这是非常有利可图的。同时，卖方面临一定的风险，即无论标的资产的价格如何变动，卖方都必须做好执行期权合约的准备。

期权费是买卖双方竞价的结果。期权费的大小取决于期权的价值，而期权的价值取决于期权到期月份、所选择的执行价格、标的资产的波动性以及利率等因素，投资者在竞价时会考虑这些因素对期权价值的影响。而期权价值的确定，也就是计算期权费，是十分复杂的，它是整个期权理论的核心。一般认为，期权费由内在价值和外在价值两部分组成。

4.期权的类型

（1）看涨期权、看跌期权。按期权性质或所赋予的权力，可以分为看涨期权和看跌期权。这是期权市场中经常用到的一种分类方法。

看涨期权（call option），又称买权、买入选择权、认购期权、多头期权，是指期权的买方享有在规定的有效期限内按某一具体的敲定价格买进某一特定数量的相关标的物的权利，但不同时负有必须买进的义务。看涨期权的买方之所以要购买这一权利，是因为期权的买方对标的资产的价格看涨，故向期权的卖方支付一定的期权费，以获得按执行价格买入该种标的资产的权利。如果有关标的资产市场价格的变化与预测一致，即标的资产的市场价格高于执行价格，看涨期权买方就可以用期权合约上约定的执行价格购买标的资产获得收益，这种收益可能是无限的。如果市场价格的变化与其预测相反，即标的资产市场价格小于或等于执行价格，看涨期权的买方放弃购买权利，最大损失为其支付的期权费。

看涨期权有买方，也有卖方。对于任何一种标的资产，有看涨的，就必然会有看跌的。即便是投资者一致看涨，期权费的价格也将上涨，以便在较高的期权费下，买入看涨期权和卖出看涨期权处于均衡状态。

看跌期权（put option），又称卖权、卖出选择权、认沽期权、空头期权，是指期权的买方享有在规定的有效期限内按某一具体的敲定价格卖出某一特定数量的相关标的物的权利，但不同时负有必须卖出的义务。看跌期权的买方一般对相关的标的资产的市场价格看跌，所以买入看跌期权。如果在未来规定的时间内与其预测一致时，即标的资产的市场价格低于执行价格，他就可以按期权合约约定的执行价格出售标的资产，期权的卖方必须买入。值得注意的是：看跌期权的买方是卖出标的资产，而相应的看跌期权的卖方则买入标的资产。如果标的资产的市场价格变化与其预测相反，即标的资产的市场价格上涨，看跌期权买方亦有不卖出标的资产的权利。同样，看跌期权有买方，也有卖方。

（2）欧式期权、美式期权。按执行时间的不同，期权主要可分为欧式期权和美式期权两种。

欧式期权，是指只有在合约到期日才被允许执行的期权，期权的购买方只有在期权合约期满日（即到期日）到来之时才能执行其权利，既不能提前，也不能推迟。若提前，期权出售者可拒绝履约；而若推迟，则期权将被作废。它在大部分场外交易中被采用。

美式期权，是指可以在成立后有效期内任何一天被执行的期权，期权购买方可于合约有效期内任何一天执行其权利的期权形式。当然，超过到期日，美式期权也作废。由此可见，美式期权与欧式期权相比，在权利的执行日期上有较高的弹性，因此一般情况下美式期权的期权费也较欧式期权略贵一些，并且其多为场内交易所采用。

欧式期权和美式期权并没有任何地理位置上的含义，在欧洲国家的期权市场上也交易美式期权，而在美国的期权市场上也同样交易着欧式期权。目前，在世界各主要的期权市场上，美式期权的交易量远大于欧式期权的交易量。

（3）实值期权、虚值期权和平价期权。按期权当时的市价与协议价的大小关系不同，期权可分为实值期权、虚值期权和平价期权，或称溢价期权、损价期权和平价期权，有时也叫有利可图期权、无利可图期权。

实值期权，即有利可图期权，具有正内涵价值，即如果期权立即执行，买方能够获利的期权。当看涨期权标的资产的市场价格大于执行价格，或看跌期权标的资产市场价格小于执行价格，如果买方决定执行期权，均会获利，此时期权为实值期权（不计交易成本）。

也就是说，实值期权为看涨期权时，其协定价低于相关资产现货价；实值期权为看跌期权时，其协定价高于市场价。

虚值期权，即无利可图期权，与有利可图期权恰好相反，具有负内涵价值，即如果期权立即执行，买方发生亏损时的期权。当看涨期权标的资产的市场价格小于执行价格，或看跌期权标的资产的市场价格大于执行价格，如果买方决定执行期权，则会发生亏损，此时的期权称为虚值期权（不计交易成本）。

也就是说，虚值期权为看涨期权时，其协定价高于相关资产现货价；虚值期权为看跌期权时，其协定价低于市场价。

平价期权又称两平期权，不具有内涵价值，即当期权标的资产的市场价格等于期权的执行价格时的期权。当看涨期权或看跌期权的执行价格与标的资产的市场价格相等时，该期权表现为平价期权。

（4）按期权的标的资产划分，期权可分为股票期权、外汇期权、股票指数期权、利率期权、期货期权和期权的期权。

股票期权，是指以某个证券交易所上市交易的某种股票为标的资产的期权合约。一般来说，作为股票期权标的的股票必定是公开上式交易的股票，但不是所有上市的股票都能作为股票期权的标的资产。

外汇期权，也叫货币期权，是指在某国相关期权交易所交易的，以其他国家的外汇作为标的资产的期权合约。对于外汇期权合约来说，每单位标的资产外汇的数量是固定的，但不同货币又有不同的数量单位。

股票指数期权，是指以某国证券市场的某种股票价格指数作为标的资产的期权合约。

利率期权，是指相关资产为定息债券的期权，在美国通常为短期国库券、中长期国债。

期货期权，与普通期权相比，期货期权的相关资产为期货合约（即基础资产为期货合约），普通期权合约的相关资产为一般金融资产。

期权的期权（option on option，or compound option），也称复合期权。

11.4.2 货币期权

货币期权作为保值和投机工具已经得到越来越广泛的应用。跨国公司及金融机构为防范汇率变动风险已非常普遍地利用各类货币期权品种，以适应不同的风险回避需求。货币期权的场外交易市场，如银行同业市场，可为各类客户提供世界上主要币种、一年以上的货币期权交易，每笔交易达百万美元，甚至更多。货币期权为防范汇率风险提供了除远期外汇及货币期货合约之外另一种有效的保值手段。货币期权主要有货币期权交易和货币期货期权交易两种。

1. 货币期权合约

货币期权合约是期权合约买方或持有者有权利（但无义务）在期权合约到期之前或到期日以事先确定的价格（期权的协定价，或称执行价格）买卖某一特定数量外汇的合约。

货币期权同样可分为看涨期权和看跌期权。看涨期权是指合约持有者有权利以执行价格买进一定数量的外汇；看跌期权是指合约拥有者有权利以执行价格卖出一定数量的外汇。

2. 货币期权术语

（1）履行合约。履行合约是指货币期权的持有者有权利决定是否"履行"合约，或听任合同到期而不执行。

（2）履约价格或执行价格。即期或远期合约上的价格，都是反映当时的市场价格。货币期权中，未来结算所履行的价格称为履约价格或执行价格。履约价格决定于合约签订的当初，可能完全与即期和远期汇率不同。

（3）到期日。货币期权合约有一个最后的到期日，期权的持有者如果希望履行合约，必须在合约到期前通知另一方。到期日表示为某年、某月、某日的某个时间，如 2010 年 12 月 10 日，东部标准时间上午10：00。

（4）平价。如果期权的履约价格（即合同价格）等于当时的即期汇率，称为即期平价。如果履约价格等于当时对应的远期汇价，称为远期平价。比如 3 个月期的期权履约价格与 3 个月期的远期汇率都是 1.7200（GBP/USD）。

（5）折价。对于期权的持有者来说，当履约价格（比如 1.6500 的GBP 看跌期权）优于即期汇率（比如 1.8500）时，即为即期折价。对于远期折价亦然。

（6）溢价。对于期权的持有者来说，当履约价格（比如 1.8500 的GBP 看跌期权）不如即期汇率（比如 1.6500）时，即为即期溢价。

3. 交易场所

世界上主要的货币期权交易所为美国的费城股票交易所、芝加哥期权交易所、芝加哥商品交易所、伦敦国际金融期货交易所、荷兰阿姆斯特丹的欧洲期权交易所、伦敦股票交易所、澳大利亚悉尼期货交易所和新加坡国际货币交易所等。其中，费城股票交易所、芝加哥期权交易所、伦敦股票交易所等交易比较活跃。

货币期货期权交易所主要是芝加哥商品交易所的货币市场分部（IMM）、悉尼期货交易所和新加坡国际货币交易所（SIMEX）等。

以费城股票交易所货币期权合约为例，各币种的期权合约金额见表11-4。

表11-4　　　　　　　　费城股票交易所货币期权合约金额

货币	合约金额（每手）
澳大利亚元	50 000澳元
加拿大元	50 000加元
欧元	62 500欧元
瑞士法郎	62 500瑞郎
英镑	31 250英镑
日元	6 250 000日元

CME的IMM货币期货期权合约大小见表11-5。

表11-5　　　　　　　CME的IMM货币期货期权合约金额

货币	合约金额（每手）
澳大利亚元	100 000澳元
加拿大元	100 000加元
欧元	125 000欧元
瑞士法郎	125 000瑞郎
英镑	62 500英镑
日元	12 500 000日元

11.4.3　利率期权

利率期权与利率期货一样，都是通过某些特定的债务工具（如美国短期国库券或欧洲美元）对利率风险加以防范。利率期权同其他期权类工具一样，买卖双方有不同的风险收益分布。

20世纪90年代以来，全世界利率期权交易发展比较迅速，交易量呈逐年上升势头。

1.利率期权概述

利率期权是指相关资产为定息债券的期权，在美国通常为短期国库券、中期国债及长期国债。

（1）利率期权的特点。利率期权是一项关于利率变化的权利。买方支付一定金额的期权费后，就可以获得这项权利。权利内容为：在到期日按预先约定的利率，按一定的期限借入或贷出一定金额的货币。这样当市场利率向不利方向变化时，买方可固定其利率水平；当市场利率向有利方向变化时，买方可获得利率变化的好处。利率期权的卖方向买方收取期权费，同时承担相应的义务。

（2）利率期权的功能。利率期权是一项规避短期利率风险的有效工具。借款人通过买入一项利率期权，可以在利率水平向不利方向变化时得到保护，而在利率水平向有利方向变化时得益。

2. 利率期权的交易场所与交易合约

在美国，主要的利率期权交易所为美国股票交易所、芝加哥期权交易所及芝加哥期货交易所。其中，短期国库券（13周 T-Bill）期权交易在美国股票交易所进行，美国股票交易所还推出了中期国债（T-Note）期权交易。芝加哥期权交易所推出了长期国债（T-Bond）期权合约。芝加哥期货交易所则可进行长期国债期货的期权交易。

我们用芝加哥期权交易所的利率期权合约来说明利率期权合约的具体条款，见表 11-6。

3. 利率期权的应用

（1）若预测最近利率将大幅度上升，即相应债券价格将大幅下降，可以做买入看跌期权的操作，以防范利率上升使国债价格下跌的风险。如果近期内市场利率确实大幅上升，那么所持国债价格下跌，但由于买入国债看跌期权，则期权市场盈利可抵补所持国债现货损失。如果近期内利率并未上涨，则放弃执行期权，所持债券价格持平或上升，买方期权保值的最大亏损为所买入看跌期权的期权费。

（2）若预测利率微涨，那么价格将微跌，可卖出看涨期权。如果利率走势不出所料，则当利率水平持平时，国债期权的买方一般不会执行期权，则期权卖方可净得期权费收入。若近期利率水平仅小幅上涨，相关债券价格略有下跌，利率期权买方不会执行看涨期权，则卖方可坐收期权费收入。还有一种情况，利率与所预测的相反，不涨反跌，国债价格涨幅较大，那么买方将必然执行合约，卖方将承受损失。

表 11-6　　　　　　　　　芝加哥期权交易所利率期权合约

合约代号	90天短期国债期权——IRX；5年期国债期权——FVX； 10年期国债期权——TNX；30年期国债期权——TYX
标的资产	IRX是基于最近拍卖的13周的美国国库券的贴现率的期权；FVX、 TNX和TYX分别是基于最近拍卖的5年期、10年期和30年期的美 国国债的到期收益率的期权
期权费报价	以点为单位，1基点代表100美元
最小变动 价位	期权费低于3.00点时为0.05点（5美元）；其他为0.1点（10美元）
到期日	到期月份的第三个星期五后的星期六
到期月份	IRX期权的到期月份为近期3个月份加上3月的季月循环中的两个 月；FVX、TNX、TYX的到期月份为近期3个月加上3月季月循环 中的3个月份
期权类型	欧式期权
期权执行 结算	执行结算价以期权最后交易日纽约联邦储备银行公布的即期收益 率为基础（即期收益率是指最近发行T-Bill的年贴现率或最近发行 的T-Note或T-Bond的到期收益率）。执行结算金额等于结算价与 执行价之差乘100美元
持仓和履约 限制	IRX期权，其累积头寸和执行限制为单边5 000份合约；FVX、 TNX、TYX期权，其累计头寸和执行限制为单边25 000份合约。部 分套期保值者可以超过这个限制
保证金	购买9月期或以内的看涨或看跌期权必须全额支付期权费。出售未 担保的看涨或看跌期权
最后交易日	到期日的前一天（通常为星期五）
交易时间	上午7：20至下午2：00（芝加哥时间）

（3）若预计利率近期内将持续下跌，相关债券现货价格将随之上扬，投资者可买入利率看涨期权对利率风险保值。具体市场利率走势与投资者收益风险关系和上边的分析一样。

（4）预测近期利率走势有可能持平或略有下跌，则相应债券价格持平或略有上涨，可以卖出看跌期权投机获利。

11.4.4 利率期货期权

利率期货期权是一种特殊类型的利率期权，在此单独列出。

1. 利率期货期权的概念

利率期货期权是指期权相关标的资产为利率期货合约的期权。利率期货期权比较活跃的品种主要包括美国长期国债期货合约的期权、3个月欧洲美元期货期权及短期国库券期货期权等。利率期货期权为场内交易工具。

2. 利率期货期权的交易场所

利率期货期权交易所主要为芝加哥期货交易所以及芝加哥商品交易所的国际市场分部，前者主要进行美国长期国债期货期权、中期国债期货期权的交易；后者主要进行欧洲美元期货期权交易及一个月 LIBOR 期货期权交易及短期国库券期货期权交易。此外，伦敦金融期货交易所也进行欧洲美元期货期权及长期金边国债的期货期权交易。新加坡国际货币交易所也可进行欧洲美元期货期权交易。

3. 利率期货期权的特点

与普通利率期权相比，利率期货期权具有下列优点：不需计算利息，期权相关的利率期货流动性大于相关债券，期权相关利率期货的价格相比债券价格更容易得到。

由于利率期货期权的相关资产为利率期货合约而非利率债券品种，买卖双方交割时只交割相关利率期货合约，并结清期权买卖双方损益。

对看涨利率期货期权而言，期权买方执行期权时成为相关利率期货合约的多头，期权卖方则成为该利率期货的空头，同时卖方向买方支付相关利率期货现价超出期权协定价之差。

4. 利率期货期权与利率期货的比较

它们的区别是：

（1）风险分布不同。利率期货合约不论多头头寸或空头头寸均承担无限风险。对利率期货期权而言，只有期权卖方才承担无限风险，期权买方只承担有限风险，其期权头寸最大可能损失仅为买入期权所支付的期权费，当买方所持期权为虚值期权时，将放弃执行期权。

（2）执行合约不同。利率期货执行合约为期货卖方的选择，由期货卖方决定期货相关债券的交割。利率期货期权则由买方决定何时执行期权合约。

此外，当执行利率期货合约时，进行债券的实际交割；当执行利率期货期权合约时，买卖双方只进行期货合约交易，一方成为相应利率期货合约的多头，另一方则成为利率期货合约的空头。利率期货合约只可在到期日进行交割，而利率期货期权合约可在到期日之前执行。

（3）利率期货期权协定价在买卖期权交易后至到期日保持不变，但期权费（期权价格）则每日发生变化。

5. 利率期货期权与利率期权比较

与相应利率期权相比，利率期货期权交易要比利率期权更为活跃，流动性更强，其主要原因如下：

（1）期货期权不需要支付利息，而利率期权在买方执行期权时，看涨期权的买方或看跌期权的卖方必须预付利息给对方。

（2）利率期货期权在实物交割时不会发生挤兑情形。美国国债期货期权交割时可交割相同性质的债券，而不必如国债期权仅为特定品种债券交割。对国债期权而言，一旦某种债券发生挤兑现象，可以选择其他同类债券进行交割。

（3）由于利率期货合约为标准化的合约且在交易所交易，其价格信息比较容易得到。

6. 利率期货期权的价格影响因素

与其他种类期权合约一样，利率期货期权合约价格主要受下列因素影响：期权相关期货合约市场价格；期权协定价；距期权合约到期日时间；期权相关期货合约价格波动性或相关利率波动性。

11.4.5　股票期权

1. 股票期权概述

如果期权的标的资产是某种股票，该期权就称为股票期权。一般来说，所有股票期权的标的股票必然是在股票交易所上市交易的股票，但并不是所有在股票交易所上市的股票都能充当股票期权的标的股票。

股票期权赋予其持有者在到期日之前以事先确定的价格购买或出售一定数量某种股票的权利，投资者可以利用期权来使自己在股票市场上进行的投资行为得到很好的改善。

利用股票期权的权利特性，投资者可根据自己的需要获得如下好处：

在股票市场下跌情况下保持自己持有股票的价值；在持有股票现货下增加收入；可以计划在比较低的价格下购买股票；当知道市场会有很大变化，但不知道变化方向时，仍可获利；不需要通过买卖股票即可从股票价格变化中获利。

股票期权是最早开始交易的金融期权品种，由于其为投资者提供了诸多的便利，推出之后，其交易得到了迅猛的发展。尽管后来又推出了股指期权和货币期权等其他各种有很多优点的金融期权，目前股票期权的交易量仍非常大。

2. 股票期权合约

表 11-7、表 11-8 列举了几个有代表性的股票期权合约。

表 11-7 芝加哥期权交易所股票期权合约

期权代号	每种股票期权有其相应的代号，如"IBMLP"
合约价值	普通股100股
最小变动价位	以点数计，1点等于100美元。股票价格低于3美元时，最小价位变动为0.05点，即5美元；其他为0.10点，即10美元
执行价格间距	执行价格在5～25美元：2.5个点 执行价格在25～200美元：5个点 执行价格在200美元以上：10个点
执行价格	期初公布实值、平价、虚值各一个，以后视情况增加新的执行价格
到期月份	最近两个月份以及另外两个循环月份
期权类型	美式期权
到期日	到期月份的第3个星期五后的那个星期六
期权执行	任何交易日提出的执行通知将在之后的第3个营业日交割标的股票
交易时间	上午8：30至下午3：00（芝加哥时间）

表 11-8 　　　　　欧洲期货交易所股票期权合约

标的资产	100 股股票
最小变动价位	0.01 欧元
交割日	执行后的第 3 个交易日
最后交易日	到期月份的第 3 个星期五
每日结算价格	交易日当天的最后成交价，如果该成交价是 15 分钟前的或该价格不能反映实际市场条件，交易所将确定官方结算价格
期权类型	美式期权
执行期限	在期权有效期内的任何交易日 20：30 中欧时间（CET）以前均可以执行期权，最后交易日可以延长至 21：00
到期月	A 类股票：最近 3 个月，以及随后 3、6、9 和 12 循环中的 3 个月
交易时间	上午 9：00 至下午 5：25（中欧时间）
执行价格数目	每个到期月期权在至少有 3 个看涨期权和 3 个看跌期权系列，每个到期月期权有一个平值、实值、虚值执行价格

执行价格间距	股票价格	间距
	5 欧元以下	0.2 欧元
	5.5～10 欧元	0.5 欧元
	11～20 欧元	1 欧元
	22～50 欧元	2 欧元
	52.50～100 欧元	2.5 欧元
	55～200 欧元	5 欧元
	210 欧元以上	20 欧元

11.4.6　股票指数期权

1. 股票指数期权的定义

股票指数期权指的是以某个交易所的股票价格指数为标的资产的金融期权。

2. 股指期权合约

除了股指期货之外，股指期权也是对股票组合进行套期保值的一个重要工具。股票指数期权就是以某种股票指数为标的的期权，同股指期货一样，股指期权也是以现金结算的。

国际上有不少交易所有股指期权的交易，有很多种股票指数成为股指期权的标的商品。例如在芝加哥期权交易所交易的股指期权的标的指数主要有：S&P500 指数、S&P100 指数和主要市场指数（major market index），其中 S&P500 指数期权是欧式的，S&P100 指数和主要市场指数期权是美式的。一般的期权有效期比较短，大多在 3 个月左右，在芝加哥期权交易所还提供基于以上指数的长期期权，被称为 LEAPS（long-term equity anticipation securities），LEAPS 的期限可长达 3 年。

下面我们以在芝加哥期权交易所交易的 S&P500 指数期权合约为例，介绍其具体条款。该期权合约规定：

（1）期权合约为欧式。

（2）期权标的为 S&P500 指数，每一指数点相当于 100 美元。

（3）执行价以指数点表示，开始的时候提供实值、两平、虚值三种执行价格的期权品种，当标的指数值超过现有最高执行价或低于现有最低执行价时，再提供具有新的执行价的期权品种，执行价的间隔为 5 个指数点（长期期权是 25 个指数点）。

（4）期权费的报价也按指数点表示，每一指数点相当于 100 美元，对低于 3 点的期权，期权费报价的最小间隔为 0.05 个指数点（相当于 5 美元），其余的期权费报价的最小间隔为 0.1 个指数点（相当于 10 美元）。

（5）失效日为到期月的第三个星期五之后的那个星期六。

（6）到期以现金结算方式交割，以失效日前一个交易日（通常为星期五）的开盘指数作为指数结算价格，结算金额等于执行价格与指数结算价格之差乘以 100 美元，在失效日后的第一个工作日进行现金支付。

（7）到期月为最近的 3 个月，再加 3 个 3 月份系列（3、6、9、12 月）的月份，比如在 1 月份的到期日之前，就有 1、2、3、6、9、12 月到期的期权合约可供交易。

3. 股指期权应用

股票指数期权主要适用于进行分散投资的投资者（如机构投资者），而且所持股票组合与相应股票指数的成分股密切相关，或者选择与所持股票组合高度相关的股票指数构成的股指期权进行保值。

与股票指数期货保值策略相比，期权买方可以在股价有利变动时执行期权头寸，而在股价（或股指）不利变动情形下放弃所持期权买方头寸，从而有效利用价格有利变动带来的益处，其代价仅为买入期权所支付的期权费。而股指期货头寸则不管价格如何变动，均不可放弃期货头寸，即使在期货市场亏损下也必须以平仓方式承担相应期货头寸的损失，从而使现货市场在股价有利变动情形下收益被部分或全部抵销。

同股票期权作用相似，股票指数期权也可以用来防范未来股市的不利变动，同时在股市有利变动情况下放弃期权头寸而充分利用有利变动对所持股票组合增值的好处，其代价仅为所交付的期权价格。例如，假定某投资者预计 3 个月后有一笔现金流入可用来购买股票，为避免股市走高使 3 个月后投资成本增大的风险，则可以先行买入股票指数看涨期权。如果 3 个月后股市果然走高，则相应股票指数随之增加，股票指数看涨期权价格也会同时上涨，在股票指数期权市场上的盈利可抵销投资股市的增值成本。值得注意的是，股票指数期权不一定能对投资者持有的股票组合进行完全的风险回避，除非完全按股票指数构成进行投资。另外，单个股票的涨跌幅度一般不同步于股票指数的涨跌幅度。

此外，投资者还可以利用股票指数期权进行投机获利。与利用期货市场投机相比，前者可以使投资者的风险限制在一定的范围内。例如，某投资者预计 S&P500 股票指数将于近期上扬，则可以买入 S&P500 股票指数看涨期权。假定预测正确，随 S&P500 指数上涨，该指数看涨期权价格亦随之上涨。一般而言，股票指数上涨一个指数点，股指期权价格也相应上涨一个点左右。假设 S&P500 股票指数从 550 升至 560，相应股指看涨期权价格也将上涨约 8 个点左右，则该投资者将获利 8×500 =4 000 美元。如果该投资者预测失误，近期股市不升反跌，则可以放弃执行期权，其最大损失仅为买入看涨期权支付的期权价格。上述情形中，若预计近期股市不会有大范围的波动，该投资者还可以选择卖出 S&P500 股指看跌期权，假设预测正确（即近期 S&P500 指数将上扬），则该股指看跌期权将成为虚值期权，看跌期权买方不可能执行期权，则卖方可净获期权费收入。但应当注意，这种卖方头寸需承担无限风险，若股市行情预测错误（即股指不升反跌），则 S&P500 股指看涨期权买方将执行看跌期权，该投资者将承受损失，损失额为股指现价与股指看跌期权协定价之差额，看跌期权卖方收益有限而潜在损失无限。

11.5 金融互换市场

11.5.1 金融互换概述

1. 互换的概念

互换（swap）是指互换双方达成协议并在一定的期限内转换彼此货币种类、利率基础及其他资产的一种交易。互换在本质上是一种远期合约，它与其他远期合约不同之处在于，这种远期合约建立在交易双方交换有差别的同类基础资产之上。

2. 互换的类型

互换交易的核心工具是利率互换、货币互换、远期利率协议、长期外汇交易和长期利率（上限和下限）期权。这些互换核心工具可以被广泛运用于资产与负债的管理中。

随着互换基本工具变种的不断出现，互换交易已逐步延伸到其他金融市场中。基本互换的变种主要涉及互换安排方式和双方交换的现金流形式，具体包括时间选择、到期日选择和名义本金等其他方面现金流方式的重新设计，以及基础互换、收益曲线互换、欠款再安排互换和指数差价互换等只涉及浮动利率现金流的互换交易。此外，互换期权市场近年来发展迅速，隐含利率和货币期权特点的混合互换交易也相继出现。在商品和股票等其他金融市场上，人们也越来越多地使用了互换技术，商品互换、股票指数互换及将隐含在商品和股票市场的证券发行中的远期和期权头寸证券化的结构互换日益受到欢迎。

3. 互换的产生

互换起源于20世纪70年代开始流行的平行贷款（parallel loan）和背对背贷款（back-to-back loan）。

（1）平行贷款。20世纪70年代初，许多国家实行的外汇管制限制了本国厂商对外的融资和投资，政府采取了对外投资进行征税的办法，以惩罚资金外流。一些企业为了逃避外汇监管便采取了平行贷款的对策。平行贷款涉及两个国家的母公司，其各自在国内向对方在境内的子公司提供与本币等值的贷款。例如，美国母公司向在其境内的英国子公司贷款，而英国的母公司向在其境内的美国子公司贷款，用于相互的投资。

贷款由银行作中介，两个子公司的两笔贷款分别由其母公司提供担保。贷款期限一般为5~10年，大多采用固定利率方式计息，按期每半年或一年向对方支付利息，到期各自将借款金额偿还给对方。由于平行贷款涉及两个单独的贷款合同，并分别具有法律效力，因此，若一方违约，另一方仍要继续执行合同。于是，为了降低违约风险，背对背贷款应运而生。

（2）背对背贷款。背对背贷款，是指两个国家的公司相互直接提供贷款，贷款的币种不同但币值相等，并且贷款的到期日相同，双方按期支付利息，到期各自向对方偿还借款金额。

4. 互换市场的特征

互换市场有一些与期货市场和期权市场不同的特征。

（1）更大的灵活性。互换市场的出现是为了摆脱期货市场和期权市场所固有的约束和限制。互换交易是一种按需定制的交易方式，只要互换双方愿意，他们可以从互换内容到互换形式完全按需要来设计，由此而形成的互换交易具有更大的灵活性。而期货合约和期权合约的内容都是高度标准化的，即合约的内容是不能随便更改的。例如，S&P 500指数期货合约是以一组特定的股票为基础资产，1年中只有4个固定的到期日。此外，期货和交易所交易的期权合约有效期都较短。一般情况下，期货合约的有效期只有大约1~2年时间，即使期货合约的有效期在3年或3年以上，这类期货在临近到期之前一般也是没有流动性的。而期权合约的最长有效期一般少于1年。正是由于有效期比较短，期货合约和期权合约所具有的防范风险功能就不可能被扩展到有效期以外。例如，某企业正在投资建设一个重大工程项目，它面临着与该项目有关的利率风险达10年时间之久，通过期货市场来防范这种利率风险，防范期大约只有3年，因此就不能满足该企业的特定需求。

（2）更强的保密性。在期货和期权交易市场上，一些主要的经营机构很容易被识别出来。例如，在期货交易市场中，交易商很容易识别有些机构的活动情况。所以，通过交易所来进行交易就必然要失去一些保密性。而在互换市场上，只有互换对手方知道互换交易的具体情况，这种不公开化的交易有助于交易的保密性。

（3）没有政府监管。期货交易是通过期货交易所来进行的，期货交易市场一般由专门的机构加以监管，以美国以例，这种监管是通过一个商品期货交易委员会来实施的。同样，交易所交易的期权市场也是一个高度规范化的交易市场，这种市场也受到专门机构的监管。在美国，这种监管是通过证券交易委员会来进行的。

但在互换市场上，实际上不存在政府监管。美国商品期货交易所委员会，就曾经正式宣布不准备干预互换市场。因此，在可预见的将来，互换市场依然处于政府监管的范围之外。这对于互换市场而言是一条利好消息。

5. 互换交易的作用

（1）互换双方可以利用各自的比较优势，降低筹资成本，并防范互换所带来的汇率、利率变动风险。

（2）互换交易可以使互换双方方便地筹集到所希望的期限、币种及利率结构的资金，并可使互换方资产负债相匹配，以适应其资产负债管理要求。

（3）通过互换业务，还可以将流动性较差的债务加以转换，并使互换方财务状况得以改善。

（4）通过互换，还可以使跨国公司避免外汇管制及税收政策方面的限制，以充分利用跨国公司的独特优势。

11.5.2 利率互换

1. 利率互换的概念

利率互换是指在同种货币间不同债务或资产在互换双方之间的调换，最基本的利率互换是固定利率支付或收取与浮动利率的支付或收取的交换，或者叫典型的利率互换。

最普通的利率互换是一方同意向另一方支付固定利率，同时另一方同意向对方支付浮动利率，实际上只需某一方支付二者的净利差即可。支付固定利息的一方称为互换买入方，支付浮动利息的一方称为互换卖出方。

一项标准的利率互换至少应该包括以下几项内容：

由互换双方签订一份协议；根据协议双方各向对方定期支付利息；

预先确定付息日期；付息金额由名义本金额确定；以同种货币支付利息；双方互换利息，不涉及本金的互换。

互换的一方是固定利率支付者，固定利率在互换之初商定；互换的另一方是浮动利率支付者，浮动利率参照互换期内某种特定的市场利率加以确定。

2. 利率互换的特点

利率互换又称"利率掉期"，是交易双方将同种货币不同利率形式的资产或者债务相互交换。债务人根据国际资本市场利率走势，通过运用利率互换，将其自身的浮动利率债务转换为固定利率债务，或将固定利率债务转换为浮动利率债务的操作。利率互换不涉及债务本金的交换，即客户不需要在期初和期末与银行互换本金。

这里所说的利率互换都是指典型的利率互换，或叫基础利率互换。概括地讲，基础利率互换的特点有以下几点：一方是固定利率，另一方是浮动利率；固定利率在整个互换期内不变；浮动利率在每一期开始前确定，在结束时支付；互换期限一般是 1、2、3、4、5、7 或 10 年；名义本金在整个互换期内是不变的。

3. 利率互换的功能

利率互换是一项常用的债务保值工具，用于管理中长期利率风险。客户通过利率互换交易可以将一种利率形式的资产或负债转换为另一种利率形式的资产或负债。一般来说，当利率看涨时，将浮动利率债务转换成固定利率较为理想，而当利率看跌时，将固定利率转换为浮动利率较好。利率互换可以规避利率风险，降低债务成本，同时还可以用来固定自己的边际利润，便于债务管理。

例如，某公司有一笔美元贷款，期限 10 年，从 1997 年 3 月 6 日至 2007 年 3 月 6 日，利息为每半年计付一次，利率水平为 USD 6 个月 LIBOR+70 基本点。公司认为在今后 10 年之中，美元利率呈上升趋势，如果持有浮动利率债务，利息负担会越来越重。同时，由于利率水平起伏不定，公司无法精确预测贷款的利息负担，从而难以进行成本计划与控制。因此，公司希望能将此贷款转换为美元固定利率贷款。这时，公司可与银行做一笔利率互换交易。经过利率互换，在每个利息支付日，公司要向银行支付固定利率 7.320%，而收入的 USD 6 个月 LIBOR+70

基本点，正好用于支付原贷款利息。这样一来，公司将自己今后 10 年的债务成本一次性地固定在 7.320% 的水平上，从而达到了管理自身债务利率风险的目的。利率互换形式十分灵活，可以根据客户现金流量的实际情况做到"量体裁衣"，既适用于已有债务，也可以用于新借债务，还可以做成远期起息。

4. 典型利率互换的应用分析

对利率互换的应用，我们主要是基于固定利率和浮动利率之间的交换。具体过程通常有以下几步。第一，互换双方利用各自的比较优势（其原理近似于国际贸易的比较优势理论），在相对条件比较优惠的资本市场或货币市场各自筹集债务。第二，互换双方直接或间接将所筹集的债务互相交换，以满足互换方各自的筹集要求。如果不通过债务互换，互换双方很难直接举借条件比较优惠的债务，而不得不承担较高的利息成本。通过利率互换，互换双方先举借各自不需要但条件相对优惠的债务，然后各取所需，从而分别降低直接筹资成本，或者防范利率风险，进而实现各自资产负债管理目标。

一般而言，利率互换期初及期末均不必交换本金，互换双方各自筹集债务的名义本金相同。在整个互换期间内，互换双方只进行利息支付的交换，通常互换双方只计算利息支付差额，这样可以降低信用风险。

（1）债务互换。假定互换方 A 信用等级较高，在长期资本市场上可筹集到比较优惠的固定利率长期债务，该公司因为考虑到债务结构中固定利率债务偏多而浮动利率债务偏少，其债务组合经理有充足理由认为在将来一定期限内利率走势趋于下跌。为防范利率风险，降低负债成本，该公司债务组合经理希望在整个债务组合中增加浮动利率债务比重，而相应减少该公司固定利率债务，于是做互换交易。

互换方 B 的信用等级相对 A 要低一些，互换方 B 在短期浮动利率市场借款条件相对于其在长期固定利率市场借款条件要优惠一些，该公司希望增加固定利率债务，以适应该公司的定息资产匹配要求。

（2）资产互换。资产互换与负债互换，基本的变化便是将持有人的负债变为资产即可。具体而言，资产互换是指互换方对所持资产的现金流根据需要加以调整的利率互换，同债务互换一样，通过资产互换可以将原来的固定利率资产组合调整为浮动利率的资产组合，以防范利率上升的风险；同时，资产互换还可使浮动利率收益资产组合转化为固定利率收益的资产组合，以防范利率下跌的风险。通过资产互换还可以不必出售所持资产而达到调整资产组合、改变资产持续期的目的，从而使资产组合经理可以很方便地在不承担资产损失的前提下管理相应资产。

11.5.3 货币互换

1. 货币互换的概念

货币互换是指持有不同种货币的交易双方，以商定的筹资本金和利率为基础，进行货币本金的交换并结算计息。其基本特征是：互换双方使用的货币不同；到期需有一个本金交换；在生效日本金可交换也可不交换；互换双方可以是固定利率互换，也可以是浮动利率互换，或者是浮动利率与固定利率互换。

我们也可以把利率互换理解成双方使用同种货币的货币互换。从这个角度看，本金的互换是无关紧要的，因为采用同种货币，其本金互换的最终结果总是零。

2. 货币互换本金

在货币互换中，双方首先按照当时的外汇价格交换货币本金，而后定期地按照事先约定好的利率互相向对方支付利息。互换结束时，再把各自的货币本金交换回来。这种安排是一种相互交换借款的方式。

3. 货币互换的功能

货币互换又称"货币掉期"，是指交易双方在一定期限内将一定数量的货币与另一种一定数量的货币进行交换。

货币互换是一项常用的债务保值工具，主要用来控制中长期汇率风险，把以一种外汇计价的债务或资产转换为以另一种外汇计价的债务或资产，达到规避汇率风险、降低成本的目的。早期的"平行贷款""背对背贷款"就具有类似的功能。但是无论是"平行贷款"还是"背对背贷款"，都属于贷款行为，在资产负债表上将产生新的资产和负债。而货币互换作为一项资产负债表外业务，能够在不对资产负债表造成影响的情况下，达到同样的目的。

例如，公司有一笔日元贷款，金额为 10 亿日元，期限 7 年，利率为固定利率 3.25%，付息日为每年 6 月 20 日和 12 月 20 日。2007 年 12 月 20 日提款，2014 年 12 月 20 日到期归还。

公司提款后，将日元兑成美元，用于采购生产设备。产品出口得到的收入是美元收入，而没有日元收入。

从以上的情况可以看出，公司的日元贷款存在着汇率风险。具体来看，公司借的是日元，用的是美元，2014年12月20日时，公司需要将美元收入换成日元还款。那么到时如果日元升值，美元贬值（相对于期初汇率），则公司要用更多的美元来买日元还款。这样，由于公司的日元贷款在借、用、还上存在着货币不统一，就存在着汇率风险。

公司为控制汇率风险，决定与中国银行做一笔货币互换交易。双方规定，交易于2007年12月20日生效，2014年12月20日到期，使用汇率为USD1=JPY113。这一货币互换，表示为：

第一步，在提款日（2007年12月20日），公司与中国银行互换本金。公司从贷款行提取贷款本金，同时支付给中国银行，中国银行按约定的汇率水平向公司支付相应的美元。

第二步，在付息日（每年6月20日和12月20日），公司与中国银行互换利息。中国银行按日元利率水平向公司支付日元利息，公司将日元利息支付给贷款行，同时按约定的美元利率水平向中国银行支付美元利息。

第三步，在到期日（2014年12月20日），公司与中国银行再次互换本金。中国银行向公司支付日元本金，公司将日元本金归还给贷款行，同时按约定的汇率水平向中国银行支付相应的美元。

从以上可以看出，由于在期初与期末，公司与中国银行均按预先规定的同一汇率（USD1=JPY113）互换本金，且在贷款期间公司只支付美元利息，而收入的日元利息正好用于归还原日元贷款利息，从而使公司完全避免了未来的汇率变动风险。

本章小结

金融衍生工具又称"金融衍生产品"，是与基础金融产品相对应的一个概念，指建立在基础产品或基础变量之上，其价格决定于基础金融产品价格（或数值）变动的派生金融产品。金融衍生工具按自身交易的方法和特点，分为金融远期合约、金融期货、金融期权、金融互换、结构化金融衍生工具。

金融远期合约是指双方约定在未来的某一确定时间，按确定的价格买卖一定数量的某种金融资产的合约。远期利率是指现在时刻确定的将来一定期限的利率。远期利率是由一系列即期利率决定的。远期外汇合约是指双方约定在将来某一时间按约定的远期汇率买卖一定金额的某种外汇的合约。

金融期货就是以包括汇率、利率及股票等金融资产或工具为标的而进行的期货交易。利率期货是指以利率或附息债券为标的的金融期货，是为规避利率风险而使用的一种期货，它的标的一般是国债或欧洲美元债券。外汇期货是将两个国家之间的货币及货币的兑换作为期货标的的合约，也叫货币期货。股票指数期货，简称股指期货，它是以股票市场的股价指数为交易的标的物的期货，是由交易双方订立的、约定在未来某一特定时间按成交时约定好的价格进行股价指数交易的一种标准化合约。

期权是一种选择权，期权的买方向卖方支付一定数额的期权费后，就获得这种权利，即拥有在一定时间内以一定的价格（执行价格）出售或购买一定数量的标的物（实物商品、证券或期货合约）的权利。按性质或所赋予的权力，期权可以分为看涨期权和看跌期权以及双向期权。按执行时间的不同，期权可分为欧式期权和美式期权。

互换是指互换双方达成协议并在一定的期限内转换彼此货币种类、利率基础及其他资产的一种交易。

关键概念

金融衍生品　远期　远期利率　远期利率协议　远期汇率　利率期货　外汇期货　股指期货　期权看涨期权　看跌期权　欧式期权　美式期权　互换

综合训练

11.1　单项选择题

1.交易双方约定在未来的某一确定时间，以确定的价格买入或者卖出一定数量的某种金融资产的合约是（　　　）。

A.期权　　　　　B.远期　　　　　C.互换　　　　　D.股票

2.德国投资者持有一个价值为 100 万日元的组合，但市场上没有欧元/日元的远期合约，因此他选择了三个月到期的美元/欧元远期合约、三个月到期的日元/美元远期合约。他的对冲策略应该为（　　　）。

A.卖出日元/美元远期合约，卖出美元/欧元远期合约

B.买入日元/美元远期合约，卖出美元/欧元远期合约

C.卖出日元/美元远期合约，买入美元/欧元远期合约

D.买入日元/美元远期合约，买入美元/欧元远期合约

3.股指期货最基本的功能是（　　　）。

A.提高市场流动性

B.降低投资组合风险

C.所有权转移和节约成本

D.规避风险和价格发现

4.利用股指期货可以回避的风险是（　　　）。

A.系统性风险　　　　　　　　B.非系统性风险

C.生产性风险　　　　　　　　D.非生产性风险

5.投资者预测股指将下跌，于是卖出某一月份的股指期货合约，一旦股指期货下跌后再买入平仓从中获取差价，这种交易方法称为（　　　）。

A.套期保值　　B.跨期套利　　C.期现套利　　D.投机交易

6.国债期货合约是一种（　　　）。

A.利率风险管理工具　　　　　B.汇率风险管理工具

C.股票风险管理工具　　　　　D.信用风险管理工具

7.外汇远期合约与外汇期货合约的相同点主要表现在（　　　）方面。

A.标的资产　　B.结算方式　　C.流动性　　　D.市场定价方式

8.假定英镑和美元 2 年期的无风险连续复利率分别是 2% 和 3%，英镑兑美元的即期汇率是 1.5669，那么 2 年后到期的英镑/美元期货合约的理论价格为（　　　）。

A.1.5885　　　　　B.1.5669　　　　　C.1.5985　　　　　D.1.5585

9.标准型的利率互换是指（　　　）。

A.浮动利率换浮动利率　　　　B.固定利率换固定利率

C.固定利率换浮动利率　　　　D.本金递增型互换

10. 期权的最大特征是（　　　）。

A. 风险与收益的对称性

B. 卖方有执行或放弃执行期权的选择权

C. 风险与收益的不对称性

D. 必须每日计算盈亏

11. 期权交易，是（　　　）的买卖。

A. 标的资产　　　B. 权利　　　　C. 权力　　　　D. 义务

11.2　多项选择题

1. 投资者进行股票投资组合风险管理，可以（　　　）。

A. 通过投资组合方式，降低系统性风险

B. 通过股指期货套期保值，回避系统性风险

C. 通过投资组合方式，降低非系统性风险

D. 通过股指期货套期保值，回避非系统性风险

2. 外汇期货合约中标准化规定包括（　　　）。

A. 交易单位　　　　　　　　　B. 交割期限

C. 交易频率　　　　　　　　　D. 最小价格变动幅度

3. 外汇期货的特性包括（　　　）。

A. 标准化合约　　　　　　　　B. 双向交易

C. 保证金制度　　　　　　　　D. 当日无负债制度

4. 外汇期货合约的标的物标准化条款包括（　　　）。

A. 交割方式　　　B. 交易单位　　　C. 报价单位　　　D. 交易时间

5. 外汇期货交易与外汇现货保证金交易的区别有（　　　）。

A. 外汇现货保证金交易的交易市场是无形的和不固定的

B. 外汇现货保证金交易没有固定的合约

C. 外汇现货保证金交易的币种更丰富，任何国际上可兑换的货币
都能成为交易品种

D. 外汇现货保证金交易的交易时间是间断的

6. 国内某出口商 3 个月后将收到一笔美元货款，则可用的套期保值
方式有（　　　）。

A. 买进美元外汇远期合约　　　B. 卖出美元外汇远期合约

C. 美元期货的多头套期保值　　　D. 美元期货的空头套期保值

7. 某公司要在一个月后买入 1 万吨铜，采用（   ）方法可以有效规避铜价上升的风险。

A.1 万吨铜的空头远期合约

B.1 万吨铜的多头远期合约

C.1 万吨铜的多头看跌期权

D.1 万吨铜的多头看涨期权

8. 由股票衍生出来的金融衍生品有（   ）。

A. 股票期货   B.股票指数期货

C. 股票期权   D.股票指数期权

9. 期权与期货的区别主要表现在（   ）。

A. 合约体现的权利义务不同

B. 合约的收益风险特征不同

C. 保证金制度不同

D. 期货具有杠杆，期权不具有杠杆

10. 期权的主要特点表现在（   ）。

A. 权利和义务不对等

B. 收益和风险不对等

C. 只有卖方缴纳保证金

D. 损益结构非线性

11. 按照买方权利划分，期权可以分为（   ）。

A. 现货期权 B. 期货期权 C.看涨期权 D.看跌期权

11.3 问答题

1. 远期与期货有何区别？

2. 简述金融衍生工具的种类。

3. 如何用外汇期货进行套期保值？

4. 简述我国利率期货发展历史。

5. 简述期权的特点及分类。

主要参考文献

［1］贺学会.证券投资学［M］.3版.大连：东北财经大学出版社，2018.

［2］冯园园，李刚.金融工程学［M］.大连：东北财经大学出版社，2017.

［3］邢天才，王玉霞.证券投资学［M］.4版.大连：东北财经大学出版社，2017.

［4］陈善昂.金融市场学［M］.3版.大连：东北财经大学出版社，2016.

［5］徐晟.投资学［M］.2版.大连：东北财经大学出版社，2016.

［6］杜金富.金融市场学［M］.4版.大连：东北财经大学出版社，2014.

［7］中国证券业协会.证券交易［M］.北京：中国金融出版社，2014.

［8］中国证券业协会.证券市场基础知识［M］.北京：中国金融出版社，2014.

［9］李健元，李刚.证券、期货、外汇模拟实验［M］.2版.大连：东北财经大学出版社，2013.

［10］张亦春.现代金融市场学［M］.3版.北京：中国金融出版社，2013.

［11］郝玉柱，等.中国大宗商品贸易问题研究［M］.北京：中国经济出版社，2012.

［12］史建平.金融市场学［M］.2版.北京：清华大学出版社，2012.

［13］华猛.证券从业人员资格考试考点采分——证券投资分析［M］.北京：中国人民大学出版社，2011.

［14］马杜拉.金融市场与机构［M］.何丽芬，译.8版.北京：机械工业出版社，2010.

［15］罗斯，马奎斯.金融市场学［M］.陆军，等，译.10版.北京：机械工业出版社，2009.

［16］谢百三.金融市场学［M］.2版.北京：北京大学出版社，2009.

［17］汪昌云，等.投资学［M］.北京：中国人民大学出版社，2009.

［18］吴晓求.证券投资学［M］.北京：中国人民大学出版社，2009.

［19］张中华.投资学［M］.2版.北京：高等教育出版社，2009.

［20］张亦春，郑振龙.金融市场学［M］.北京：高等教育出版社，2007.

［21］张亦春.现代金融市场学［M］.2版.北京：中国金融出版社，2007.